*Dass Hämmer und Herzen
synchron erschallen*

German Life and Civilization
Vol. 60

Jost Hermand
General Editor

Advisory Board

Helen Fehervary
Ohio State University

Peter Uwe Hohendahl
Cornell University

Robert C. Holub
Ohio State University

Klaus Scherpe
Humboldt University, Berlin

Frank Trommler
University of Pennsylvania

PETER LANG
Oxford • Bern • Berlin • Bruxelles • Frankfurt am Main • New York • Wien

Sylvia Fischer

Dass Hämmer und Herzen synchron erschallen

Erkundungen zu Heimat in Literatur und Film
der DDR der 50er und 60er Jahre

PETER LANG

Oxford · Bern · Berlin · Bruxelles · Frankfurt am Main · New York · Wien

Bibliographic information published by Die Deutsche Nationalbibliothek
Die Deutsche Nationalbibliothek lists this publication in the Deutsche National-
bibliografie; detailed bibliographic data is available on the Internet at
http://dnb.d-nb.de.

A catalogue record for this book is available from the British Library.

Library of Congress Control Number: 2014952954

ISSN 0899-9899
ISBN 978-3-0343-1877-8 (print)
ISBN 978-3-0353-0670-5 (eBook)

© Peter Lang AG, International Academic Publishers, Bern 2015
Hochfeldstrasse 32, CH-3012 Bern, Switzerland
info@peterlang.com, www.peterlang.com, www.peterlang.net

All rights reserved.
All parts of this publication are protected by copyright.
Any utilisation outside the strict limits of the copyright law, without
the permission of the publisher, is forbidden and liable to prosecution.
This applies in particular to reproductions, translations, microfilming,
and storage and processing in electronic retrieval systems.

This publication has been peer reviewed.

Printed in Germany

Fabrikgebäude in Meerane (Sachsen). © Audrey Wiedemann, Columbus, Ohio, USA

Meinen Eltern und Großeltern

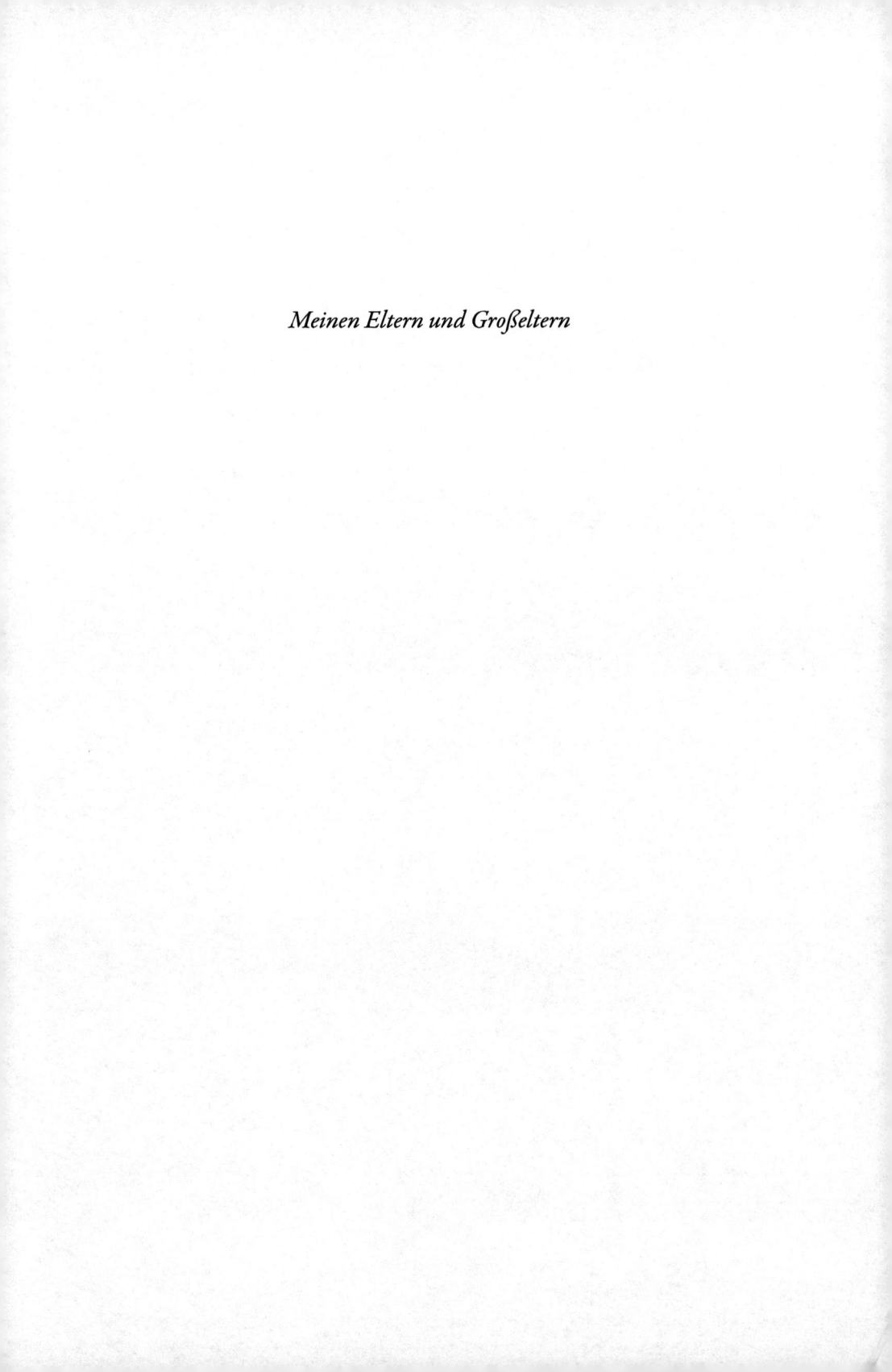

Und wir wollten den Schlag der Hämmer nur hören
und nicht den Herzschlag
Oder wir wollten, daß beides synchron erschalle
Den schnelleren Herzlärm wollten wir nicht begreifen.
VOLKER BRAUN, *Einer*, 1965

Was war denn geblieben von seinem Ehrgeiz, unbedingt beweisen zu wollen, daß sich, sobald erst einmal die Macht errungen, Gesellschaftliches und Privates, das öffentliche und das intime Wohl einander nicht mehr ausschlössen, sondern durchaus in Eintracht zu bringen seien? Zukunftsmusik, also doch.
ERIK NEUTSCH, *Der Friede im Osten*, Bd. 1, 1974

Inhaltsverzeichnis

KAPITEL 1
Was ist Heimat? Annäherungen an einen Begriff — 1

KAPITEL 2
„Heute bauen wir uns diese Heimat selber".
Betriebsliteratur der 50er Jahre — 33

KAPITEL 3
Heimat durch Erneuerung. Kurt Maetzigs Filme 1947–1957 — 69

KAPITEL 4
Die heimatliche sozialistische Gesellschaft? Anna Seghers'
Romane *Die Entscheidung* (1959) und *Das Vertrauen* (1968) — 101

KAPITEL 5
Heimat im Wandel: Der Bitterfelder Weg. Karl-Heinz Jakobs'
Erzählung *Beschreibung eines Sommers* (1961) — 143

KAPITEL 6
Die Heimat codieren. Winfried Junges Filmchronik
Die Kinder von Golzow (1961–2007) — 163

KAPITEL 7
Die geteilte Heimat. Konrad Wolfs Film
Der geteilte Himmel (1964) — 189

KAPITEL 8
„Es liegt an uns". Werner Bräunigs Romanfragment
Rummelplatz (2007)   213

SCHLUSSBEMERKUNGEN
Sozialismus und Heimat – eine Utopie?   255

Literaturverzeichnis   261

Register   273

Danksagung   277

KAPITEL I

Was ist Heimat?
Annäherungen an einen Begriff

Einführung

Was ist Heimat? Welches Ziel kann das Nachdenken über Heimat, die wie kaum ein anderes Konzept so varianten- wie bedeutungsreich daherkommt, haben? Welchen Anspruch kann eine wissenschaftliche Arbeit über Heimat haben, welchen Erkenntnisgewinn anstreben?

Die Deutsche Demokratische Republik (DDR), das sozialistische Gesellschaftsexperiment, das von 1949 bis 1990 in der einen Hälfte Deutschlands unternommen wurde, ist ein kurzer Abschnitt der jüngeren Geschichte. Sie ist, ebenso wie die vormalige Bundesrepublik Deutschland, ein historisches Bindeglied zwischen der Nachkriegszeit und dem heutigen Europa sowie ein eigenständiges geschichtliches Zeugnis. Sie ist auch Teil der Biografie zahlreicher Menschen und Generationen. Als Beispiel für das Wagnis eines gesellschaftlichen Experiments kann sie auch als alternative Geschichte zur ‚master narrative' des Kapitalismus interpretiert werden. Diese Funktion wirkt bis heute weiter, indem Sozialismus als philosophisches Konstrukt eine Kulturkritik des Kapitalismus bzw. der Moderne darstellt, und dass „at the beginning of the 21st century we might conclude that [...], [socialism] works better in this critical register than as a politics aimed at the possession of state power" (Beilharz, *Socialism: Modern Hopes* 1).

In einer ihrer vielen Ausprägungen stellt Heimat ein Bindeglied zur Vergangenheit dar; sie erfüllt die Funktion einer persönlichen Orts- und Zeitbestimmung des Menschen wie freilich auch der Nostalgie. Ebenso ist Heimat gedankliches Instrument, um historische, politische und soziale Zusammenhänge zu verstehen, d.h. um zu begreifen, dass die Welt einmal anders war, dass andere Verhältnisse geherrscht haben, andere Werte wichtig waren. Sie ist damit auch auf die Gegenwart und die Zukunft bezogen: ohne das Verständnis der Welt bzw. der Zeit, aus der der einzelne Mensch kommt, lässt sich für ihn weder ein Verhältnis zu Heimat noch eine Identität finden, im Jetzt und darüber hinaus.

Das Verständnis von Heimat in der DDR und wie sich die Menschen dazu positionierten, bietet einen Zugang, um den sozialistischen Staat aus seinem eigenen Selbstverständnis heraus zu betrachten und Erkenntnisse über ein diesen Staat prägendes Charakteristikum zu gewinnen: das diffizile Verhältnis zwischen Individuum und sozialistischer Gesellschaft. Allgemein lässt sich zunächst festhalten, dass Heimat in der DDR, vor allem von der marxistischen Gesellschaftstheorie beeinflusst, zuallererst als eine gesellschaftliche Komponente mit rationaler Bedeutung verstanden wurde, als ein politisches Gebilde, das aus kollektiver Arbeit entsteht. Emotional-psychologische und anthropologische Aspekte blieben dabei weitgehend ausgeklammert, und damit auch die Heimat-Erfahrung des Menschen als ein individuelles Phänomen, in dem Sinne, dass letztendlich jeder Mensch „seine" Heimat anders definiert, verortet oder verzeitlicht.

Zahlreiche kulturanthropologische, soziologische, philosophische, literarische und filmische Arbeiten haben sich in den vergangenen Jahrzehnten mit dem Konstrukt ‚Heimat' befasst und dieses nicht nur als ein individuell-menschliches Phänomen definiert, sondern auch als ein dem Menschen innewohnendes Grundbedürfnis, d.h. als eine ihm grundlegende, in seiner biologischen Eigenschaft als Mensch begründete Lebenstätigkeit, beschrieben. Karen Joisten (2003) bezeichnet den Menschen beispielsweise als ein „heimatliches Wesen" (37) und Heimat als ein „Urphänomen" (24); Lothar Bossle (2000) definiert Heimat als eine „Grundbefindlichkeit im Herzen der Menschen" (133); Ina-Maria Greverus (1979) beschreibt den Wunsch, eine „Heimat zu haben" als ein „menschliches Verhaltensziel" (*Suche* 17), und Bernhard Schlink (2000), der Heimat als eine Utopie definiert, postuliert gleichzeitig das immerwährende menschliche Streben und Sehnen nach ihr, mithin das *Heimweh* als die intensivste Heimaterfahrung des Menschen (32). Nicht zuletzt hat Ernst Bloch, Verfasser eines philosophischen Hauptwerks des 20. Jahrhunderts, *Das Prinzip Hoffnung* (1954–1959), den Menschen in eine anthropologische Disposition zur Heimatsuche gesetzt.[1] Bloch bestimmte die Qualitäten Erwartung und Hoffnung sowie die „Intention auf noch ungewordene Möglichkeit" als „Grundzüge des menschlichen Bewusstseins" und „Grundbestimmung innerhalb der objektiven Wirklichkeit insgesamt" (Bd. 1, 5). Er beschreibt die Wirklichkeit als „voll[er] Anlage zu etwas, Tendenz auf etwas, Latenz von etwas" (Bd. 1, 17); Heimat erscheint darin als universalistischer Schlusspunkt einer umwälzenden, sozialistischen Weltveränderung, in welcher der Mensch „das Seine ohne Entäußerung und Entfremdung in realer Demokratie" verwirklichen kann (Bd. 2, 1628).

Diese Arbeit geht von dem Postulat aus, dass Heimat eine allgemein gültige, menschliche Grunddisposition darstellt, die sich vor allem als individuelle Unternehmung des Menschen ausprägt. Setzt man diese Vorstellung von Heimat, als individuelle menschliche Tätigkeit, in Relation zu der Vorstellung von einer Heimat als einem gesellschaftlich-kollektiven Wert, so wird offenbar, dass es sich dabei um zwei sich gegenüberstehende Pole handelt, die sich in einem Spannungsverhältnis befinden. Ich behaupte, dass dieses Spannungsverhältnis in der DDR, konkret in der Form einer Spannung zwischen Individuum und Gesellschaft, stets bestand, und während der Existenz der DDR niemals befriedigend gelöst oder produktiv genug gestaltet werden konnte. Diese Spannung hatte Bestand, obwohl die Harmonisierung zwischen Individuum und Gesellschaft, die Auflösung der (nicht antagonistischen) Widersprüche, ein Kernideal dieser Gesellschaft war.

‚Heimat' wird in dieser Arbeit deshalb als ein vermittelndes Konzept verstanden, um den andauernden Diskurs zum Verhältnis zwischen Individuum und Gesellschaft in der DDR zu bereichern.[2] Insbesondere sollen hier die ersten beiden Jahrzehnte der DDR im Fokus stehen, eine

---

1   Bloch hat *Das Prinzip Hoffnung* von 1938 bis 1947 im amerikanischen Exil verfasst und von 1954 bis 1959 in der DDR veröffentlicht.
2   Siehe u. a.: David Bathrick, *The Powers of Speech* (1995); Mary Fulbrook, *The People's State. East German Society from Hitler to Honecker* (2005); Jost Hermand, *Unerfüllte Hoffnungen. Rückblicke auf die Literatur der DDR* (2012); Konrad Jarausch, *Weg in den Untergang* (1999); Jan Palmowski, *Inventing a Socialist Nation* (2009); Benjamin Robinson, *The Skin of the System* (2009).

Zeit, die ich als ‚Kernzeit' der DDR bezeichnen möchte, da sich in ihr die sozialistische Gesellschaft begründete und zu einem Höhepunkt in der ersten Hälfte der 60er Jahre hin entwickelte. Durch politische und kulturpolitische Ereignisse der 60er Jahre beeinflusst (siehe Kap. 5 und 8), wurde diese Entwicklung wiederum aufgehalten und allmählich in einen Zustand der Verwaltung von Erreichtem überführt, der letztendlich bis Ende der 80er anhielt. Die Analyse von verschiedenen Heimatkonzepten, in literarischen und filmischen Arbeiten aus den Jahren 1950 bis 1968 vorgelegt, soll das Verständnis für die Spannung zwischen den Polen Individuum und Gesellschaft in der DDR vertiefen sowie der Frage nachgehen, inwiefern das Ideal der Harmonisierung beider Pole auslebbar war.

An dieser Stelle ist es angebracht, kurz darauf einzugehen, warum eine Annäherung an die aufgeworfene Fragestellung über die Analyse literarischer und filmischer Werke sinnvoll ist. Die Literatur der DDR und die von der staatlichen Filmgesellschaft DEFA produzierten Filme der 50er und 60er Jahre (wie auch danach) beschäftigten sich vorrangig mit der unmittelbaren Gegenwart bzw. der jüngeren deutschen Geschichte.[3] Der in Literatur und Film dargestellte Erfahrungsraum war fast ausschließlich die DDR bzw. die sozialistische Gesellschaft. Man kann die Werke der DDR-Literatur sowie die DEFA-Filme deshalb als ein Konvolut von an- und miteinander verknüpften Betrachtungen über gesellschaftliche, politische und kulturelle Entwicklungen des Landes und seiner Menschen auffassen, ja sogar als eine in Stoff, Thematik und Handlungsstrukturen äußert homogene Text- und Bildmasse. Ich gehe deshalb von dem Ansatz aus, dass Literatur und Film der DDR wichtige Zeitzeugnisse und Zeit*zeugen* sind, d.h. behandele diese als kulturelle Artefakte, die konkrete Einblicke in historische und politische Realitäten geben können.

---

[3] Die Deutsche Film AG (DEFA) war das staatliche, d.h. einzige, Filmunternehmen der DDR mit Sitz in Potsdam-Babelsberg, nahe Berlin. Auch für das Fernsehen der DDR produzierte die DEFA zahlreiche Filme. Von 1946 bis zur Übergabe an die Treuhand im Jahr 1992 wurden etwa 700 Spielfilme, 750 Animationsfilme sowie 2.250 Dokumentar- und Kurzfilme gedreht, etwa 8.000 Filme synchronisiert. Vgl. *Das zweite Leben der Filmstadt Babelsberg. DEFA-Spielfilme 1946–1992.*

Literatur und Film, ja Kunst im Allgemeinen, sind immer Auseinandersetzungen des Menschen mit seiner Umwelt; ein Roman bzw. ein Film ist deshalb immer eine Erzählung (in unterschiedlichster ästhetischer Form) über einen bestimmten Ausschnitt aus der Umwelt des Menschen. Damit, so Greverus, „reflektiert Literatur die Wirklichkeit des Subjekts Mensch im Rahmen seiner jeweiligen historischen Bedingtheiten und Möglichkeiten" (*Mensch* 6). Deshalb funktionieren die hier behandelten künstlerischen Werke der DDR auch als Geschichte in einem tradierten epischen Sinne, d.h. als *Erzählung* der sozialistischen Gesellschaft.

Hinzu kommt ein Bildungs- und Erziehungsanspruch, den sich Literatur und Film der DDR selbst zusprachen und der ihnen außerdem von der Politik zugesprochen wurde (siehe insbesondere Kap. 2). Zwischen Autoren bzw. Filmemachern sowie Lesern/Zuschauern bestand eine aktive Kommunikation über gesellschaftliche Verhältnisse durch das Kunstwerk – dass Kunst die gesellschaftliche Entwicklung beeinflussen und voranbringen kann, das war überhaupt eine der Grundvoraussetzungen künstlerischen Schaffens in der DDR. Anthony Coulson merkt hierzu, in Bezug auf das Filmschaffen, an: „these film characters speak for an ideal [...], the ideal of enlightenment through the art of cinema, the critical engagement of the spectator through the interaction of the formal structures of text and image" (165). Nicht zuletzt muss erwähnt werden, dass der Dialog zwischen Künstlern und Rezipienten eine Ersatzöffentlichkeit schuf, welche sich ihrerseits mit der in der DDR vorhandenen Zensur für jegliche künstlerische Werke auseinandersetzen musste. Die Künstler mussten beide Seiten – die Rezipienten und die Zensur – in Balance halten, sie waren „on both sides of the power divide, as official and nonofficial voices within the whole" (Bathrick 39).

Historische Aspekte des Heimatbegriffs

Wie nähert man sich einem Begriff an, der sich nicht definieren lässt, der sich nicht exakt in andere Sprachen übersetzen lässt, bei dem man nicht, wie Joisten anmerkt, „über den Begriff ‚zur Sache selbst' kommen" (19) kann?⁴ Dies trifft vor allem deshalb zu, da sich der Begriff im Laufe der Jahrhunderte häufig gewandelt hat. Man sehe sich „in diachronischer Perspektive einer Fülle von inhaltlichen Deutungen gegenüber", wobei es „zur gleichzeitigen Präsenz zahlreicher Denotationen [kommt], die häufig sogar divergierend sind", so Joisten (18).

Greverus bezeichnet in *Der territoriale Mensch* (1972) ‚Heimat' als einen „gewordenen" Begriff und grenzt ihn von den „termini technici" ab. Letztere würden „auf Grund einer wissenschaftlichen Reflexion als adäquat für die Bezeichnung einer bestimmten Relation festgesetzt" und haben nur „im Bereich eines „einmal definierten Erkenntniszusammenhanges Gültigkeit" (27). Der gewordene Begriff hingegen ist „von vornherein mit einem [...] sich wandelnden bzw. sich entwickelnden [...] Bedeutungsgehalt assoziiert"; bei Heimat beziehe sich dieser Wandlungsprozess vor allem auf einen Übergang „von einem Ding zu einer Relation", so Greverus (ebd.). Da sich Heimat also nicht aus sich selbst heraus erklären lässt, wird sie häufig in Relation zu den Kategorien Raum, Zeit, soziale Beziehungen/Kommunikation sowie Arbeit gesetzt. Durch sie werde Heimat „gewissermaßen erst erfahren", und der Begriff erhalte durch sie erst „seine reale Füllung" (Greverus, *Mensch* 31). Die Synthese aus diesem „vielsträngig[en] [...] Beziehungsgefüge" der Bezugskategorien ergebe schließlich erst Heimat (ebd.).⁵

In den Jahrhunderten bis zum industriellen Zeitalter besaß Heimat eine materielle Bedeutung; sie bezeichnete den Besitz von Haus und Hof. Im Schwäbischen bedeutete der Satz „Der Älteste kriegt die Heimat",

---

4 Joisten bezieht sich hier auf die Dissertation von Michael Neumeyer: *Zu Geschichte und Begriff eines Phänomens*, Kiel 1992.
5 In seiner Studie *Heimat. A Critical Theory of the German Idea of Homeland* (2002) setzt Peter Blickle den Heimatbegriff in Beziehung zu einer anderen Art von Kategorien: Modernität, Nation, Identität, das Weibliche, Natur, Landschaft und einen ‚Raum der Unschuld' („imaginary space of innocence" [130]). Diesen Raum sieht Blickle als „projected onto real geographical sites. Whether this innocence is religious (paradise), sexual (childhood), sociological (premodern, preindustrial), psychological (preconscious), philosophical (prenational, predialectical), or historical (pre-Holocaust) in character, in every case we find imageries of innocence laid over geographies of Heimat" (130).

dass der älteste Sohn den elterlichen Hof erben würde (Emig, Frei 308).[6] Darüber hinaus hatte Heimat die Bedeutung als Geburts- oder Wohnort bzw. Geburtsland. Bis ins 19. Jahrhundert hinein zeichnete sich der Begriff damit durch einen starken rechtlichen Charakter aus. Er bedeutete vor allem Heimat*recht*, d.h. einen Rechtsanspruch auf Versorgung, indem z.B. ein Dorf, eine Gemeinde oder auch eine Stadt als Heimat galt und als „Raum der Zuständigkeit" dem Heimatangehörigen, „selbst wenn er verarmt war, Schutz und Recht gewähren musste" (Greverus, *Mensch* 28). Die Heimatangehörigkeit, die durch Geburt, Heirat oder Einkauf definiert wurde, garantierte also das Heimatrecht (ebd.). Dieser juristische Schutzraum und Versorgungsanspruch galt allerdings nicht für Tagelöhner oder andere Besitzlose. Für diese galt jedoch auch nicht die mit dem Heimatrecht verbundene Heimatpflicht, d.h. die Pflicht zum Verbleib am (Heimat-)Ort und zur „verfassungsmäßigen Einfügung in dieses Territorium" (ebd.). Sie waren mobil und konnten durch das Land ziehen. Mit dem Voranschreiten der Industrialisierung im 19. Jahrhundert wuchs die Mobilität in der Gesellschaft insgesamt und damit auch die Zahl der in diesem rechtlichen Sinne Heimatlosen und Vagabunden. Die „Freizügigkeit der Arbeitskräfte" (Emig, Frei 308) wurde schließlich gesetzlich verankert, denn für die entstehende kapitalistische Wirtschaft war eine hohe Mobilität erforderlich, und der materielle, an räumliche Bindungen geknüpfte Heimatbegriff war für diese Entwicklung hinderlich geworden (ebd.). Das ehemals relativ kleinräumige Heimatbürgerrecht

---

6   Diese Bedeutung ist auch bei einem Blick in das etymologische Wörterbuch des *Digitalen Wörterbuchs der deutschen Sprache* der *Berlin-Brandenburgischen Akademie der Wissenschaften* nachzuvollziehen. Heimat, ahd. *heimōti* (11. Jh.), mhd. *heimuot(e), heimōt(e), heimōde*, mnd. *Hēmōde*, sind im deutschen Sprachgebiet entstandene Formen zu dem Wort *Heim*. Dieses wiederum hatte die Bedeutung ‚Zuhause, Wohnung, Wohnstätte für einen bestimmten Personenkreis, Stätte für Zusammenkünfte und Veranstaltungen', ahd. heima ‚Wohnsitz, Heim, Heimat' (10. Jh; vgl. faterheim m. und faterheima f. ‚Heimat, Vaterland, Geburtsland', Hs.12. Jh.), mhd. heim ‚Wohnstätte, Haus, Heimat', asächs. hēm, mnd. hēm(e), hēm, mnl. heem, heim, aengl. hām, auch ‚Landgut, Dorf', engl. home, anord. heimr ‚Heimat, Welt' und got. haims ‚Dorf, Flecken'. *Das Digitale Wörterbuch der Deutschen Sprache*. Web. 30.5.2014. <http://www.dwds.de>.

wandelte sich in dieser Phase außerdem, über einige Zwischenstufen, in ein Staatsbürgerrecht um (Greverus, *Mensch* 28).[7]

Im Laufe des 19. Jahrhunderts wurde der materielle Heimatbegriff vollständig durch einen „kompensatorischen Heimatbegriff" abgelöst (Emig, Frei 309). Heimat entwickelte sich zu einem Rückzugsraum und zu einem Gegenpol städtischer und industrialisierter Bereiche und verlagerte sich folgerichtig in die Natur. Heimat war „fern […] von all dem, was in den Sturmzeiten der Industrialisierung der Natur angetan wurde"; sie war vor allem „Natur, schöne, unberührte […] Natur", „ausgeglichene, schöne Spazierwelt", und sie war auch „Besänftigungslandschaft, in der scheinbar die Spannungen der Wirklichkeit ausgeglichen" wurden (Bausinger 79–80). Heimat erhielt nun eine emotionale, eine sinnliche Komponente. Christian Graf von Krockow identifiziert diese Heimat im „modernen, gefühlsbetonten Sinne" als eine Entdeckung der Romantik (57). Der Verlust von vertrauten Lebensverhältnissen, der „Riß im Vorhang des Selbstverständlichen" (ebd.) ließ den Menschen seine – nun schon verloren gegangene – Heimat erst erkennen. Exemplarisch für dieses Verlustgefühl ist Joseph von Eichendorffs Gedicht *Abschied* (1810). In dessen letzter Strophe heißt es: „Bald werd ich dich verlassen / Fremd in der Fremde gehn / Auf buntbewegten Gassen / Des Lebens Schauspiel sehn / Und mitten in dem Leben / Wird deines Ernsts Gewalt / Mich Einsamen erheben / So wird mein Herz nicht alt."[8] Im Gedicht geht es um Eichendorffs Abschied von seiner (Kindheits-)Heimat Lubowitz, dem Schloss seiner Vorfahren und Familienbesitz in Oberschlesien, welcher verkauft werden musste (von Krockow 58). Von Krockow geht so weit zu sagen, Eichendorff habe die gefühlsbetonte Heimat „gestiftet", aufgrund jener „nie vernarbte(n) Erfahrung, sie verloren zu haben" (ebd.).

Im 19. Jahrhundert beginnt außerdem das Sammeln und Festhalten von Überlieferungen und Traditionen, nicht zuletzt aus dem neu

---

7   Greverus verweist in diesem Zusammenhang außerdem auf die völkerrechtlichen Auseinandersetzungen um ein Recht auf Heimat, die weltweit bis heute andauern (ebd.). Vgl. dazu auch Bernhard Schlink, *Heimat als Utopie* (2000).
8   Joseph von Eichendorff: *Gedichte*. In chronologischer Reihenfolge. Hrsg. von Hartwig Schultz. Frankfurt/Main: Insel, 1988, 94.

entstehenden Bewusstsein von Vergänglichkeit und Vergessen heraus. Die Volksliedsammlung *Des Knaben Wunderhorn* (1805–1808) von Achim von Arnim und Clemens Brentano sowie die *Kinder- und Hausmärchen* (1812–1858) der Brüder Grimm seien hier als Beispiele genannt. In der zweiten Hälfte des 19. Jahrhunderts entwickelte sich eine regelrechte Heimatbewegung in Deutschland. Heimatvereine und Heimatbünde wurden gegründet, in der Schule entstand das Fach Heimatkunde, Heimatmuseen wurden eingerichtet (Bausinger 82). Wie Dieter Emig und Alfred G. Frei betonen, zog dies auch die Vermarktung von Heimat als Kulturgut nach sich, d.h. diese wurde nunmehr zu einem Geschäft. Zu beobachten war dies z.B. in der Architektur (Heimatstil), in der Mode (Trachten) und in der Musik (Heimatlieder) (309).

Parallel zu den gefühlsbetonten und vergangenheitsorientierten Aspekten entwickelte sich der Heimatbegriff im 19. Jahrhundert auch in eine politische Richtung. Im 1871 gegründeten Kaiserreich wurde Heimat als abstraktes politisches Konstrukt verstärkt in die Nähe der Ideologie gerückt und zur „Vaterlandsliebe" erhöht – damit füllte der neu vereinte Staat „seinen Nachholbedarf an Nationalbewusstsein" (Emig, Frei 309). Die „nationale Beschwörung des gemeinsamen Vaterlandes", d.h. die „weitgehende Gleichsetzung von Heimat und Vaterland", sollte in diesem Gefüge die ehemalige, nun größtenteils verlorene Bedeutung von ‚Haus und Hof' ersetzen (Bausinger 80); aus dem „Bächlein" wurde nun der „Vater Rhein" (Emig, Frei 310). Bausinger verweist außerdem auf die „Massivität" und die „Wucht" dieser nationalen Vorstellungen, welche sich z.B. in den sog. „Germania-Hausbücher(n) mit Golddrucktitel und martialischen Bildern" (80) zeigte, die in den häuslichen Bücherschränken des Bürgertums nicht mehr fehlen durften. Hier war auch der Ort, so Bausinger weiter, an dem die „neue, aggressive Qualität des Nationalismus in die Familien hineingetragen wurde", eine Qualität, die sich ebenso in den großen, nationalen Denkmälern kristallisierte (ebd.).

Die Herausbildung von Nationalgefühl und Patriotismus sowie die Gleichsetzung von Heimat und Vaterland wurden durch den Staat und das Bürgertum auch als Identifikationsangebot an die Arbeiterschaft herangetragen; ein Ziel war, die beständig größer werdenden Klassengegensätze in der Gesellschaft zu überbrücken (Bausinger 81). Das Angebot wurde jedoch von den Arbeitern zurückgewiesen. In der 1870 von Johann Jacoby publizierten Schrift *Das Ziel der Arbeiterbewegung* heißt es:

> Das Wort ‚Vaterland', das Ihr im Munde führet, hat keinen Zauber für uns, Vaterland in Eurem Sinne ist uns ein überwundener Standpunkt, ein reaktionärer, kulturfeindlicher Begriff [...], unsere Heimat ist die Welt: [...] wo es uns wohlgeht, das heißt, wo wir Menschen sein können, ist unser Vaterland; Euer Vaterland ist für uns nur eine Stätte des Elends, ein Gefängnis [...]. Ihr nennt uns, scheltend, ‚vaterlandslos' und Ihr selbst habt uns vaterlandslos gemacht.[9]

Wie diese Äußerung verdeutlicht, suchten die Arbeiter eine Heimat gerade *nicht* in den (klein-)bürgerlichen Identifikationsangeboten, sondern in einer weltoffenen (internationalen) und zutiefst menschlichen Haltung. Diese fanden sie (nur) in ihrer eigenen Klasse, in der Arbeiterbewegung selbst. Der Arbeiterschriftsteller Ernst Preczang schrieb 1888: „Die rein politische oder wirtschaftliche Wertung der Arbeiterbewegung reicht nicht aus, um ihre Bedeutung zu erklären. Für Zehntausende ist sie auch eine neue seelische Heimat geworden, wurde sie rein menschlich zu lebendig-freudevollem Daseinsinhalt" (Emmerich, *Proletarische Lebensläufe* 288–89). Heimat ist hier nicht mehr an einen bestimmten Ort, sondern an eine Gruppe von Menschen, an eine soziale Gemeinschaft gebunden, ein weiterer neuer Aspekt des sich differenzierenden Heimat-Begriffs. Heimat ändert damit auch, in diesem proletarisch-politischen Kontext, ihren Charakter – von einer natürlichen, (emotionalen) Gegebenheit hin zu einer kollektiven Aufgabe; der Blick richtet sich hier wieder nach vorn, weg von der Vergangenheit.

Nach der Wende vom 19. zum 20. Jahrhundert setzte sich die Entwicklung der Vermarktung von Heimat und Heimatelementen weiter fort. Heimat wurde fester Bestandteil der Kulturindustrie; die zu Beginn des Jahrhunderts äußerst populären Bauernromane, die Bergfilme der 20er und 30er Jahre sowie die neue musikalische Form des Schlagers bedienten die Sehnsucht nach einer heilen Welt außerhalb des modernen Großstadtlebens, ein Diskurs, der bereits mit „starke[m] Affekt" und „verbissener Intoleranz"

---

9   Zitiert in Bausinger 81.

geführt wurde (Hamann/Hermand, 365). Mit „chauvinistisch-kleinbürgerlicher Gesinnung" wandte sich die aufblühende Heimatkunst gegen die „Industrie, den Liberalismus und die Rassenvermischung" und beschwor „das einfache Leben", „die gute alte Zeit" und „heimatliche Verwurzelung" (ebd. 365–6). Dadurch blieben ältere Inhalte des Heimatbegriffs, wie z.B. Tradition, Rückzugsraum oder Besitzraum weiterhin abrufbar, alle dem Diskurs innewohnenden rationalen Aspekte wurden „zugunsten einer irrationalen Verankerung in Blut und Boden" verworfen (ebd. 366). Es ist deshalb kein Zufall, dass die erste Blüte dieser Heimatindustrie in den Anfangsjahren des Dritten Reiches lag: „Das kam gut an: da wurden scheinbar harmlose, biedere Geschichten erzählt; die Aura des Bewährten und Guten lag über den Bildern, die Menschen erfreuen sich an der majestätischen Bergwelt und ihren gesunden Bewohnern [...] und über die scheinbar gänzlich unpolitischen Inhalte wurden militante nationalistische Ideologien vermittelt" (Bausinger 85). Auch das schulische Fach bzw. das kulturelle Angebot *Heimatkunde* vermittelte ähnliche Bilder. In seinem hinlänglich bekannten Vortrag *Vom Bildungswert der Heimatkunde* von 1923 formulierte der Pädagoge Eduard Spranger: „Von Heimat reden wir, wenn ein Fleck Erde betrachtet wird unter dem Gesichtspunkt seiner Totalbedeutung für die Erlebniswelt der dort lebenden Menschengruppe. Heimat ist erlebte und erlebbare Totalverbundenheit mit dem Boden. Und noch mehr: Heimat ist geistiges Wurzelgefühl" (zitiert in Joisten 56). Heimat bedeutet für Spranger demnach ein (totales) emotionales und geistiges Verbundensein mit einem bestimmten Territorium; eine rationale Komponente ist in diesem Heimatgefühl hingegen nur (noch) bedingt auszumachen. Emig und Frei interpretieren dies als menschliches Bedürfnis, „die Unübersichtlichkeit moderner Gesellschaften auf einfache Strukturen vorkapitalistischer, agrarischer Lebensweisen zurückzuführen" (310), was jedoch alsbald und parallel zum ideologischen Ansatz wurde. Der Nationalsozialismus konnte deshalb leicht an solche, ursprünglich unpolitischen, Heimatkonzepte mit seinem „Blut- und Bodenmythos" und seinem Totalitarismus anknüpfen. Heimat im nationalsozialistischen Kontext war vor allem mit dem rassistischen Denken von (germanischer) völkischer Eigenart und Überlegenheit und daraus abgeleitet, einem territorialen Anspruch verknüpft.

Der Heimat-Begriff war 1945 in Deutschland durch seine nationalsozialistische Ausdeutung besetzt. Trotzdem er dadurch einer Art Tabu unterlag, riefen in den westlichen Besatzungszonen und der jungen Bundesrepublik die ersten Nachkriegsjahre aufgrund ihrer sozialen Umbrüche sowie der zahlreichen Heimatvertriebenen und Flüchtlinge eine starke Rückbesinnung auf die „Heimat" sowie einen verstärkten „Bedarf" an Heimat hervor. Diese erfuhr deshalb keine kritische Neubestimmung, d.h. wurde im öffentlichen Diskurs auch nicht kritisch hinterfragt. Es erstaunt deshalb nicht, dass den Zerstörungen des Zweiten Weltkrieges in den westlichen Zonen bzw. der BRD idyllische (Heimat-)Bilder entgegengestellt wurden, zuvörderst im äußerst erfolgreichen Genre der Heimatfilme der 50er Jahre. Natur und Naturverbundenheit wurde in den Filmen mythisch überhöht, Tiere wie Hirsch und Adler als Symbole freier Natur dargestellt. Die gesellschaftliche Ordnung und die jeweiligen Rollen der Geschlechter waren festgelegt und als Orte der Bewahrung von Tradition und Heimat angesichts einer fortschreitenden Modernisierung gedeutet (siehe auch Kap. 4). Die Filme eröffneten eine Fluchtmöglichkeit in eine (wieder) heile Welt, nicht unähnlich der Besänftigungslandschaft des 19. Jahrhunderts und auch nicht unähnlich der emotionalen, territorialen Verbundenheit aus den nationalsozialistischen Jahren. Jost Hermand interpretiert das „Halbherzig-Verworrene" sowie „offen Reaktionäre" des Heimatfilm-Genres als eine denkbare Reaktion (von vielen möglichen) auf die Zeit des Faschismus (*Kunst im Wiederaufbau* 9). Nach dem Ende der Hochzeit dieses Genres, zu Beginn der 60er Jahre, erfuhr das Thema Heimat in den folgenden beiden Jahrzehnten in Stücken von Martin Sperr (*Jagdszenen aus Niederbayern*, UA 1966; Verfilmung Peter Fleischmann, 1968), Rainer Werner Fassbinder (*Katzelmacher*, UA 1968, Verfilmung Fassbinder, 1969) sowie Franz Xaver Kroetz (*Wildwechsel*, UA 1971; *Oberösterreich*, UA 1972, *Agnes Bernauer*, UA 1977) sowie in Filmen wie *Der plötzliche Reichtum der armen Leute von Kombach* (Volker Schlöndorff, 1970) oder *Herz aus Glas* (Werner Herzog, 1976) eine neue, kritisch-fragende Betrachtungsweise. Edgar Reitz' Spielfilmzyklus *Heimat* (ab 1984) bot eine Sichtweise auf Heimat und die deutsche Vergangenheit, die sowohl das öffentlich-kritische, aber auch persönlich-nostalgische Nachdenken über Heimat (wieder) möglich machte.

In der SBZ/DDR wurden nach dem Weltkrieg (heimatliche) Traditionslinien und deren Legitimation vor allem aus dem Antifaschismus bezogen, Heimat erfuhr hier eine vollständige Umdeutung. Sie wurde mit dem Aufbau der neuen Gesellschaft und dem neuen Land in Beziehung gesetzt. Nachdem sich jahrzehntelang ausschließlich die Klasse, d.h. die Gemeinschaft der Arbeiter als ein Heimatraum definiert hatte, bot der neue sozialistische Staat die Möglichkeit, den Traum von der wahren Heimat und des Vaterlands der Arbeiter zu verwirklichen. Der Blick richtete sich in die Zukunft, in die für alle Menschen erstrebenswerte und erreichbare sozialistische Heimat. Heimatverbundenheit sollte nicht durch „Gewohnheit, Geschichte und Tradition" entstehen (wie es z.B. der Nationalsozialismus in höchst übersteigerter Form getan hatte), sondern durch die „Sicherheit, die die Heimat (der Staat, die Gesellschaft) gibt, und durch die normative Gewissheit, dass der Mensch zum Gestalter seines Schicksals geworden ist" (Deltl 142).

Im Jahr 1964 entwarf der DDR-Staatsratsvorsitzende Walter Ulbricht zum ersten Mal das Bild von der „sozialistischen Menschengemeinschaft" als gleichsam organisches Gebilde, wobei der Einzelne durch das (glückliche) Einfügen in die Gemeinschaft seine Heimat findet.[10] Ab diesem Zeitpunkt fand in Politik und Kulturpolitik eine zunehmende Gleichsetzung von Heimat und DDR bzw. von Heimat und Sozialismus statt. Der öffentliche Raum wurde mit Heimatlosungen und -bekundungen durchdrungen. Das populäre Kinderlied *Unsere Heimat* (1974), Postkarten, Anstecknadeln, Poster, Souvenirs etc. mit dem Schriftzug „Meine Heimat DDR" oder die

---

10   Das Bild von der „sozialistischen Menschengemeinschaft" fand ab 1964 Verwendung und tauchte verstärkt im öffentlichen Diskurs, v.a. in Parteitagsreden und Zeitungsartikeln, auf. So sprach Walter Ulbricht auf der II. Bitterfelder Konferenz im April 1964 von der „kulturelle[n] sozialistische[n] Menschengemeinschaft in unserer Republik" (Schubbe 968–9). Die Verwendung dieses Formativs verstärkte sich weiter in den kommenden Jahren, bis hin zum VII. Parteitag der SED im November 1967. Der Beschluss des Staatsrates war dort betitelt: „Die Aufgaben der Kultur bei der Entwicklung der sozialistischen Menschengemeinschaft", von Walter Ulbricht vorgetragen (Schubbe 1310–15). Nach dem Ende der Ära Ulbricht verschwand der Begriff in den 70er Jahren wieder aus dem öffentlichen Sprachgebrauch.

kommunale Aktion „Schöner unsere Städte und Gemeinden – Mach mit!" ab dem Ende der 60er Jahre seien hier nur als einige wenige Beispiele für die zahllosen Identifikationsbereiche genannt, in welchen die sozialistische Heimat kommuniziert wurde. Heimat wurde hier nicht, wie z.B. in der BRD ab den 70er Jahren, neu entdeckt und neu evaluiert, sondern kontinuierlich stärker in politische und ideologische Kontexte eingewoben. In Günter Langes *Heimat – Realität und Aufgabe* (1973), einem stark ideologisch geprägten Standardwerk in der DDR zum Thema Heimat, wird letztere als eine „objektiv-reale gesellschaftliche Erscheinung" interpretiert, die nur rational bestimmt werden könne, ähnlich anderen gesellschaftlichen Kategorien wie Staat, Nation oder Vaterland" (30). Lange lehnt eine individuell und emotional geprägte, eine „psychische Komponente" bei der Bestimmung des Heimatbegriffs ab (ebd.).

Parallel zur ideologischen (Ver-)Festigung des Heimatbegriff der DDR wurde dieser andererseits auch immer stärker hinterfragt. Dies führte nicht zuletzt zur Herausbildung einer „Nischengesellschaft" in den 70er und 80er Jahren, wie sie zuerst von Günter Gaus benannt wurde (1987), in der sich die Menschen abseits der politischen Kontexte ihre eigenen, kleinen, privaten Heimaten einrichteten.[11] Auch Jan Palmowskis *Inventing A Socialist Nation* (2009) widmet sich dem Thema der politischen Durchdringung von Heimaterlebnissen und -gefühlen einerseits und den von den Bewohnern der DDR entwickelten Strategien, „to keep the party's influence at bay" andererseits (8). Eine von Palmowskis zentralen Feststellungen lautet:

> socialism did shape the ways in which heimat was articulated and consumed at the grass roots. [...] Individuals engaged in heimat practices through the ‚public transcript', whereby they testified to being citizens who cared for their socialist heimat, the GDR. By publicly acknowledging what the state wanted to hear, individuals created spaces in which they could pursue their own, private meanings. (10–11)

11 Gaus' „Nischengesellschaft" meint die Tendenz des ab den 70er Jahren stark zu verzeichnenden Einrichtens der Menschen der DDR im kleinbürgerlichen Rahmen, des Zufriedengebens mit dem „kleinen Glück", des Lebens in einem privaten Nischen-Raum, auf den Ideologie und Gesellschaft keinen Zugriff mehr haben. Siehe: Günter Gaus: *Wo Deutschland liegt: Eine Ortsbestimmung.* Hamburg: Hoffmann & Campe, 1987.

Was ist Heimat?

Betrachtet man den Begriff der Heimat im 20. Jahrhundert insgesamt, so lässt sich feststellen, dass dieser sich, zunächst ähnlich der Entwicklung während der Industrialisierung im 19. Jahrhundert, als „vertraute, unveränderte Nahwelt" (Piepmeier 95) gegenüber einer immer labileren, sich immer schneller verändernden und undurchschaubar(er) werdenden Umwelt etabliert. Als neue Qualität kommt hinzu, dass Heimat nicht mehr als „Totalität", d.h. als absoluter Naturraum gegenüber einem städtisch-industriellen Raum begriffen wird, sondern sich, als reales Lebensumfeld des Menschen, zu kleinen, abgegrenzten Territorien, d.h. zu „überschaubaren sozialen Räumen" hin entwickelt (Piepmeier 96). Heimat ist das „Produkt eines Gefühls der Übereinstimmung mit der eigenen kleinen Welt" geworden, und sie ist auch nur da vorhanden, „wo solche Übereinstimmung möglich ist" (ebd.). Heimat wird dadurch auch zu einem ‚Aktivposten', d.h. zu „Medium und Ziel praktischer Auseinandersetzung" mit der Umwelt; durch aktive „Aneignung und Umbau" (Bausinger 87) dieser erschafft sich der Mensch seine eigene kleine Welt, seine Heimat. Im 20. Jahrhundert hat sich Heimat somit zu einer individuellen Tätigkeit und einem individuellen Erfahrungsraum des Menschen hin entwickelt. Sie ist keine „objektive Größe" mehr, sondern vielmehr „ihrer Wesensart nach subjektiv, d.h. jeweils an den einzelnen Menschen in bestimmter Weise gebunden" (Brepohl 12). Sie kann damit auch nicht mehr „ohne weiteres auf größere staatliche Gebilde bezogen werden" (Bausinger 87) und die „geforderte affirmative Zuordnung [von Heimat] zu einem politischen Raum" (Greverus, *Suche* 13), wie es beispielsweise in der DDR praktiziert wurde, ist zunehmend erschwert. Wie Bausinger sieht auch Greverus den Heimatbegriff im 20. Jahrhundert vielmehr in der „emotionalen Bezogenheit der Subjekte auf einen soziokulturellen Raum, in dem ihnen Identität, Sicherheit und aktive Lebensgestaltung möglich ist", verankert (ebd.).

Das 21. Jahrhundert, die Zeit der elektronischen Revolution, hoher Mobilität sowie umfassender Verfügbarkeit jeglichen Produkts bzw. Dienstleistung, forciert einerseits den Drang des Menschen danach, sich abgegrenzte Heimaträume gegen die Entgrenzung der Welt zu erschaffen. Andererseits bietet vor allem das Internet neue Möglichkeiten der Erschaffung von virtuellen Heimaträumen. Eine erste Betrachtung der Qualitäten und Spezifika dieser neuen „Heimaträume" – seien es Gespräche mit Familie und Freunden über die Plattform *Skype*, seien es echte oder anonyme Freundschaften in sozialen Netzwerken oder seien es virtuelle Interessensgemeinschaften für bestimmte soziale, politische oder religiöse Ziele – führt zu der Erkenntnis, dass sie Zeit und (geografischen) Raum überschreiten und diese beiden Kategorien schließlich obsolet werden lassen. Es gibt zahlreiche kritische Stimmen zu diesen Entwicklungen. Joisten sieht darin z.B. „das technologische Hervorbringen, künstliche Generieren oder projizierende Prozessieren alternativen Seins und Lebens", was Heimat letztendlich zu einer bedeutungslosen Kategorie werden lässt (207). Andere hingegen schätzen die grenzenlose Vernetzung, denn sie eröffnet plötzlich viele Möglichkeiten, „verlorene" Heimaten, aus einer anderen Zeit, zurück zu erlangen. Es handelt sich hierbei vor allem um kleine, alltägliche Erlebnisse wie die Wiederentdeckung eines lange gesuchten Buches in einem Online-Antiquariat oder eines lange nicht gehörten Liedes auf der Plattform *Youtube* oder eines alten Klassen- oder Studienfreundes im *Facebook*-Netzwerk. Es bleibt abzuwarten, in welche Richtung sich diese aktuellen Entwicklungen bewegen und wie diese Entwicklungen letztlich zu bewerten sind.

Wie beschreibt man Heimat? Vier Bezugskategorien

Der vorherige Abschnitt verdeutlichte, dass sich der Heimatbegriff im 20. und 21. Jahrhundert stark differenziert hat. Heimat entwickelte sich von einem eindimensional-materiellen über einen kompensatorischen Begriff hin zu einem individuell zu erschließenden und zu gestaltenden Abgrenzungsraum des Menschen gegen die Unübersichtlichkeit und Vielfältigkeit seiner Umwelt. Piepmeier benutzt in diesem Zusammenhang die Bezeichnung des „neuen Heimatbegriffs", der sich in den vier Dimensionen Raum, Zeit, Sozialleben und Arbeit erschließt (97). Eine Entwicklung hin zu diesem neuen Heimatbegriff sieht Piepmeier ab dem Jahr 1867 einsetzen, als durch das in diesem Jahr verabschiedete Gesetz über die ‚Freizügigkeit des Aufenthalts' das ursprüngliche Heimatrecht aufgehoben wurde (94). Die Aufhebung der festen Bindung zwischen Heimat und einem Rechtsanspruch führte dazu, dass der Heimatbegriff frei wurde, neue Bedeutungsvarianten anzunehmen und sich somit zu differenzieren. Heimat erfasste nicht mehr die gesamte alltägliche Lebenswelt in all ihren Dimensionen, sondern wurde in räumlicher Hinsicht zu einer bestimmten Landschaft, einer bestimmten Region und in zeitlicher Hinsicht bezog sie sich z.B. auf bestimmte Feiertage, an denen man bestimmte Trachten trug, bestimmte Dinge aß und bestimmten Ritualen nachging. Im Hinblick auf Arbeit wurden solche Berufe wie der des Bauern oder der des Handwerkers als „heimatlicher" empfunden, als Berufe in einem industriellen Umfeld (Piepmeier 95). Heimat wandelte sich somit auch von einem abstrakten (vorrangig juristischen) Konzept zum Bestandteil individuellen menschlichen Handelns, sie war nun „an den empfindenden, handelnden, arbeitenden, denkenden Menschen" (ebd. 97) gebunden.

Raum

Vorstellungen des Raumes und die Beziehung zwischen Mensch und Raum sind Themen, mit dem sich Philosophen und Wissenschaftler seit Jahrhunderten auseinandersetzen (Carl Friedrich Gauß, Friedrich Hegel, Albert Einstein, Edmund Husserl, Jakob von Uexküll u.a.). Im Hinblick auf Heimat und für das Anliegen dieser Arbeit liefert Ina-Maria Greverus' Raumorientierungsmodell des „territorialen Imperativs" aus dem Bereich der Soziologie hilfreiche Ansätze. Mit dem „territorialen Imperativ" bezeichnet Greverus zum einen den grundsätzlichen Raumanspruch des Menschen, welcher ihm als biologische Art innewohnt. Zum anderen bezeichnet sie damit die Möglichkeit der Befriedigung der Bedürfnisse des Menschen in einem Raum (*Suche* 24). Dieser ist in diesem Modell der Versorgungsraum für die materielle Existenzsicherung des Menschen, aber er stellt auch einen Bereich „soziokulturelle[r] Integrität" dar, in dem sich „eine soziale Gruppe darstellen kann" (ebd. 29).

Der erste dieser beiden Aspekte bildet eine anthropologische Komponente ab, d.h. den Ur-Anspruch des Menschen auf Raum (bzw. ein Territorium) sowie seinen Gestaltungswillen, aus diesem Raum kleinere Räume abzugrenzen, sie zu umzäunen, zu bebauen, umzubauen, zu überbauen (Piepmeier 98).[12] Wie Greverus bezeichnet auch Andrea Bastian die Raumgebundenheit bzw. Territorialität des Menschen als eine „anthropologische Konstante" (49). Belege dafür sind bereits in den Jäger- und Sammlervölkern auszumachen. Deren Lebensweise, wie Bastian ausführt, förderte „die Entwicklung von Lokalgruppen mit festen Wohnplätzen, an denen die Nahrung zusammengetragen und geteilt wurde, wodurch die Bindung an das Territorium gefestigt wurde" (51). Auch die im Laufe der Zeit gewonnenen Erfahrungen, „daß z.B. die Jagd in bestimmten Jagdgründen, das Fischen an bestimmten Flußstellen besonders lohnend war" (ebd.), führte zumindest zu vorübergehender Sesshaftigkeit.

Der zweite Aspekt in Greverus' Modell, die Möglichkeit der Bedürfnisbefriedigung des Menschen, bildet eine soziokulturelle Richtung ab, d.h. das Streben des Menschen danach, „seine Identität in einem Territorium[zu] finde[n], das ihm Verhaltenssicherheit gewährt, da in diesem Territorium ‚Umwelt' als ‚Lebenswelt' zur Eigenwelt geworden ist" (*Suche* 35). Dies geschieht einerseits durch die Funktion des Raumes als Sicherungsraum, andererseits durch seine Funktion als Verhandlungs- und Kommunikationsraum über bestimmte Identitäten von Individuen und Gruppen, denn was letztendlich ein Raum „als [...] gestaltete Welt ist, wird festgelegt durch Verständigungs- und Selbstverständigungsprozesse der beteiligten Gruppen" (Piepmeier 101). Dort, wo das Territorium des Menschen gesichert ist und dort, wo die (kommunikativen) Verhandlungen mit anderen Menschen in diesem Raum zu einem harmonischen, befriedigenden Ergebnis führen, fühlt der Mensch sich gemeinhin zuhause. Die Kategorien Raum und soziale Bindungen als Relationskriterien für Heimat sind deshalb kaum getrennt voneinander zu betrachten.[13]

---

12 Andrea Bastian merkt an, dass z.B. auch „Betreten verboten"-Schilder, Gartenzäune, Strandreviere im Urlaub (einschließlich des Handtuchs auf dem Liegestuhl am Pool) oder gewisse Stamm- und reservierte Sitzplätze zu den Uransprüchen des Menschen gehören bzw. deren moderne Auswüchse sind (54).

13 Ein wichtiger Aspekt, der in diesem Zusammenhang erwähnt werden muss, ist der der in den letzten Jahrzehnten stark gestiegenen Mobilität des Menschen, d.h. die freie

Soziale Beziehungen

Im vorherigen Abschnitt wurde auf die enge Beziehung zwischen Raum und sozialem Verhalten hingewiesen. Bastian führt aus, dass bestimmte Elemente menschlichen sozialen Verhaltens, wie etwa die territoriale Orientierung, die Mutter-Kind-Beziehung oder das Zusammenleben in Familien und Kleingruppen bereits in vormenschlichen bzw. (bis heute) in tierischen Sozietäten nachweisbar sind (71). Bereits in den vormenschlichen Gemeinschaften waren Kooperationen und ein „Wir-Gefühl" vorhanden. Dadurch wurde auch eine „unterschiedliche Einstellung zur Eigengruppe (ingroup) und zur Fremdgruppe (outgroup) herausgebildet" (zitiert in Bastian 71).[14] Der Raum diente somit, so Bastian weiter, ebenso „der sozialen Bindung" wie „der sozialen Distanzierung", er ist in diesem Sinne wiederum ein „Interaktionsraum" und ein „soziokultureller Bezugsraum" (ebd.).

Den Aspekt der Abgrenzung zwischen der eigenen und der fremden Gruppe greift auch Bernhard Waldenfels auf. Er unterscheidet zwischen den Begriffen Heimwelt und Fremdwelt. Die Heimwelt ist eine Art „Kernzone"

---

und schnelle ‚Beweglichkeit' des Menschen zwischen verschiedenen physischen wie virtuellen Räumen. Häufige Wohnungs- und Arbeitsplatzwechsel, aber insbesondere der Massentourismus, wobei die Heimat anderer „konsumiert" und „zerstört" wird (Piepmeier 99), führen zu „einer Tendenz zur Nivellierung" von Heimat (Waldenfels 116). Hiermit ist gemeint, dass der Unterschied von Vertrautem und Fremdem, ohne den so etwas wie Heimat nicht zu denken ist, mehr und mehr verschwimmt (ebd.). Das heißt, ehemals unterschiedliche Räume gleichen sich einander an. In anderen Ländern findet man beispielsweise die gleichen Lebensmittel wie in der Heimat, dieselben Geschäfte, dieselben Flughäfen, dieselben Hotels: man ist in der Ferne und doch erscheint alles wie „zuhause". Was als eine Allgegenwart von Heimat daherkommt, kann allerdings auch zu Desorientierung und Fragmentierung führen: „Die Horizonte verarmen, weil sie an Bestimmtheit verlieren und schließlich auf alles oder nichts verweisen. Wird das Hier zum Irgendwo, so bin ich im Raum verloren." (Waldenfels 116)

14 Dort entnommen aus: Hans-Georg Gadamer und Paul Vogler (Hg.). *Neue Anthropologie. Band 4: Kulturanthropologie.* München: Deutscher Taschenbuch Verlag, 1973, 30.

(dieser Begriff stammt von Edmund Husserl),[15] die sich der Mensch aus der ihn umgebenden Lebenswelt herausarbeitet und gestaltet und „*die sich vom Hintergrund einer Fremdwelt* abhebt" (Waldenfels 113, Hervorh. i. Original). Sie zeichnet sich durch „*Vertrautheit* und *Verläßlichkeit*" aus, und „sie bildet eine Sphäre, in der wir uns auskennen – und dies im doppelten Sinne des Kennens und Könnens" (ebd., Hervorh. i. Original). Auch Jean Améry formuliert in *Jenseits von Schuld und Sühne* (1966) einen ähnlichen Gedanken: „In der Heimat beherrschen wir souverän die Dialektik von Kennen-Erkennen, von Trauen-Vertrauen: Da wir sie kennen, erkennen wir sie und getrauen uns zu sprechen und zu handeln, weil wir in unsere Kenntnis-Erkenntnis begründetes Vertrauen haben dürfen" (82–3). Ebenso sieht Friedrich Schorlemmer (*Wohl dem, der Heimat hat*, 2009) Heimat immer dort verankert, „wo wir verstanden werden und wo wir verstehen. Wo ich selber weiß, was ich meine, und andere ohne viele Worte verstehen, was ich meine" (9). Die Relation zwischen Heimat und sozialen Beziehungen manifestiert sich also in der vertrauten Kommunikation, in dem Sich-Auskennen in der ‚ingroup'. Dadurch werden grundlegende menschliche Bedürfnisse wie Sicherheit, Anerkennung und Zugehörigkeit befriedigt. Wichtige Formen sozialer Bindungen, durch die der Mensch Heimatgefühle entwickelt, sind z.B. Familie, Verwandtschaft, Freundschaft, Partnerschaft (Liebe) und Nachbarschaft (Bastian 69–70).[16] Waldenfels' „Heimwelt", zeichnet sich außerdem durch eine „*affektive* [...] *Verankerung*" aus (113, Hervorh. i. Original), welche sich z.B. in der Tatsache äußert, dass wir jemanden vermissen, wenn dieser nicht da ist oder auch, dass wir uns an einen Ort wünschen, an dem wir gerade nicht sind. „[O]hne solche Sehnsucht gäbe es kein Heimweh", so Waldenfels (ebd.). Die affektive Verankerung schließt letztendlich auch die Sprache ein – eine Muttersprache, einen bestimmten Dialekt oder auch innerfamiliäre linguistische Idiosynkrasien – die von einer bestimmten sozialen Gruppe

---

15 Zitiert in Waldenfels 113.
16 Ein interessanter Aspekt ist, dass von all diesen Beziehungen „lediglich für die Freundschaft [...] die obligatorische Bedingung einer positiven Beziehung" besteht, für die anderen nicht (Bastian 70).

Was ist Heimat?

gesprochen wird und die „für das Bewusstsein und Erkennen von Heimat" wichtig ist (Piepmeier 106). So kann unter bestimmten Lebensumständen, wie zum Beispiel im Exil, die „Sprache allein zur Heimat" werden (ebd. 99).

Zeit

„Heimat ist erlebte, gelebte Zeit in den Modi der Erinnerung, gegenwärtigen Erlebens und der Erwartung der Zukunft," so beschreibt Piepmeier die Bezugskategorie der Zeit (101). Von den drei aufgezählten Modi kann wohl der der Erinnerung am stärksten auf den Heimatbegriff bezogen werden. Die Erinnerung kann z.B. die Suche nach einer (verlorenen) Heimat initiieren, beispielsweise nach einer Kindheitsheimat, einer Heimat in einem anderen Land, einer verlorenen Sprache oder aber sie kann selbst zu einer Heimat werden. Erinnerungen, die sich in Traditionen, Bräuchen, Feiertagen oder Ritualen manifestieren, sind wichtig, da sie der Vergänglichkeit des Lebens etwas Bleibendes und Kontinuierliches entgegensetzen, da sie den Menschen die Möglichkeit geben, „den Zeugnissen [ihres] [...] Vorhandenseins überschaubare Dauer zu verschaffen, und das kann nur am begrenzten Ort geschehen, in der ‚Heimat'" (Piepmeier 102). Die Relation Heimat und Zeit kann also Verankerung, Festhalten in der Erinnerung bedeuten (wie es beispielsweise grundlegendes Thema in Edgar Reitz' Spielfilmzyklus „Heimat" ist), daneben kann es ebenso das Ziehen einer Grenze bedeuten, d.h. das Abgrenzen von einer Zeit gegenüber einer anderen, z.B. von einer Zeit, die als Heimat empfunden wurde, gegenüber einer anderen, nicht als heimatlich empfundenen Zeit (siehe Kap. 2).

Arbeit

Im historischen Kontext ist der Heimatbegriff kaum mit dem Bereich der Arbeit in Verbindung gebracht worden. Arbeit stellte sich, insbesondere seit der Zeit der Industrialisierung und der Entwicklung des Kapitalismus, als ein Ort von Entfremdung, Mühsal und Unterdrückung dar, weniger denn als ein Ort, durch den Heimat erschaffen werden oder der heimatliche Gefühle hervorrufen konnte. In diesem Kontext sind Karl Marx' *Ökonomisch-philosophische Manuskripte* (1844) ein wichtiges Dokument, in denen der Gegensatz zwischen Heim und Fremde wie folgt etabliert wird: „Der Arbeiter fühlt sich daher erst außer der Arbeit bei sich und in der Arbeit außer sich. Zu Hause ist er, wenn er nicht arbeitet, und wenn er arbeitet, ist er nicht zu Hause" (564). Dieser Gegensatz entsteht, so ein zentrales Konzept in Marx' Werk, durch die Entfremdung des Menschen von der Arbeit. Zum einen steht dem Arbeiter seine Tätigkeit „als ein *fremdes Wesen*, als eine von dem Produzenten *unabhängige Macht* gegenüber", zum anderen steht ihm auch das *Produkt seiner Arbeit* als ein [...] *fremde[r]* Gegenstand" gegenüber (561, Hervorh. i. Original). Somit wird die Arbeit des Menschen „zu einem Gegenstand, zu einer *äußeren* Existenz [...] [die] *außer ihm*, unabhängig, fremd von ihm existiert" (562, Hervorh. i. Original).[17] Die Lebenstätigkeit des arbeitenden Menschen war schließlich nur ein Mittel, um seine Existenz zu sichern; persönliche Entwicklung oder Selbstverwirklichung in der Arbeit waren dadurch ausgeschlossen.

In der DDR knüpfte man an Marx' Postulat von der Entfremdung der Arbeit an, indem erstens in der sozialistischen Gesellschaft die Aufhebung der Entfremdung angestrebt wurde und indem zweitens die sozialistische Heimat aus der gemeinsamen Arbeit der Menschen entstehen sollte. Die Arbeit und der Arbeitsplatz sollten den Menschen zu einer Heimat sowie selbst zum (Geburts-)Ort bzw. zur Wurzel von Heimat werden. Diese Vorstellungen waren Bestandteil der Idee von einer sozialistischen Gesellschaft, und sie fanden letztendlich Eingang in den öffentlichen ideologischen Diskurs; in der Realität der Gesellschaft der DDR waren sie nur zum Teil umgesetzt. Günter Lange beispielsweise beschrieb in *Heimat – Realität und Aufgabe* die Entfremdung von der Arbeit, wie sie von Marx definiert wurde, durch die Produktions- und Machtverhältnisse im Sozialismus als aufgehoben. Er definiert Arbeit als die Aneignung der

---

17   Es heißt weiter in diesem Zusammenhang: „Der Arbeiter wird umso ärmer, je mehr Reichtum er produziert, je mehr seine Produktion an Macht und Umfang zunimmt. [...] Mit der Verwertung der Sachenwelt nimmt die Entwertung der Menschenwelt in direktem Verhältnis zu. Die Arbeit produziert nicht nur Waren; sie produziert sich selbst und den Arbeiter als Ware" (*Manuskripte* 561).

Was ist Heimat?

Umwelt durch deren tätige Gestaltung,[18] wodurch die Umwelt zur Heimat umgewandelt wird, d.h. wodurch „die Grenzen des Unerkannt-Fremden wie des Nichtbeherrscht-Feindlichen" stets weiter hinausgeschoben werden (102–3).[19] Lange beschreibt außerdem den Betrieb, also die Arbeitsstätte des Menschen, anfangs noch eine „Fremde" seiend, als das „Zentrum der späteren sozialistischen Heimat" (61), da dort der Ort der tätigen Gestaltung der Umwelt ist.

Die Erschaffung der Heimat durch eigene Arbeit, im Sinne einer eigenverantwortlichen, aktiven Gestaltung und Aneignung der Umwelt, ist ein Konzept, welches sich nicht auf den Sozialismus beschränkt, sondern in der Moderne sowie in unserem gegenwärtigen Alltag allgemeine Gültigkeit hat (siehe oben, Abschnitt *Historische Aspekte*). Piepmeier weist darauf hin, dass die gegenwärtige Arbeitsgesellschaft allerdings zahlreiche Aspekte beinhaltet, „die die Möglichkeit von Heimat gefährden" (104). Dazu gehört u.a., dass Natur und Raum als Rohstoffbasis und Lebenssphäre durch Arbeit aufgezehrt werden; des Weiteren, so Piepmeier, gehe es bei der industriellen bzw. dienstleistungsorientierten Produktion nicht mehr um das Reflektieren des eigentlichen Ziels, d.h. „worumwillen etwas hergestellt werden soll", sondern nur noch um technische und Machbarkeitsprobleme (ebd.). Man könne „im Rahmen der Arbeitsgesellschaft nicht mehr angemessen die Frage stellen […], ob die Verwirklichung der ehemals humanen Motivation nicht bei fortschreitender Entwicklung sich selbst aufhebt" (ebd.). Diese Erkenntnis würde letztendlich das Eingeständnis nach sich ziehen, dass, sei es industrielle (Fließband-)Arbeit oder dienstleistungsorientierte Arbeit, sei es Sozialismus oder eine andere Gesellschaftsform, die Entfremdung von der Arbeit nie vollständig überwunden werden kann.

---

18 Lange bezieht sich auch hier auf Karl Marx aus der *Einleitung zur Kritik der Politischen Ökonomie*: „Alle Produktion ist Aneignung der Natur von Seiten des Individuums innerhalb und vermittelst einer bestimmten Gesellschaftsform" (Lange 89 und Marx, *Grundrisse* 279).

19 Werner Bräunig greift in seinem Roman *Rummelplatz* (2007) dieses Bild auf, indem die Hauptfigur Christian Schmidt durch Arbeit und Studium seine Umwelt als sich stets erweiternd erlebt und eine „um sich greifende […] Unendlichkeit" empfindet (*Rummelplatz* 565). Siehe Kap. 8.

Anthropologische Aspekte des Heimatbegriffs

Aus kulturanthropologischer Sicht wird Heimat als eine (psychische) Grundposition des menschlichen Lebens verstanden. Heimat beginnt gewissermaßen am Ursprung, in der Kindheit, d.h. am Ort der größtmöglichen Vertrautheit des Menschen mit seiner räumlichen und sozialen Umgebung. Die erste Entdeckung bzw. Erfahrung von Heimat erfolgt deshalb als eine Art von Verlust, als ein „Riß im Vorhang des Selbstverständlichen" (von Krockow 56), dem die Sehnsucht nach jenem Zustand der Unhinterfragbarkeit aus der Kindheit folgt. Von Krockow stellt fest, dass darum „jede Entdeckung von Heimat nahe am Heimweh angesiedelt" ist (57), und auch Bernhard Schlink beschreibt in *Heimat als Utopie* (2000), dass Heimat zumeist dann erfahren werde, „wenn das, was Heimat jeweils ist, fehlt oder für etwas steht, das fehlt" (24). So stehe zum Beispiel der Geburtsort für die Kindheit; der Wohnort werde dann zur Heimat, wenn man anderswo sei (ebd.).

Vor dem Hintergrund dieser Überlegungen ist es möglich, das Leben des Menschen als einen Weg hin (bzw. zurück) zu der verlorenen Heimat, d.h. zu jenem Zustand der absoluten Vertrautheit mit der räumlichen und sozialen Umgebung, zu beschreiben. Diesen Ansatz hat sich bspw. Lothar Bossle zu eigen gemacht, indem er Heimat als einen Ort definiert, dessen „unverfälschte Form [der Mensch] auf dem Umweg durch ferne Welten erreichen will" (127). Den Lebensweg des Menschen sieht er als „Sehnsucht nach dem Ursprung" und als „Wille zur Rückkehr in eine Heimat" (ebd.).[20] Einen ähnlichen Ansatz verfolgt Karen Joisten in *Philosophie der Heimat – Heimat der Philosophie* (2003). Zum zentralen Begriff in dieser Untersuchung wird der „Heim-weg" des Menschen. Der erste Teil des Begriffs, „Heim", steht für den Anfang des Lebens eines Menschen: es ist

---

20   Diesen Zustand, so Bossle, versucht der Mensch auf drei Arten zu erreichen: (1) indem er die Gegenwart als schlimmste aller Zeiten erklärt; (2) indem er den Urzustand als beste aller Ordnungen romantisiert und (3) indem der romantisierte Urzustand in die Zukunft transportiert und somit zu einer Utopie wird (128).

Was ist Heimat?

ein Ort, an dem der Mensch ein „ursprüngliches Eins-sein und sein wahres Zuhause-sein" empfindet (Joisten 41). Mit dem zweiten Wortbestandteil, „Weg", will Joisten verdeutlichen, dass „für den Menschen nicht nur das Heimischsein, sondern auch das Unterwegssein konstitutiv" ist (46). Die beiden Wortteile „Heim" und „Weg" entsprechen außerdem den Fragen des Woher und des Wohin des Menschen. Das Woher wird durch die Geburt bestimmt. Durch die wird der Mensch „in einen räumlichen und zeitlichen Standort hineinversetzt [...], der jedem freien Entschluss vorausgeht" (Joisten 39). An diesem Ort, so Joisten weiter, „liegen bereits Antworten vor, die Verhaltenssicherheiten gewähren. Das Gewohnte und Bekannte zeigt sich als das Selbstverständliche, in dem man heimisch ist" (ebd.). Der „Weg" bzw. das „Wohin" bezeichnet sodann den „Prozeß des Werdens und der Veränderung der Dinge" (46) im Leben eines Menschen. Während dieses Prozesses muss der Mensch ‚sich-orten', ‚sich-zeitigen' und ‚sich-begegnen' (Joistens Begriffe), d.h. sich in den bereits angeführten Kategorien von Raum, Zeit und Sozialisation jeweils konstituieren, um seine Lebenstätigkeit, das Gestalten von Heimat, ausführen zu können.[21]

Joisten erläutert sodann drei philosophische Ansätze, wie der ‚Heimweg' des Menschen bisher philosophisch gedacht wurde, wobei insbesondere der Ansatz des Anthropozentrismus wichtige Anregungen für diese Arbeit bietet.[22] Im Denkmodell des Anthropozentrismus, welches sich etwa seit dem Zeitalter der Aufklärung entwickelte, steht der Mensch im

---

21 Die Dimension der Arbeit und des Handelns lässt Joisten aus ihrem, in der Philosophie angesiedelten, Konzept von Heimat heraus, da sie diese eher im Bereich der Soziologie sieht.

22 Die beiden anderen Ansätze sind der *Theozentrismus* und der *Trans-Anthropozentrismus*. Im Theozentrismus steht Gott im Mittelpunkt, und das Woher und das Wohin des Menschen erhält somit durch Gott seine Bedeutung. Der „Heim-weg" des Menschen ist eine Kreisbewegung – der Mensch kommt von Gott und kehrt wieder zu diesem zurück – er ist eine „Heim-Kehr zu Gott" (Joisten 200). Im Modell des Trans-Anthropozentrismus, welches Joisten in unserer postmodernen, hochtechnisierten Welt einordnet, steht die „Welt im Netz" im Mittelpunkt (207). Die Heimat verschwinde in diesem Modell, sie wird zu einer bedeutungslosen Kategorie (s.o.). So ist der Mensch in diesem Modell „zum bloßen Unterwegssein verdammt", zum ewigen „Surfen im Netz" (320).

Mittelpunkt (im Gegensatz zum Mittelpunkt des zuvor vorherrschenden theozentrischen Denkens: Gott). Die Frage nach dem Woher des Menschen ist nicht mehr mit einer eindeutigen Entität, wie etwa Gott, zu beantworten, sondern sie wird vielmehr als ein Heimweh empfunden, und zwar Heimweh nach einem Ort, „an dem die Einheit von Denken und Gedachtem, von Nähe und Fülle" besteht (Joisten 206). Während der Weg des Menschen im Theozentrismus noch eine Kreisbewegung war (er kommt von Gott und kehrt wieder dorthin zurück), so erfolgt im anthropozentrischen Denken „eine lineare Ausrichtung in der Horizontalen" (ebd.), auf welcher der Mensch sich auf eine unendliche Suche nach seiner Heimat begibt. Heimat, so Joisten, erfülle sich hier im Grunde als „Sehn-Suche des Menschen" (205) oder auch „in dem Sehnen nach einer Heimat, die niemals zu erreichen ist" (320).

Einen dritten und weiterführenden Ansatz in Bezug auf eine anthropologische Sichtweise auf Heimat entwirft Bernhard Waldenfels (1990). Er unterscheidet zwischen einem Herkunftsort sowie einem Lebensort. Ersterer ist dem Menschen durch Geburt und Herkunft „von anderen zugeeignet und zugeschrieben"; ihn kann man, so Waldenfels, ebenso wenig verlieren wie den „eigenen Leib", weil er dem Menschen „übereignet" ist (113). Der Lebensort ist der Ort, an dem der Mensch zuhause ist und sich zuhause fühlt. „Auf gewisse Weise ist der Lebensort von uns gewählt, und sei es auch nur in stummer oder resignierter Zustimmung" (ebd.). Den Lebensort kann man im Gegensatz zum Herkunftsort verlieren, und er ist „wandelbar in den Grenzen, in denen ich es selber bin" (ebd.). Parallel dazu unterscheidet Waldenfels zwischen Urheimat und Wahlheimat, welche jeweils den Begriffen Herkunftsort und Lebensort entsprechen. Der Lebensort kann demnach eine (erste, zweite oder auch dritte) Wahlheimat sein, die „wir aktiv gestalten und erwerben", wohingegen der Herkunftsort bzw. die Urheimat das ist, „was uns passiv überkommen ist und von anderen vermacht wurde" (114).[23] Wie Joisten beschreibt auch Waldenfels

---

23 Die Übereinstimmung von „Vorgeschichte und Geschichte", d.h. von Urheimat und Wahlheimat, ist tatsächlich ein „Glücksfall, der sich nicht erzwingen lässt. […] Heimat ist keine Idylle, sie hat stets auch etwas von einem Entronnensein" (Waldenfels 113).

den Weg des Menschen zu seiner Heimat als einen unendlichen, dieser Prozess sei „nie vollendbar, nie in einen festen Besitz zu überführen" (ebd.). Eine wichtige Erkenntnis, die sich daraus ableitet, ist, dass Heimat eine Aufgabe ist, die dem Menschen durch sich selbst, durch seine Natur gestellt ist, d.h. eine Aufgabe, der er aufgrund seines Mensch-Seins nachgehen *muss*.

Der Heimatbegriff in der DDR

Wie eingangs erwähnt, soll Heimat für diese Arbeit als eine kulturanthropologische Bestimmung, d.h. als eine Grunddisposition und ein Grundbedürfnis des Menschen aufgefasst werden. Dieses äußert sich vor allem im Bedürfnis des Menschen nach ‚heimatlich' zu kategorisierenden Erfahrungen wie Vertrautheit, Sicherheit, Zugehörigkeit, Anerkennung und Geborgenheit.[24] Vor diesem Hintergrund muss Heimat sowie der Weg zu ihr als eine individuelle Tätigkeit verstanden werden, welche also nur durch den einzelnen Menschen zu determinieren und zu gestalten ist. Wie äußerte sich die Spannung zwischen dem Individuum und der Gesellschaft in der DDR, in Bezug auf die Suche des Menschen nach Heimat? Dazu seien zunächst zwei Textausschnitte angeführt:

> Herbstnässeln. Tropfen auf letzte Baumblätter im Dunkel. Der Duft des modernden Laubes auf dem Rasen. Das Pferd am Halfter. Sein warmes Schnauben und der scharfe Duft der nassen Pferdehaut. Die verbündete Pferdekraft an meiner rechten Hand, der ich mich jederzeit bedienen kann. Auf den Tierleib schwingen, davonjagen. Auch wenn der Regen prasselte, auch wenn es stürmte, wo immer und in welchem Lande diese Dinge zusammenkämen und kommen, dort wäre und ist Heimat. (Strittmatter, *Tagebücher* 15)

---

24 Zur Kategorisierung der menschlichen Grundbedürfnisse und deren Ausprägungen in alltäglichen Handlungen und sozialen Beziehungen siehe Bastian 23 sowie 43–8.

> Die Pappeln, hinter denen die Sonne sinkt, ob ich es sehe oder nicht, ob es mich freut oder quält. Da sind auch die Kirschen wieder, da der Teich. Abends die Frösche. Kilometerweit fahren mit dem Rad über Land. An den Zäunen stehn und mit den Leuten reden. Etwas tun, mit den Händen arbeiten, daß ich sehen kann: Die Bank zimmern, die hier stehen bleibt und auf der noch meine Kinder sitzen werden.
> (Christa Wolf, *Nachdenken über Christa T.* 84–5)

Beide Textausschnitte, der ‚private' aus Strittmatters Tagebüchern wie der fiktive aus Wolfs Erzählung, entwerfen einen individuellen Erlebnis- und Erfahrungsraum. Das jeweilige Ich konstituiert sich in einer bestimmten Zeit, mit dem deutlichen Bewusstsein für die Vergänglichkeit und Endlichkeit des eigenen Lebens, sowie an einem bestimmten Ort, der ganz bestimmte Farben, Formen, Gerüche und Handlungen aufweist, die alle an eben jenen persönlichen Gefühls- und Erfahrungsraum geknüpft sind, und nicht an einen größeren politisch-gesellschaftlichen Kontext. Bereits hier wird evident, dass Heimat „eben nicht für alle die gleiche ist", „sondern objektiv nur Heimat in der Satisfaktion der Subjekte" sein kann (Greverus, *Suche* 13).

Die ‚Gleichartigkeit' der Heimat, d.h. die Heimat als ein festgelegter, politisch-gesellschaftlicher sowie geografisch-nationaler Raum, war jedoch eine der Grundsäulen der Gesellschaft der DDR. Im offiziellen politischen Rahmen war Heimat damit ein Funktionsbegriff, d.h. Teil einer bestimmten gesellschaftlichen Sichtweise und Erwartungshaltung, welche das individuelle Heimaterlebnis letztendlich nivellierte, reduzierte oder sogar ignorierte. In solch einem Konstrukt wäre Heimat etwas passiv Erlerntes und extern Verordnetes, mithin etwas, das nicht individuell zu bestimmen, sondern vorgegebenen Grundsätzen gemäß nachzuahmen wäre. Einige theoretische Arbeiten aus der DDR aus den 50er bis 70er Jahren geben hier weiteren Aufschluss. Die Pädagogin Sigrid Schwarz, die mit ihrer Dissertation *Die Liebe zur Heimat, ein wesentliches Ziel unserer patriotischen Erziehung* im Jahr 1956 eine der ersten theoretischen Arbeiten über Heimat in der DDR schrieb, bezeichnete diese als „das unmittelbar gegebene und natürliche und soziale Milieu, in welchem der Mensch geboren und aufgewachsen ist, in dem er lebt, arbeitet und kämpft" (zitiert in Lange 12). Der Historiker Erik Hühns (1959) definierte Heimat als ein „politische[s] Aktivum", das zu einer „positiven Kraft beim Aufbau des

Sozialismus" werde (176); ausschließlich der Sozialismus mache „eine wirklich humanistische, schöne Gestaltung [des] Lebensbereichs" möglich (ebd.). Ebenso sah Heinrich Gemkow (1962), Professor für Geschichte der Arbeiterbewegung, Heimat untrennbar mit einer sozialistischen Gesellschaft verbunden. Erst dort könne sich eine „tief humanistische Verbundenheit des arbeitenden Menschen mit seiner Heimat, seinem Vaterland" herausbilden, wodurch wiederum ein „neues, schöpferisches, wahrhaft menschliches, ein sozialistisches Heimatbewußtsein und -gefühl" entstehen kann (658). Auch Günter Lange (1973) definierte Heimat als eine „objektiv-reale gesellschaftliche Erscheinung", die nur rational bestimmt werden könne, ähnlich anderen gesellschaftlichen Kategorien wie Staat, Nation oder Vaterland (30). Wie Hühns und Gemkow setzt also auch Lange Heimat und Sozialismus gleich und versteht erstere als ein rein politisches Konzept. Auf diese Weise schafft er außerdem die ideologisch wichtige Abgrenzung gegenüber der „kapitalistische[n] Unheimat" (55) bzw. der „kapitalistische[n] Fremde" (10).

In solchem Erklärungsgefüge wird Heimat vor allem auch aus einer historischen Sichtweise heraus betrachtet: sie wird zu einem herausragenden gesellschaftlichen Wert erhöht, und der Aufbau der sozialistischen Heimat somit auch zu einer moralischen Verpflichtung. Das individuelle Streben des Menschen nach Heimat, welches doch eigentlich ein „irrational-egozentrische[s] Handeln" ist, wird hier zu einem „vernünftigen" Handeln umgewandelt (Greverus, *Suche* 41), welches sich eher an objektiven Gegebenheiten (und Vorgaben) denn an individuellen Ansprüchen orientiert.

Nicht immer waren es ideologische Vorgaben, die solch „vernünftiges" Handeln einforderten und präferierten, es waren auch besondere historische Umstände, wie das Ende des 2. Weltkrieges und das Entstehen zweier deutscher Staaten, sowie wirtschaftliche und politische Notwendigkeiten, wie z.B. die prekäre Wirtschaftslage der DDR in den 50er Jahren und der beginnende Kalte Krieg, welche Auslöser für eine objektivierte, funktionalisierte Sichtweise auf Heimat wurden. Die Betriebsromane der 50er Jahre, insbesondere *Roheisen* (1955) von Hans Marchwitza (Kapitel 2) sowie Werner Bräunigs Romanfragment *Rummelplatz* (entstanden 1961–1967, veröffentlicht 2007; Kapitel 8), sollen dazu aufschlussreiche Erkenntnisse bringen.

Die Analyse von Heimatvorstellungen in der früheren DDR und deren Darstellung in Literatur und Film der 50er und 60er Jahre in dieser Arbeit beginnt ebenfalls mit *Roheisen* von Marchwitza (Kapitel 2). In diesem Roman wird die Harmonisierung der Heimat(-suche) des Einzelnen mit gesellschaftlichen Anforderungen nicht hinterfragt, sie wird als wichtigste Voraussetzung postuliert, um eine sozialistische Heimat – im Sinne eines sozialistischen Staates – überhaupt entstehen zu lassen. In Kapitel 3 werden die unmittelbare Nachkriegszeit und die Entstehung einer sozialistischen Gesellschaft in Kurt Maetzigs zweiteiligem Film *Schlösser und Katen* (1957) untersucht. Die ‚auf dem Lande', in einem mecklenburgischen Dorf spielende Handlung beschreibt die Harmonisierung der beiden Pole Individuum und Gesellschaft als einen schwierigen, jedoch letztendlich erfolgreichen Prozess, der durch äußere (technische) und innere (soziale) Modernisierung der (dörflichen) Gemeinschaft vorangetrieben wird. Aus Anna Seghers' Romanen *Die Entscheidung* (1959) und *Das Vertrauen* (1968), in Kapitel 4 besprochen, treten erste Zweifel am Gelingen des Gesellschaftsexperiments hervor. Seghers beschreibt einen Bruch, der sich zwischen Heimat als allgemeingültigem Konzept und Heimat als Teil eines bestimmten politischen Konzepts offenbart. Dieser Bruch scheint fast unvermeidlich in einer Gesellschaft, die die Übereinstimmung des Einzelnen mit dieser Gesellschaft einfordert – es sei denn, diese Übereinstimmung entsteht aus einem produktiven Spannungsverhältnis des Menschen mit seiner Umwelt heraus, wie es Seghers z.B. an der Figur des Robert Lohse darstellt.

Jener Bruch, zum ersten Mal in Seghers' *Die Entscheidung* (1959) beschrieben, wird als werkimmanenter Topos (Was ist Heimat?), sowie als ein Teil des äußeren Handlungsgeschehens (die Teilung Deutschlands als Grundlage von Erzählstrukturen), zum festen Bestandteil literarischer und filmischer Werke der kommenden Jahre. Das kulturelle und ästhetische Konzept des Bitterfelder Wegs, ab 1959 (Kapitel 5), machte sich die Reibungspunkte zwischen Individuum und Gesellschaft, zwischen Mensch und Staat, jenen sozialistischen „Lebensstoff", der „aufregend, neu, herausfordernd" war (Chr. Wolf, *Vorwort* 5), zur Projektionsfläche einer fruchtbaren, offenen Auseinandersetzung mit der sozialistischen Gesellschaft der DDR, dies jedoch nur innerhalb einer kurzen Zeitperiode, bis zur Mitte der 60er Jahre.

Was ist Heimat?

In Konrad Wolfs *Der geteilte Himmel* (1964), der Verfilmung von Christa Wolfs gleichnamigen Roman (1963), (Kapitel 7), ist der Bruch ebenfalls Teil der äußeren Erzählung, und mehr noch, im Bild der Teilung des Himmels, ihr Leitmotiv. Der Bruch geht nicht mehr nur durch das 1961 endgültig geteilte Deutschland hindurch, sondern bereits mitten durch die Menschen. Christa Wolfs Roman wie auch Konrad Wolfs Verfilmung beleuchten, anhand der Lebensentscheidung der Hauptfigur Rita Seidel, die Schmerzen und die Opfer, die eine unbedingte Harmonisierung von Mensch und Gesellschaft bei der Bestimmung von Heimat verursachen.

Im Gegensatz dazu steht ein fast gleichzeitig entstandenes Filmprojekt, die Chronik der *Kinder von Golzow* des Regisseurs Winfried Junge (begonnen 1961, beendet 2007). Junges dokumentarische Langzeitstudie über das Dorf Golzow, deren ersten beiden Filme in Kapitel 6 betrachtet werden, präsentiert den Idealfall als in der DDR verwirklicht: die glückliche Einfügung des Einzelnen in Gesellschaft, eine Harmonie, die als ein nahezu organischer Prozess dargestellt ist.

Das 8. Kapitel widmet sich *Rummelplatz* (2007), einem in den 60er Jahren von Werner Bräunig entworfenen Roman, der im Zuge der Ereignisse des 11. Plenums des ZK der SED im Jahr 1965 nicht veröffentlicht werden konnte. Bräunig verortet den Bruch mitten in der sozialistischen Gesellschaft existierend, und diagnostiziert innerhalb dieser Gesellschaft eine Grenze zwischen Heimat und Nicht-Heimat, je nachdem, wie der einzelne Mensch sein Leben gestaltet oder gestalten lässt. Auch Bräunig entwirft Lebensmodelle, z.B. für seine Figuren Christian Kleinschmidt oder Ruth Fischer, in denen das Spannungsfeld aus individueller Heimatsuche und gesellschaftlichen Begrenzungen dieser Suche als positiv und produktiv dargestellt ist. Diese Modelle verbleiben jedoch letztendlich im Bereich der Utopie.

KAPITEL 2

„Heute bauen wir uns diese Heimat selber".[1] Betriebsliteratur der 50er Jahre

Literarische und kulturpolitische Entwicklungen in der SBZ/DDR seit 1945

Die Kulturpolitik der DDR, insbesondere das Verhältnis zwischen Künstlern und Staat, hat sich stets zwischen Phasen der Restriktion und solchen größerer künstlerischer Freiräume hin- und her bewegt. Das kulturpolitische Klima der ersten Hälfte der 50er Jahre gehörte zu den restriktiven Phasen, es wurde u.a. durch die Formalismusdebatte der Jahre 1951 bis 1953, die Beschlüsse zum planmäßigen Aufbau des Sozialismus auf der 2. Parteikonferenz der SED im Jahr 1952 sowie durch die ersten Zwei- bzw. Fünfjahrespläne der Wirtschaft, 1949–1951 und 1951–1955, beeinflusst. Der Arbeiterstreik am 17. Juni 1953 in Berlin (Ost) und anderen Städten der DDR und der Tod Stalins im März 1953 waren einschneidende politische Ereignisse, die ihrerseits eine starke Wirkung auf die Kulturpolitik hatten. Diese Phase des künstlerischen Schaffens, das „Stalinistische Modell des sozialistischen Realismus" (Greiner 62), lehnte sich an ein Modell von Literatur und Kunst an, welches auf dem 1. Allunionskongress der Schriftsteller 1934 in der Sowjetunion ausgerufen worden war.[2] Dieses Modell, im Ursprung als literarischer Überbau der kommunistischen Volksfrontpolitik ab Mitte der 30er Jahre entwickelt (und damit die proletarisch-revolutionäre Literatur

---

1   Marchwitza, *Roheisen* 151.
2   Vgl. *Sozialistische Realismuskonzeptionen. Dokumente zum 1. Allunionskongress der Sowjetschriftsteller*. Hrsg. von Hans-Jürgen Schmitt und Godehard Schramm, 1974.

der 20er und 30er Jahre ablösend), stellte den arbeitenden Menschen, den „Helden der Arbeit" als Vorreiter und Erfüller gesellschaftlichen Fortschritts in den Mittelpunkt der Darstellung.³ Er wurde zum „Prototyp des befreiten Arbeiters der sozialistischen Gesellschaft" erhoben und gab als das „Gegenbild des leidenden Arbeiters der kapitalistischen Gesellschaft" dem neuen, sozialistischen Arbeiter und Menschen Gesicht und Gestalt (Greiner 62). Der Literatur wurde das Erfüllen konkreter gesellschaftliche Funktionen zugesprochen. Während allerdings die proletarisch-revolutionäre Literatur der 20er und 30er Jahre, ausgehend von den schlechten Arbeitsbedingungen, die kapitalistische Gesellschaftsordnung angegriffen hatte und ihre Leser wachrütteln wollte (nicht zuletzt heißt eines ihrer ersten Werke *Wacht auf!* [Hans Lorbeer, 1928]), entwickelte sich nach 1945

3   *(a)* Der Begriff „Held der Arbeit" geht auf Maxim Gorki zurück, der auf dem 1. Allunionskongress der Sowjetschriftsteller 1934 erklärt hatte: „Der Hauptheld unserer Bücher muß die Arbeit sein, das heißt der Mensch, der durch die Arbeit mit der machtvollen, modernen Technik geformt ist und der seinerseits die Arbeit leichter, produktiver macht und sie zur Kunst erhebt" (72). Damit stehe dieser neue Held im deutlichen Gegensatz zum dem der russischen und europäischen bürgerlichen Literaturen des 19. Jahrhunderts. Der Held des 19. Jahrhunderts lehnte sich gegen die Gesellschaft auf, entweder aus einem Gefühl der Hoffnungslosigkeit oder aus einem Rachegefühl gegenüber dem Unbill der kapitalistisch-feudalistischen Ordnung heraus. Der bürgerliche Held, so Gorki weiter, endete sodann resigniert und mit der „ihm feindlichen Gesellschaft ausgesöhnt oder aber mit Trunksucht oder Selbstmord" (72–3). Der Held der neuen sowjetischen Literatur, der in seiner Arbeit schöpferisch tätig ist und somit auch ein Schöpfer der Gesellschaft und seiner selbst ist, steht in dieser Konzeption also dem „überflüssigen Menschen" der bürgerlichen Literatur gegenüber (73).
(b) Der Titel *Held der Arbeit* wurde ab 1950 auch als staatliche Auszeichnung der DDR an Arbeiterinnen und Arbeiter für besondere oder bahnbrechende Arbeitsleistungen beim Aufbau der Volkswirtschaft verliehen. Heutzutage wird der Begriff vielfach in einem nostalgisch-verniedlichenden Kontext gebraucht, im Sinne eines Emblems für die ehemalige DDR (und ist z.B. auf T-Shirts, Tassen, Taschen oder Postkarten gedruckt als Souvenir erhältlich). Dies banalisiert den ursprünglichen historischen Sinn der Auszeichnung, nämlich die Anerkennung einer oft übermenschlichen Arbeitsleistung oder einer arbeitstechnischen Neuerung, die einer höheren Produktivität diente.

eine sozialistisch-realistische Literatur, die auf Integration zielte, „die unter Aussparung der Konflikte zum Vertrauen in Partei und Staat erziehen sollte – auch dort, wo sich die allgemeinpolitischen ‚objektiven' Forderungen nicht ohne weiteres mit den subjektiven Bedürfnissen der Arbeiter vereinbaren ließen" (Wolff 287).

Zum Ende dieser Phase, im Jahr 1955, veröffentlichte der Arbeiterschriftsteller Hans Marchwitza den 530 Seiten starken Roman *Roheisen*, eine fiktive Darstellung des Aufbaus des Eisenhüttenkombinats Ost (EKO) in Brandenburg. Der Roman war ein Auftragswerk, wie zahlreiche literarische Werke dieser Jahre, er entsprach vor allem den (kultur-)politischen Erwartungen anstatt neue künstlerisch-ästhetische Akzente zu offenbaren. Heimat präsentierte dieser Roman als eine gesellschaftliche Errungenschaft, die in einem langen Kampf der Arbeiterklasse für ihr *Vaterland* nun, im sozialistischen Staat, ihre Materialisation fand. Die Existenz von Heimat wurde damit, im Kontext der marxistischen Philosophie, zum einen an eine bestimmte gesellschaftliche Entwicklungsstufe gebunden, auf der die Arbeiter als herrschende Klasse schließlich eine politische, soziale und häusliche Geborgenheit finden würden. Zum anderen entsprang dieses Heimatkonzept einem Verständnis von Kunst als einer Produktivkraft für die gesellschaftliche Entwicklung. In den folgenden Abschnitten sollen die literarischen Entwicklungen in der sowjetischen Besatzungszone (SBZ) und der DDR zwischen 1945 und 1955 sowie der Einfluss der proletarisch-revolutionären Literatur der 20er und 30er auf diese Phase eingehender dargestellt werden, um kulturelle Entwicklungen und Verbindungslinien aufzuzeigen, die letztendlich die Darstellung von Heimat in Marchwitzas Roman beeinflussten.

In der SBZ bzw. in der DDR gab es im ersten Jahrzehnt nach dem zweiten Weltkrieg, neben neuen Veröffentlichungen, zahlreiche Neuauflagen von Werken, die aus der proletarisch-revolutionären Literatur der 20er und 30er Jahre stammten. Dazu gehören Arbeiten von Willi Bredel (*Die Prüfung*, EV 1934, Neuauflage 1946; *Die Väter*, EV 1941, Neuauflage 1946; *Der Sonderführer*, EV 1943, Neuauflage 1946; *Die Söhne*, 1949; *Die Enkel*, 1953), Hans Marchwitza (*Die Kumiaks*, EV 1934, Neuauflage 1948; *Meine Jugend*, 1947; *In Frankreich*, 1949; *Die Heimkehr der Kumiaks*, 1952), Karl Grünberg (*Brennende Ruhr*, EV 1928, Neuauflage 1948; *Hitlerjunge*

Burscheidt, 1948) oder Ludwig Turek (*Ein Prolet erzählt*, EV 1929, Neuauflage 1947; *Unser täglich Brot*, Drehbuch für Slatan Dudows Film, 1949). Diese Autoren, die als Arbeiterkorrespondenten und Arbeiterschriftsteller die proletarisch-revolutionäre Kultur geprägt hatten, waren unmittelbar nach dem Ende des Krieges, aus der Illegalität oder dem Exil kommend, häufig in politische Funktionen in der SBZ eingesetzt worden. Willi Bredel war Politinstrukteur der KPD in Rostock, Karl Grünberg Gerichtsdirektor, Hans Lorbeer, ein weiterer Arbeiterschriftsteller der ersten Stunde, wurde Bürgermeister in einem kleinen Ort in Brandenburg. Lutz-W. Wolff beschreibt die Situation nach dem Krieg als eine, die nicht zuallererst „den Literaten" forderte, „sondern den politischen Funktionär, der in der Lage war, dem Nachkriegschaos die ersten Züge der neuen Ordnung aufzuprägen" (249). Dieser Umstand würde schließlich auch in den folgenden, neuen Werken dieser Autoren seinen Niederschlag finden.

Ebenso wurden in den ersten Nachkriegsjahren Schriftsteller bürgerlicher Herkunft, die zur antifaschistisch-humanistischen Einheitsfront gehörten, (wieder) veröffentlicht, wie z.B. Anna Seghers, die 1947 aus dem mexikanischen Exil zurückkehrte (*Das siebte Kreuz*, EV 1942, Neuauflage 1946; *Die Toten bleiben jung*, 1949; *Der Mann und sein Name*, 1952), oder Arnold Zweig, der 1948 aus Palästina zurückkam (*Der Streit um den Sergeanten Grischa*, EV 1927; *Erziehung vor Verdun*, EV 1935; *Das Beil von Wandsbek*, dt. 1947). In den Werken beider Autorengruppen ging es vor allem um das Leben der Arbeiterklasse, um das Leben der kleinen Leute sowie um Nationalsozialismus und Faschismus und deren unmittelbare Auswirkungen auf den Menschen und die Gesellschaft. Im Zuge der antifaschistisch-demokratischen Neuordnung, dem politisch-administrativen Programm der SBZ in den ersten Jahren nach dem Ende des Krieges, waren dies relevante Themen, die sich konsequenterweise auch in der Filmproduktion jener Jahre niederschlugen. Filme wie *Die Mörder sind unter uns* (Wolfgang Staudte, 1946); *Irgendwo in Berlin* (Gerhard Lamprecht, 1946), *Ehe im Schatten* (Kurt Maetzig, 1947) oder *Rotation* (Wolfgang Staudte, 1949) seien als Beispiele genannt (siehe Kap. 3).

Gegenwartsstoffe, im Sinne der Darstellung des Wiederaufbaus von sozialen, politischen und industriellen Infrastrukturen, d.h. mit einem Blick nach vorn, in den neuen Staat, ließen mit einigen Ausnahmen, z.B.

Anna Seghers' *Friedensgeschichten* (1950), noch auf sich warten. Auf der ersten Kulturtagung der SED im Mai 1948 waren bereits Forderungen nach einer neuen künstlerischen Gestaltung des schaffenden, arbeitenden Menschen deutlich artikuliert worden. Ähnlich wie es einige Jahre später der Bitterfelder Weg zu seinem Kern machen sollte, sah die „kulturelle Neugestaltung" Ende der 40er Jahre vor, manuelle und geistige Arbeit, Arbeiter und Intellektuelle nicht mehr zu trennen: „Möge der Gelehrte und Künstler zu den Arbeitern in die Fabriken und Werke gehen," lautete die Aufforderung an die Kunstschaffenden (Wolff 251). Der erste Zweijahresplan der DDR (1949–1951) bezog in die volkswirtschaftlichen Planungen auch die Kultur ein; Künstler und Schriftsteller müssten, so forderte der Politiker Anton Ackermann auf einer Tagung der Kunstschaffenden der SED im September 1948, „zu Propagandisten des Planes in den Betrieben, in der Stadt und auf dem Lande werden" (zitiert ebd. 252).

Einen ersten Gegenwartsstoff, wenn auch nicht in einem Betrieb angesiedelt, lieferte Otto Gotsche 1949 mit dem Roman *Tiefe Furchen*. Der Autor, ebenfalls Arbeiterschriftsteller und seit 1945 u.a. als Landrat in Eisleben (Sachsen) eingesetzt, gestaltete in seinem Roman die Durchführung der Bodenreform der Jahre 1945/46. Am Beispiel eines Dorfes stellte er, aus eigenen Erfahrungen schöpfend, die Auseinandersetzungen zwischen Großbauern und Großgrundbesitzern einerseits sowie Kleinbauern und Landarbeitern andererseits dar (Wolff 254). Gotsches Roman weist bereits einige Aspekte auf, die auch in die Literatur der nachfolgenden Jahre Eingang fanden. Dazu gehören z.B. die große Anzahl an Figuren, die in ihrer Charakterzeichnung relativ blass verbleiben, sowie die Darstellung von unvermittelt wirkenden Veränderungen im politischen Bewusstsein und Verhalten der Figuren, welche oft mehr behauptet als in ihrer Entwicklung erfasst werden. „[S]ich wiederholende [...] politische [...] Argumentationsketten, die den Figuren als direkte Rede in den Mund gelegt" wurden (Krenzlin 166), und die zumeist überflüssig waren, da die Handlung an diesen Stellen oft (besser) für sich selbst sprechen könnte, waren ein weiterer Aspekt. Dies sind letztendlich Ergebnisse eines literarischen Konzepts, welches seine Intention, dem Leser die neuen politischen Zusammenhänge zu erklären und ihn damit im Sinne der neuen Verhältnisse zu erziehen, zu vordergründig realisierte, und welches die dargestellte Wirklichkeit „auf ein gewünschtes Ziel hin idealisierte, anstatt sie analytisch aufzuschließen" (Krenzlin 166 und 181). Es ging um eine „politische Operativität" der Literatur und um deren „wertbildende Funktion" im Zuge des Wiederaufbaus, außerdem sollten die „noch unausgereiften kommunikativen Beziehungen zwischen einer sozialistisch intendierten literarischen Produktion und einer Leserschaft [...], die in einem höchst widerspruchsvollen ideologischen Klärungsprozess begriffen war" stimuliert werden (Krenzlin 175).

Bevor es 1952, einige Jahre später als von der Politik eingefordert, zu einer größeren Anzahl von Veröffentlichungen von Betriebsromanen kam, waren in den Jahren 1950 bis 1952 vor allem Reportagen aus Betrieben und kürzere Erzählungen bestimmend für die literarische Entwicklung; u.a. veröffentlichten Stephan Hermlin, Helmut Hauptmann, Karl Mundstock und Dieter Noll Reportagen über verschiedene Betriebe und Bauprojekte der DDR.[4] 1950 veröffentlichte Eduard Claudius, ein gelernter Maurer, Arbeiterkorrespondent und Widerstandskämpfer, und seit 1948 als Lektor beim Verlag Volk und Welt tätig, eine Reportage über den Aktivisten Hans Garbe, die zu den wichtigsten Arbeiten dieser Phase gehört. Der Arbeiter Garbe hatte im Siemens-Plania-Werk in Berlin (Ost) einen Brennofen für Kohlerzeugnisse bei laufendem Betrieb selbständig repariert.[5] Zunächst erschien Claudius' Bericht als kürzerer Artikel in der Zeitung *Neues Deutschland* („*Ofenbauer Hans Garbe behielt recht*", 24.2.1950), dann entwickelte der Autor daraus eine längere, reportageartige Erzählung (*Vom schweren Anfang*, 1950). 1951, nachdem er für zwei Monate in Garbes Brigade auch mitgearbeitet hatte,[6] veröffentlichte Claudius den Stoff als Roman

---

4   Vgl. dazu die detaillierten Ausführungen von Lutz-W. Wolff 255f.
5   Die Leistung Hans Garbes bestand vor allem darin, dass er die notwendigen Reparaturen selbständig, mit einer von ihm rekrutierten Arbeitskolonne innerhalb von zwei Monaten und bei laufender Produktion (d.h. beim durchgehenden Betrieb des Brennofens) ausgeführt hatte, anstatt die Reparaturarbeiten von einer teuren Privatfirma bei viermonatigem Produktionsausfall durchführen zu lassen.
6   Nach Silberman, *Literature* 19.

unter dem Titel *Menschen an unserer Seite* (Greiner 67–9).[7] Im Mittelpunkt steht jeweils der Arbeiter Hans Garbe (im Roman Hans Aehre genannt), der in seinem Handeln und Wirken den neuen sozialistischen Menschen verkörpert: er zeigt sich in der Lage, neue Produktionsformen zu entwickeln und durchzusetzen und damit auch auf sein Umfeld, d.h. auf seine Arbeitskollegen bewusstseinsbildend und erzieherisch einzuwirken. Die Wirklichkeit wird in Claudius' Roman zwar als etwas Prozesshaftes verstanden, im Sinne eines Kampfes zwischen Altem (Sabotage in der Produktion, Konkurrenz der Privatfirma, Auseinandersetzung mit den Technikern) und Neuem (selbstverantwortliches Arbeiten, Einbringen eigener Vorschläge der Arbeiter in den Produktionsprozess), aber der Sieg des Neuen ist eigentlich schon entschieden, die Wirklichkeit eigentlich schon ‚fertig'. Aehre ist

---

7   Dem Stoff widmete sich außerdem die Brecht-Mitarbeiterin Käthe Rülicke mit ihrer Reportage *Hans Garbe erzählt* (1952). Auch Bertolt Brecht fertigte Entwürfe zu einem ‚Aktivisten-Lehrstück' an (1951–1954, *Büsching-Fragment*), hat das Stück jedoch nie zu Ende bearbeitet. Brecht wollte, insbesondere im Zuge der politischen Gegebenheiten in der DDR zu Beginn der 50er Jahre (u.a. Arbeiteraufstand 1953) eine ‚opportunistische Antwort' vermeiden, auch war er hinsichtlich einer adäquaten dramatischen Auseinandersetzung mit der sozialistischen Gegenwart unsicher (Greiner 84). Lutz-W. Wolff ergänzt, dass sich Brecht nach dem Arbeiteraufstand 1953 im Grunde vollkommen von dem Stoff zurückgezogen hatte, da er bemerkte, dass er „zwischen den subjektiven Bedürfnissen der Arbeiter und den objektiven Notwendigkeiten, die sich auch für ihn in Partei und Staat verkörperten, nicht würde vermitteln können" (Wolff 273). Brechts einziges ‚Gegenwartsstück' blieb deshalb die Inszenierung von Erwin Strittmatters Stück *Katzgraben* (1953). Den Held der Büsching-Fragmente hatte Brecht so konzipiert, dass eine Identifikation des Zuschauers mit ihm erschwert würde. Brecht wollte, dass der Zuschauer sich dem Stück gegenüberstellte, wollte den Held „fragwürdig" belassen, d.h. ihn als „Lernbild", nicht als „Leitbild" gestalten (Greiner 84). Einen ähnlichen Ansatz verfolgte Heiner Müller mit seiner Bearbeitung des Garbe-Stoffs, dem Stück *Der Lohndrücker* (1957). Er wollte, wie Brecht, nicht eine Wirklichkeit darstellen, „in der alle wesentlichen Entscheidungen schon gefallen sind – in diesem Sinne Wirklichkeit als Zustand – sondern Wirklichkeit als Prozeß" (Greiner 85). Auch Karl Grünberg widmete Hans Garbe eine reportageartige Erzählung: *Hans Garbe – Der Mann im feurigen Ofen* wurde 1951 in dem Sammelband *Helden der Arbeit. Aus dem Leben und Wirken der Helden unserer Zeit* veröffentlicht.

ein schon fertiger Held, eine literarische Gestalt mit „Vorbildcharakter", die für den Leser als Modell dienen sollte, sich in der Realität ähnlich zu verhalten (Krenzlin 180). Insgesamt erfüllt der Roman damit die Funktion, die Wirklichkeit zu illustrieren, sie dem Leser (auf einfache Weise) verständlich zu machen. Differenzierter noch als der Roman hatte die Reportage von 1950 nicht nur die bloße Nachahmung von ‚Heldentaten' eingefordert, sondern in emanzipatorischer Manier die Leser/Arbeiter auch zur konstruktiver Kritik an Arbeitsabläufen und Arbeitsteilungen angeregt sowie zu einer selbstbewussten Haltung gegenüber voreingenommenen, arroganten Fachleuten und Parteifunktionären. In der Romanversion war dieses Verhältnis wieder umgekehrt (bzw. aus Parteisicht, ‚berichtigt'), Konfliktlösungen und „Aufräumarbeiten" gingen wieder von der Partei, nicht von einem einzelnen Arbeiter aus (Wolff 257 und 261). Im Gegensatz zu vielen anderen, nach *Menschen an unserer Seite* veröffentlichten Romanen, die sich ebenfalls der Welt der industriellen Produktion widmeten, vermochte dieser allerdings auch Themen wie Privatsphäre und Familie einzubeziehen sowie eigenständige Nebenhandlungen, wie z.B. die um den Künstler Andrytzki, zu entwickeln.[8]

Heimat wird in Claudius' Roman zunächst als ein konkreter Ort beschrieben. Es ist die Fabrik, sie ist das Zuhause und der Lebensmittelpunkt der Figuren. Der Roman eröffnet mit einer Beschreibung dieses Heimatorts: „Unsere Fabrik liegt weit draußen im Osten Berlins, nah bei Schrebergärten [...]: ein Gewirr düsterer Hallen und Baracken; zwischen den Schornsteinen und den Gebäuden, in den schmalen, langen Hofgängen liegen Schutt- und

---

[8] Der Roman zeigt damit eigentlich eine größere Verwandtschaft mit Anna Seghers' Romanen *Die Entscheidung* (1959) und *Das Vertrauen* (1968) als mit den zwischen 1952 und 1955 veröffentlichten Betriebsromanen. Eberhard Röhner (1967) stellt außerdem eine Verwandtschaft mit Fjodor Gladkows Roman *Zement* (1925) fest, hinsichtlich des Figurenensembles, der Anlage des Ehekonflikts, und dem Konflikt zwischen Aehre und Dr. von Wassermann, dem skeptischen Leiter der Forschungsabteilung: „Die Zähigkeit und Verbissenheit Gleb Tschumalows, sein Bewußtsein, daß die freie Arbeit zwar in blutigen Kämpfen erobert wurde, daß aber nun ‚ein gewaltiges Ringen, schwerer als der blutige Kampf', beginnen wird, daß nur der ein Held ist, der Unmögliches vollbringt, finden wir in Aehre wieder" (*Arbeiter* 37).

Schamottesteinhaufen umher" (5). Dieser Ort, dessen äußere Qualitäten eher Assoziationen von Unwirtlichkeit, Düsternis, ja auch von Unheimlichkeit evozieren, wird von den Arbeitern dennoch als *ihre* Heimat, als ein Ort der Sicherheit und Zugehörigkeit empfunden, denn er *gehört* ihnen, ist Ausdruck ihrer Souveränität als politische Klasse. Er wird als *"unsere* Fabrik" bezeichnet und bezieht damit sowohl den Leser als auch eine größere imaginäre Gemeinschaft ein. Peter Blickle spricht in diesem Zusammenhang von einem „collective singular" (69), der in den Romanen der Aufbauphase häufig gebraucht wird („Menschen an unserer Seite"; „bei uns", „unser Land", „unser Werk", „wir" usw.), und der die Grenze zwischen dem Ich und dem Wir verwischt und letztlich aufhebt.

Gleichsam als ein erzählerischer Rahmen wird das Bild von der Fabrik zum Ende des Romans aus der Sicht einer Figur, der Arbeiterin Suse Rieck, wiederholt. Nachdem diese Figur ein Leben in Westdeutschland in Betracht gezogen und auch kurz ausprobiert hat, kehrt sie schließlich nach Ost-Berlin, in ‚ihre' Fabrik zurück: „Sie [...] fühlte sich zu Hause. [...] Die schwarze, dreckige Fabrik mit ihrem tollen Wirbel an Arbeit, mit ihrem äußerst komplizierten Fabrikationsgang, den sie kaum überschaute, und mit ihren Tausenden von Menschen, groben und oftmals bärbeißigen Menschen, sie hatte sie zurückgeholt und verhindert, dass sie sich verlor; sie war ihre Heimat" (Claudius 284). Wiederum werden die äußeren Merkmale, die Schwärze und der Dreck, den heimatlich-heimeligen inneren Qualitäten der Fabrik gegenübergestellt. Die dortige Arbeit und die Arbeiter rufen bei Suse Rieck die Gefühle von Geborgenheit und Sicherheit hervor.[9]

Die Fabrik als Bauwerk sowie ihre Produktivität und der erfolgreiche Fortgang der Arbeitsabläufe symbolisieren in Claudius' Roman den neuen sozialistischen Staat und dessen schwierigen, jedoch letztlich erfolgreichen Aufbau. Hans Aehres Aktivistentat, die Reparatur des Ofens, hat den Grundstein gelegt. Er hat Kollegen, Vorgesetzte und Skeptiker überzeugt,

---

9 Die Figur der Suse Rieck ist mit ihrer Geschichte, dem kurzen ‚Ausflug' in den Westen, eine Art Vorbotin von Christa Wolfs weiblicher Protagonistin aus *Der geteilte Himmel* (1963), Rita Seidel. Auch diese kehrt nach einem Besuch in Westberlin endgültig in die DDR, dem Ort *ihrer* Arbeit, *ihrer* Verantwortung und der Menschen, mit denen sie zusammen arbeiten will, zurück. Siehe Kap. 7.

und er hat eine kollektive Einheit geschaffen. Seine Tat verbindet „the construction of a particular industrial object" mit der „solidification of a community of collective labor around that site, converting *Betrieb* into *Heimat*" (Bivens, *Neustadt* 146, Hervorh. im Original).

Aehres Fazit nach der erfolgreichen Tat lautet: „„Wir haben es geschafft! [...] Wir alle zusammen!' [...] und er dachte: Wie früher. Mein Gott, wie früher und doch nicht wie früher. Und er spürte, wie die Erregung ihn überschwemmte [...]" (Claudius 309). Euphorie und Kampfgeist der Arbeiterbewegung der 20er und 30er Jahre, die ihren Ausdruck in den Werken der Arbeiterkorrespondenten und proletarischen Schriftsteller fanden, klingen in Aehres Reaktion auf das Erreichte an. Alte Hoffnungen und Motivationen werden nun auf eine höhere Stufe, auf die der Erfüllung gesetzt. Claudius' Roman trägt offensiv an seine Leser heran, dass es mehr Menschen wie Hans Aehre/Garbe braucht, um den Traum von der Heimat der Arbeiter, d.h. eine in gemeinsamer Arbeit geschaffene, gerechte Gesellschaft zu verwirklichen. Die positive Zukunftsperspektive ist jedoch gewiss, und sie ist in Aehres Tat und in der fortlaufenden Produktion der Fabrik manifestiert. Einer der letzten Sätze im Roman lauten: „Seht ihn Euch an! Ist er nicht einer von uns, einer von uns Arbeitern? Ein einfacher Mensch, und er hat die Kraft in sich. Wir alle haben diese Kraft in uns, wir müssen es nur wissen [...]" (Claudius 310).

Betriebsromane seit 1952

Das Genre des Betriebs- oder Industrieromans, als dessen erstes Werk Eduard Claudius' *Menschen an unserer Seite* (1951) geltend gemacht werden kann, konstituierte in den folgenden Jahren einen wichtigen Bereich in der Literatur der DDR. Als ein relativ einheitlicher Textkorpus, im Hinblick auf die Authentizität der Schauplätze und der dargestellten Lebens- und Arbeitsbedingungen, das Verständnis von Heimat sowie die Frauenemanzipation im Bereich der Arbeit, aber auch hinsichtlich des Figurenensembles, der Handlungsführung und des episodischen

Aufbaus bieten diese Romane bis heute wichtiges, bis zu einem gewissen Grad dokumentarisches Material über die Aufbaujahre in der SBZ und der DDR. Im Dokumentarfilm war eine ähnliche Entwicklung zu beobachten; dieser widmete sich in den 50er Jahren ebenso umfassend dem Thema der industriellen Produktion, wie z.B. in *Stahl* (Joop Huisken, 1949); *Turbine I* (Joop Huisken, 1953); *Die sieben vom Rhein* (Annelie und Andrew Thorndike, 1954) oder *Stahl und Menschen* (Hugo Hermann, 1957). Die Wirkungsabsicht gegenüber dem Zuschauer war dieselbe: die Filme sollten erklären, bewusst machen, erziehen.

Wie zuvor erwähnt, wurde eine große Anzahl der Betriebsromane im Jahr 1952 sowie in den folgenden drei Jahren veröffentlicht. Sie fielen damit in eine Phase, in der es bereits explizit um den „Aufbau der Grundlagen des Sozialismus in der DDR" ging (die demokratisch-antifaschistische Neuordnung galt als abgeschlossen), welcher auf der 2. Parteikonferenz der SED im Juli 1952 beschlossen worden war (Wolff 266–7).[10] Auf der Konferenz wurde kritisiert, dass Gegenwartsstoffe weiterhin eine zu seltene literarische Gestaltung fänden, allerdings erschienen in der Folge der Konferenz zahlreiche neue Arbeiten, u.a. Maria Langner, *Stahl* (1952), Karl Mundstock, *Helle Nächte* (1952), August Hild, *Die aus dem Schatten treten* (1952), Hans Lorbeer, *Die Sieben ist eine gute Zahl* (1953), Hans Marchwitza, *Roheisen* (1955), Rudolf Fischer, *Martin Hoop IV* (1955) und Harry Thürk, *Die Herren des Salzes* (1956). Eva Strittmatter (1962) beschrieb den bereits bekannten Anspruch dieser Werke wie folgt: „Die taktische Wirkung, die Propagierung bestimmter neuer Arbeits- und

---

10   Ulbrichts Rede im Wortlaut: „In Übereinstimmung mit den Vorschlägen aus der Arbeiterklasse, aus der werktätigen Bauernschaft und aus anderen Kreisen der Werktätigen hat das Zentralkomitee der Sozialistischen Einheitspartei Deutschlands beschlossen, der II. Parteikonferenz vorzuschlagen, daß in der Deutschen Demokratischen Republik der Sozialismus planmäßig aufgebaut wird. Die Schaffung der Grundlagen des Sozialismus entspricht den Bedürfnissen der ökonomischen Entwicklung und den Interessen der Arbeiterklasse und aller Werktätigen. Unter der Führung der Arbeiterklasse wird das deutsche Volk [...] in der Deutschen Demokratischen Republik die großen Ideen des Sozialismus Wirklichkeit werden lassen!" Judt, *DDR-Geschichte in Dokumenten* 52–3.

Denkweisen, die Illustrierung unserer gesellschaftlichen Entwicklung durch die Darstellung von Rekonstruktion oder Neuaufbau bestimmter Industriewerke wurde von diesen Büchern erwartet, gewünscht und geleistet" (503). Diese Voraussetzungen haben diesen Romanen nicht selten die Bewertung von ästhetisch nicht gelungenen, literarisch unbedeutenden oder staatstreuen und demzufolge uninteressanten Werken eingebracht.[11]

Die Leistung dieser Romane ist, wie bereits angedeutet, indessen auf anderem Gebiet zu suchen. Sie liegt zum einen in dem Willen, die Jahre des industriellen und sozialen Wiederaufbaus in der DDR, vor allem anhand von nur geringfügig für die Romane veränderten authentischen Schauplätzen, zu dokumentieren.[12] So stark auch der propagandistische Anspruch häufig durchscheint, so wenig sind Schilderungen der Arbeits- und Lebensbedingungen oder der Schwere der oft manuell ausgeführten Arbeiten von den Autoren ausgedacht oder beschönigt. Zum anderen besteht die Leistung der Betriebsromane in ihrem Anspruch, an der

---

[11] So bescheinigt Wolfgang Emmerich den Betriebsromanen beispielsweise einen „äußerst fragwürdig[en] [...] literarische[n] Stellenwert" (*Literaturgeschichte* 139). In einer Rezension zu *Roheisen* (1955) eines amerikanischen Germanisten aus dem Jahr 1957 ist außerdem zu lesen: „The book could not be considered more than a heavily slanted propaganda work, pointing out all the advantages a worker in a Communist regime has in comparison with the laborers in the ‚backward capitalistic countries'. [...] *Roheisen* deserves reading only when the reader is particularly interested in the ‚progressive' sort of literature that is produced today in Soviet satellite nations." (Mruck 60).

[12] Folgende Schauplätze wurden in den Romanen dargestellt: das Eisenhüttenkombinat Ost (EKO) in Karl Mundstocks *Helle Nächte* (1953) und Hans Marchwitzas *Roheisen* (1955) (und später noch einmal in Joachim Knappes *Mein Namenloses Land*, 1965); das Stahlwerk Brandenburg in Maria Langners *Stahl* (1952); das Stickstoffwerk Piesteritz in Hans Lorbeers *Die Sieben ist eine gute Zahl* (1953), das Zwickauer Steinkohlenbergwerk *Martin Hoop* in Rudolf Fischers *Martin Hoop IV* (1955). Auch späterhin wurden authentische Schauplätze als Vorbilder literarischer gewählt, z.B. die chemischen Großanlagen in Leuna und Schkopau in Hans-Jürgen Steinmanns *Die größere Liebe* (1959) sowie in Erik Neutschs *Spur der Steine* (1963), das Petrolchemische Kombinat Schwedt in Karl-Heinz Jakobs *Beschreibung eines Sommers* (1961) und das Braunkohlenwerk *Schwarze Pumpe* in Brigitte Reimanns *Ankunft im Alltag* (1961).

Aufbauarbeit als literarische Werke unmittelbar teilnehmen zu wollen. Sie sind aus einem Verständnis von Kunst heraus entstanden, in welchem künstlerische Werke Erfahrungen aus der Wirklichkeit, die Autoren und Leserschaft teilen, präsentieren und welches sich demzufolge direkte, positive Auswirkungen auf die Handlungen der Menschen/Leser in der Gegenwart zuschreibt. In einer Äußerung Otto Gotsches, Autor von *Tiefe Furchen* (1949), wird dieser Ansatz wie folgt formuliert: „Künstlerisch gestaltete Gegenwartsstoffe müssen hohen Wahrheitsgehalt haben, da die Gegenwart ja von den Lesern miterlebt wurde. [...] Wahrheit und Dichtung müssen im Prozeß des künstlerischen Schaffens zu einer untrennbaren Einheit werden" (*Werkstattgespräche* 70–1). Ebenso beschreibt Andreas Schrade die 50er Jahre als einen „unwiederholbare[n] geschichtlich-literaturgeschichtliche[n] Augenblick", da sich „Realität und humanistische Perspektive [...] im Bewußtsein vieler DDR-Schriftsteller auf eine Einheit zu [bewegten]" (58), und die sich darum als aktive Mitgestalter der neuen Gesellschaft definierten. Aus einem eher pragmatischen Blickwinkel ergänzt Winfried Taschner, dass die Romane außerdem Motivation „zur Seßhaftigkeit in der SBZ/DDR" sein wollten, „damit jede größere [...] Fluktuation von Arbeitskräften vermieden wird" (213), denn der Arbeitskräftemangel war eines der gravierenden Probleme der Phase des Wiederaufbaus.

Hans Marchwitza, *Roheisen* (1955): Der Betrieb als Heimat

Der Autor Hans Marchwitza, 1890 geboren, gehörte mit Hans Lorbeer zu den Begründern der proletarisch-revolutionären Literatur der 20er Jahre. Er arbeitete als Bergmann im Ruhrgebiet und wurde nach dem ersten Weltkrieg politisch aktiv, seit 1920 war er Mitglied der KPD. Ab Mitte der 20er Jahre veröffentlichte er als Arbeiterkorrespondent journalistische Arbeiten in kommunistischen Zeitungen; seine erste längere Arbeit, *Sturm auf Essen*, eine Reportage über die Kämpfe der Arbeiter im Ruhrgebiet im Jahr 1920, erschien 1930 in der Reihe der *Der Rote-1-Mark Roman*. Während des Zweiten Weltkriegs war Marchwitza in verschiedenen Lagern interniert. Nach dem Ende des Krieges gehörte er in der SBZ zu den Begründern der *Akademie der Künste*. Seine Trilogie *Die Kumiaks* (1934, 1952, 1959) sowie *Meine Jugend* (1947), die jeweils autobiografisches Material verarbeiten, gehörten zum Lesekanon in der DDR.

Roheisen erschien im Jahr 1955, Marchwitza hatte jedoch größere Teile bereits 1952/53 fertiggestellt, wie eine Diskussionsrunde zu den ersten beiden Kapiteln in der Akademie der Künste im November 1952 sowie ein Vorabdruck in der *Neuen Deutschen Literatur* 1953 (s.u.) bezeugen (vgl. Silberman, *Literature* 35).[13] Der Roman schildert in einem fiktiven Kontext den Aufbau des Eisenhüttenkombinates Ost (EKO). Dieser war auf dem III. Parteitag der SED (1950) im Zuge des ersten Fünfjahrplans für die Wirtschaft (1951–1955) beschlossen worden, nebst dem Bau einer Wohnstadt. So entstand Eisenhüttenstadt (später kurzzeitig Stalinstadt) ab August 1950 als eine Planstadt.[14] Der Roman erzählt in chronologisch ablaufenden Episoden, in einem an Reportagen erinnernden Stil, die Entwicklungsetappen des Werks zwischen 1950 und 1952; das Hauptaugenmerk liegt dabei auf dem äußeren Geschehen, auf den Arbeitsabläufen und auftretenden Bau- und Produktionsschwierigkeiten. Das Geschehen wird in drei große Abschnitte gegliedert: von den ersten Rodungsarbeiten auf dem Werksgelände, über die Fertigstellung des ersten Hochofensockels und den Bau des ersten Hochofens, bis hin zu dessen Anheizen sowie den nachfolgenden Schwierigkeiten in der Produktion und bei der Eisenerzeugung. Schluss- und Höhepunkt bildet die Schilderung der Feier zum 1. Mai im Jahr 1952, da alle Figuren das bislang Erreichte, einschließlich der Überwindung der technischen Schwierigkeiten, feiern

---

13 Marc Silberman, der im Nachlass von Hans Marchwitza in der *Akademie der Künste*, Berlin, geforscht hat, berichtet, dass insgesamt sechs Manuskriptversionen von *Roheisen* vorliegen (*Literature* 35).

14 Ausführliche Informationen zu Planung und Bau von Eisenhüttenstadt sowie Verweise auf weiterführende Literatur bietet folgender Artikel: Ruth May: „Planned City Stalinstadt: a Manifesto of the Early German Democratic Republic." *Planning Perspectives* 18 (2003), 47–78.

und gemeinsam in eine frohe Zukunft blicken.¹⁵ Mit folgenden Worten wird der Leser aus dem Roman verabschiedet:

> Man konnte [...] die Krane und die zweite Ofengruppe und die hohe, mehrere hundert Meter lange Förderbrücke sehen. Ein neuer, mächtiger Bauplatz weitete sich am Ende dieser Brücke, und zwei fast fertige Schornsteine erhoben sich dort gegen den Horizont. Die Landschaft hatte ein neues Gepräge erhalten. [...] Eine mächtige, beharrliche Meisterhand hatte es geschaffen aus Bergen von Eisen und Ziegelsteinen, mit Sorgen und zahllosen Schweißtropfen. Der Meister hieß Arbeiterklasse. [...] ‚Ach Menschen, wer glaubte noch vor ein paar Jahren, daß es einmal so kommen würde.' (531).

Das Figurenensemble des Romans (v.a. Arbeiter, Ingenieure, Parteifunktionäre) ist sehr groß, bleibt jedoch durchaus noch überschaubar, da wichtige Szenen und Handlungsabläufe um eine Familie, die Hoffs, gruppiert sind, deren Mitglieder durch die Arbeit auf der Baustelle ihren jeweiligen Lern- und Bewusstseinsprozess durchlaufen: Vater Christian Hoff ist Maurer und wird zum Vorreiter einer neuen, effektiveren Bauweise; ein Sohn, Martin Hoff, wird zum Hochöfner ausgebildet und gehört zu denen, die die Schwierigkeiten bei der Eisenerzeugung überwinden werden; ein weiterer Sohn, Stefan Hoff, geht zunächst in den Westen und arbeitet dort untertage, kehrt jedoch geläutert und politisch bewusster nach Eisenhüttenstadt, seiner wahren Wirkungsstätte, zurück; die Tochter Margret Hoff durchlebt eine Entwicklung von der stillen Helferin im Haushalt der Familie zur Führerin eines Krans und zum Mitglied der Partei.

Insgesamt tritt die Gestaltung der einzelnen Menschenschicksale in *Roheisen* allerdings hinter das Geschehen und die Beschreibung der Arbeitsabläufe zurück. Häufig wird auch das gesamte Figurenensemble, stellvertretend für die Arbeiterklasse, in den Blickpunkt gerückt (wie auch im oben zitierten Textausschnitt); diese wird im Grunde als der eigentliche Held des Romans präsentiert. Gudrun Klatt führt aus, dass Marchwitzas „großräumiges" Romankonzept einem Bedürfnis nach Synthese entsprungen war, einer Synthese im Sinne des Erfassens des Ganzen, der gesamten

---

15 Eine erkennbare Rezeption bzw. eine indirekte Beeinflussung des Romans von den Ereignissen des Arbeiteraufstandes von 1953 ist nicht auszumachen.

Wirklichkeit; die Schilderung des Aufbaus des Werks sollte „zum Modell für die Entwicklungsrichtung der Gesamtgesellschaft" (266) werden.

Der Roman löste mehrere Kritiker- und Leserdiskussionen aus. Eine Diskussion im Jahr 1953 in der Zeitschrift *Neue deutsche Literatur (NDL)*, die etwa 150 Seiten des Romans als Vorabdruck veröffentlicht hatte, verlief vorrangig kritisch. Einwände wurden gegen die Darstellung der Rolle der SED erhoben, die als „vernachlässigt und negativ dargestellt" empfunden wurde; andere Einwände waren ästhetischer Natur und richteten sich gegen den reportageartigen Stil des Romans, gegen seine episodische Struktur und das Fehlen einer „geschlossenen Handlung" (Klatt 268). Marchwitza sei vom „Allgemeinen ausgegangen und habe die menschlichen Zusammenhänge diesem äußeren Zusammenhang untergeordnet"; er habe es nicht vermocht, „die Vorwärtsbewegung von innen her vermöge einer Fabel" zu gestalten, sondern habe sich ganz auf ein „äußeres Antriebsmittel", nämlich den im Grunde von „allein ablaufenden Arbeitsprozess", konzentriert, so schrieb eine Diskussionsteilnehmerin (ebd. und Wolff 270).[16] Die Schwierigkeiten, seinem Stoff gerecht zu werden, rührten bei Marchwitza womöglich auch daher, dass er, selbst ehemaliger Bergmann, bislang ausschließlich über eigene Arbeitserfahrungen geschrieben hatte. Der Autor hatte zwar das entstehende Werk in Eisenhüttenstadt besucht, konnte jedoch beim Schreiben nicht auf selbst Erlebtes, wie beispielsweise in *Sturm auf Essen* (1930), *Walzwerk* (1932) oder *Die Kumiaks* (1934), zurückgreifen.[17]

16 Die Kritik an Marchwitzas Roman erinnert an die Kritik von Georg Lukács zu Willi Bredels ersten Arbeiten, *Maschinenfabrik N&K* (1930) und *Rosenhofstraße* (1931). Lukács kritisierte z.B. den „künstlerisch ungelöste(n) Widerspruch zwischen dem breiten, alles Wesentliche umfassenden epischen Rahmen seiner Fabel und zwischen seiner Erzählungsweise, die teils eine Art von Reportage, teils eine Art von Versammlungsbericht ist. [...] Ein Roman erfordert eben andere Gestaltungsmittel als eine Reportage" (zitiert in Silberman 33).

17 Gudrun Klatt bemerkt dazu: „Alles, was Marchwitza bis dahin produziert hatte, war Wirklichkeitsanalyse, die zustande kam, weil individuelles Erleben aufgeschrieben wurde" (266). Einige kurze Abschnitte im 16. und 17. Kapitel des 2. Teils von *Roheisen* schildern den ‚Ausflug' der Figur des Stefan Hoff in den „Förderstollen eines Ruhrschachts" (349). Der Bergbau im Ruhrgebiet, das ist Hans Marchwitzas alte Arbeitsstätte und eigentliche literarische Heimat (wie z.B. in seiner Trilogie

Eine zweite Diskussion, die 1955, nach Erscheinen des Romans in der Zeitschrift *Tribüne* (u.a. im Kontext des *Nachterstedter Briefs*[18]) geführt wurde, hatte hingegen einen primär bestätigenden Charakter. *Roheisen* wurde hier u.a. als „inhaltsreiches Spiegelbild unseres Lebens", das eine große „Überzeugungskraft und Wahrhaftigkeit" habe, beschrieben (Klatt 269). Das Unbehagen am Syntheseversuch, an der großen Form des Romans, die noch in der ersten Diskussion als missglückt angesehen wurde, wurde nun nicht mehr problematisiert (ebd.).[19] 1955 erhielt Marchwitza für den Roman den Nationalpreis. Die *NDL* rezensierte den Roman 1956; hier wurde erneut auf das Problem der „Betriebsreportage" hingewiesen, die dazu geführt habe, dass die Figurenzeichnung blass und schemenhaft verblieben war (ebd.). Auch andere reflektierten den Roman in den folgenden Jahren eher kritisch, so würdigte z.B. Johannes R. Becher (1955), dass Marchwitza mit seinem Roman zwar Neuland betreten, sich jedoch „bei diesem Versuch [...] auch übernommen" habe (373). Eberhard Röhner (1967) schrieb,

---

Die Kumiaks). Der Autor hatte ca. 1960/61 einen Roman über das Braunkohlenwerk *Schwarze Pumpe* konzipiert, der eine Weiterführung der Geschichte der Figur des Hein Leder aus *Roheisen* werden sollte, er schrieb dieses Manuskript jedoch nie zu Ende. Die Schriftstellerin Brigitte Reimann notierte Ende 1961 in ihrem Tagebuch über Begegnungen mit Marchwitza im Schriftstellerheim Petzow: „die Nachmittage, wo der alte Marchwitza kam, der einsam und schon ein bißchen zu kindhaft ist, und uns stundenlang von seiner Kindheit und Jugend erzählte. [...] Er wollte einen Roman über Pumpe schreiben. An einem der letzten Abende sagte er, er habe den Roman beiseitegelegt, er habe das Gefühl, er könne das nicht mehr bewältigen, auch wolle er von der Vergangenheit erzählen, über Dinge, die er kenne. Dies schien uns Erkenntnis und Eingeständnis, daß er von der Welt – der Republik, der Arbeiterklasse 1961, nicht viel weiß, nicht genug weiß, daß er sie vielleicht gar nicht mehr begreift" (Reimann, *Ich bedaure nichts* 225–6).

18   Der *Nachterstedter Brief* ist ein Offener Brief der Werktätigen des VEB Braunkohlenwerks Nachterstedt an den Deutschen Schriftstellerverband aus dem Jahr 1955, in welchem neben großem Lob für die aktuelle Literatur auch der Wunsch nach „mehr Bücher[n] über den großen Aufbau", aber vor allem auch nach „mehr Werke[n] über unsere neuen Menschen" geäußert wurde (*Offener Brief* 321–2).

19   Die beiden sehr unterschiedlichen Diskussionen um Marchwitzas Roman sind nicht zuletzt zwei interessante Beispiele für die stets volatile Kulturpolitik und Literaturkritik in der DDR.

dass auch „ein so erfahrener und fähiger Schriftsteller wie Marchwitza [...] bei der Darstellung der neuen Wirklichkeit vor Schwierigkeiten" gestanden habe, die es ihm letztlich versagten „den Stoff zu bändigen und in eine angemessene künstlerische Form zu gießen" (38). Der amerikanische Germanist Marc Silberman, der in den 70er Jahren, neben Bernhard Greiners *Die Literatur der Arbeitswelt in der DDR* (1974), eine erste umfassende und fundierte Studie zum Betriebsroman der DDR aus ‚westlicher' Sicht schrieb (*Literature of the Working World*, 1976), verweist auf die Schwächen des Romans hinsichtlich des allwissenden Erzählers. Marchwitza verhindere damit „the readers' opportunity to draw conclusions from these [narrative] sketches, for he employs a narrator who interprets and evaluates as a means of generalizing *for* the reader"; dies zerstöre auch, so Silberman weiter, „the illusion of firsthand experience inherent in the document" (31). Was Marchwitza mit seinem Roman allerdings erreicht, und was auch Silberman hervorhebt, ist die Darstellung der chaotischen, ‚rummelplatzartigen' Atmosphäre der ersten Jahre nach dem Krieg; die vielen Figuren „do not conceal the contradictions of the new start after the war, rather, precisely by means of the various attitudes toward the construction project which his characters represent does Marchwitza succeed in portraying the complexity of the transitional phase" (32).[20] Der Autor selbst hatte sich an den Diskussionen um seinen Roman nicht beteiligt, obwohl ihn die *NDL* im Jahr 1953 explizit gebeten hatte, in die Leser-Debatte einzugreifen. Erst auf der ersten Bitterfelder Konferenz, 1959, äußerte er sich rückblickend: „Unsere ersten Schritte in die Gegenwart, in die Fülle des

20 In *Roheisen* heißt es in diesem Zusammenhang bspw. im 7. Kapitel des 3. Teils: „Es gab alle möglichen Charaktere unter diesen Maurern, schweigsame und schreiende, duldsame und unduldsame, einige, die jeden schlagen, andere, die alle versöhnen wollten. [...] es gab welche, die nur von ihren bitteren oder wunderbaren Erinnerungen zehrten, und andere, die anscheinend alle Ursache hatten, sich an nichts zu erinnern. Es gab grobe und geschliffene und es gab träge, wenn nicht gar stumpfe Gestalten und behutsam redende, nachdenkliche ernste Jungen. Doch die Brigadenarbeit hielt sie alle zusammen; hier ging es um ihr Mauerwerk und im ihre Maurerehre, hier wurde gemeinsam beraten, gedacht, gerechnet und gemeinsam der Stolz einer neuen Auszeichnung genossen. Hier kämpfte stumm das Neue mit dem Alten" (422).

Neuen sind zum Teil noch zaghaft, noch ungeschickt gewesen; noch ist dieses oder jenes Werk aus den letzten Jahren mit Geröll überladen. Aber der gute Wille war schon da, und die Übung macht sich schon bemerkbar" (zitiert in Klatt 270).

Heimat in Marchwitzas Roman Roheisen

Heimat in Marchwitzas Roman manifestiert sich, in sehr ähnlicher Weise wie Claudius' *Menschen an unserer Seite* (1951) zunächst im Zusammenhang mit dem äußeren Lebensraum und der Arbeitsstätte: als Heimat wird das Werk und der konkrete Arbeitsplatz erfahren. Dem spröde und unheimatlich wirkenden äußeren Anschein der Heimat wird auch hier das Erlebnis der Zugehörigkeit des Einzelnen zu diesem Ort gegenübergestellt. Der allwissende Erzähler berichtet über das entstehende Werk: „Auch die Ausschachtungen der Fundamentgruben für den Erzbunker [...] waren schon in Angriff genommen worden, und das Rollen und Rasseln der Bagger dröhnte in das Gekreisch der Lorenzüge, zuweilen übertönt von dem Klirren schweren Eisens. An den Montagestellen knatterten Niethämmer" (252); oder auch: „Der erste Hochofen stand mit seinem Trägergerüst und den drei Eisentürmen [...] fertig da. [...] Achtzigtausend Kubikmeter Beton waren verarbeitet worden, zwanzigtausend Tonnen Zement [...]. Das waren Zahlen und Zahlen ... und die Zahlen waren Eisen, waren Erdmassen und Berge von Steinmaterial, waren [...] ungezählte Schweißtropfen von Tausenden Stirnen, diese Zahlen." (370–1) Diese Bilder komplementiert der Roman mit Äußerungen heimatlicher Gefühle gegenüber den kolossartigen, steinern-eisernen Bauten. Diese Gefühle werden entweder im kollektiven Plural formuliert („Es war ihr Werk. [...] Das, was sie bisher nie ganz überschaut hatten, erhob sich jetzt wirklich, überwältigend vor ihren Augen – die gemeinsame Kraft." [371]), oder aber aus der Perspektive einer einzelnen Figur geschildert. Aus der Sicht Margret Hoffs, die nach einer Reise nach Berlin auf die Baustelle des Werks zurückkehrt, heißt es: „Die Pfiffe der Lokomotiven, der Lärm und die Rufe, die sie von überallher begrüßten, das Klirren des Eisens und das Rollen der Krane [...] waren für sie eine lang vermißte Umgebung.

Dieses Arbeitsleben hier war das Fundament, dem man sich nicht mehr entreißen konnte und durfte" (368).

Heimat wird damit auch in ein konkretes, seh- und greifbares Wirklichkeitsbild transportiert. Heimat *ist* die gegenwärtige Wirklichkeit des Eisenhüttenwerks und des sozialistischen Staates. Sie ist auch die zur Wirklichkeit gewordene Utopie eines von den Arbeitern selbst erschaffenen und selbst zu besitzenden Heimatraums. Das Werk ist das Dokument, die Manifestation dieses Lebensraums.[21]

Dieses Konzept, welches Heimat in den konkreten Kontext (und die Grenzen) einer Gesellschaftsform setzt und unmittelbar an einen bestimmten gesellschaftlichen Entwicklungsstand knüpft, findet seinen Bezugspunkt in der proletarisch-revolutionären Literatur der 20er und 30er Jahre. Diese ging aus der seit 1925/26 entstandenen Arbeiterkorrespondentenbewegung hervor und sah sich als Kämpferin zur Aufklärung und Bildung der Arbeiterklasse, als ein Teil ihres politischen Kampfes.[22] Ihre Autoren

---

21 Winfried Taschner hat in diesem Zusammenhang den Begriff der „Aufbauheimat" geprägt. In der Aufbauliteratur gehe es um die „Beschreibung einer äußerlichen Neuordnung des nationalen Lebensraumes" (211), in welchem „private, individuelle Erlebnisräume fehlen" (212). Zwei Merkmale der Aufbauheimat hebt Taschner hervor. Zum einen ist es ihr dokumentarischer Charakter, d.h. das Prinzip, einen authentischen Schauplatz darzustellen, so dass die „Handlungsorte [...] allgemein in der realen DDR-Wirklichkeit lokalisierbar" sind (212), zum anderen ist es die Monumentalität. Taschner meint hiermit die „Demonstration eines historischen Aufbauerfolges, dessen Ergebnis in der realen Wirklichkeit bereits feststeht" (ebd.). Das heißt, die „Heimat repräsentiert ein Aufbaudenkmal, sie bringt die absolute Zuversicht auf materielle Existenzgarantie und nationalen Wohlstand zum Ausdruck" (ebd.).

22 Zu den literarischen Vorbildern dieser Literatur zählten vor allem revolutionäre sowjetische Schriftsteller wie Fjodor Gladkow (*Zement*, 1925, *Neue Erde*, 1932), Alexander Fadejew (*Die Neunzehn*, 1927), Alexander Serafimowitsch (*Der eiserne Strom*, 1924), Konstantin Fedin (*Städte und Jahre*, 1924; *Die Brüder*, 1928) und Maxim Gorki (*Die Mutter*, 1907). Otto Gotsche beschreibt z.B., dass Gorkis *Die Mutter* ihm „Leitfaden in der politischen Arbeit und auch beim schriftstellerischen Schaffen [war]. Fast habe ich bei ihm abgeschrieben, als ich 1928, als Vierundzwanzigjähriger, begonnen habe, meine *Märzstürme* zu schreiben. Dabei habe ich mich bemüht, soweit es in meinen Kräften stand, aus eigenen Erfahrungen und Erkenntnissen heraus einen

(Otto Gotsche, Hans Lorbeer, Karl Grünberg, Willi Bredel, Hans Marchwitza u.a.) verstanden sich als „revolutionäre [...] Dichter und literarische [...] Mitkämpfer" in der Sache der Arbeiterklasse, aus der sie selbst stammten (Klatt 275).²³ In den Werken der proletarisch-revolutionären Literatur konnte Heimat nicht im Sinne einer „heimische[n] Geborgenheit", als ein „Zuhause im umfassenden Verständnis" dargestellt werden (Taschner 191), da diese unter den gesellschaftlichen Gegebenheiten im physischen und materiellen Sinne für die Arbeiter de facto nicht existierte. Heimat existierte vielmehr als ein abstraktes Konzept: als der gemeinsame, kontinuierliche Kampf für ein besseres Leben und als Solidarität in der Kampfgemeinschaft.²⁴ Der physische Heimatraum, welcher an konkrete politische Vorstellungen geknüpft war, wurde als kritische Folie der Gegenwart und als Konstrukt einer besseren Welt in die Zukunft projiziert. Heimat war somit als ein politisches Gegenmodell antizipiert, welches „als Entwurf der realen gesellschaftlichen [...] Situation" (Dobbelstein-Osthoff 249) gegenüber gestellt wurde.

Willi Bredels Roman *Die Prüfung*, der 1934, bereits am Übergang zur Literatur der Volksfrontpolitik und des Exils, erschien, entwirft solch ein konkretes Zukunftsmodell.²⁵ Darin heißt es aus Sicht der Figur eines

---

eigenen Stil zu prägen. [...] Die sowjetische Literatur war uns Helfer und Waffe im Klassenkampf. Werke wie Fadejews Buch *Die Neunzehn* waren für uns zugleich ein Stück praktischer, anschaulicher Klassenkampf. [...] Zum anderen war sie für uns immer ein Stück vorweggenommener Zukunft" (*Werkstattgespräche* 68).

23 Vgl. auch: Wolfgang Emmerich (Hg.): *Proletarische Lebensläufe. Autobiographische Dokumente zur Entstehung der Zweiten Kultur in Deutschland*. Hamburg: Rowohlt, 1974.

24 Diese Kontinuität wurde beispielsweise in Adam Scharrers *Vaterlandslose Gesellen* (1930) durch das Tragen der roten Fahne dargestellt, ein Akt, der den Zusammenhalt der Kämpfer repräsentierte, in Willi Bredels *Maschinenfabrik N&K* (1930) durch den gemeinsamen Gesang der *Internationale* und in Hans Marchwitzas *Sturm auf Essen* (1930) durch die Geburt des Kindes des Helden (Taschner 192).

25 Willi Bredel hatte als Arbeiterkorrespondent in der Reihe der *Der Rote-1-Mark-Roman* drei kleinere Arbeiten herausgegeben (*Maschinenfabrik N&K*, 1930, *Rosenhofstraße*, 1931 und *Der Eigentumsparagraph*, 1933 auf Russisch erschienen), bezeichnete *Die Prüfung* jedoch „als [s]ein erstes Buch" (Klatt 262). *Die Prüfung*

kommunistischen Kämpfers beim Anblick Hamburgs: „Was für eine Stadt! Diese vielen herrlichen Türme! Diese großen Handelshäuser! Dieser gewaltige Hafen! [...] Und alles das wird einmal uns, dem Volke gehören. In den Handelshäusern werden die Führer der sozialistischen Planwirtschaft arbeiten. Der Hafen wird Umschlagplatz des sozialistischen Deutschlands sein. Die Schiffe werden nicht zu verrosten brauchen, sondern die Erzeugnisse der sozialisierten Industrie in die Welt tragen" (10–11). Hier wird das Bild des zukünftigen sozialistischen Staats entworfen, welcher dem Volk bzw. den Arbeitern heimatliche Geborgenheit und Sicherheit bietet, zunächst auf einer politischen Ebene. Auf einer zweiten Ebene werden außerdem konkrete Zukunftsvorstellungen für eine soziale und häusliche Geborgenheit der Arbeiter „gedacht": „Alles wird einmal uns gehören. In den schönen Villen und Parks am Wasser werden die Invaliden der Arbeit sich erholen, die Kinder der Werktätigen werden dort aufwachsen [...]. Alle Segelboote, alle Motorboote, alle Kanus werden einmal den Werktätigen gehören [...]. Die schönsten Gebäude werden einmal Arbeiterklubs werden" (11).[26]

Die in Bredels Roman formulierten Vorstellungen von einer Heimat für die Arbeiter werden in Marchwitzas *Roheisen* als eingelöst beschrieben, auf der politischen sowie der sozialen Ebene: Die politische Geborgenheit und Heimat ist in der Existenz des sozialistischen Staates fest verankert, durch die neuen gesellschaftlichen Strukturen des Staates, die ihren Ursprungsort in der Arbeit, am konkreten Arbeitsplatz haben, ist außerdem die fortdauernde heimatliche Geborgenheit der Arbeiter gewährleistet. Die häusliche und soziale Geborgenheit der Arbeiter formuliert der Roman als eine Aufgabe, an der alle Menschen gemeinsam arbeiten

---

reflektiert, mit dokumentarischem Anspruch aufgezeichnet, Bredels Erlebnisse im Hamburger Konzentrationslager Fuhlsbüttel, wo er seit Anfang 1933 für dreizehn Monate wegen kommunistischer Tätigkeit eingesessen hatte. Das Buch wurde in 17 Sprachen übersetzt und erzielte eine breite Wirkung (Vgl. Klatt 264).

26 Der Ausblick am Ende des Romans, der die Kampfkontinuität repräsentiert, stellt sich hier in einer Grundsatzentscheidung der Hauptfigur, Walter Kreibel, dar. Dieser kehrt, nach der Haftentlassung aus dem KZ zunächst zögernd, schließlich wieder in die aktive politische Arbeit in der KPD zurück.

müssen. Der Aufbau des Eisenhüttenwerks stellt dabei das Bindeglied dar: das Werk ist einerseits ein Monument, d.h. eine physische Manifestation des neuen sozialistischen Staates DDR, andererseits auch Repräsentant der gemeinsamen Anstrengungen für ein besseres und würdigeres Leben aller. Das heißt, die Arbeit am Eisenhüttenwerk erschafft nicht nur ein Denkmal für das Einlösen eines politischen Traums, sondern auch die notwendigen sozialen Strukturen, d.h. bessere Lebens- und Arbeitsbedingungen für die Arbeiter, um schließlich auch eine häusliche Geborgenheit zu erreichen.

Die Geschichte der deutschen Arbeiterbewegung, insbesondere die Phase des Kampfes gegen Kapitalismus und Faschismus seit den 20er Jahren, wird durch konkrete gedankliche Verbindungen in Marchwitzas Roman bewusst in die sozialistische Gegenwart und damit in die Geschichte der DDR eingeschrieben. In *Roheisen* gibt es zahlreiche Verweise auf das proletarisch-revolutionäre Erbe. Ältere Figuren des Romans, wie z.B. der Parteisekretär Preißler oder der Werkleiter Schindel, werden als kommunistische Kämpfer der 20er und 30er Jahre gekennzeichnet, die die Gegenwart letztendlich möglich gemacht haben, und die in diesem Heute Lehrer- und Leitfiguren für die jüngere Generation sind.[27] Die Integration der proletarisch-revolutionären Tradition in die Aufbauphase der DDR fixiert nicht nur die Eckpunkte des sozialistischen Heimatkonzepts, es führt auch zu einer Bedeutungsgebung und -aufwertung des Lebens des Einzelnen, zu einem „grafting [of] one's own experience onto history" (Bivens, *Seghers* 313 und 322). Mit der Existenz des sozialistischen Staates und den geschichtlichen Traditionen, die dieser für sich bestimmt, kann und soll der Einzelne Mensch – literarische Figur wie auch Leser – die

---

[27] So wird z.B. der Parteisekretär Preißler als „alter RFB-Mann" bezeichnet (RFB = Rotfrontkämpferbund; Marchwitza 236), und ein Landesparteisekretär sagt zu Preißler: „Wir werden noch öfter in unsere gute Vergangenheit zurückschauen müssen, um uns von ihren Kämpfen und Helden neuen Mut für das Heute zu holen. Unsere Jugend braucht diese Geschichte, und es macht auch uns Ältere wieder jünger und stärker" (ebd.). An einer anderen Stelle spricht Preißler zu einer Gruppe junger Arbeiter: „Wir dürfen nie vergessen, daß die alten Genossen, die in den Kerkern der Henkersgesellschaft zugrunde gegangen sind, mit ihrem ganzen Leben um dieses Heute gekämpft haben" (Marchwitza 170).

Bedeutung seines eigenen Lebens für diesen Gesellschaftsversuch verstehen, mithin sein Dasein in einen größeren historischen Zusammenhang einordnen können. Der Mensch soll verstehen, *wer er ist*, soll also letztlich eine Variante der Frage beantworten, wo seine Heimat ist.

Das Eisenhüttenwerk erfüllt auch eine Funktion als kollektivierender Raum – es ist der Raum, in dem die Heimaterfahrungen der jüngeren und der älteren Generationen aufeinandertreffen. Es ist einerseits *Heimat-Ziel* als der sozialistische Staat, den sich die ältere Generation seit langem als einen Heimat-Raum gedanklich ‚erbaut' und angeeignet hat und der nun seine Verwirklichung unter den neuen politischen Verhältnissen erfährt, es ist ein „homely place to *stay in*" (Boa/Palfreyman 134, Hervorh. im Original). Es ist andererseits *Heimat-Anfang* für die jüngere Generation, die diesen Staat bzw. dieses Eisenhüttenwerk nun, unter Anleitung der Alten, weiter aufbauen wird, für sie ist es ein Ort „to *work on* to turn it into Heimat" (ebd., Hervorh. im Original). Zwischen diesen beiden Polen offenbart sich eine Ungleichzeitigkeit (bzw. ein Ungleichgewicht) der Heimaterfahrungen und damit auch ein Kernkonflikt der sozialistischen Gesellschaft der DDR. Der Konflikt entsteht eben gerade zwischen den Lebenserfahrungen der älteren Generationen, die häufig an die (vergangenen) proletarisch-revolutionären und antifaschistischen Traditionslinien geknüpft sind, auf der einen Seite, und den eigenständigen, mehr zukunftsorientierten, durchaus auch pragmatisch-materialistischen Lebenserwartungen und -ansprüchen der Jüngeren auf der anderen. Das Einschreiben der proletarisch-revolutionären Tradition in die Geschichte der DDR ist somit nicht nur bedeutungsgebend, sondern führt außerdem zu einer Verpflichtungshaltung von Seiten der Jüngeren gegenüber dem Kampf der Alten. Bei der Lektüre von Marchwitzas Roman wird dies z.B. anhand von Sätzen wie: „Die Menschen müssen einmal begreifen, was sie gewonnen haben" (524) oder: „[...] denkt daran, daß ihr ein Erbe übernommen habt, das heiliggehalten werden muß" (170) evident, welche der Erzähler vorrangig Figuren der älteren Generation aussprechen lässt.

Die Verpflichtung der jüngeren Generation gegenüber dem Erbe ist an die Übernahme bestimmter Heimatvorstellungen gebunden, was den Jungen wenige Möglichkeiten lässt, eigene Heimatvorstellungen zu entwickeln und diesen nachzugehen. Der sozialistische Staat, in Marchwitzas

Roman in der Gestalt des Eisenhüttenwerks, ist aus ihrer Sicht absolut und allgemeingültig als Heimat gesetzt, und die aktive Aneignung des Raumes als Heimat, die in der Reihenfolge eigentlich zuerst stehen müsste, bleibt diesem Postulat nachgeordnet. Der Moment, der einen Raum erst zu einer Heimat macht, d.h. der *eine* Straße zu *meiner* Straße macht und *ein* Werk zu *meinem* Werk, ist in Marchwitzas Roman vorausgesetzt. Für Figuren der älteren Generation ist dies unproblematisch, denn ihr Prozess der Aneignung ist de facto abgeschlossen. Christian Hoff, ein Angehöriger der älteren Generation, sagt z.B.: „Ja, wir haben doch endlich unsere eigene Heimat. [...] Weißt du, was das heißt [...], immer nur davon zu hören: Heimat! Und es gehörte dir nicht mal das Stroh, auf das du dich nach dem Tagesschinden hinwarfst? Heute bauen wir uns diese Heimat selber" (151).[28] Für die jüngere Generation allerdings, wie z.B. Martin Hoff, Stefan Hoff und Margret Hoff, fängt der Prozess, die DDR als ihre Heimat zu erleben, jedoch erst an.

Die Bedeutung der Arbeit für das Heimaterlebnis

Die Aneignung des Raumes als Heimat, das Heimaterlebnis, wird in Marchwitzas Roman durch die Arbeit vermittelt. Hunter Bivens beschreibt die Funktion der industriellen Arbeit für die Zeit der Nachkriegsjahre als eine Form von sozialer Pädagogik, bei der durch die gemeinsame Tätigkeit nicht nur materielle Güter geschaffen werden, sondern auch eine „reconfiguration of both social and subjective dispensations" stattfindet, wodurch neuerlich „social meaning" entsteht (Bivens, *Seghers* 312). Durch die Arbeit lernten die Menschen, im simplen, ursprünglichen Sinne, wieder miteinander zu kommunizieren, gegenseitige Solidarität zu zeigen, auf ein gemeinsames Ziel hin zu arbeiten, mithin soziale Bindungen zu pflegen, die durch Krieg und

---

28   Interessant ist in diesem Zusammenhang erneut ein Tagebucheintrag von Brigitte Reimann zu Begegnungen mit Hans Marchwitza in Petzow 1961: „Er sagte, die Alten seien den jungen Leuten eine Last, er spüre das sonst sehr gut [...]. Er hat das Ziel seines Lebens erreicht, er lebt schon im Sozialismus; ich glaube, er versteht auch unsere Welt und ihre Schwierigkeiten nicht mehr" (*Ich bedaure nichts* 226).

Faschismus beeinträchtigt worden waren; neben der Enttrümmerung der Städte müssten auch „die Menschen in ihrem Inneren [...] enttrümmert" werden, wie Anna Seghers es formulierte (*Bewußtseinsbildung* 208).²⁹ Es entstanden neue, durch die sozialistische Gesellschaftsorganisation vermittelte Bedeutungszusammenhänge zwischen Individuum und Gesellschaft, zwischen dem Einzelnen und seinem Kollektiv. Das heißt, der Weg bzw. der Prozess hin zur (Aneignung von) Heimat ist ein Integrations- und Harmonisierungsprozess des In-Übereinstimmung-Bringens von individuellen Wünschen und gesellschaftlichen Anforderungen.

Die überwiegende Zahl der literarischen und filmischen Werke der 50er und auch 60er Jahre stellte eben diesen Prozess in der einen oder anderen Weise dar. Die Betriebsromane, wie z.B. Marchwitzas *Roheisen* oder auch Claudius' *Menschen an unserer Seite*, konzipieren demnach Heimat auch als die Überwindung des Widerspruchs zwischen dem Einzelnen und der Gesellschaft, zwischen Zugehörigkeit und Emanzipation.³⁰ Das erfolgreiche Einfügen des Einzelnen in ein Kollektiv bzw. in eine größere Gemeinschaft war ein erklärtes Ziel. Das Kollektiv wurde dabei nicht als ein Ort dargestellt, an dem das Individuum verschwindet oder sich aufgibt, sondern als ein Ort, an dem seine individuellen Eigenschaften, Fähigkeiten und Wünsche erst verwirklicht werden können (Bivens, *Seghers* 326). Als problematisch ist zu werten, dass Marchwitza, wie auch andere Autoren, die Überwindung der natürlichen Spannungen zwischen dem Einzelnen und der Gesellschaft bzw. dem Kollektiv als zu mühelos, als zu einfach schildern bzw. diese Spannung gar nicht erst thematisieren. Identifikationsmomente mit der neuen Heimat werden deshalb, z.B. bei den jüngeren Figuren in *Roheisen*, kaum psychologisch motiviert dargestellt; sie gleichen eher passiven Reaktionen. Der allwissende Erzähler berichtet z.B. über Margret Hoff: „Der Kran nahm alle ihre Gedanken in Anspruch, diese Arbeit brauchte einen ganzen und festen Menschen. Sie zwang jedes Angstgefühl mutig zurück. [...] Eine neue Verantwortung hatte

---

29 Anna Seghers' Erzählung *Der Mann und sein Name* (1952) ist eine sehr genau beobachtende und behutsame literarische Darstellung dieses Prozesses.
30 Im Original: „belonging und emancipation" (Bivens, *Seghers* 326).

für sie angefangen. In dem Kranhaus stand nicht mehr die scheue, allem ergebene Margret Hoff, sondern die junge Genossin" (410–11). An anderer Stelle heißt es über Stefan Hoff: „Alles Hindernde, Unbeholfene mußte weg, dieses Neue verlangte andere, bewußte, starke Menschen, Umsicht und Mut. Und Wissen. Auch Stefan mußte durch diese Schmiede, sie hieß Erkenntnis, Erfahrung, Kampf" (421). Die individuellen Erlebnisräume der Figuren an ihrem Arbeitsplatz werden durch die gesellschaftlichen Entwicklungen initiiert, bestätigen diese aber auch gleichzeitig wieder. Die Entwicklungsrichtungen der Figuren gleichen deshalb weniger einem geradlinigen Fortschreiten, d.h. einem Unterwegssein mit immer neuen Erfahrungen und Zielsetzungen, als vielmehr einer Kreisbewegung, einer Zustimmung, und letztlich einer Rückkehr zu einer bestimmten Vorgabe.

Das Ideal einer Harmonie zwischen dem Einzelnen und der Gesellschaft bzw. dem Kollektiv findet nur allzu oft seine Darstellung in der Betriebsliteratur der 50er Jahre. Figuren, die sich nicht mit den neuen Gegebenheiten in Einklang bringen können oder wollen, wie etwa der Parteisekretär Grube oder der Maurer Kleinert in *Roheisen*, werden ebenso allzu oft aus dem Romangeschehen und damit symbolisch aus der sozialistischen Gesellschaft entfernt.[31] Erst zum Ende der 50er Jahre, mit dem

---

31   Über die Figur Kleinert heißt es im Roman: „Er schien sich weder für die Veränderung auf dem Bau noch für die Unterhaltung zu interessieren. Der *Heidekrug* war geschlossen worden, und das schien sein stummer Schmerz zu sein. Er stand manchmal mehrere Minuten still und starrte in das von Arbeit dröhnende Werkgelände; es schien, als ob er diese gewaltige Entwicklung nicht mehr ganz begreife" (305–6). Kleinert wird im Folgenden aus der Erzählung, mithin aus dem Heimat-Raum ausgeschlossen, denn „scheinbar" interessiert er sich weder für den Bau noch kann er die stattfindenden Entwicklungen begreifen. Damit wird ein Werturteil gefällt, welches der Figur im Fortgang des Romans jegliche Möglichkeit nimmt, einen Aneignungsprozess mit dem Heimat-Raum zu durchlaufen. Kleinert wird schließlich zum Kriminellen, sein Schicksal bleibt nach einem Körperverletzungsdelikt ungewiss (484f). Der Parteisekretär Grube, der sich ebenso „scheinbar" nicht für die Arbeit auf der Baustelle interessiert, flieht schließlich in den Westen, auch sein Schicksal wird nicht weiter verfolgt. Der Roman nimmt damit auch eine schematische Unterscheidung zwischen politisch-gesellschaftlich ‚brauchbaren' und ‚unbrauchbaren' Mitgliedern für die neue Gesellschaft und die neue Heimat vor.

Konzept des Bitterfelder Wegs, wurde die Spannung zwischen Individuum und Gesellschaft als ein Instrumentarium (wieder-)erkannt, welches eine produktive gegenseitige Befragung und Auseinandersetzung ermöglichte, und damit in der Konsequenz auch das Verhältnis Mensch–Heimat wieder komplexer werden ließ.

Auch die kreative Qualität der Arbeit findet in den Betriebsromanen ihre Darstellung. Im Marxismus, philosophischer Ausgangspunkt der DDR-Autoren, wird Arbeit als eine dem Menschen entfremdete sowie ihn von sich selbst entfremdende Tätigkeit beschrieben, in der er nicht ‚zu Hause‘, sondern ‚außer sich‘ ist, sich also nicht heimatlich geborgen fühlen kann (Vgl. Kap. 1). In einer sozialistischen Gesellschaft wird Arbeit hingegen kreativ-produktive, d.h. *menschliche* und *menschlich machende* Tätigkeit. Silberman verweist auf die „humanizing function of the labor process" und damit auf die „transformation from alienated to humanized existence" durch die Arbeit (*Literature* 23). Die literarischen Texte verweisen auf diesen Prozess. In Claudius' Roman heißt es z.B.: „Unsere Arbeit gibt uns erst das Leben, gibt uns das, was wir für unser Leben brauchen. Unsere Arbeit ist nicht etwas, was uns knechtet, sondern was uns befreit, was uns unsere Würde gibt, was uns stolz und erst zu wahren Menschen macht" (61). Bei Marchwitza ist zu lesen: „[Martin Hoff] sah, daß diese Menschen kein Opfer scheuten um das Werk [...] aufzubauen. [...] Auch er fühlte, daß er hier zu einem anderen Menschen wurde, der sich nicht mehr nutzlos vorkam. Nach langem Suchen [...] war ihm die Arbeit nicht mehr etwas Fremdes, Aufgezwungenes; zum ersten Mal war er in seiner Arbeit ‚zu Hause'" (163). Das (literarische) Postulat von der Vermenschlichung in der Arbeit, von der Möglichkeit, dort zu sich selbst sowie ein Zuhause zu finden, impliziert schließlich auch, dass eine sozialistische Gesellschaft den Zustand ‚Heimat' überhaupt erst möglich macht, im Gegensatz zu einer kapitalistischen Gesellschaft, die dann nur eine Unheimat sein kann. Es impliziert auch, dass der Mensch erst in der Nicht-Entfremdung seine Heimat finden und Geborgenheit, Anerkennung und den Glauben an eine Zukunft erfahren kann.

Die neue Qualität von Arbeit als freier, kreativer Tätigkeit des Menschen führt außerdem zu einer neuen Sicht auf den Akt der Arbeit selbst – sie wird als ein *schöner* Gegenstand künstlerisch gestaltbar, so, wie es

Maxim Gorki 1934 auf dem Allunionskongress der Schriftsteller in Moskau formuliert hatte.[32] In Marchwitzas wie auch in Claudius' Roman finden sich dahingehend Bilder von Arbeit als spielerischer oder rhythmischer Tätigkeit, ja als einer physischen Tätigkeit, bei der Mensch und Maschine im Einklang miteinander gebracht werden (Silberman, *Literature* 24). In *Menschen an unserer Seite* wird z.B. der „Arbeitsrhythmus" beschrieben sowie „Bewegungen, flüssig getan wie von Menschen, die einen sehr schwer erlernbaren Tanz endlich beherrschen" (296). Marchwitza beschreibt, mit fast expressionistischer Ausdruckskraft, „dieses Gewoge von Rücken, Armen und Schaufeln", die „rollende Mischtrommel, Kies, Zement, Kies, Zement, Lottes aufgeregte Augen, Margrets mit den Loren verwachsene Arme" (230) oder „die Hände, [...] [die] vom Gestein zum Hammer und vom eifrigen Scharren zum Gestein [eilten]" (152). Trotz der körperlichen Schwere der Arbeit wird diese als ein schönes, erhebendes und kollektives Erlebnis beschrieben: sie ist ein „ungewöhnliches Gemälde" und wird zur Erfahrung von „Zusammengehörigkeit" und „stille[r] Freude und Genugtuung aller" (Marchwitza 231). Neben der Kollektiv-Erfahrung, die die im gemeinsamen Rhythmus arbeitenden Menschen erleben, sind es auch die Gleichmäßigkeit und die wiederkehrenden, rhythmischen Bewegungsabläufe, die, ebenso wie die sich neu formierenden sozialen Bindungen, eine therapeutische Wirkung ausüben können, insbesondere bei der Verarbeitung der chaotischen, fragmentierten und bedrohlichen Lebensumstände aus der Zeit des Faschismus.[33]

32 Vgl. Anm. 26(a).
33 Um die Jahrhundertwende vom 19. zum 20. Jahrhundert entstanden erste kritische Diskurse um Rhythmik und den menschlichen Körper, sowie um den menschlichen Körper und Technologie. Georg Simmel beschrieb beispielsweise in *Die Großstädte und das Geistesleben* (1903) den Rhythmus als einen bestimmenden Faktor, der das Leben in der Stadt von dem auf dem Land trenne, wobei das städtische Leben beschleunigter und intensiver (und darum letztlich nervöser) als das ländliche sei. Konsequenterweise entstanden im Zeitalter von Automatisierung und Technologisierung zu Beginn des 20. Jahrhunderts rasch Assoziationen von Massen von arbeitenden Menschen, die fließbandartige, gleichförmige Tätigkeiten ausführen, und die dadurch entmenschlicht und Teil der industriellen Maschinerie wurden. In der zweiten Hälfte des Jahrhunderts belegten Studien, dass rhythmische

Visualisierung der Heimat

Es wurde schon darauf hingewiesen, dass die Betriebsreportagen und Betriebsromane der 50er Jahre sich weniger auf die Darstellung einzelner Figurenschicksale, sondern stärker auf die Beschreibung von Arbeitsprozessen, Arbeitsstätten und dem äußeren Lebensumfeld konzentrierten. Dadurch werden visuelle Assoziationen rund um das Bildfeld Fabrik und industrielle Produktion immer wieder betont. Dies beginnt mit Claudius' erstem Satz in *Menschen an unserer Seite*: „Unsere Fabrik ... ein Gewirr düsterer Hallen und Baracken" (5), geht über Hans Lorbeers „Lichtmeer des breit daliegenden Chemiewerkes" (196) aus dem Roman *Die Sieben ist eine gute Zahl* (1953), bis hin zu Marchwitzas „die Krane und die zweite Ofengruppe und die hohe, hundert Meter lange Förderbrücke" (530) sowie die „Niethämmer", die „Krangerüste" und der „riesige Eisenbau" (337). Wie zuvor beschrieben, hat dieses unwirtlich wirkende Äußere dennoch heimatliche Qualitäten, denn es ist das Zuhause der Arbeiter. Die Bilder formieren dadurch einen visuellen Archetyp der ‚Heimat DDR' – eine Fabrik mit Hochöfen und Schornsteinen als Urbild sozialistischer Heimatlichkeit.

Die Visualisierung der ‚Heimat DDR' als Fabrik bzw. Fabrikgelände ist in literarischen und filmischen Werken der DDR bis in die 80er Jahre hinein nachzuvollziehen, und sie wurde zudem Bestandteil zahlreicher anderer künstlerischer und offiziell-politischer Kontexte. Es bedürfte einer eigenen Forschungsarbeit, um der Entwicklung, dem Variantenreichtum sowie den Umformungen dieser ‚Heimat-Bilder' gerecht zu werden, deshalb soll hier nur beispielhaft auf einige Werke und Kontexte verwiesen werden. Die Autorin Brigitte Reimann arbeitete zu Beginn der 60er Jahre

---

Tätigkeiten (womit nicht nur industrielle Arbeit gemeint ist) auch zu Glücks- und Zufriedenheitsgefühlen bei den Menschen führen, dass Rhythmus im Sinne von Gleichmäßigkeit und Wiederkehr auch eine Art Schutz gegen die Anfechtungen der modernen, komplexen, digitalisierten Welt darstellen kann.

in einer Brigade im Braunkohlenveredlungswerk *Schwarze Pumpe* in Brandenburg und gestaltete diese Erfahrungen in ihrer Erzählung *Ankunft im Alltag* (1961). Darin heißt es z.B.: „[...] der Wald von Hebezeugen und Lichtmasten und Überlandleitungen, vielfach gegliedert und filigranhaft vor dem Himmel; die im gelben Heidesand hockenden Kühltürme; die weißen Schornsteine; das Gesicht eines Zimmermanns, bräunlich und kühn unter der abenteuerlichen Hutkrempe, das feierliche Grün einer einsamen Kiefer [...]; das rote Kopftuch einer Erdarbeiterin" (39). Oder auch: „dann starrte er das Hallenschiff hinab [...], unwiderstehlich angezogen und verzaubert vom Anblick der in verstreutes Nachmittagslicht getauchten Halle [...] mit dem Farbenspiel der Schweißfeuer, getönt von reinem Blau bis zu Violett, von Gelb bis zu tiefem Rot" (70). Solche und ähnliche Bilder lassen sich auch bei Autoren wie Hans-Jürgen Steinmann, Volker Braun, Monika Maron, Wolfgang Hilbig u.a. ausmachen, ebenso in Filmen, z.B. von Jürgen Böttcher, Konrad Wolf, Evelyn Schmidt oder Frank Beyer. Man denke z.B. an den Film *Spur der Steine* von Frank Beyer (1966/1989) und dessen zahlreiche Bilder von der Baustelle eines entstehenden Chemiewerks, welches in den Großprojekten in Schkopau und Leuna (Sachsen) seine Vorbilder in der Wirklichkeit hatte.

Ein Bildband, *Luftbilder aus der DDR*, 1968 in der Edition Leipzig erschienen, ebenso als Lizenzausgabe für Westberlin und die BRD, mit Begleittexten, die der Schriftsteller Werner Bräunig verfasst hatte, enthält neben Landschafts- und Städteaufnahmen eine auffallend große Anzahl von Aufnahmen von Fabriken, z.B. Stahl- und Walzwerk Brandenburg, Meßgeräte- und Armaturenwerk Magdeburg, Großkraftwerk Rothensee (Magdeburg), Fischkombinat Marienehe (Rostock), Schiffshebewerk Niederfinow, Filmfabrik Wolfen, Kraftwerk Lübbenau, Eisenhüttenkombinat Ost, Gemüsekombinat Wollup (Sophiental) und das Erdölverarbeitungswerk in Schwedt.

Eine Reportage-Reihe zum 20. Jahrestag der DDR, 1969, unter dem Titel *Meiner Heimat Schönheit* in der populären Zeitschrift *NBI* (*Neue Berliner Illustrierte*) erschienen, beinhaltete zahlreiche Fotos von Fabrikanlagen, u.a. des Erdölkombinats in Schwedt oder des Braunkohlentagebaus Klettwitz; ein „Atlas der DDR", 1968 in derselben Zeitschrift erschienen, zeigt vor allem die industriellen Anlagen auf der

Landkarte DDR.³⁴ Als letztes Beispiel sei die Ausgabe 2 aus dem Februar 1990 des Auslandsmagazins *neue Heimat. Journal aus der Deutschen Demokratischen Republik*, herausgegeben von der *Gesellschaft NEUE HEIMAT, Vereinigung in der DDR für Verbindungen mit Bürgern deutscher Herkunft im Ausland*, angeführt. Auch darin finden sich (noch) Fotos und Berichte von Heizkraft- und Kohlekraftwerken der Region Halle-Leipzig.

Diese Beispiele, aus der Fülle an vorhandenem Material herausgegriffen, erhellen den Fakt, dass ‚Heimat DDR' häufig zusammen mit Fabrik bzw. Fabrikgelände und industrieller Produktion assoziiert und definiert wurde. Da die DDR inzwischen zu einem Teil der deutschen Geschichte geworden ist, sind die Bilder, Beschreibungen und Assoziationen zu Fabrik/Fabrikgelände/industrielle Produktion auch ein Teil des gegenwärtigen visuellen Gedächtnisses zur DDR geworden. Auch letzteres wäre ein separates Forschungsfeld, welches weitere interessante Ergebnisse zum Diskurs ‚Heimat und DDR' erbringen kann.

Zurückkommend auf die Betriebsromane der 50er Jahre sei noch zu ergänzen, dass die visuelle Fixierung des neuen sozialistischen Staates im Bild einer (wachsenden) Fabrik auch die „kollektivierende Funktion" (Krenzlin 178) und den Willen zur „Erregung von Nationalstolz" (Taschner 213) dieser literarischen Werke verstärkte. Krenzlin vergleicht Marchwitzas Roman in diesem Zusammenhang mit den zahlreichen, Ende der 40er und Anfang der 50er entstandenen Massenliedern, die, an die Tradition der Arbeiterlieder der 30er Jahre anknüpfend, „ein Gefühl der Gemeinsamkeit aller Aufbauwilligen" und die Gewissheit des Aufbaus „einer besseren Gesellschaftsordnung und einer friedlich geordneten Welt" vermittelten (Krenzlin 187).³⁵ In diesen Liedern wurden immer wiederkehrende

---

34   Vgl. dazu: Jan Palmowski, *Inventing a Socialist Nation* 90f; Renate Rechtien, *The Topography of the Self* 488 sowie David Clarke, *The Industrial World* 131–42.
35   Bekannte Beispiele sind: *Du hast ja ein Ziel vor Augen* (1937) und *Das Lied der Partei* (1950) von Louis Fürnberg, *Lied von der blauen Fahne* (Johannes R. Becher und Hanns Eisler, 50er Jahre), *Aufbaulied der FDJ* (Bertolt Brecht und Paul Dessau, 1950) sowie *Wir wollen Frieden auf lange Dauer* (Jens Gerlach und Paul Dessau, 50er Jahre). Die Tradition der Massenlieder wurde bis zum Ende der DDR fortgesetzt. In einem Heft mit Liedtexten zum Pfingsttreffen der FDJ Berlin, 1989, heißt es in

Bilder und Gesten aufgerufen, wie z.B. die von gemeinsamer Arbeit und gemeinsamem Aufbau, von der Überwindung der Vergangenheit oder dem Händereichen und Arm-in-Arm-Gehen in die Zukunft, und komplementierten so das in den Betriebsromanen entwickelte Heimat-Bild.

Schlussbetrachtung zur Betriebsliteratur

Die Betriebsliteratur, von Claudius' Garbe-Reportage 1950 bis hin zu Marchwitzas *Roheisen* im Jahr 1955, entstand während einer Phase der kulturellen Entwicklung in der DDR, in welcher sich, am Übergang von antifaschistisch-demokratischer Neuordnung zum planmäßigem Aufbau des Sozialismus, die Literatur als ein politisch aktiver Bestandteil dieser gesellschaftlichen Entwicklungen definierte. Die Leser sollten explizit zum Mitmachen am Aufbau der neuen Gesellschaftsform motiviert und überzeugt werden, in ideologischer, moralischer und pragmatischer Hinsicht. Zudem war die Literatur durch ihre feste Einbeziehung in den ersten Zweijahresplan (1949–1951) sowie den ersten Fünfjahresplan (1951–1955) auch der Wirtschaft verpflichtet; als wichtigster literarischer Gegenstand definierte sich eben deshalb die Darstellung des Aufbaus einer Schwerindustrie in der DDR. Im Hinblick auf Heimat stand eine neue „räumlich-geographische [...] und ideologische [...] Heimatkonstituierung" im Mittelpunkt der Darstellung (Taschner 210): in Anknüpfung an die proletarisch-revolutionäre Tradition wurde in den Betriebsromanen die Verwirklichung der Utopie des sozialistischen Arbeiterstaates literarisch manifestiert.

Zieht man diese Rahmenbedingungen in Betracht, wird aus heutiger Sicht rasch offenbar, dass man Marchwitzas Roman, wie auch andere Beispiele der Betriebsliteratur, womöglich mit der Erwartung überfordert,

---

dem Lied *Was ich meine Heimat nenne*: „Heimat, gutes Wort der Alten,/beinah an den Tod verlorn,/wurde mir an einem Maitag/aus den Ruinen neu geboren./Heimat zwischen Elb und Oder./Schmaler, als die Sprache reicht./Doch so groß, wie eben Heimat/denen, die sie bauen, gleicht" (Hartmut König, 60er Jahre). (*Liedtexte. Heft zum Pfingsttreffen der FDJ Berlin 1989*, 13)

dass sie die Entwicklung des Individuums und dessen Widersprüchlichkeiten stärker in den Vordergrund rücken sollten. Welche Möglichkeiten zur Entfaltung individueller Wünsche und Vorstellungen boten sich, realistisch gesehen, dem einzelnen Menschen bei der wirtschaftlich lebensnotwendigen Aufgabe, ein Eisenhütten-, Braunkohle- oder Chemiewerk aufzubauen, nicht selten in manueller Arbeit? Ein weiterer Grund für die zuweilen etwas blutleer wirkenden Figuren oder das Fehlen von individuell motivierten Handlungsabläufen mag die zunehmende Entfernung gewesen sein, welche, bedingt durch die Zeit im Exil und durch ihre neuen Funktionen als politische Instrukteure und staatstragende Schriftsteller, zwischen den (ehemaligen) Arbeiterschriftstellern und dem Gegenstand ihrer Darstellung, der Arbeiterschaft, entstanden war.[36] Dieser Aspekt

---

36 In Erwin Strittmatters Tagebüchern 1954–1973, 2012 veröffentlicht, findet sich z.B. folgender Eintrag über eine Zusammenkunft zwischen Schriftstellern und Politikern im September 1956: „Der alte Marchwitza, einmal radikaler Kumpel und Ruhrkämpfer, kam angehumpelt, zufrieden und mitleidig wie eine alte Grossmutter. [...] Ja, ja Hänschen Marchwitza, und du bist schuld dass die [...] Genossen keine Verbindung mehr mit der arbeitenden Bevölkerung haben und du bist schuld, dass der Personenkult weiterblüht" (Strittmatter 53). Strittmatter bezieht sich mit der Bemerkung über den Personenkult auf die Darstellung Walter Ulbrichts in Marchwitzas Roman *Roheisen*. Ulbricht tritt darin an mehreren Stelle als weiser, väterlicher Ratgeber der Arbeiter auf, ein Umstand, den auch Lutz-W. Wolff als „peinliche[n] Zug" des Romans wertet (283). Wolff schreibt in diesem Zusammenhang außerdem über Willi Bredels Reportage *Fünfzig Tage* (1950), die den Wiederaufbau eines durch eine Unwetterkatastrophe zerstörten thüringischen Dorfes zum Thema hat. Wolff beschreibt die Reportage als einen „hastigen Versuch, das ‚Neue' propagandistisch zu fassen"; Bredel, so Wolff weiter, fand „keinen Zugang mehr zum Bewußtsein der Arbeiter, oder besser: er suchte ihn gar nicht", denn Exil und Volksfrontpolitik hatten ihn „von seinen proletarischen Anfängen entfremdet und durch das eigene Vorverständnis des ‚gesellschaftlich Notwendigen' von neuen empirischen Erfahrungen abgeschnitten" (256). Als drittes Beispiel sei Hans Lorbeer genannt, Autor proletarisch-revolutionärer Literatur sowie des Betriebsromans *Die Sieben ist eine gute Zahl* (1953). Der Autor hielt seinen Roman für ein misslungenes Werk. 1971 stellte er in einem Interview folgende selbstkritische Beobachtungen an: „Aber wissen manche Autoren, welche Prozesse in den Menschen wirklich vor sich gehen, was sie wirklich beschäftigt, worauf man ihnen antworten muß? Welche Bewußtseinsvorgänge spielen sich heute in den Arbeitern in den Betrieben ab? Selbst

deutet bereits die sich erweiternde Kluft zwischen Arbeitern und Partei an, welche die Spannung zwischen den individuellen Wünschen der Menschen und gesellschaftlichen Notwendigkeiten verstärken sowie die Heimatsuche verkomplizieren wird.

---

ich weiß es nicht mehr so wie einst, denn ich bin älter geworden, kann nicht mehr mit ihnen arbeiten, und aus Besuchen mit dem Notizbuch in der Hand erfährt man nicht, was wirklich los ist, schon gar nicht, wenn man ihnen Fragen stellt und sie wissen, daß man Schriftsteller ist und über sie schreiben will. Dazu muß man richtig dabeisein, nicht unbedingt als Produktionsarbeiter, aber mit einem festen Platz in ihrer Gemeinschaft, nicht einem Ehrenplatz als Künstler" (*Werkstattgespräche* 237).

KAPITEL 3

Heimat durch Erneuerung.
Kurt Maetzigs Filme 1947–1957

Kurt Maetzig und die Anfänge der DEFA

Die Deutsche Film Aktiengesellschaft (DEFA), die erste deutsche Nachkriegs-Filmfirma, wurde am 17. Mai 1946 unter der Schirmherrschaft der Sowjetischen Militäradministration in der sowjetisch besetzten Zone Berlins gegründet. Kurt Maetzig (1911–2012) gehörte, u.a. neben dem Regisseur Slatan Dudow und dem Schauspieler Hans Klering, zu den Gründern der DEFA – Antifaschisten, Emigranten und Widerstandskämpfern mit Erfahrung beim Film, auf die die sowjetische Besatzungsmacht setzte. Zum Zeitpunkt der DEFA-Gründung waren bereits drei Filme in Produktion: *Die Mörder sind unter uns* (Wolfgang Staudte, 1946), der die Geschichte der Entlarvung eines Kriegsverbrechers erzählt, *Irgendwo in Berlin* (Gerhard Lamprecht, 1946), ein Film über eine Gruppe Jungen und deren ‚Spielplätze' in den Trümmern von Berlin, sowie *Freies Land* (Milo Harbich, 1946), der sich dem Thema der Bodenreform auf dem Lande widmete. Diese drei Filme umreißen das Themenspektrum der DEFA in ihren Anfangsjahren: die Auseinandersetzung mit der jüngsten Vergangenheit, das alltägliche Leben im Nachkriegsdeutschland und die Darstellung gesellschaftlicher Wandlungsprozesse (Mückenberger, *Anfangsjahre* 14; dies., *Zeit* 14–15). Diese Jahre waren von einem „aufrichtigen Bemühen" von Kulturpolitikern und Filmemachern gekennzeichnet, „Antwort auf die Frage zu finden: Wie wurden die Deutschen schuldig?" (Mückenberger, *Zeit* 15). Die Produktion der Filme wurde durch die Projektideen der Autoren und Regisseure bestimmt, nicht durch langfristige Planungen oder von außen herangetragene Vorgaben; der „Grad der Übereinstimmung in grundsätzlichen ideellen Fragen und in dem Bemühen um Filme mit aufklärerischem, bekennendem Impetus war nie mehr so hoch wie in jener Anfangsetappe" (ebd.).¹

Kurt Maetzigs filmisches Schaffen in den 40er und 50er Jahren, welches im Folgenden bis hin zu *Schlösser und Katen* (1957) kurz umrissen werden soll, vermittelt nicht nur eingehende Erkenntnisse über die Kulturpolitik in der SBZ/DDR – von der liberalen Phase der unmittelbaren Nachkriegszeit über eine (spät-)stalinistische Eiszeit bis hin zur Tauwetterphase nach 1956 –, sondern zeigt parallele Entwicklungen von Literatur- und Filmschaffen aufschlussreich auf. Wie das keines anderen Regisseurs ist das Gesamtwerk Maetzig „symbiotisch mit seiner Zeit verbunden, mit den Niederungen und Aufbrüchen der DDR-Kulturpolitik, ihren Engstellen und dem, was sie in vorsichtig liberalen Phasen dann doch, tastend, zuließ" (Schenk, *Drittel des Lebens* 26).

Maetzig stammte aus einem bürgerlichen, antifaschistisch eingestellten Elternhaus. In den 30er Jahren gehörte er zum Sozialistischen Schülerbund, während des Krieges wurde er in die illegale KPD aufgenommen. Erste Kontakte zum Film erhielt er durch die Filmkopieranstalt seines Vaters, in der er Filme entwickelte, vorführte und als Regieassistent arbeitete. Maetzig studierte außerdem Jura und Soziologie, lernte mehrere Fremdsprachen, kannte die klassische europäische Literatur. Die Zeit des Krieges überlebte er in Berlin, als Betreiber eines fotochemischen Labors, wofür ihm Freunde als kriegswichtig geltende Aufträge verschafften (Schenk, *Drittel des Lebens* 9). Nach dem Krieg scheiterte ein Versuch Maetzigs, eine volkseigene Filmkopieranstalt aufzubauen, bevor er schließlich zum dem Filmaktiv stieß, welches das Ziel hatte, die Filmproduktion in der sowjetischen Zone wieder in Gang zu bringen und das 1946 die DEFA gründete

---

1 In einem englischsprachigen Interview berichtete Maetzig über diese Phase: „But this wonderful first period lasted only three or four years, then everything changed with the creation of the GDR and censorship passed into the hands of the new state authorities. [...] A Stalinist cultural policy was applied to us as well, and as a result many things changed, and not for the better. We lost the sympathy of a large part of the public, and it was to take a very long time for us to regain the position we had once had" (Brady 83).

(Deltl 136).² Er wurde einer ihrer bedeutendsten Regisseure. Neben seinen wichtigen Arbeiten aus den 40er und 50er Jahren drehte er u.a. den ersten Science-Fiction-Film der DEFA, *Der schweigende Stern* (1960), und war der Regisseur des Films *Das Kaninchen bin ich* (1965), der sich dem Thema der Korruption im Justizbereich der DDR widmete. Dieser wurde im Zuge des 11. Plenums der Zentralkomitees der SED zusammen mit elf weiteren Filmen, die später auch als „Kaninchen"-Filme bekannt wurden, in seinem Entstehungsjahr 1965 verboten und konnte erst 1990 uraufgeführt werden.³ 1954 war Kurt Maetzig Gründungsrektor der Deutschen Hochschule für Filmkunst in Potsdam-Babelsberg, seit 1950 war er Mitglied der Akademie der Künste, Berlin.

In seiner Anfangszeit bei der DEFA hatte Maetzig zunächst Dokumentarfilme gedreht, u.a. *Berlin im Aufbau* und *Einheit KPD-SPD* (beide 1946), und war der erste Chefredakteur der Film-Wochenschau *Der Augenzeuge*, die in den Kinos vor dem Hauptfilm lief, und für die er das bekannt gewordene Motto „Sie sehen selbst, Sie hören selbst, urteilen Sie selbst" prägte. 1947 inszenierte Maetzig seinen ersten Spielfilm, *Ehe im Schatten*, den ersten deutschen Nachkriegsfilm, der die Verfolgung und Deportation der jüdischen Bevölkerung während der Zeit des Faschismus thematisierte.⁴ Der Film behandelte das Schicksal des in den

2   Bereits kurz nach Kriegsende war der Kinobetrieb in der sowjetischen Zone durch die Arbeit des Filmaktivs wieder angelaufen, insbesondere mit Nachrichten, Wochenschauen und Dokumentarfilmen. Die sowjetischen Kulturverantwortlichen für die Zone, Oberst Sergeij Tulpanow und Major Alexander Dymschitz, förderten die Arbeit des Filmaktivs (und die Kultur im Allgemeinen), da sie diese für „useful denazification and reeducation tools" hielten (Heiduschke 10).

3   Zu den Kaninchenfilmen gehörten u.a. auch *Spur der Steine* (Frank Beyer, 1966/1989), *Denk bloß nicht, ich heule* (Frank Vogel, 1965/1990) und *Karla* (Hermann Zschoche, 1965/1990). Maetzig äußerte sich über seinen Film: „It was a film which formulated the hope that the course could be set towards democratic socialism in the GDR" (Brady 85).

4   Rolf Richter charakterisiert *Ehe im Schatten* als einen Film, bei dem Maetzig „das ethische Problem von Schuld – Mitschuld – Verantwortung, Sorglosigkeit, Unbedachtsamkeit des einzelnen gegenüber reaktionären sozialen Veränderungen um ihn herum" interessierte, „das Nichtwahrnehmen von Verantwortung kann in

Vorkriegsjahren in Deutschland populären Theater- und Ufa-Schauspielers Joachim Gottschalk, der sich 1941, zusammen mit seiner jüdischen Frau und seinem Sohn, die er nicht vor der Deportation retten konnte, selbst tötete. Maetzig verarbeitete in diesem Film auch einen Teil seiner eigenen Biografie. Seine jüdische Mutter hatte sich kurz vor Kriegsende, aus Angst vor einer Deportation, das Leben genommen. *Ehe im Schatten*, gleichzeitig in allen vier Besatzungszonen uraufgeführt, wurde ein großer Publikumserfolg, in der sowjetischen Besatzungszone sahen ihn bis 1950 allein zehn Millionen Besucher (Schenk, *Drittel des Lebens* 10).⁵ Der Erfolg des Films war zum einen an das Thema und die Behandlung der Schuldfrage, vor allem in den Kreisen von Künstlern, aber auch allgemein in der deutschen Intelligenz, gebunden.⁶ Zusätzlich knüpfte er an alte Sehgewohnheiten des Publikums an, konkret an die Ästhetik der Ufa-Unterhaltungsfilme der 30er und 40er Jahre und deren Schauspielerstars. *Ehe im Schatten* war kein Trümmerfilm, sondern spielte im attraktiven (und dem Zuschauer bekannten) Künstlermilieu, mit entsprechender Ausstattung, Mise en Scène und Musik sowie einer am Melodrama orientierten Handlungsführung. Er entsprach damit wirksamer, erfolgreicher Ufa-Kinotradition und blieb der erfolgreichste Film der Anfangsjahre der DEFA (Mückenberger, *Zeit* 16).⁷

---

    eigene Schuld umschlagen und zu Mitschuld an gesellschaftlichen Entwicklungen führen" (106).

5   Rückblickend machte Maetzig zu dem Film, vor allem im Hinblick auf dessen großen Publikumserfolg, folgende nachdenkliche Anmerkungen: „[It] gave me the hope and perhaps the illusion, that through art I could have a great influence on the feelings and on the hearts and minds of the people. I think I overestimated the possibility" (Brady 81).

6   Der Film delegierte die Schuld nicht ‚nach oben', sondern suchte sie in der Bevölkerung selbst. Die Hauptfigur des Films, Hans Wieland, dargestellt durch Paul Klinger, sagt: „Wir ‚Unpolitischen' haben selbst schuld, dass es uns so geht! Haben wir nicht immer gedacht, es wird schon nicht so schlimm? [...] *Wir* sind ebenso schuldig wie *Sie*", hält er einem Funktionär entgegen (Schenk, *Drittel des Lebens* 10).

7   Bertolt Brecht ließ sich den Film, aufgrund dessen großen Erfolgs, bei seiner Rückkehr 1948 nach Berlin vorführen. Er fand den Film äußerst kitschig und meinte, er wäre

Vom *Rat der Götter* bis zu *Thälmann*. Kurt Maetzigs Filme bis 1955

Der Beginn der 50er Jahre markierte einen neuen Abschnitt in den Produktionen der DEFA, in die sich nun auch die Kulturpolitik der DDR stärker einmischte. Dies geschah parallel zu den Entwicklungen auf dem Gebiet der Literatur. Es gab ab sofort eine DEFA-Kommission, ein Gremium der SED, das für die Planung der Filme, die Abnahme der Drehbücher und die Zulassung der fertigen Filme zuständig war (Schenk, *Mitten im Kalten Krieg* 51); mithin wurde eine Zensur eingesetzt.[8] Als wichtig und unerlässlich wurden Filme angesehen, die aktuelle politische Gegebenheiten nicht nur zeigen, „sondern im Sinne der Partei in [diese] eingreifen" sollten (ebd.). Maetzig formulierte folgenden Auftrag, dem er sich selbst als Künstler gestellt sah: „Wir wollten den Zuschauer aktivieren und ihm helfen, sich selbst als einen Teilnehmer und Gestalter des gesellschaftlichen Prozesses zu erkennen und seine Rolle dabei [...]. Die Pflicht des Künstlers schien uns, solche Bilder [...] zu finden, die sein Publikum zum Richtigen hinführen und seine Entscheidung erleichtert" (*Filmarbeit* 56).[9]

---

nicht im Entferntesten darauf gekommen, dass man ein solches Thema so sentimental behandeln könnte (Mückenberger, *Zeit* 41).

8 Sebastian Heiduschke stellt in seiner DEFA-Filmgeschichte fest: „This shift toward an East German cinema serving the ideals of socialism had already been in the making: in the years before, more and more productions had already integrated the ideas of socialist realist filmmaking and shifted the focus [...] from entertainment films shot in the style of the prewar years toward more political subject matters. By 1953, the East German film industry had developed into a hierarchically structured monopoly largely under SED control, with the politics of the day determining the productions within the studio" (12).

9 Weiter heißt es in dem Zitat: „Aber die Entscheidung selbst muß nicht aufgezwungen werden, sondern muß doch in Freiwilligkeit und als Resultat eigenen Nachdenkens gefaßt werden, sonst ist sie nicht von Dauer" (ebd.). Schenk ergänzt: „Film, von Lenin zur ‚wichtigsten aller Künste' erhoben, wurde von der politischen Führung seit den späten 1940er Jahren gern zur Magd der Parteipolitik degradiert. Der Staat

Die DEFA eröffnete das Jahrzehnt mit Gustav von Wangenheims *Der Auftrag Höglers*, ein Film, in dem es um die Gefahr der Industriespionage aus dem Westen geht, des Weiteren mit der unbeschwerten, verspielten Komödie *Der Kahn der fröhlichen Leute* (Regie Hans Heinrich) sowie der Verfilmung von Friedrichs Wolfs Bühnenstück *Bürgermeister Anna* (Regie Wolfgang Schleif und Hans Müller) (alle 1950).[10] Darin wird die Geschichte einer jungen Frau erzählt, die Bürgermeisterin eines Dorfes wird. Die ortsansässigen Männer hat sie zunächst gegen sich, schließlich kann sie diese jedoch durch Mut und Entschlossenheit von sich überzeugen. Der Film wurde Ende 1949 in kürzester Zeit, sowohl tagsüber als auch nachts, von den beiden Regisseuren gedreht, die Szenerien von Dorf und Wald wurden jeweils – da aufgrund der winterlichen Jahreszeit passende Außendrehs nicht möglich waren – kurzerhand in Ateliers aufgestellt; der Plan des Studios musste bis zum 31. Dezember 1949 erfüllt werden. Friedrich Wolf war mit dem Ergebnis unzufrieden, bemängelte, dass die Atmosphäre des Dorflebens durch die Studiobauten völlig verloren ging, auch wollte er „eine ganz andere Anna [...], einen wirklich dörflichen Typ und so vieles mehr" (Schenk, *Mitten im Kalten Krieg* 53). Nach anfänglichem Lob musste der Film viel Kritik erfahren: er sei, da er 1945 spiele, nicht (mehr) aktuell genug, und er gestalte die Rolle von FDJ und SED nicht positiv genug, so lauteten einige kritische Stimmen (ebd. 53–5). Das Beispiel von *Bürgermeister Anna* zeigt die beiden Entwicklungslinien in der Kulturpolitik auf, die bereits für die Literatur festgestellt werden konnten: zum einen hatte die Politik gegenüber der Kunst (d.h. hier konkret der Filmproduktion) ein Mitbestimmungs- sowie ein gewisses Auftragsvergaberecht inne, zum

---

stellte die finanziellen Mittel für die Millionen teuren Filmbudgets zur Verfügung, und ein Teil seiner Funktionäre [...] erwartete, dass dafür Filme gedreht wurden, die direkt der Politik dienten, die Zuschauer entsprechend erzogen und ideologisch formten" (*Drittel des Lebens* 26).

10 Weitere wichtige Filme der DEFA aus dieser Zeit sind Wolfgang Staudtes *Rotation* (1949) und *Der Untertan* (1951), Slatan Dudows *Unser täglich Brot* (1949) und *Frauenschicksale* (1952), Falk Harnacks *Das Beil von Wandsbek* (1951) sowie der erste von zahlreichen Märchenfilmen, die bei der DEFA gedreht wurden, Wolfgang Staudtes *Die Geschichte vom Kleinen Muck* (1953).

anderen war die feuilletonistische und fachliche Kritik an künstlerischen Werken durchaus schwankend, Lob und Kritik konnten einander unvermittelt und unerwartet abwechseln.

Kurt Maetzig drehte zu Anfang der 50er Jahre die Filme *Der Rat der Götter* (1950, Drehbuch Friedrich Wolf), in welchem es um die Beteiligung des IG Farben-Konzerns an der Rüstungsproduktion und der Giftgasherstellung während des Zweiten Weltkriegs ging, sowie *Roman einer jungen Ehe* (1952, Drehbuch Bodo Uhse). Letzterer stellt ein junges Schauspielerehepaar in Berlin der Jahre 1946 bis 1951 in den Mittelpunkt. Agnes Saidel, die weibliche Protagonistin, wendet sich nach anfänglichen Engagements am Westend-Theater in Westberlin vor allem Rollen bei Film und Theater in Ostberlin zu und entwickelt sich im Verlauf der Handlung zu einer überzeugten Sozialistin. Ihr Mann, Jochen Karsten, verbleibt am Westend-Theater und im alten Freundeskreis. Dieser setzt sich vor allem aus opportunistischen, geldhungrigen und restaurativ eingestellten Menschen zusammen, womit Maetzig ein Abbild der westdeutschen Gesellschaft zeichnen wollte.[11] Agnes Sailers neue Freunde in Ostberlin sind hingegen Maurer, Bauarbeiter und politische Funktionäre. Die Dramaturgie des Films gründet sich insgesamt auf eine Gegenüberstellung von Ost und West – besonders in Bezug auf die jeweilige Kulturpolitik und das kulturelle Leben sowie hinsichtlich der Wahrnehmung von gesellschaftlicher Verantwortung im (neuen) Alltag durch die Menschen. Im Laufe der Handlung entwickelt sich aus dieser inhaltlichen Gegenüberstellung auch ein starker filmästhetischer Kontrast. Die Szenen in der Künstler- und Theaterszene Westberlins erinnern, wie Maetzigs erster Film, *Ehe im Schatten*, an traditionelle UFA-Unterhaltungsästhetik, einschließlich bestimmter Rollenbesetzungen und melodramatischer Handlungselemente. Die Szenen in Ostberlin sind vor

---

11   Der Film thematisiert auch die Wiederbeschäftigung des Regisseurs des antisemitischen Films *Jud Süß* (1943), Veit Harlan, im westdeutschen Kinobetrieb, womit Maetzig ebenfalls auf restaurative Tendenzen im westdeutschen Kulturbetrieb hinweisen will. Nach anfänglichen öffentlichen Protesten und einem gerichtlichen Verfahren gegen Harlan wurde er freigesprochen, da ihm eine persönliche Schuld sowie eine unmittelbare Kausalität zwischen dem Film und dem Völkermord nicht nachgewiesen werden konnte.

allem Außenaufnahmen von der sich langsam erholenden Stadt; viele sind auf einer realen Großbaustelle für eine Prachtallee mit Wohnbauten, der Stalinallee (heute Karl-Marx-Allee), gedreht, wo Agnes Sailer kulturelle Abende für die Bauarbeiter sowie eine Festveranstaltung anlässlich des Richtfestes organisiert.[12]

Es sind hier vor allem Massenszenen mit zahlreichen totalen und halbtotalen Kameraeinstellungen der Baustelle zu sehen, in denen sich die entstehenden Wohnhäuser, die zahlreichen Bauarbeiter und die auftretenden Kulturgruppen und offiziellen Delegationen zu einem symbolischen (Groß-)Bild des sozialistischen Aufbaus und der neuen sozialistischen Heimat vereinigen. In dieser Dramaturgie ist *Roman einer jungen Ehe* ein typischer Film, kaum ein Film der Jahre zwischen 1950 und 1953 endete nicht mit einer Massenszene oder mit einem „choristische[n] Schluss" (Schenk, *Mitten im Kalten Krieg* 61), wie etwa einer Demonstration, einer Kundgebung oder einer großen Menge an Menschen, die gemeinsam ein politisches Lied singen. Diese Schlusskonzeptionen waren Teil des kollektivierenden, agitatorischen Anspruchs der Kunst. Der einzelne Mensch, vermitteln diese Szenen u.a., „verweht wie ein Blatt im Wind; nur in der Gemeinschaft liegt die Kraft – und in [der] [...] Gemeinschaft auch die Zukunft" (ebd.). Den Höhepunkt von *Roman einer jungen Ehe* bildet die Übergabe der Mietverträge für die entstehenden Wohnungen an der Stalinallee an die Arbeiter, die diese selbst erbaut haben, die sich nun ihre Heimat *selbst* erbauen konnten – wie es auch Marchwitza durch die Figur des Christian Hoff formulieren ließ (siehe Kap. 2). Die Authentizität

---

12   Die Stalinallee (unter diesem Namen 1949 bis 1961, seitdem und bis heute Karl-Marx-Allee) ist eine große Prachtallee, die durch Berlin-Friedrichshain bis zum Alexanderplatz läuft und von Wohnbauten im sogenannten ‚Zuckerbäckerstil' gesäumt ist (in Anlehnung an die moderne sowjetische Architektur), die als Wohnungen für Arbeiter konzipiert und gebaut wurden. Die monumentale, breite Straße war nicht nur für den städtischen Verkehr vorgesehen, sondern sollte Berlins Anspruch als Hauptstadt gerecht werden, und wurde für Aufmärsche und Paraden genutzt, so z.B. zum 1. Mai, dem Tag der Arbeit oder zum 7. Oktober, dem Gründungstag der DDR. Der Bau der Stalinallee war außerdem eine Demonstration für die Leistungsfähigkeit und Ingenieurskunst des sozialistischen Gesellschaftssystems.

des Baugeländes auf der Stalinallee (einschließlich der Übergabe der Mietverträge), die Bilder von den Ruinen in Berlin, mit denen der Film eröffnet, und die zahlreichen Bezüge zu aktuellen (kultur-)politischen Ereignissen (z.B. Aufräumarbeiten in den Trümmern und ‚Hamsterfahrten' in die Berliner Umgebung, die Einführung des Marshall-Plans, der Prozess gegen den Regisseur des antisemitischen Films *Jud Süss* (1940), Veit Harlan, und seine Wiederbeschäftigung im westdeutschen Kulturbetrieb, die Verunglimpfung einer Hörspielversion von Anna Seghers' *Das siebte Kreuz* im westdeutschen Radio, die über Berlin fliegenden ‚Rosinenbomber' während der Luftbrücke, u.v.m.) machen den Film zu einem wichtigen Zeitdokument in der Darstellung des Alltags in Berlin (Ost und West) der ersten Nachkriegsjahre.

Maetzig gestaltet das Ehepaar Sailer/Karsten, deren Ehe durch die unterschiedlichen Entwicklungen der beiden gefährdet ist, als Menschen, die durch die Teilung der Stadt und der Welt gefährdet sind, die jedoch wieder zueinander finden können, wenn sich nur beide für die richtige Seite entscheiden. Die deutsche Teilung, so suggeriert der Film, ist damit noch längst nicht endgültig, die geplante Scheidung zwischen Agnes Sailer und ihrem Mann kann noch einmal rückgängig gemacht werden. Wie immanent das Thema für diesen Film Maetzigs war, lässt sich an einer Veröffentlichung im DEFA-Pressedienst 1951 nachvollziehen, in der der Regisseur schrieb: „Wir wählten eine Ehegeschichte, weil sich in den beiden Ehepartnern gewissenmaßen die beiden Teile unseres zerrissenen Vaterlandes ausdrücken lassen, weil ihre Liebe dem Zusammengehörigkeitsgefühl unseres Volkes entspricht, ihre Trennung der Trennung von Ost- und Westdeutschland zu vergleichen ist" (*Filmarbeit* 218).[13]

Maetzigs Film vermag die Trennung dennoch nicht als womöglich unumkehrbaren Einschnitt, der alle Bereiche des menschlichen Lebens berührt, zu gestalten; die Wiedervereinigung auf der persönlichen Ebene, zwischen Agnes Sailer und ihrem Mann, findet zwar statt, die politische Aussage des Films zielt jedoch nicht auf Integration, sondern auf eine

---

13   Kurt Maetzig gestaltet damit ein Thema, dem sich Anna Seghers mit dem Ehepaar Katharina und Ernst Riedl in *Die Entscheidung* (1959) ebenfalls widmet.

Abgrenzung: das lebenswertere und menschlichere Leben wird im Osten Berlin zu finden sein, dort bauen die Menschen die sozialistische Heimat mit ihren eigenen Händen auf. Diese Lösung gerät durch die starken filmästhetischen Kontraste der Szenen zwischen Ost und West und der recht einfachen Handlung eher plakativ, was durch die im Film immer wieder vorkommenden Züge des Anfang der 50er Jahre noch anhaltenden Personenkults um Stalin verstärkt wird.[14]

Mitte der 50er Jahre arbeitete Kurt Maetzig an seinem einzigen Auftragswerk, einer zweiteiligen Film-Biografie des kommunistischen Arbeiterführers Ernst Thälmann (1886–1944), *Ernst Thälmann, Sohn seiner Klasse* (1954) sowie *Ernst Thälmann, Führer seiner Klasse* (1955). Thälmann wurde in der DDR in großer Breite gewürdigt, zahlreiche öffentliche Institutionen, Straßen und Plätze wurden nach ihm benannt, sein Leben und Wirken war fester Bestandteil der Schulbildung sowie des öffentlichen Lebens insgesamt. Bereits während der Phase der antifaschistisch-demokratischen Neuordnung in der SBZ nach dem Zweiten Weltkrieg wurde Thälmann als ikonische Figur aufgebaut, sein Leben und Wirken gehörten zu den wichtigsten politisch-ideologischen Bezugspunkten des neuen

---

14 So rezitiert z.B. Agnes Sailer bei einer der Kulturveranstaltungen auf der Baustelle der Stalinallee das Gedicht: *Sagt, wie soll man Stalin danken?* (1949) von Kurt Barthel (,Kuba'): „*Gradaus zu Stalin führt der Weg, auf dem die Freunde kamen. /Nie soll'n sich in den Fenstern,/in den neuen, blanken,/die Feuer spiegeln!/Sagt, wie soll man Stalin danken?/Wir gaben dieser Straße seinen Namen.*" Es ist eine Szene im Film, die starke propagandistische Züge sowie eben Züge des Personenkults trägt. Im Gespräch mit dem Journalisten und Publizisten Günter Gaus sagte Kurt Maetzig zum Thema Agitation und Propaganda, er sei „immer wieder in den Sog der offiziellen Propaganda geraten [...], insbesondere unter dem Einfluss der Tatsache, dass nun in Deutschland der Kalte Krieg begann [...] und dass das, was einem jetzt als unverzeihliche Entartung des Sozialismus erscheinen muss, damals immer wieder gerechtfertigt wurde damit, dass so eine Art Schützengrabensituation bestand. [...] So ist es nicht eindeutig gewesen, dass auf der einen Seite eine schlimme Politik und auf der anderen Seite ein edler Mensch war, der etwas anderes anstrebte. Ich hab ja selber in diesem Spannungsfeld zwischen den eigenen Zielen und den Verhältnissen gelebt" (Gaus 66–7).

Heimat durch Erneuerung 79

sozialistischen Staates.[15] So nimmt es nicht Wunder, dass eine Biografie über Ernst Thälmann seit vielen Jahren eines der Hauptvorhaben der DEFA war. Willi Bredel und Michael Tschesno-Hell arbeiteten bereits seit 1949 an einem Drehbuch. Dieses wurde mehrfach verändert, sogar Walter Ulbricht beteiligte sich daran mit Anmerkungen und Änderungsvorschlägen.[16] Kurt Maetzigs Vorschläge, einen Film über den Politiker *und* den Menschen Thälmann zu machen („a film of a worker who despite great difficulties finds his personal path in political life" [Brady 84]), d.h. auch Szenen aus dem persönlichen Umfeld Thälmanns oder auch aus seiner Kindheit einzubauen, scheiterten.

Die Filme haben eine starke, klare politische Aussage, die überzeugend gestaltet ist, auf ästhetischem Gebiet gerieten sie allerdings zu kaum mehr als zu einer Aneinanderreihung von Massenszenen und politischen Reden Thälmanns, „pathetische Tableaus, in denen Spiel, Kamera, Musik, Regie zur Einheit verschmelzen" (Schenk, *Drittel des Lebens 21*).[17] Ernst Thälmann, von dem Schauspieler Günter Simon verkörpert, wurde zu einer

15   Das Gelöbnis der *Jungpioniere,* der Massenorganisation für jüngere Schüler in der DDR, lautete beispielsweise: „Ernst Thälmann ist mein Vorbild. Ich gelobe zu lernen, zu arbeiten und zu kämpfen, wie es Ernst Thälmann lehrt. Ich will nach den Gesetzen der Thälmannpioniere handeln. Getreu unserem Gruß bin ich für Frieden und Sozialismus immer bereit" (Entnommen aus den Statuten der Jungpioniere, Privatarchiv der Autorin).
16   Ulbricht wollte u.a., dass die Rolle der Sowjetunion und Stalins stärker in den Film einfloss; der Film sollte außerdem nicht mit Thälmanns Tod enden, was umgesetzt wurde. In der letzten Szene verschwinden die Gefängnismauern hinter dem zur Erschießung marschierenden Thälmann und werden von einer wehenden roten Fahne ersetzt. Dazu erklingt das Lied von „Deutschlands unsterblichem Sohn" (Schenk, *Drittel des Lebens* 21). Zur Entstehung der Thälmann-Filme siehe auch Russel Lemmons (2007), 91–105.
17   Die Thälmannfilme, wie auch zuvor *Roman einer jungen Ehe*, waren vor allem durch sowjetische Filme beeinflusst, sog. „Stalinepen", die ganz im Sinne des Personenkults gedreht wurden und in deren Massenszenen die „Menschen zu Ornamenten der Macht erstarrt sind" (Schenk, *Mitten im Kalten Krieg* 104). Zu diesen Filmen gehörten u.a. *Der Schwur* (*Kljatwa*, 1946), *Der Fall von Berlin* (*Padenije Berlina*, 1948) und *Das unvergessliche Jahr 1919* (*Nesabywajemyi 1919-j god*, 1952), alle in der Regie von Michail Tschiaureli.

übermenschlichen Figur stilisiert und schien eher ein Denkmal denn ein Mensch aus Fleisch und Blut zu sein, eine altmodisch anmutende Masken- und Kostümtechnik verstärkten diesen Eindruck noch. Dennoch wurden beide Filme zu großen Kinoerfolgen, Schulklassen, Arbeiterbrigaden, Regimenter schauten die Filme gemeinsam. Maetzig berichtete in einem Interview, dass er die Filme später nicht mehr anschauen konnte, ohne Schamgefühle zu bekommen, nicht aufgrund des politischen Inhalts der Filme, sondern aufgrund ihrer künstlerischen Form, ihrer Dramaturgie und ihres Stils.[18] Dieser ist äußerst plakativ und stark geprägt von den Massenaufnahmen sowie der vorherrschenden Farbe Rot in jeder Szene. Die Figur Thälmanns ist fast durchgehend frontal und in Großaufnahmen zu sehen, und sie ist stets in die Bildmitte gerückt, steht meist innerhalb einer Gruppe von Menschen, die ihm bewundernd zuhören. Der Kamerawinkel ist jeweils etwas unter Augenhöhe angesetzt, so dass auch der Zuschauer gewissermaßen zu Thälmann aufblickt. Wie bereits angedeutet, folgt eine politische Rede Thälmanns auf die nächste, wobei bestimmte Mimiken und Gestiken, wie z.B. die geballte Faust, sowie bestimmte äußere Merkmale, wie die Arbeiterjacke oder die ,Thälmann'-Mütze, emblematisiert werden.

Wie Marchwitzas Roman *Roheisen* (im selben Jahr, 1955, wie der zweite Teil der Thälmann-Biografie erschienen), knüpften auch die Thälmann-Filme an die proletarisch-revolutionäre Traditionslinie der 30er Jahre an, einschließlich der Idee von einer Heimat als Solidaritätsgefühl innerhalb einer proletarischen Kampfgemeinschaft. Die Thälmann-Filme präsentierten damit ebenfalls ein proletarisches Erbe, dem sich der Zuschauer

---

18   Kurt Maetzig sagte im Gespräch mit Gaus dazu: „Die führende Idee dieser Filme (Ernst Thälmann 1 und 2) war für mich, dass dieser Arbeiterführer Ernst Thälmann gesagt hatte: ,Wer Hindenburg wählt, wählt Hitler, und wer Hitler wählt, wählt den Krieg'. Allein diese klare Aussage rechtfertigte den Film, der aber in vielen Einzelheiten von der stalinistischen Geschichtsauffassung geprägt ist. [...] Der Film versucht, Thälmann auf einen Sockel zu stellen. Und das halte ich für falsch, hielt ich übrigens damals schon. [...] Ich habe den Film gemacht, und der erste Teil ist meiner Meinung nach in Grenzen ansehbar und hat auch künstlerische Qualitäten, während der zweite Teil mehr und mehr abfällt wegen der Überfülle des Stoffes und der Idealisierung der Gestalt. In vielen Punkten ist er mir einfach peinlich" (75).

verpflichtet fühlen und durch das er für sein eigenes Handeln in der Gegenwart Motivation erhalten sollte. Die Filme fungierten so auch als (von der Kulturpolitik gewünschte) Legitimation für die aktuelle Politik: die Gegenwart konnte als das Vermächtnis Thälmanns präsentiert werden, als die sozialistische Heimat, für die er mit seinem Leben gekämpft hatte.

Kurt Maetzigs Film *Schlösser und Katen* (1957): Heimat zwischen bürgerlicher Vergangenheit und sozialistischer Zukunft

Kontext und Verwandtschaften

Kurt Maetzigs folgender Film, *Schlösser und Katen* (1957), nimmt das ‚Leben auf dem Lande' in den Fokus und erzählt die gesellschaftlichen Umwälzungen in dem ostdeutschen Dorf Holzendorf zwischen den Jahren 1945 und 1953. Er greift Themen wie die Hungerperiode der Jahre 1945–1947, Republikflucht sowie den Arbeiteraufstand am 17. Juni 1953 auf. Neben Gerhard Kleins *Berlin – Ecke Schönhauser* (1957) ist er einer der wichtigsten Gegenwartsfilme der 50er Jahre; Brady nannte ihn a „rich chronicle of village life, hardship and political struggle" sowie ein „valuable corrective to Edgar Reitz's *Heimat*" (80).[19] Dass der Film den sozialistischen Aufbau nicht an einem Industriestandort, sondern im ländlichen Milieu beschreibt, ist keine singuläre Erscheinung. Im Film wie in der Literatur wurden die Umgestaltungen in der Landwirtschaft zahlreich gestaltet, u.a. in *Tiefe Furchen* (Otto Gotsche, 1949), *Der kleine Kopf* (Werner Reinowski, 1952), *Das verurteilte Dorf* (Regie Martin Hellberg, 1952),

---

19 Brady spielt hier vermutlich u.a. auf die unterschiedlichen Entwicklungen an, die Edgar Reitz' Dorf Schabbach, in der amerikanischen Besatzungszone, und Kurt Maetzigs Holzendorf, in der sowjetischen Besatzungszone, im unmittelbaren Zeitraum nach dem Ende des Zweiten Weltkriegs nehmen.

Tinko (Erwin Strittmatter, 1954; Film/Regie: Herbert Ballmann, 1957), *Einmal ist keinmal* (Regie: Konrad Wolf, 1955), bis hin zu Heiner Müllers Stück *Die Umsiedlerin oder Das Leben auf dem Lande* (1961). Während die Betriebsromane die Fabrik bzw. das Werk als sozialistischen Mikrokosmos darstellen, ist es in Maetzigs Film (sowie in den anderen genannten Beispielen) die dörfliche, ländliche Gemeinschaft, der „local place and rural space", die der Ursprungsort der sozialistischen Gesellschaft ist und damit auch „the very crucible of socialist progress" (von Moltke, *No place like home* 174). Dabei ist der Unterschied zwischen Fabrik und ländlicher Umgebung nicht so groß, wie es zunächst scheint. Landschaft und Natur sind nicht als Räume der Erholung und Kontemplation dargestellt, sie sind vielmehr – ebenso wie eine Fabrik – ein volkswirtschaftliches Nutzgebiet, das bearbeitet, vermessen, abgeerntet, aufgeforstet, aufgeteilt und kontrolliert werden muss. Ebenso sind die Tiere Nutztiere (z.B. Kühe und Schweine in modernen Ställen) und Ergebnis harter, oft ebenso manueller Arbeit. Die Natur wird als domestizierbar und gestaltbar dargestellt und erfahren, Arbeit und Arbeitsprodukte unterscheiden sich nur nach ihrem Inhalt von einem Betrieb aus der Stahlproduktion, dem Wesen nach sind sie ebenso das Instrumentarium, aus dem die sozialistische Heimat erbaut werden soll.

Schlösser und Katen, der im Jahr 1945, mit der Flucht der gräflichen Gutsbesitzer beim Einmarsch der Roten Armee, beginnt, verfolgt die Entwicklung des Dorfes während der Bodenreform, bis hin zur Kollektivierung und Gründung einer Landwirtschaftlichen Produktionsgenossenschaft (LPG). Der Film gestaltet die Umwandlung eines bürgerlichen Raumes, des gräflichen Guts in Holzendorf und dessen Ländereien, mit entsprechender Herrschaft-Knechtschaft-Hierarchie, in eine sozialistische Heimat.[20] Diesen Prozess, „die Veränderung (des) Bewußtseins" vieler

---

20 Johannes von Moltke (2005) nimmt in seiner Analyse zu Heimat eine kontinuierliche Entwicklung an, d.h. keinen Bruch bzw. eine explizite Grenze zwischen einer bürgerlichen bzw. dann nationalsozialistischen Nicht-Heimat und einer sozialistischen Heimat. Es beschreibt die Dramaturgie des Films als die „complicated transformations of Heimat from its late-bourgeois abuses during and after the war into a future-oriented space of collective responsibility, a motor for the *Aufbau* of socialism during the 1950s" verfolgend (*No place like home* 193).

einfacher Menschen „an einem gegenwärtigen Thema" (*Filmarbeit* 272), gestaltet Maetzig als zwei konkrete Lernerfahrungen der Bewohner des Dorfes, mithin auch als eine Variante dessen, was Marchwitza in *Roheisen* den ‚Kampf des Alten gegen das Neue' genannt hatte. Nach der Abschaffung der bürgerlichen hierarchischen Strukturen geht es zum einen um die Entwicklung eines gemeinschaftlichen, gleichberechtigten Handelns und Arbeitens; zum anderen ist die Integration von modernen Elementen in die neue Gesellschaft, im technischen wie im sozialen Bereich, ein essentieller Faktor.

Nicht von ungefähr erscheint in diesem Zusammenhang eine Verwandtschaft mit dem Genre der westdeutschen Heimatfilme der 50er Jahre. Diese Filme, deren Welt oft unberührt und heil daherkommt und deren Handlung sich zumeist um Liebe, Familie und Freundschaft in einer dörflichen Gemeinschaft dreht, sind kulturelle Produkte, vermittels derer solch gegensätzliche Strömungen wie Restoration und Modernisierung in der westdeutschen Gesellschaft verhandelt wurden.[21] Die Zeit des Wirtschaftswunders der 50er Jahre findet in diesen Filmen ihren ideologischen ‚Weg' in die ländlichen Provinzen, häufig sind es Gruppen von Flüchtlingen aus Schlesien oder Ostpreußen, die als Vorreiter des ökonomischen Fortschritts dargestellt werden (z.B. in *Grün ist die Heide*, Regie Hans Deppe, 1951; *Wenn am Sonntagabend die Dorfmusik spielt*, Regie Rudolf Schündler, 1953 oder *Heimat, deine Lieder*,

---

21 Vgl. von Moltke: *Location Heimat: Tracking Refugee Images, from DEFA to the Heimatfilm* (2007), 74–90, sowie *No place like home* (2005), 181f. Die Verwandtschaft zwischen den Filmen aus Ost- und Westdeutschland besteht nicht nur in inhaltlichen Anknüpfungspunkten, sondern auch in der Ästhetik der Filme selbst. So stellt von Moltke fest, „the elaborate mise-en-scène of rural and agricultural scenes links Maetzig's film to the Heimat genre – from the credits that come up against a billowing tree to Anton und Marthe wielding their plow on the windy plain, from the community conducting its affairs after Sunday church, to the joint effort to bring the harvest […]. All of these images would seem at first glance to derive from the same iconographic stock as the images in *Waldwinter, Die Trapp-Familie, Rosen blühen auf dem Heidegrab*, or *Wenn die Heide blüht*" (*No place like home* 192).

Regie Paul May, 1959).²² Andererseits nivelliert die dörfliche Heimat auch Modernisierungsbestrebungen, sie bildet einen „compensatory space" und offeriert „seemingly constant images" angesichts rapider ökonomischer und sozialer Veränderungen (von Moltke, *No place like home* 181). In diesem Sinne haben westdeutsche Heimatfilme und die „Agrarfilme" der DEFA zwei interessante Schnittpunkte: hier wie dort wird technisch-wirtschaftlicher Fortschritt aufgezeigt, auch in Kurz Maetzigs Film unter anderem durch die Flüchtlingsfamilie Sikura aus Schlesien (im ostdeutschen Kontext wurde das Wort ‚Umsiedler' gebraucht). In den westdeutschen Filmen wird die dörfliche Heimat daneben auch als eine Gegenwelt zu den Modernisierungstendenzen gestaltet, und sie artikulieren kaum eine Kritik an der sozialen Realität oder avisieren eine andere, bessere Zukunft (ebd.). Genau *diesen* Ansatz verfolgt jedoch Maetzigs Film: tiefgreifende soziale, gesellschaftliche Veränderungen werden als notwendig angesehen, um den Sozialismus aufzubauen und um in der Zukunft überhaupt eine Heimat entstehen zu lassen. Das heißt, „the films differ in the degree to which they take on the force of modernization as their explicit telos" (ebd. 200). Zusammenfassend lässt sich sagen, dass in den DEFA-Filmen das alte, bürgerlich-idealistische und als unmodern geltende Heimatkonzept (da es als

---

22   Nach der Kapitulation des Dritten Reiches wurden insgesamt 11,6 Millionen Deutschsprachige und Deutschstämmige aus Ostpreußen, Pommern, Danzig, Ungarn, Rumänien, der CSSR und der Sowjetunion umgesiedelt, wovon ca. zwei Drittel in den westlichen Zonen und ein Drittel (4,3 Millionen) in der SBZ verblieben, wo sie ca. 25% der Gesamtbevölkerung ausmachten (Deltl 141). Durch ihre Fähigkeit der Anpassung an die neuen Zeiten und die Integration in den jeweiligen sozialen und ökomischen Kontext waren es insbesondere die Flüchtlinge aus den ehemaligen deutschen Provinzen, die die westdeutsche Nachkriegsgesellschaft nachhaltig wirtschaftlich beeinflussten, und die ‚Heimat' zu einer Art mobilem Stabilisierungsraum machten. „In adjusting to the ‚changing times' of the Economic Miracle [...] Heimat becomes a mobile signifier that can be transported from Silesia to Bavaria, from a feudal past to a Fordist present, from Gemeinschaft (community) to Gesellschaft (society)" (von Moltke, *Location Heimat* 83). In der SBZ versuchte man, die dort so bezeichneten Umsiedler vom zerstörten Berlin und anderen Städten fernzuhalten und versuchte sie, mittels Bodenzuteilung auf dem Land anzusiedeln; Umsiedler erhielten fast 35% des neuverteilten Bodens (Deltl 141).

sentimental und vergangenheitsorientiert galt) durch ein neues, modernes, sozialistisches ersetzt wurde, während die Filme aus der BRD den Bereich (dörflicher) Heimat stärker als einen Zwischen- und Verhandlungsraum für Tradition und Moderne, Land und Stadt, Vergangenheit und Zukunft präsentierten.

Das Finden einer Heimat durch die einzelnen Figuren bzw. -gruppen ist in *Schlösser und Katen* als vielfältiger, individuell höchst unterschiedlicher Prozess dargestellt. Eine Figurengruppe sind die Mitglieder der Partei: Kalle Buddenboom, Sven Voss und Hede; sie sehen in der sozialistischen Gesellschaft ihre gedanklichen Vorstellungen von einer Heimat verwirklicht und gehen den Aufbau dieser Gesellschaft als praktische Aufgabe an, wobei es vor allem um Fragen der Durchführung, also des *Wie* geht. Sie sind es auch, die die beiden Lernprozesse in Holzendorf, das gemeinschaftliche Handeln und die Modernisierung, initiieren und anleiten. Vertreter der jüngeren Generation, wie die Magd und spätere Zootechnikern Annegret Zuck, der ehemalige Soldat und Heimkehrer Heinz Klimm oder die Umsiedlerin Christel Sikura ergreifen die beruflichen Entwicklungschancen, die sich ihnen in der neuen Gesellschaft bieten. Ihre Heimat erfahren und verstehen sie im Gebrauchtwerden durch die neue Gesellschaft, dies vor allem in der Arbeit, die sie ausführen. Individuelle Heimaterfahrungen und gesellschaftliche Entwicklung verlaufen bei diesen beiden Gruppen jeweils parallel und sind spannungsreich nur in dem Sinne, dass bestimmte Hindernisse in der Umwelt überwunden werden müssen, wobei die Überwindung im Handlungsschema bereits vorgegeben ist und eingelöst wird.

Andere Figurengruppen, wie beispielsweise Annegrets Eltern, Marthe und Anton Zuck, oder die noch in Holzendorf ansässigen Großbauern müssen erst noch zurückgebliebene Elemente der alten bürgerlichen Gesellschaft überwinden, was in ihrem Unwillen, in die LPG einzutreten, verdeutlicht wird, aber auch in ihrer Anhänglichkeit an die ehemaligen Gutsbesitzer und einer generellen Skepsis gegenüber der neuen Gesellschaft; sie haben den weitesten Weg hinein in die sozialistische Gesellschaft zu gehen. Dennoch wird das Entstehen einer sozialistischen Heimat in Holzendorf als ein bruchloser Vorgang präsentiert. Lediglich diejenigen werden aus der Heimat schließlich ausgeschlossen, die ihr willentlich schaden wollen, wie der ehemalige Verwalter des gräflichen Guts,

Bröker, und dessen Sohn Ekkehard.²³ Maetzig stellt die Geschichte von Holzendorf und die Heimaterfahrungen seiner Figuren in verspielter, facettenreicher und psychologisch differenzierter Weise dar. Dass diese Heimaterfahrungen auch an Generationenerfahrungen und politische Aktivitäten geknüpft sind und deshalb eine gewisse Ungleichzeitigkeit herrscht, ähnlich, wie es sich in Marchwitzas Roman *Roheisen* zeigte, lässt der Film erahnen. Insgesamt jedoch entsteht im Film, gerade aufgrund des verteilten Fokus auf verschiedene Figurengruppen, ein mosaikartiges, im ästhetischen wie politischen Sinne *kollektivierendes* Bild, in dem sich die Suche des Einzelnen nach einer Heimat in der neuen Gesellschaft nahtlos in das Wachsen dieser Gesellschaft einfügt. Dies vermittelt den Eindruck von gleichzeitiger Differenziertheit und Einheitlichkeit, was auch Konrad Wolf in einen Brief an seinen Mentor bemerkte: „Ein seinem Charakter nach neuartiges, mutiges, künstlerisch selten harmonisches und einheitliches Kunstwerk."²⁴

Kurt Maetzig präsentiert in *Schlösser und Katen* einen Arbeitsstil, der sich von den vorherigen Spielfilmen deutlich abhebt. Der Film zeigt Einflüsse des Neorealismus (u.a. in der Darstellung der Figur des ‚krummen Antons') sowie der sowjetischen Filmkunst der 20er und frühen 30er Jahre (hier vor allem Szenen aus dem landwirtschaftlichen Arbeitsbereich); er zeichnet sich außerdem durch seinen „dokumentaren Stil" aus (Maetzig, *Filmarbeit* 57). Dies ist im Sinne seiner hohen Realitätsnähe zu verstehen, die allein aufgrund der Länge und Ausführlichkeit des Films entsteht (zwei Teile mit insgesamt ca. 200 Minuten), d.h. aus der Möglichkeit heraus, sich auf das Erzählen einer Geschichte in vielen Haupt- und Nebenfacetten einzulassen. Dies war eines von Maetzigs Hauptanliegen: der „epische [...] Stoff", die „Dramaturgie des Teppichs, [v]iele Handlungsfäden", „eine

---

23 Von Moltke sieht interessante Ähnlichkeiten zwischen Bröker und Anton Zuck: „Both Bröker and Anton reflect deep-seated insecurities about the political future of East Germany. Repeatedly, they insist on the possibility that the transition to socialism is only temporary and that the clock will ultimately be rewound. On this basis, they refuse to participate in the project of rebuilding Heimat on a new foundation, hoping instead to gain by remaining loyal to the old" (*No place like home* 195).

24 Brief von Konrad Wolf an Kurt Maetzig vom 14.9.1956. In: *Archivblätter* 107.

breitere, vielschichtigere [...] Darstellung" (*Filmarbeit* 273–4). Außerdem erreicht der Film seine Realitätsnähe durch die sorgfältige Mise-en-Scene, die Kameraarbeit von Otto Merz, insbesondere die zahlreichen Aufnahmen der Landschaft Mecklenburg-Vorpommerns und der Details ländlichen Lebens. Die genauen Figurenzeichnungen – Maetzig wollte Personen „ohne falsches Pathos, ohne deklamatorische Geschwätzigkeit" darstellen (*Filmarbeit* 273)[25] – und die Leistungen der Schauspieler (u.a. Raimund Schelcher, Karla Runkehl, Erwin Geschonnek und Harry Hindemith) sowie das Drehbuch von Kurt Barthel trugen ebenso zur Qualität des Films bei. Maetzig betonte, einen einfachen, „tief menschlichen Film, ein philosophisches und sozialkritisches Werk des sozialistischen Realismus", ohne Effekthascherei machen zu wollen, ohne „effektvolle äußere Montage, kein suggestives Mitreißen [...], effektvolle Ausleuchtung, eigenartige Kamerastandpunkte, optischer Trommelwirbel usw." (ebd.).[26]

25 In einem Brief von Konrad Wolf an Kurt Maetzig findet dieses Vorhaben seine Bestätigung darin, dass Wolf das Fehlen „der unrealistischen theatralischen Effektsprache" in *Schlösser und Katen* besonders lobte. Brief von Konrad Wolf an Kurt Maetzig vom 14.9.1956. In: *Archivblätter* 107.
26 *Montage* bezeichnet bekanntlich das Verknüpfen von filmischen Einheiten, d.h. die endgültige Gestaltung eines Films durch das Schneiden, Auswählen und Zusammenstellen der Bildfolgen. Die Art der Montage zwischen den Handlungseinheiten eines Films kann unterschiedliche logische Zusammenhänge zwischen den Einheiten erzeugen. Thomas Kuchenbuch unterscheidet folgende Montageformen: 1) erzählende (narrative) Montage: Voranbringen der Erzählung/eigentliches Darstellen der Geschichte mittels räumlicher und zeitlicher Sprünge; 2) beschreibende Montage: räumliche Gestaltung, Gegenstandsbeschreibung, z.B. das Äußere und die Funktionsweise eines Gebäudes, einer Maschine, eines Raumes; 3) relationale Montage: Elemente im Film werden in ein geistiges Verhältnis gesetzt bzw. dieses Verhältnis wird beleuchtet. Einige Beispiele für die zahlreichen Formen der relationalen Montage sind: Vergleich (Frühling/Winter; Kopf/Ei); Symbolik (auf die Bilder von Unterdrückung folgt das Bild einer Krone); Metaphorik (Auftritt eines Demagogen wird mit Bildern eines sich aufplusternden Hahns unterschnitten); zusammenfassende Klammerung (Schneewehen, Eiszapfen, verschneite Autobahnen = Winter); Assoziation (konkrete oder auch vage assoziative Beziehungen, Impressionen von Stimmungen); Parallelität (zwei gleichzeitig ablaufende Handlungssegmente) (Kuchenbuch 64–5; 69–70).

Schlösser und Katen konzentriert sich auf das Handeln und Wirken der Menschen in der neuen Gegenwart, was den Eindruck verstärkt, der Film zeige einen realistischen, ja fast dokumentarischen Ausschnitt der Wirklichkeit. Die Erbauung der neuen, sozialistischen Heimat ist ganz in das alltägliche Geschehen im Dorf eingebettet, und wird losgelöster von einer längeren historischen Entwicklung präsentiert als etwa bei Hans Marchwitza oder Anna Seghers; gleichzeitig will der Film die Entstehung einer sozialistischen Heimat in Holzendorf auch als Repräsentanz gegenwärtig geschehender deutscher Geschichte verstehen.

Als eine Besonderheit des Films kann die Darstellung der kommunistischen Parteileute gelten, die als drei verschrobene und sympathische Unikate gezeichnet sind. Der stets misstrauische und pessimistische Sven Voss ist der erste, der die sowjetischen Soldaten in Holzendorf begrüßt. Seine rote Fahne und „seine kommunistische Überzeugung" hatte er während des Krieges eingemauert und nun wieder „mit Begeisterung" hervorholt (*Filmarbeit* 57). Maetzig hat diese Figur bewusst nicht idealisiert, sondern als widerspruchsvolle und eben darum menschliche Figur dargestellt. Sie ist „real [...] in ihrer Differenzierung und ihren guten und bösen Seiten" und hat sehr viel „mit den realen Erfahrungen der Zuschauer zu tun", so der Regisseur (ebd.). Dies trifft auch auf die anderen beiden Partei-Figuren zu. Kalle Buddenboom hat während des Krieges als deutscher Soldat gegen die Sowjetunion gekämpft, seine Vergangenheit ist durch das Fehlen seines rechten Armes immer präsent. Oft wird er als unrealistischer Träumer ausgelacht, seine Rede zu jeglichem Planungsanlass: „In einem Jahr, vielleicht in zwei, na, sagen wir in drei Jahren ..." zieht sich als komisches Element durch beide Filmteile. Die dritte Figur ist die Bäuerin Hede, Buddenbooms unverheiratete Lebensgefährtin, die nach einem Streit um die Stellung von Annegret Zuck in Holzendorf (s.u.) ihr Parteibuch hinwirft, da sie sich von ihrem Parteikollegen zu Unrecht kritisiert fühlt. Maetzig lag die Figur der Hede besonders am Herzen, da sie, *gerade* auch im Hinwerfen ihres Parteibuchs und ihres angedrohten Austritts aus der Partei, ehrlich und menschlich, und in diesem Sinne als wahre Kommunistin, handelt (*Filmarbeit* 57). Was der Regisseur mit seiner Parteigruppe in Holzendorf veranschaulichen wollte, waren seine Vorstellungen von Parteiarbeitern als menschlichen, fehlbaren Figuren, ohne diese mit einer mythischen Aura zu versehen; solche Figuren erschienen ihm als die richtigen Impulsgeber für die neue Gesellschaft. Es ging um das gleichberechtigte, d.h. nicht hierarchische und mithin wahrhaft demokratische Miteinanderarbeiten, in kleinen Parteizellen wie auf höherer staatlicher Ebene. Maetzig wollte das darstellen, „was [er] [...] von der Demokratie in der Partei und von der Demokratie im Ganzen, im Staat, in der Geschichte" hielt (ebd.). Der Film verzichtet damit auf einen expliziten Verweis auf die proletarisch-revolutionäre Tradition und solch kommunistische Arbeiter- und Kämpfergestalten, wie sie in Marchwitzas Roman und auch von Anna Seghers, Konrad Wolf oder Werner Bräunig gestaltet wurden.[27] Als einzige visuelle Reminiszenz an diese Tradition trägt die Figur des Kalle Buddenboom die typische Thälmann-Mütze sowie die Thälmann-Jacke, auch das Alter der Figur sowie ihr norddeutscher Name und Dialekt verweisen auf eine gedachte Verbindung mit dem historischen Arbeiterführer.

Schlösser und Katen, Teil 1: Heimat durch technische Modernisierung

Der erste Filmteil, *Der krumme Anton*, beginnt mit einer längeren Sequenz (Teil I/0h:1min:20sec), die die chaotischen Zustände auf dem gräflichen Gut angesichts des Eintreffens der Roten Armee darstellt: von einem vornehmen, hell erleuchteten Interieur, in dem die Gräfin hastig ihre Koffer packt, folgt ein Schnitt in die nächtlich-dunkle Außenwelt, zu Höfen und Ställen des Guts, Pferde und Kühe laufen umher, Knechte und Mägde, Angestellte des Grafen versuchen, der Situation Herr zu werden.[28] In einer Scheune reden und laufen Umsiedler, die sich dort aufhalten, aufgebracht durcheinander. Die Kamera bewegt sich mit Halbnahaufnahmen dicht am Geschehen, die Szenerie ist kaum zu überblicken und vermittelt einen

---

27 Was Seghers, Wolf und Bräunig außerdem ansprechen, und was in Maetzigs Film ausgespart bleibt, ist die größer werdende Kluft zwischen Partei und Menschen, zwischen Staatsführung und Bevölkerung.
28 Alle Angaben zum Film sind entnommen aus: *Schlösser und Katen. 1. Der krumme Anton, 2. Annegrets Heimkehr.* Regie Kurt Maetzig. Buch Kurt Barthel, Kurt Maetzig. DEFA, 1957. 2 DVDs, Icestorm, 2004.

Eindruck von Unsicherheit und Chaos. In solcher Darstellung der unmittelbaren Kriegsende- und Nachkriegszeit folgt der Film einem Leitmotiv, dessen sich zahlreiche andere Künstler ebenso bedienten: so erscheint die Nachkriegswelt beispielsweise als Jahrmarkt (Joachim Knappe, *Mein Namenloses Land*, 1965), als Trümmerlandschaft (Anna Seghers, *Die Entscheidung*, 1959) oder als Rummelplatz (Werner Bräunig, *Rummelplatz*, 2007), in der Summe als ein chaotisches Durcheinander von Menschen und deren Lebensgeschichten, Vergangenheiten und Zukunftshoffnungen.

Nach der tumultartigen Eingangssequenz stellt *Schlösser und Katen* die allmähliche Neuordnung der Verhältnisse, d.h. die Umwandlung des Dorfes hin zu einer sozialistischen Heimat, dar. Der Kontrast zwischen Alt und Neu, zwischen der Welt des bürgerlichen Guts und der des sozialistischen Dorfs ist nicht nur großer Handlungsrahmen, sondern wird auf filmästhetischer Ebene in zahlreichen einander kontrastierenden Szenen und Montagen realisiert.[29] Eine erste Stufe der Neuordnung ist, dass der Boden der gräflichen Familie auf die Neubauern verteilt wird. Die Szene (I/0:23:05) spielt im Hof des ehemaligen Herrenhauses, die Kamera wechselt zwischen der Vogelperspektive, die die Menschenmenge im Hof einfängt sowie Halbnahaufnahmen der einzelnen Neubauern, die sich das in einem Losverfahren ihnen zugeteilte Stück Land abholen und auf einer Landkarte dessen Lage anschauen. Der Film idealisiert die Bodenreform bzw. Landverteilung nicht: es gibt Neid unter den Neubauern über größere und kleinere, bessere und schlechtere Landzuweisungen, auch der Neid gegenüber den Umsiedlern wird deutlich artikuliert. Dennoch, die Idee des (kollektiven) Ganzen und der Aufgabe und Verantwortung des Einzelnen darin wird in dieser Szene aufschlussreich in die Zukunft verweisend eingefangen. Die darauf folgende Szene kontrastiert sodann diese Idee, denn die Aufteilung des gräflichen Landes führt tatsächlich zunächst zu einer Vereinzelung und zu erneuter Ungleichheit. Jeder Neubauer muss seinen

---

29 Dieses Konzept ist nicht zuletzt auch Reminiszenz an einen verworfenen Drehbuchentwurf von Kurt Barthel, der die Gegenüberstellung zweier Bauern vorsah: eines fortschrittlichen und eines im politischen Sinne zurückgebliebenen (Schenk, *Mitten im kalten Krieg* 110).

Heimat durch Erneuerung

neu erworbenen Boden, ertragreich oder schlecht, allein bewirtschaften. Dies wird als ein archetypisches Bildnis des Kampfes des Menschen mit der Natur gefilmt: Anton Zuck und seine Frau Marthe werden in einer Totalen als kleine schwarze Figuren gezeigt, wie sie vor dem Hintergrund eines bedrohlich wirkenden, wolkenverhangenen Himmels ein schier endlos großes Feld bearbeiten (I/0:25:00), dazu ertönt melodramatische Musik. Als die einzige Kuh zusammenbricht, spannt sich Zuck selbst vor den Pflug, wie zuvor auf dem gräflichen Gut arbeitet er somit erneut als (sein eigener) Knecht. Der Kampf des einzelnen Menschen gegen die Natur (hier im Sinne ihrer landwirtschaftlichen Nutzung) ist aussichtslos, der Mensch soll und kann nicht allein arbeiten – so ist dieser symbolisch aufgeladenen Szene ihre deutliche Botschaft abzulesen. Dieses Motiv wird auf einer narrativen Ebene in mehreren Szenen wiederholt; so erfährt der Zuschauer, dass die Neubauern des Dorfes auch als Angestellte auf den Feldern der weiterhin existierenden Großbauern arbeiten und kaum ihr eigenes Feld bestellen können. Als die erste Maschine einsatzbereit ist (eine Pflug- und Saatmaschine), scheint es so, dass diese aus Zeitmangel niemand für sich nutzen könnte. Nur durch gut organisierte gegenseitige Hilfe, initiiert von der späteren Vorsitzenden der Genossenschaft, Christel Sikura, kommt die Maschine schließlich zum Einsatz. In einer anderen Szene berät die Dorfgemeinschaft über den Kauf neuen Viehs; nach anfänglichen Unstimmigkeiten über die Frage, ob es sich um einzelne oder gemeinschaftliche Anschaffungen handeln sollte, fällt die Entscheidung schließlich auf letztere Variante. Dem Bauern Sikura wird durch die Dorfgemeinschaft ein Scheck überreicht, mit dem er neuen Viehbestand für das gesamte Dorf kaufen soll – ein erster Schritt hin zur späteren genossenschaftlichen Zusammenarbeit.

Parallel zum Lernprozess des gemeinschaftlichen Handelns findet die Modernisierung des dörflichen Lebens statt. Im ersten Filmteil werden vor allem die technischen Neuerungen betont, so wird z.B. der Bau von neuen Wohnhäusern für die Bauern dargestellt (I/1:14:00).[30] Während

---

30 Auch im zweiten Teil wird das Augenmerk auf die zahlreichen baulichen Veränderungen der Umwelt gelenkt: auf einer Autofahrt präsentiert der krumme

eine Blaskapelle mit fröhlicher Marschmusik im Vordergrund durch das Bild schreitet, sind im Hintergrund im Bau befindliche Häuser und hölzerne Dachkonstruktionen zu sehen.[31] Die klaren, geradlinigen Formen der Häuser im Hintergrund der Szenerie kontrastieren das chaotische, dichte Durcheinander von Menschen und Tieren aus der Anfangssequenz. Die neuen, geräumigen und frei in der Landschaft stehenden Häuser lösen auch das Bild aus einer weiteren Szene aus dem ersten Drittel des Films ab (I/0:37:00), in welcher die Menschen (vor allem Flüchtlinge und Umsiedler), auf kleinstem Raum und nur durch Vorhänge abgetrennt, im ehemaligen Gutshaus wohnend gezeigt werden. In der Abfolge dieser Szenen, beginnend mit dem Chaos des Anfangs, über die entstehende Ordnung in den kleinen, abgetrennten Wohnbereichen des Gutshauses, bis hin zu den Neubauten im Dorf, wird der Übergang von Alt zu Neu, von (bürgerlicher) Unordnung zu (sozialistischer) Neuordnung visuell nachvollzogen: die neue sozialistische Gesellschaft erst macht eine erfolgreiche Aneignung des Raumes und der Landschaft durch den Menschen möglich, in dem dieser seine Umwelt „verhäuslicht" bzw. „verheimatlicht".

In einer anderen Szene wird der flächendeckendere Einsatz von Maschinen in Holzendorf gefeiert (I/1:29:00). Der Mangel an funktionierenden Maschinen in der Landwirtschaft der DDR, wie auch in der Industrie, war gravierend. Wie es der Film realistisch widerspiegelt, mussten sich mehrere Bauern die Maschinen teilen, und es wurden Maschinen-Traktoren-Stationen (sogenannte MTS) eingerichtet, die Traktoren, Mähdrescher usw. zentral verteilten und die häufig notwendigen Reparaturen der sehr alten

---

31 Anton der zurückgekehrten Gräfin die neugebauten Häuser, das Landambulatorium und die Maschinen-Traktoren-Station (II/0:11:00); an Annegrets erstem Arbeitstag in der LPG ist eine weitere Flotte neuer Maschinen und Traktoren zu sehen (II/0:33:00). In einer Einstellung dieser Sequenz sind die Stiefel der Musiker in einer Detailaufnahme zu sehen, wie sie durch den schlammigen Boden der Baustelle marschieren. Dieses Motiv kann als Versinnbildlichung der Übergangsphase zwischen Alt und Neu wie auch als Fortschreiten in die bessere Zukunft gedeutet werden. Auch Winfried Junge bedient sich des Motivs der in die Zukunft voran laufenden Beine in *Die Kinder von Golzow* (siehe Kap. 5).

Heimat durch Erneuerung

Maschinen durchführten. Die Flotte an Traktoren, die in der genannten Szene auf den Hof des ehemaligen Holzendorfer Gutshofes einfährt, ist darum in mehrfacher Hinsicht als Präsentation eines großen Erfolgs zu verstehen. Zum einen sind sie Symbol des technischen Fortschritts, der sowohl als zwingende Voraussetzung, aber auch als positive Folge der neuen demokratischen Ordnung dargestellt ist. Zum anderen assoziiert die Parade der landwirtschaftlichen Maschinen eine Parade von Panzern (die noch am Anfang des Films zu sehen waren) und löst damit als friedliches, dem Leben der Menschen zugedachtes Gerät die todbringenden Kriegsmaschinen ab. In dritter Hinsicht verdeutlichen die Maschinen, die nun zahlreich den Hof des ehemaligen Gutes ‚bevölkern', und die die kräftezehrende manuelle Arbeit der Menschen ablösen werden, die Umwandlung Holzendorfs von einem Ort bürgerlicher Ausbeutung und Hierarchie hin zu einer modernen und modernisierten Heimat.

Der erste Filmteil endet mit einem Bild, welches die Entwicklung Holzendorfs zu einer sozialistischen Heimat visuell erneut bündelt. Die Parteifunktionäre Kalle Buddenboom und Sven Voss schauen aus dem Fenster des ehemaligen Gutshauses, die Kamera übernimmt den Blickwinkel der Figuren und schaut mit ihren Augen auf die neue Welt: sie ist das Tableau einer hellen, im Sonnenschein liegenden Landschaft, Rasenflächen mit geraden Kanten sind angelegt, einige Maschinen sind auf ihnen abgestellt, Menschen sind hier und dort zu sehen, ruhig ihrer Arbeit nachgehend. Friedlichkeit und Heimatlichkeit, Sicherheit und die Gewissheit auf die Zukunft werden in diesem Bild gebündelt.

Schlösser und Katen, Teil 2: Heimat durch soziale Modernisierung

Der zweite Teil des Films schildert die Kollektivierung der Landwirtschaft und den Aufbau der LPG sowie Annegret Zucks erfolgreiche (Re-)Integration in die Holzendorfer Gemeinschaft. Annegret, die Tochter Anton Zucks, des „krummen Antons", ist die biologische Tochter des ehemaligen Grafen. Ein Dokument, im Film durchgängig „der Schein" genannt, belegt diesen Fakt und verspricht Annegret außerdem die Erbschaft des Gutes, sobald sie heiratet. Dieser Handlungsstrang wird bereits im ersten Filmteil eingeführt. Diese melodramatisch angelegte Familiengeschichte, in der vielleicht am stärksten eine Verwandtschaft zu den westdeutschen Heimatfilmen anklingt, verläuft parallel zum politischen Handlungskontext. Letzterer wird damit einerseits gefälliger und leichter gemacht, als ein zusätzlicher Spannungsbogen ist die Familiengeschichte auch ein Zugeständnis an Zuschauergewohnheiten und -erwartungen. Letztlich bildet der Schein auch ein Bindeglied in die alte, bürgerliche Welt. Um ihn entspinnen sich verschiedene Intrigen während der beiden Filmteile, mehrere Figuren wollen ihn in ihren Besitz bringen: u.a. der krumme Anton, der den neuen gesellschaftlichen Entwicklungen skeptisch gegenübersteht und in dem Schein eine Art Lebensversicherung für sich und seine Adoptivtochter sieht, des Weiteren der korrupte Verwalter Bröker und dessen Sohn Ekkehard, die sich durch eine Heirat Ekkehards mit Annegret ein großes Vermögen erhoffen, sowie die geflüchtete Gräfin selbst, die um ihr zurückgelassenes Gut bangt. Nur Annegret selbst hat kein Interesse an ihrer gräflichen Herkunft und den Erbschaftsaussichten und fühlt, dass diese sie zu einer Außenseiterin machen. Deshalb entschließt sie sich am Ende des ersten Filmteils, in die Stadt fortzugehen, um sich beweisen zu können: als würdiges Mitglied der Holzendorfer Dorfgemeinschaft wie auch als würdiges Mitglied der neuen sozialistischen Gesellschaft. Im zweiten Filmteil, der auch den bezeichnenden Titel *Annegrets Rückkehr* trägt, kommt diese als ausgebildete Zootechnikerin nach Holzendorf zurück. Annegret Zuck hat, ähnlich zahlreichen anderen Frauenfiguren in Film und Literatur, die Möglichkeiten der neuen Gesellschaft genutzt und sich einem technischen Beruf zugewandt, sie hat sogar in der Stadt studiert – ein Fakt, der im Film immer wieder betont wird, und der Anlass zu Anfeindungen und Verleumdungen gibt. Sie trägt eine selbstbewusste Haltung nach außen, die sie auch in ihrem Privatleben bewahrt. Sie bekommt ein Kind von dem Heimkehrer Heinz Klimm, heiratet diesen jedoch nicht, sondern führt mit ihm eine Partnerschaft ohne Trauschein. Heiraten will sie nicht, weil dies der gesellschaftlichen Norm entspräche, sondern nur, wenn sie und Klimm es wollten. Diese Haltung wird in Kontrast zum Leben von Annegrets Mutter gesetzt, die in einer ehemals bürgerlichen Welt, als sie von dem Holzendorfer Grafen schwanger war, nur durch die Heirat mit dem krummen Anton eine ehrbare Frau bleiben konnte.

In einer langen Sequenz zeigt der Film, wie Annegret in ihrem neuen Beruf als Zootechnikerin die Ställe der neu gegründeten LPG in Holzendorf begutachtet (II/0:35:00); dabei schlägt ihr die unumwundene Feindschaft der Dorfbewohner entgegen. Die meisten halten sie für die Erbin von Holzendorf, die ihre Ansprüche schließlich geltend machen und damit die Arbeit der LPG schädigen wird, ihre Verbesserungsvorschläge werden ignoriert oder abgelehnt. Die Enge der kleinen Ställe, die niedrigen Decken, unter denen Annegret sich beugen muss, von der Kamera erneut in Halbnahaufnahmen eingefangen, machen ihre prekäre Lage deutlich: sie kann sich nicht bewegen, kommt nicht vorwärts. Außerdem ist sie ausgeschlossen, im Film dadurch gekennzeichnet, dass sie *hinter* den eisernen Torstäben der MTS stehenbleibt, da sie glaubt, nicht *hinein* zu gehören. Diese Sequenzen werden neuerlich mit anderen kontrastiert, z.B. arbeitet Annegret auf dem Feld ihrer Eltern, unter freiem Himmel, in weiter Landschaft. Hier wird sie sich bewusst: „Ich kämpfe um Vertrauen" (II/0:46:10), auch um das ihrer Eltern, die ihr Feld immer noch allein, ohne die LPG, bewirtschaften. Sie ist verzweifelt über ihre Lage und den Stillstand im Dorf, in dem sich in ihren Augen noch nichts geändert hat. Ihr Vorhaben „Ich muss mich durchsetzen" (II/0:41:40) bezieht sie nicht nur auf Holzendorf, dem sie beweisen möchte, dass sie nicht als bürgerlich-gräfliche Erbin auftritt, sondern auch auf ihre Rolle als Repräsentantin einer neuen Welt, die alte Verhaltensmuster aufbricht und die die Menschen vom technischen Fortschritt und der Notwendigkeit gemeinschaftlicher Arbeit überzeugen kann.

Durch Annegrets Rückkehr nach Holzendorf entspinnt sich erst der eigentliche Kernkonflikt der Filmhandlung, der sich um die Frage ihrer Akzeptanz dreht: wird sich Annegret in die dörfliche Gemeinschaft einfügen können und wird sie sich in ihrem Beruf als Zootechnikerin bewähren? Interpretiert man also die Figur der Annegret Zuck, in der sich technischer und sozialer Fortschritt vereinigen, als eine Personifizierung des Sozialismus, so verweist die Frage nach ihrer Integration in die Dorfgemeinschaft letztendlich auf die Frage nach der Durchsetzungskraft des Sozialismus. Das Verhältnis zwischen Annegret Zuck und der Holzendorfer Gemeinschaft ist damit auch eine Situation gegenseitiger Erprobung und Bewährung: wird Annegret, in der sich das Neue verkörpert, also in der Holzendorfer Welt

‚heimatlich' einrichten und festsetzen können? Und umgekehrt, wird diese Welt sich als ein heimatlicher Ort erweisen?[32] Dass dieses Beziehungsgefüge sich erfolgreich entfalten wird, daran besteht nie ein Zweifel, Individuum und Gesellschaft werden im heimatlichen Raum der Dorfgemeinde zueinander finden. Dass sich der Film die zu überwindenden Hindernisse aus dem Alltagsleben dieses Dorfes nimmt, lässt jedoch die Entwicklungen, und schließlich auch die Überwindung der Hürden, nah (genug) an die realen Erfahrungen der Zuschauer heranrücken und nie schematisch erscheinen.

Die erfolgreiche Reintegration Annegrets findet zunächst auf familiärer Ebene statt, es erfolgt die Versöhnung mit ihrer Mutter, mit der sie sich wegen des Scheins zerstritten hatte, sowie mit Heinz Klimm, dem Vater ihres Sohnes, dessen Partnerschaft ihr wie das Eingeständnis einer Schwäche (im Sinne einer traditionellen Rollenverteilung) erschien. Auch mit den Parteimitgliedern, die ihr ebenfalls starkes Misstrauen entgegenbrachten, findet sie wieder eine Vertrauensbasis. Die familiäre und die politische Rekonvaleszenz zeigen erste Erfolge, u.a. als Annegrets Mutter schließlich in die LPG eintritt oder als alle Frauen des Dorfes, einschließlich Annegret, gemeinsam darum kämpfen, das zurückgelassene Vieh der in den Westen geflüchteten Großbauern zu versorgen. Als die führenden Köpfe der LPG zusammensitzen, um über den Betrug und den wirtschaftlichen Schaden eines der Großbauern zu beratschlagen, sitzt Annegret bereits in ihrer Mitte.

Mittels Jump Cut wird die Handlung sodann um eine beträchtliche Zeitspanne nach vorn gebracht, der Zuschauer findet sich erneut in einer Beratungsszene der LPG wieder. Es ist das Ende des Jahres 1952, die ersten großen gemeinsamen Erfolge werden gefeiert, die Vorhaben für das kommende Jahr freudig ins Auge gefasst. Die Bauern sitzen nun als wirkliche Gemeinschaft um eine Landkarte mit einem *einzigen* Stück Land herum. Damit werden die zwei Massenszenen aus dem ersten Filmteil komplementiert, die das Zusammenwachsen der Bauern als genossenschaftliche Gruppe vorausdeuteten: die Verteilung des Landes an die Neubauern und die Beratung über die Anschaffung des neuen Viehs. Während im ersten

---

32   Diese Grundkonstellation findet sich auch in Anna Seghers Gesellschaftsromanen *Die Entscheidung* (1959) und *Das Vertrauen* (1968). Siehe Kap. 4.

Filmteil geplant und ausprobiert wurde, steht in dieser Szene, im zweiten Filmteil, schon das zusammen Erreichte im Mittelpunkt – die Möglichkeit des Fortschritts hat bereits ihre Bestätigung gefunden, auch Annegret Zuck ist nun von allen akzeptiertes Mitglied der Gemeinschaft. Auch hier benutzt der Film wiederum eine kontrastive Dramaturgie: der großen, fröhlichen Jahresabschlussfeier der LPG im ehemaligen Gutshaus wird in einer Parallelmontage eine kleine Feier der verbliebenen Großbauern in bürgerlich-altmodischer Wohnstubenatmosphäre und bedrückter Stimmung gegenübergestellt. Der krumme Anton, stets als ein Außenseiter charakterisiert, ist ein Wanderer zwischen diesen beiden Welten. Bei den Großbauern, auf deren Feier er den tanzenden Clown spielen soll, so, wie zu den gräflichen Zeiten, will er nicht mehr arbeiten; von den Genossenschaftlern, bei denen er um Arbeit bittet, wird er als Verräter abgelehnt.

Eine endgültige Lösung des Konflikts zwischen Alt und Neu wird in *Schlösser und Katen* durch die Ereignisse des Arbeiteraufstands am 17. Juni 1953 forciert. Der Aufstand und dessen Folgen vereinigt beide Seiten des Dorfes: die LPG-Bauern, unter der Leitung von Buddenboom, Voss und Hede und Annegret und Heinz Klimm, sowie die Großbauern. Die Ereignisse führen dazu, dass auch die letzten Restbestände des Alten aus der Holzendorfer Gemeinschaft ausgeschlossen werden. Das ‚Alte' wird vorrangig in Bröker und dessen Sohn sowie in der zurückgekehrten Gräfin personifiziert, die im 17. Juni endlich den „Tag X", den Tag der Wiedervereinigung, kommen sehen. In der Präsentation des 17. Juni folgt der Film der offiziellen Darstellungsweise in der DDR, die den Aufstand als von außen initiierte Konterrevolution interpretiert.[33] Dass der Aufstand auch Ergebnis DDR-interner Widersprüche und Unzufriedenheit und der Bevölkerung war, dass z.B. bei der Kollektivierung und der Gründung der

---

33 Dass Kräfte in Westberlin und in der BRD an der Vorbereitung und Durchführung des Aufstandes beteiligt waren, ist heute unumstritten, dennoch waren die Ursachen für den Aufstand vor allem in der DDR zu verorten, vor allem in einer unrealistischen Erhöhung von Arbeitsnormen sowie in der Abschaffung bestimmter sozialer Vergünstigungen für Arbeiter (Fahrkarten, Lebensmittelkarten, etc.). Anna Seghers sowie Werner Bräunig haben dies in ihren Romanen jeweils differenzierter betrachtet (Kap. 4 und 8).

LPGs ein zu hohes Tempo forciert wurde und dass auch unnötige Willkür angewandt wurde, lässt der Film zumindest ansatzweise erahnen.[34] Maetzig wollte die Ereignisse aus „echter parteilicher Position [...], nicht etwa aus einer Gegnerstellung heraus", im Film zeigen (*Filmarbeit* 272). Dieser kann für sich in Anspruch nehmen, den 17. Juni 1953 zum ersten und nahezu einzigen Mal in der Geschichte der DEFA überhaupt thematisiert und ‚bebildert' zu haben (ebd.). Dass die Ruhe mittels sowjetischer Panzer wiederhergestellt wurde, verschweigt der Film nicht, deutlich sichtbar rollen sie durch Holzendorf (II/1:28:00).

Der eigentliche Lösungsmoment des Konflikts wird als Deus ex Machina – Element eingeführt.[35] In einer durch dramatische Musik untermalten Szene, in der Nacht des 17. Juni spielend, da der Aufstand in Berlin in vollem Gange ist, erschießt Bröker hinterrücks die LPG-Vorsitzende Christel Sikura. Durch die Ausleuchtung (Nacht, Schatten), die Nahaufnahmen von schnellen Schritten, die Atmosphäre von Gefahr und Unheil sowie die Musik zeigt die Szene Anklänge an Kriminal- und Agentenfilme. Sie dient vor allem der spannungsvollen Konfliktlösung, mit einem gewissen sensationellen Selbstzweck. Dies wird von der darauffolgenden Szene noch gesteigert, in der der krumme Anton, durch Christel Sikuras Tod schlussendlich aus seiner

---

[34] Im Interview mit Martin Brady erläuterte Maetzig in diesem Zusammenhang: „the interpretation provided [...] was my own. [...] Thus, on the one hand, the big mistakes that had been made during collectivization and the founding of the agricultural collectives were named by name. [...] On the other hand, however, there was the influence exerted on the whole process from across the border during the Cold War. I still think today that this was an accurate interpretation" (90).

[35] Hier zeigt Maetzigs Film eine interessante Parallele mit Heiner Müllers Stück *Die Umsiedlerin* (1961). Im dortigen 13. Bild, einer Einwohnerversammlung des Dorfes, geht es um die gemeinschaftliche und gerechte Nutzung der beiden verfügbaren Traktoren. Erst ein plötzlich angereister Landrat, von Müller deutlich als Deus ex Machina gekennzeichnet, bringt die Bauern mit einem rhetorischen Trick zu der Einsicht, das Land gemeinsam, kollektiv zu bewirtschaften. Weder Flint, der Parteisekretär und Vermittler, kann die Bauern zu einer Lösung des Konflikts tragen, noch können es die Bauern aus eigener Kraft. Erst der Deus ex Machina führt ihnen die negative Variante, das Scheitern vor (in diesem Falle das Zurückkehren in Abhängigkeiten), um sie zu einer Einsicht zu bringen.

Heimat durch Erneuerung 99

Lethargie und Unsicherheit erwacht, den flüchtenden Bröker stellt und mit einem Ruderpaddel erschlägt.[36] Das Ruderpaddel wird in der nächsten Einstellung mit Windmühlenflügeln, sich drehenden Mähdrescherrädern und einem Karussell in eine Montage gesetzt und außerdem mit fröhlicher Rummelplatzmusik untermalt. Erneut hat ein Zeitsprung stattgefunden, in eine bessere, friedlichere Zeit, die noch die Erinnerung daran trägt, welche Opfer für sie erbracht werden mussten. Der Gegensatz wird erneut evident: zwischen Alt und Neu, Dunkelheit und Licht, Tod und Leben.

Im Ergebnis führte die Deus ex Machina-Lösung dazu, dass Holzendorf zu einer Gemeinschaft zusammenwächst, in die alle eingebunden sind: Großbauern und LPG-Bauern, Freund und Feind betrauern gemeinsam Christel Sikuras Tod. Das Unglück vereint alle Gruppen, es wird an diesem 17. Juni 1953 keine Revolution in Holzendorf geben.[37] Brökers Tod erfüllt dabei die vielfältige Funktion, Christel Sikuras Tod zu rächen, ein Garant des Aussterbens alter bürgerlicher Elemente zu sein und für den krummen Anton den Weg (zurück) in die Gemeinschaft zu ebnen. Jahrelang als Buckliger und Gespött des Dorfes verachtet, hat er sich nun durch den Totschlag an Bröker (und damit der bewussten Ablehnung des Alten) gegenüber der neuen Gesellschaft bewährt und darf wieder am Gemeinschaftsleben teilhaben.[38] Er ist gar nicht so „krumm",

---

36 Das Rache-Motiv und die Art und Weise, wie Anton Zuck Bröker zu Tode bringt, erinnert wiederum an die melodramatischen Höhepunkte der westdeutschen Heimatfilme. Entgegen seinem Vorhaben hat Maetzig in diesen Sequenzen schließlich doch einige spannungssteigernde Effekte eingesetzt.

37 Maetzig beschrieb seine Dramaturgie als an Bertolt Brechts *Kleines Organon*, Punkt 67 angelehnt: „Die Geschehnisse dürfen sich nicht unmerklich folgen, sondern man muss mit dem Urteil dazwischenkommen [...], die Teile der Fabel sind also sorgfältig gegeneinander zu setzen, indem ihnen ihre eigene Struktur, eines Stückchens im Stück gegeben wird" (zitiert in *Filmarbeit* 274). Er erläutert die Ergebnisse kritisch: „Die [Konzeption] ist im ersten [Film-]Teil besser geglückt als im zweiten. Dort sind die Einzelszenen auch nicht so stark, sondern es setzt eine Zieldramaturgie anstelle der analytischen Methode ein" (ebd.).

38 Ob Anton Zuck für den Totschlag strafrechtlich verfolgt wird und zum Verbleib von Brökers Sohn Ekkehard und der ehemaligen Gräfin, darüber gibt die restliche Filmhandlung keine Auskunft.

wie er allen glauben machen wollte, der Zuschauer „freut sich an seinem allmählich[en] ‚Geradewerden', das heißt über das Einnehmen der richtigen Klassenposition", wie Maetzig ausführt (*Filmarbeit* 274). Zucks Wiederaufnahme in die Familie (Annegret und ihre Mutter hatten sich aufgrund der Intrigen um den Schein von Anton losgesagt) und seine neue Arbeit in der LPG machen ihn nicht nur zu einem vollwertigen Mitglied der sozialistischen Gesellschaft sowie der Holzendorfer Gemeinschaft, dramaturgisch löst der Film damit auch den melodramatischen Handlungsstrang der Familiengeschichte um den Schein auf. Dieser, ein Relikt aus alten, bürgerlichen Tagen, wird demonstrativ zerrissen, er spielt für das neue Leben keine Rolle mehr. Anton Zuck hat nun als unsicherstes, skeptischstes Element seine Heimat in der neuen sozialistischen Gesellschaft gefunden. Das Gesicht dieser neuen Heimat ist das Annegret Zucks, einer jungen Frau, die sich die neue Gesellschaft zunutze macht und die umgekehrt eine Person ist, die von der neuen Gesellschaft gebraucht wird – eine heimatliche Beziehung, die sich hier ungebrochen entwickeln kann.

KAPITEL 4

Die heimatliche sozialistische Gesellschaft? Anna Seghers' Romane *Die Entscheidung* (1959) und *Das Vertrauen* (1968)

Kulturpolitischer Kontext der zweiten Hälfte der 50er Jahre

Der im Januar 1956 stattfindende IV. Schriftstellerkongress der DDR setzte sich vor allem mit der Gegenwartsliteratur der DDR auseinander, mithin mit den Werken der Betriebsliteratur, die als literarische Zeugnisse der Aufbauphase in den vorangegangenen Jahren zahlreich veröffentlicht worden waren. In den Diskussionen des Kongresses bestand ein weitgehender Konsens darüber, dass der Aufbau des Sozialismus ein packender (Gegenwarts-)Stoff sei, bisher jedoch kaum Werke geschrieben wurden, die diesen Stoff „in schöner und spannender Weise" dargestellt hätten (Wolff 283).[1] Begriffspaare wie Ideologie – künstlerische Meisterschaft, Schematismus – Spannung/echte Konflikte, Auftragsarbeit – künstlerische Freiheit, Schönfärberei – Realismus, innere Zensur – Zivilcourage/ Mut, die in den Diskussionsbeiträgen immer wieder zur Sprache kamen (ebd.), schälten sich als Grenzlinie zwischen der kritischen Beurteilung

---

[1] Anna Seghers' Wortmeldung, als Präsidentin des Schriftstellerverbandes, zu diesem Thema lautete beispielsweise: „Aber der Vorwurf bedeutet ja: Wer von euch hat die Veränderung in unserer Gesellschaft, die gewaltigste, die es jemals in Deutschland gab, in der Literatur überzeugend in Form und Inhalt dargestellt? Kein Gebiet unseres Lebens, Stadt oder Land, Fabrik oder Familie, das nicht von der großen Umwälzung bebt und stöhnt. Warum merkt man davon nicht genug in der Literatur?" (*Bewußtseinsbildung* 206–7)

bisheriger Arbeiten, wie etwa der Betriebsromane und Reportagen, sowie der Erwartungshaltung an zukünftige künstlerische Gestaltungen von Gegenwartsstoffen heraus. Obwohl nicht erwähnt, stand freilich auch der Arbeiteraufstand in der DDR vom 17. Juni 1953 implizit zur Debatte, stellte er doch ein prägendes Ereignis für die Entwicklung der DDR dar, insbesondere für das Verhältnis zwischen politischer Führung und Bevölkerung. Eine künstlerische, differenzierte Darstellung des Aufstandes, die diesen als Ausgangspunkt für eine kritische Auseinandersetzung mit den Widersprüchen der Gegenwart begriffen hätte, hatte es bis dahin nicht gegeben. In Maetzigs *Schlösser und Katen* (1957) fand der Aufstand zwar Eingang in Handlung, diente jedoch mehr der spannungsreich-effektvollen Auflösung des Konflikts denn als Gesellschaftskritik.

Anna Seghers, die von 1952 bis 1978 als Präsidentin des Schriftstellerverbandes der DDR fungierte, betonte in ihrer Hauptrede auf dem Kongress 1956, dass die Aufgabe der Literatur darin liegen müsse, den Menschen zu helfen „vor allem sich selbst, ihr eigenes Leben [zu] verstehen" (*Bewußtseinsbildung* 204). Damit meinte Seghers auch, dass der Leser, dem Beispiel der literarischen Figur folgend, sich selbst besser als ein Teil „im Zusammenhang mit dem Ganzen" verstehen solle, „seine Arbeit ist nicht mehr ein mehr oder weniger schwieriger Vorgang in der Fabrik oder auf dem Feld oder am Schreibtisch", sondern „ein [...] Teil des Aufbaus" (ebd.). Die Autorin forderte künstlerische Darstellungen der „Vorgänge im Innern der Menschen", dessen, was die Menschen „lieben und hassen, was sie anspornt und was sie hemmt" (ebd. 219). Darin schloss Seghers auch Darstellungen der Entwicklung junger Menschen ein, die, einst „vom Faschismus verführt, in den Krieg zogen", und die „heute voll Verstand und Kraft mit uns arbeiten", wie solche jungen Menschen also durch „Zweifel", „Verzweiflung" und durch „schwere Erlebnisse" sich veränderten und in den sozialistischen Staat hineinwuchsen (ebd. 224 und 212).[2]

---

2 Dabei interessierte Seghers insbesondere die Beziehung zwischen dem Menschen und seiner Arbeit. Sie wollte der Frage nachgehen: „Wie kommt es, daß sich der eine stürmisch entwickelt, der andere aber stillsteht und sich mit seinem bescheidenen

Die heimatliche sozialistische Gesellschaft?

Der Literatur wurde nach der Phase der Darstellung des wirtschaftlichen Aufbaus, vor allem des Bereichs der Schwerindustrie, und ihrer festen Verknüpfung mit dem Fünfjahrplan der DDR (1951–1955) nun eine neue gesellschaftliche Funktion zugesprochen. Sie sollte nicht mehr Agitationsliteratur sein, nicht mehr Verkünderin von Planungsvorgaben, Parteibeschlüssen und Details aus der industriellen Produktion, sondern sie sollte die vielfältigen, widersprüchlichen Beziehungen zwischen den Menschen und dem sozialistischen Staat beleuchten. Dies war ein neuer Auftrag an die Kunst, der 1959 mit dem „Bitterfelder Weg", der eine kritische, gegenseitige Befragung von Individuum und sozialistischer Gesellschaft befürwortete, ja sogar verlangte, sein konkretes literarisches Konzept erhielt (siehe Kapitel 5 dieser Arbeit). Die Phase der „Betriebsliteratur", im alten Sinne, war damit 1956 abgeschlossen, in den nachfolgenden Jahren wurden keine Betriebsromane mehr veröffentlicht; Themen in der Literatur kamen eher aus dem privaten Bereich und dem zweiten Weltkrieg (Wolff 288). Zu dieser Entwicklung trugen auch innen- und außenpolitische Ereignisse der zweiten Hälfte der 50er Jahre bei, z.B. die Rede Nikita Chruschtschows auf dem XX. Parteitag der KPdSU (Februar 1956), die den Beginn der Entstalinisierung markierte, weiterhin der Aufstand in Ungarn im Oktober 1956 und dessen Niederschlagung durch sowjetische Truppen, wodurch auch Georg Lukács als Beteiligter des Aufstands, bis dato hochgeschätzter Theoretiker des sozialistischen Realismus, scharfer Kritik und Ablehnung ausgesetzt war, sowie die Verurteilungen kritischer Marxisten in der DDR, wie Wolfgang Harich, Walter Janka, Gustav Just und Bernhard Steinberger.[3]

Platz begnügt, obwohl er anscheinend nicht weniger begabt, nicht dümmer als der andere ist? Warum nützt der eine jede Möglichkeit aus, die ihm sein Staat heute bietet, und der andere hat nicht einmal das Bedürfnis, diese Möglichkeiten zu ergreifen?" (Anna Seghers, *Rede auf dem Zweiten Kongress der Sowjetschriftsteller 1954*, zitiert in Krenzlin 195)

3   Zu Anna Seghers' Engagement in dieser Angelegenheit siehe Zehl Romero, 173–5.

Die Schriftstellerin Anna Seghers

Anna Seghers, geboren 1900 in Mainz, entstammte einem bürgerlich-humanistischen Elternhaus und hatte Geschichte, Kunstgeschichte und Sinologie in Heidelberg und Köln studiert. Sie promovierte 1924 an der Universität Heidelberg mit einer Arbeit über *Jude und Judentum im Werk Rembrandts*.[4] Die Jahre des Studiums während der Weimarer Republik schärften Seghers' historisches und politisches Verständnis. 1928 trat sie in die KPD ein, 1929 war sie eines der Gründungsmitglieder des Bundes proletarisch-revolutionärer Schriftsteller (BPRS). *Der Aufstand der Fischer von Santa Barbara*, Seghers' erstes Buch, wurde im Jahr 1928 veröffentlicht und erhielt den Kleistpreis. Diese Erzählung über eine Auflehnung und der Eintritt in die KPD markierten den Beginn von Seghers' lebenslangem politischen wie künstlerischen Engagement für eine menschlichere Gesellschaft, die sie im Sozialismus als zu verwirklichen sah.

Die Jahre des Nationalsozialismus verbrachte Seghers im Exil in Frankreich und Mexiko. Im Exil verfasste sie einige ihrer wichtigsten Arbeiten, den Roman *Das siebte Kreuz* (1942), 1944 auch verfilmt in den USA (*The Seventh Cross*, Regie Fred Zinnemann), die Erzählung *Der Ausflug der toten Mädchen* (1946 veröffentlicht) und den Roman *Transit* (1944). Seghers kehrte 1947 nach Deutschland zurück und siedelte sich schließlich im östlichen, sowjetisch verwalteten Teil Berlins an. Seghers veröffentlichte sodann den im Exil abgeschlossenen Roman *Die Toten bleiben jung* (1949), der sich mit den gesellschaftlich-politischen Entwicklungen in Deutschland zwischen 1918 und 1945 befasste, schrieb jedoch in dieser Zeit v.a. kürzere Arbeiten über das unmittelbare Nachkriegsdeutschland, z.B. die *Friedensgeschichten* (1953 erschienen, aber zum größten Teil um 1950 geschrieben) oder *Der Mann und sein Name* (1952). Seghers war es nicht leicht gefallen, in das zerstörte Deutschland zurückzukehren, die

---

4   Im Zuge dieser Arbeit hatte Anna Seghers durch die Beschäftigung mit dem niederländischen Maler Hercules Pieterszoon Seghers (1590–1638) ihren Künstlernamen angenommen, ihr bürgerlicher Name lautete Netty Radványi (geb. Reiling).

Menschen in Berlin kamen ihr „sonderbar kalt" vor (*Briefe 1924–52*, 258).⁵ Seghers empfand die „Fremdheit und Einsamkeit in der ‚Heimat', Trauer und Enttäuschung um Vergangenes, Verlorenes in der Gegenwart" (Zehl Romero 37). Dennoch schreibt sie im Juni 1950 an einen Freund: „Es ist aber richtig, dass ich jetzt hier bin;"⁶ und mit dem ‚Hier' meinte Seghers den neuem Staat, dem sie mit ihrer schriftstellerischen Arbeit dienen wollte, und dies nicht nur als eine „selbstauferlegte Pflichterfüllung", sondern als Motivation, die Widersprüche, die sie noch überall sah, „durch positive (literarische) Handlungen, in denen das Erhoffte, Kommende durchscheint, aufzubrechen" (ebd. 103–4).

Seghers gehört mit ihrem Gesamtwerk zu den wichtigsten Autorinnen des 20. Jahrhunderts. In der DDR war sie darüber hinaus eine bedeutende Figur des kulturellen und öffentlichen Lebens. Sowohl mit ihrer politischen Haltung als auch mit ihrem schriftstellerischen Schaffen beeinflusste Seghers zahlreiche Autoren einer jüngeren Generation in der DDR, wie z.B. Christa Wolf, Brigitte Reimann, Heiner Müller oder Werner Bräunig. 1959 veröffentliche Seghers ihren Roman *Die Entscheidung* und markierte damit den Beginn einer neuen Art von Betriebsliteratur, die diesen Begriff, obwohl als Schauplätze noch immer industrielle Produktionsbetriebe gewählt wurden, gewiss nicht mehr verdiente. Es handelte sich bei Seghers' Roman, wie auch bei anderen Veröffentlichungen der folgenden Jahre (u.a. Hans-Jürgen Steinmann, *Die größere Liebe*, 1959; Brigitte Reimann, *Ankunft im Alltag*, 1961; Karl-Heinz Jakobs, *Beschreibung eines Sommers*, 1961; Erik Neutsch, *Spur der Steine*, 1964, aber auch Stücke, z.B. Heiner Müllers *Die Korrektur*, 1957 und *Der Lohndrücker*, 1958 sowie Peter Hacks' *Die Sorgen und die Macht*, 1960, 3. Fassung 1962 und *Moritz Tassow*, 1961, UA 1965) vielmehr um Gesellschaftsromane und Gesellschaftsstücke, da sie die Jahre der Gründung und des Aufbaus der DDR nun mit einer schon zehnjährigen Distanz umfassender begreifen und künstlerisch darstellen konnten. Anna Seghers gestaltete in *Die Entscheidung* eine Idee von Heimat

---

5 Brief an Lore Wolf, Berlin, 1. November 1947. (Nr. 161)
6 Brief an Rudolf Vápeník vom 12.6.1950. *Anna Seghers Archiv* (ASA) im *Archiv der Akademie der Künste*, Berlin. (ohne weitere Angaben)

in einer sozialistischen Gesellschaft, die sich in vielen Aspekten deutlich von der Marchwitzas bzw. der Betriebsliteratur der ersten Hälfte der 50er Jahre unterschied. Dies hing zum einen mit den veränderten (kultur-)politischen Rahmenbedingungen zusammen, zum anderen mit Seghers' eigenen Vorstellungen von Heimat, die sie bereits in ihrem Roman *Das siebte Kreuz* (1942) entwickelt hatte. Ein kurzer Exkurs soll diese Vorstellungen erhellen, und wie diese dann in *Die Entscheidung* (1959) und in dessen Nachfolgeroman, *Das Vertrauen* (1968), von der Autorin weiterentwickelt wurden.

Seghers' Heimat: Zwischen Universalität und Politik

Das siebte Kreuz (1942): Die Verbundenheit des Menschen mit dem Raum

Den Roman *Das siebte Kreuz* hatte Seghers 1938 im Exil in Südfrankreich zu schreiben begonnen und Anfang 1939 abgeschlossen. 1942 wurde es in englischer Sprache in den USA sowie in deutscher Sprache im mexikanischen Verlag *El Libro Libre* veröffentlicht. Der Roman erzählt die Geschichte eines Ausbruchs von sieben Gefangenen aus einem Konzentrationslager, wobei die Flucht nur eines der sieben, Georg Heislers, letztlich erfolgreich ist. Eine Kette aus vielen kleinen Hilfsaktionen von Heislers Freunden, kommunistischen Kämpfern oder einfach menschlich handelnden Figuren in und um Heislers Heimatstadt tragen schließlich zu seiner Rettung und der Möglichkeit zur Flucht nach Holland bei.

Heimat gestaltet Seghers in *Das siebte Kreuz* als die tiefe Verbundenheit des Menschen mit einem bestimmten geografischen Raum. Dieser Ansatz hat nicht zuletzt einen autobiografischen Hintergrund. In der Beschreibung der Landschaften – in *Das siebte Kreuz* ist es die Landschaft rund um die Stadt Mainz im Rhein-Main-Gebiet – und in der Verwurzelung der Menschen in diesen Landschaften gestaltet Seghers aus der Ferne des Exils das Bild der eigenen, verlorenen Heimat. Eine Hauptfigur in *Das siebte*

Die heimatliche sozialistische Gesellschaft?

Kreuz, der Arbeiter Franz Marnet, ein Freund Heislers, empfindet auf dem morgendlichen Weg zu seiner Arbeit beim Blick auf Landschaft und Menschen das „überwältigende" Gefühl, „dazuzugehören", „zu diesem Stück Land [...], zu seinen Menschen und zu der Frühschicht, die nach Höchst fuhr, und vor allem, überhaupt zu den Lebenden." (*Das siebte Kreuz* 12) Seghers formuliert hier eine Idee von Heimat, die an eine individuelle Beziehung des Menschen zu einem bestimmten Raum gebunden ist, ja, dass Heimat durch diese Beziehung überhaupt erst entstehen kann.[7]

Eine zweite Komponente in Seghers' Heimatkonzept ist die Verbundenheit von Mensch und Raum, die durch eine gemeinsame Geschichte des Menschen mit diesem Raum entsteht. Dies meint zum einen die eigene, persönliche Geschichte, d.h. die gegenwärtige Auseinandersetzung und heimatliche Bearbeitung des Raumes durch den Menschen, zum anderen meint es die Geschichte vorangegangener und kommender Generationen und deren Interaktionen mit dem Raum.[8] Seghers schafft auf diese Weise ein geschichtliches Kontinuum, sie bettet die Geschichte des einzelnen Menschen in die Geschichte der Menschheit ein. Dies verleiht dem Begriff bzw. dem ‚Zustand' Heimat eine universelle Qualität: Heimat *war, ist* und *wird* in den Beziehungen der Menschen zu dem Raum, in dem sie leben, immer in irgendeiner Weise vorhanden sein – was im Umkehrschluss auch bedeutet, dass Heimat nicht exklusiv an eine sozialistische Gesellschaft gebunden ist. In ihrer Rede „Vaterlandsliebe", auf dem I. Internationalen Schriftstellerkongress in Paris 1935, hatte Seghers diesen Ansatz bereits formuliert: „Es gibt keine Heimaterde schlechthin, es gibt keinen Apfelbaum schlechthin, es ist ein anderer Apfelbaum auf dem Feld des Feudalbesitzers, ein anderer auf dem vom Fiskus gepfändeten Feld

---

7   Diese Auffassung formuliert auch Wilhelm Brepohl in *Heimat als Beziehungsfeld* (1952): „Ohne diese subjektive Bestimmtheit [Schreibweise im Original] und Bezogenheit ist eine Heimat nicht denkbar; ohne sie existiert sie nicht einmal. Irgendein Stück Erdoberfläche ist nicht allgemeingültig oder absolut als Heimat anzusprechen, sondern es ist vielmehr stets die Heimat von ganz bestimmten Menschen" (12).

8   Andreas Schrade beschreibt diesen Ansatz Seghers' als „Historizität", im Sinne einer „Identitätsfindung [des Menschen] durch den Zusammenschluß von Gegenwart und Vergangenheit" (83).

und wieder ein anderer im Kolchos." (10) Vaterland und Heimat will die Autorin nicht als ideologisch-abstrakte Kategorie geliebt wissen, sondern als konkrete Umwelt, d.h. als eine bestimmte Landschaft mit bestimmten Menschen. In ihrer Rede heißt es weiterhin: „Wenn einer unserer Schriftsteller quer durch Deutschland fuhr [...], und er erblickte die grandiose, höllische schwefelgelbe Leuna-Fabriklandschaft, die Herzpumpe seines Vaterlandes [...], ist er dann stolz auf diesen Anblick? Ist er stolz auf das Nationalgut Leuna? [...] Er ist nicht stolz auf das Nationalgut, doch er ist stolz auf die Arbeitskraft von fünfzigtausend Arbeitern, stolz auf die Erringung dieser vom mitteldeutschen Aufstand durchbluteten Landschaft [...]." (11)

Die konkrete Handlung in *Das siebte Kreuz*, die Geschichte der Flucht Georg Heislers, bettet Seghers in die Geografie und Geschichte der Gegend um die Stadt Mainz ein. Die Geschehnisse des Romans schildert sie als einen kurzen, erhellten Ausschnitt von sieben Tagen innerhalb eines „Jahrtausende währenden [...] Kampf[es] der Menschen" (Wagner 211). Heislers individuelle Geschichte ist Teil der Menschheitsgeschichte; der Raum, in dem Heislers Geschichte geschieht – seine Heimat rund um Westhofen, Butzbach, Oppenheim, Griesheim und Kostheim – ist der Ort seines Leidens im Konzentrationslager, wie er auch gleichzeitig der Ort seiner Flucht und der seiner Rettung ist. Im ersten Kapitel spannt Seghers einen erzählerischen Bogen von den römischen Heeren, die in dieser Landschaft einst den Limes gezogen haben, durch viele Jahrhunderte deutscher Geschichte bis hin zu einem Tag in den 30er Jahren des 20. Jahrhunderts, da sich bei einer Militärparade die Lichter des Feuerwerks als „tausende Hakenkreuzelchen" (*Das siebte Kreuz* 15) im Wasser des Main widerspiegeln. Den Fluss schildert die Autorin als das verbindende Glied in der Geschichte dieser Landschaft: „Wie viele Feldzeichen hat er schon durchgespült, wie viele Fahnen.", heißt es im Text (ebd.). Der Fluss ‚führt' den Leser bis zur unmittelbar erzählten Gegenwart, dem nationalsozialistischen Deutschland der 30er Jahre, und verdeutlicht, dass dieser Ausschnitt der Geschichte ganz konkret auch ihn, den Leser, betreffen wird: „Jetzt sind wir hier. Was jetzt geschieht, geschieht uns." (ebd.)

Heimat beschreibt Seghers also als einen festen, kontinuierlich bestehenden Lebensraum aus Geschichte, Geografie und Kultur, welcher über

Jahrhunderte entstanden und gewachsen ist und welcher somit auch im gegenwärtigen Alltag der Menschen vorhanden ist. Das bedeutet, dass der betreffende Raum mit seinen Landschaften und Menschen auch angesichts der Präsenz von Militarismus und Nationalsozialismus eine Heimat sein kann, wiewohl er durch diese ‚beschädigt' ist. Seghers formulierte diese Auffassung in „Deutschland und wir" (1941), worin sie ihre Heimat Deutschland gegen die Vereinnahmung durch die Faschisten und deren Ideologie verteidigte: „Nicht unser Land ist wild und barbarisch, wild und barbarisch in unserem Land ist nur der Faschismus." (22) Deutschland war für Seghers nach wie vor *ihr* Land, denn sie empfand Heimat als „[...] die Sprache [...] die deutsche Musik, die deutsche Landschaft, das unbewusste unwillkürliche Maß aller Landschaften, die wir in diesem Leben durchlaufen müssen. Landschaft unserer Künstler, Schauplatz unserer Geschichte. All das zusammen ist Deutschland, andre Einheit von Volk und Land, von Volk und Geschichte, als der Faschismus sie darstellt" (ebd. 23).

Wie andere im Exil geschriebene Werke, z.B. Willi Bredels *Die Prüfung* (1934) (siehe Kap. 2), enthält auch Seghers' *Das siebte Kreuz* einen Appell für ein besseres, zukünftiges Deutschland. Dieses Deutschland sollte zuallerst in anderen politischen Strukturen begründet liegen, die für den einzelnen Menschen ein besseres Leben ermöglichen würden. Entscheidend war für Seghers, wie viel ein bestimmter Raum (z.B. Deutschland) von einer Lebensqualität, die man mit „Heimatlichkeit" bezeichnen könnte, für den Menschen bereit hält. Aus Sicht der Figur des Franz Marnet heißt das im Hinblick auf eine bessere Zukunft: „Nachher möchte ich auch noch dort sein, wo ich jetzt bin, nur anders. In demselben Betrieb, nur als ein anderer. Hier arbeiten für uns. Und am Nachmittag noch so frisch aus der Arbeit kommen, daß ich lernen und lesen kann. Wenn das Gras noch ganz warm ist. Aber es soll das Gras sein hier an Marnets Zaun. Überhaupt soll das alles hier sein." (*Das siebte Kreuz* 303) Heimatlichkeit umfasst nach Seghers' Vorstellungen, wie sie in Marnets Gedanken formuliert sind, also jene politische Geborgenheit, jedoch vor allem Menschlichkeit und Güte: der Mensch soll ohne Furcht vor Verfolgung und Tod leben können, ohne Mühe und Qual arbeiten und Möglichkeiten und Freiräume finden, sich zu bilden und weiterzuentwickeln.

Seghers gibt in *Das siebte Kreuz* ihrer Hoffnung Ausdruck, dass sich Menschlichkeit und Güte im Allgemeinen und gegen den Faschismus im Konkreten schließlich durchsetzen werden. Seghers geht es um das große Ganze, denn „die Sache, um die es hier ging, [...] [war] nur zufällig eine Woche lang auf den Namen Georg getauft", heißt es in dem Roman (365). Sie untermauert diese Perspektive anhand zahlreicher menschlicher Handlungsentscheidungen der Figuren dieses Romans, die bei Heislers Flucht mithelfen: Paul Röder, Fiedler, Sauer, Hermann, Reinhardt, Kreßens.[9] Sie setzen den Gefährdungen, denen die Heimat durch den Faschismus ausgesetzt ist, Menschenliebe und Solidarität entgegen. Georg Heisler befürchtet in seiner anfänglichen Isolation, seine Heimatstadt sei verwandelt, „mit allen Menschen, die jemals in einem Zusammenhang mit seinem Leben gestanden hatten, jene Gemeinschaft, die jedes Dasein trägt und umgibt, aus Blutsverwandten und Liebschaften und Lehrern und Meistern und Freunden [,] in ein System von lebenden Fallen. Es wurde enger und kunstvoller mit jeder Stunde Polizeiarbeit (211)". Im Laufe des Romans wird jedoch deutlich, dass es dem Faschismus nicht gelingen wird, die Heimatstadt tatsächlich in eine tödliche Falle zu verwandeln, denn die menschliche Gemeinschaft erweist sich als stärker: „Ebenso, wie die Polizei [...] ihr Netz über die Stadt legte [...], ebenso legte Franz [Marnet] ein Netz, das von Stunde zu Stunde dichter wurde" (215).

9 Ihre Hoffnung auf Menschlichkeit, die immer stärker hervortreten und sich schließlich durchsetzen wird, drückt Seghers auch in der Rahmenhandlung des Romans aus, die als ein Chor bzw. chorischer Kommentar der Insassen des Konzentrationslagers, aus dem Georg Heisler und seine Kameraden entflohen sind, gestaltet ist. Es heißt hier am Anfang des Romans, kurz nach der erfolgten Flucht: „Und doch ein Triumph, der einen die eigene Kraft plötzlich fühlen ließ [...], jene Kraft, die lang genug taxiert worden war, sogar von uns selbst, als sei sie bloß eine der vielen gewöhnlichen Kräfte der Erde [...], wo sie doch die einzige Kraft ist, die plötzlich ins Maßlose wachsen kann, ins Unberechenbare" (*Das siebte Kreuz* 10–11). Am Ende des Romans, als das Gelingen von Georgs Flucht feststeht, schließt die Rahmenhandlung mit dem Kommentar: „Wir fühlten alle, wie tief und furchtbar die äußeren Mächte in den Menschen hineingreifen können bis in sein Innerstes, aber wir fühlten auch, dass es im Innersten etwas gab, was unangreifbar war und unverletzbar" (ebd. 407–8).

Ein weiterer Aspekt von Heimatlichkeit bei Seghers, neben der Humanität, ist das Vertrauen. Einerseits müssen die Mitglieder der menschlichen Gemeinschaft, Georg Heislers Fluchthelfer, zueinander unbedingtes Vertrauen haben, andererseits muss auch Heisler, der sich vollkommen allein wähnt, dieses Vertrauen wieder erlernen. Er muss an Franz Marnet glauben, den er „weit weg" (225) wähnt, er muss lernen, Paul Röder zu vertrauen, wenn er sich fragt: „Hatte er recht getan, sein Leben an Paul zu knüpfen? War Paul stark genug?" (365), und er muss lernen, auch allen anderen Helfern seiner Flucht zu vertrauen. Es zeichnet Seghers' Roman aus, dass die Kette aus Hilfsaktionen, die schließlich zu Heislers Rettung führen, gerade nicht von einem aktiven Mitglied einer kommunistischen Widerstandsgruppe ausgelöst wird, sondern von Paul Röder, einem Arbeiter mit Hoffnungen auf ein kleinbürgerliches Leben. Röder handelt aus einfacher menschlicher Güte, aus seiner Freundschaft zu Heisler heraus, nicht aus einer politischen Überzeugung. Dadurch erhält seine Handlung eine besondere *Schwer*-Kraft, woraus auch Seghers' Überzeugung spricht, dass Menschlichkeit sich schließlich gegen die „faschistischen Barbaren" (s.o.) durchsetzen würde. Das Gelingen der Flucht, d.h. das Nicht-Zerreißen des ‚menschlichen' Netzes um Georg Heisler, ist Seghers' Fingerzeig für eine einer menschlichen Gemeinschaft innewohnende Kraft. Heislers Rettung basiert auf dem Prinzip menschlichen, gütigen Handelns und im Gelingen dieser Rettung, in der Frage nach Heislers Leben oder Tod, beantwortet Seghers die Frage nach dem Geschick der Menschheit.

Die Entscheidung (1959). Heimat und Politik

In ihren Gesellschaftsromanen über die DDR, *Die Entscheidung* (1959) sowie *Das Vertrauen* (1968), verfolgt Seghers die Frage nach Heimatlichkeit als Qualität einer menschlichen Gesellschaft – sie befragt die sozialistische Gesellschaft nach dieser Qualität. Konkret geht es in *Die Entscheidung* um das Hineinwachsen der Menschen in die neue Gesellschaftsordnung, und darum, nach dem Ende des Zweiten Weltkrieges, darin eine (neue) Heimat zu finden. Seghers untersucht in ihrem Roman die Möglichkeiten, die den Menschen dafür durch die sozialistische Gesellschaft angeboten werden.

Der Roman ist in den Jahren 1947 bis 1951 in der SBZ bzw. DDR angesiedelt und schildert den Wiederaufbau eines Stahlwerks in der Stadt Kossin (beide sind fiktiv) und die Lebensgeschichten verschiedener mit dem Werk verbundener Figuren.[10] Ein zweiter Handlungsstrang spielt im westdeutschen Rhein-Main-Dreieck, der ursprünglichen Heimat Anna Seghers', und widmet sich Lebensgeschichten und Figuren am dortigen Standort des Stahlwerks. Anders als noch Marchwitza wählt Seghers den Schauplatz des Stahlwerks in Kossin lediglich als eine Hintergrundkulisse, und er ist nur einer von vielen. Neben dem zweiten Schauplatz im Rheinland fügt Seghers weitere Handlungsorte in Mexiko, Frankreich und den USA in den Roman ein.

Seghers wollte einen historischen Gesellschaftsroman über die jüngste deutsche Vergangenheit schreiben, ein Panorama der unterschiedlichen Entwicklungen der Nachkriegszeit in Ost- und Westdeutschland und der beiden weltweit entstandenen politischen Blöcke. Vorbereitungen für den Roman gehen bis in das Jahr 1946 zurück, da Seghers, die zu diesem Zeitpunkt noch in Mexiko war, in einem Brief an einen Freund erwähnt, dass sie für amerikanische Zeitungen und Zeitschriften nach Europa und Deutschland reisen und von dort Reportagen zurückschicken sollte, ähnlich, wie es später die Figur Herbert Melzer in *Die Entscheidung* machen würde (Stephan, *Kommentar* 663–4).[11] Im Jahr 1950 beantragte Seghers

---

10 In einem Gespräch mit Christa Wolf betonte die Autorin, dass es sich in ihrem Roman um kein bestimmtes bzw. tatsächlich existierendes Stahlwerk handele, sondern dass es ein „ausgedachtes" sei (Seghers, *Gespräch* 345). Sie begründete die Wahl dieses Schauplatzes aus einer ästhetischen Perspektive heraus: ein Stahlwerk strahle eine ungeheure (Bild-)Macht aus, ähnlich dem Meer oder dem Hochgebirge, verbunden mit der Macht des Menschen, solch ein kraftvolles Gebilde dennoch zähmen zu können (ebd.). Seghers ergänzt dazu in einem Interview mit Roos/ Hassauer-Roos: „Ich hatte Lust und Freude, über die ganzen neuen Eindrücke zu schreiben. Nicht weil man mir dazu riet, sondern weil ich Lust dazu hatte. Deshalb ging ich auch in Fabriken, natürlich nicht um zu arbeiten, sondern um mir alles genau erklären zu lassen und es mit eigenen Augen zu sehen" (*Materialienbuch* 159).

11 Wie Stephan ausführt, sind besagte Reportagen trotz intensiver Recherche bis dato noch nicht gefunden worden (Stand 2003). Es gibt jedoch Manuskriptfunde aus dem Jahr 1947, die bereits Passagen und Handlungsstränge enthalten, die Seghers

Die heimatliche sozialistische Gesellschaft? 113

eine Reisegenehmigung nach Frankreich, „um eingehende Unterlagen für ein Romanprojekt" zu sammeln, „dessen Sujet eine wichtige Produktion ist, die sowohl in der DDR als auch in sozialistischen und kapitalistischen Ländern in- und ausserhalb Europas vor sich geht" (*Briefe 1924–52*, 377).[12] In einem Brief aus dem Jahr 1951 erwähnt die Autorin sodann, dass sie „Material fuer einen internationalen Industrieroman" sammele (ebd. 390);[13] ab 1952 besucht sie außerdem das Stahlwerk in Riesa (Sachsen) häufig für Lesungen und Informationsgespräche (Stephan, *Kommentar* 668). 1952 schreibt Seghers, dass es in ihrem Roman vor allem um „Leistungen und Fähigkeiten arbeitender Menschen" und den „Gegensatz zum Westen" gehe solle (*Briefe 1924–52*, 410).[14] Ab 1953 beschäftigte sich die Autorin intensiv mit dem Schreiben des Romans, wurde jedoch durch Verpflichtungen ihrer offiziellen Funktionen sowie durch krankheitsbedingte Pausen immer wieder aufgehalten (Stephan, *Kommentar*, 668). Die Ereignisse des 17. Juni 1953 sind nicht spurlos an dem Projekt vorbeigegangen; in einem Brief schreibt Seghers über einen ihr bekannten Leiter eines Stahlwerks: „Er war auch einer von denen, der die große Belegschaft zusammengehalten hat. Er war Tage und Nächte auf den Beinen, von einem Ende des Werks zum anderen. [...] So hätte es jeder an seinem Platz machen müssen, so muss man es hier, gerade hier, noch lange, lange machen" (*Briefe 1953–83*, 16).[15] Einflüsse der Ereignisse in Ungarn 1956 oder des XX. Parteitags der KPdSU auf die Niederschrift des Romans lassen sich nicht unmittelbar nachweisen, zweifellos trugen sie jedoch zu Seghers' zunehmend enttäuschter, fast trauernder Grundstimmung gegenüber dem Sozialismus in der DDR bei, die sich auch in ihrer schriftstellerischen Arbeit, vor allem in *Das Vertrauen*

---

    später im Roman verwendet hat, u.a. den Weg der Roten Armee von Stalingrad nach Berlin, in dem Gespräch von Pfarrer Traub und Ingenieur Riedl (im 5. Kapitel); die Umbettung der Leichen einer Gruppe Frauen, die von der SS erschossen wurde, in dem Handlungsstrang um Otto Bentheim und die junge Arbeiterin Resi (im 4. Kapitel) (vgl. Stephan, *Kommentar* 664).
12 Brief adressiert an „Werte Genossen", Berlin, 6.09.1950. (Nr. 224)
13 Brief an Wladimir Steshenski (Moskau), Berlin, 29.6.1951. (Nr. 231)
14 Brief an Wladimir Steshenski (Moskau), Berlin, 11.7.1952. (Nr. 245)
15 Brief an Wladimir Steshenski (Moskau), Berlin, 3.7.1953. (Nr. 6)

(1968) zeigen würde. 1956 wurde eine Passage aus *Die Entscheidung* in der sowjetischen Zeitschrift *Ogonjok* vorab veröffentlicht, im November 1958 schloss Seghers den Vertrag mit dem Aufbau-Verlag. 1959 wurde *Die Entscheidung* mit einer Erstauflage von 20.000 Exemplaren veröffentlicht, bis 1973 folgten zahlreiche Nachdrucke mit einer Gesamtausgabe von 140.000 Exemplaren (Stephan, *Kommentar* 669–70).

Mit dem Roman ging es Seghers, wie dessen programmatischer Titel signalisiert, um die Darstellung von Entscheidungs- und Handlungssituationen, vor die die Menschen in der Nachkriegsphase gestellt waren, vor allem das Leben in dem einen oder anderen Deutschland betreffend. Seghers war bestrebt, anhand großer politischer Ereignislinien, wie z.B. die Gründung der beiden deutschen Staaten, der jeweilige wirtschaftliche Wiederaufbau sowie der beginnende Kalte Krieg, deren „konkrete [...] Bedeutung für das Alltagsleben und die Arbeit der Menschen" darzustellen (Schrade 114).[16] Ihr war es wichtig aufzuzeigen „wie in unserer Zeit der Bruch, der die Welt in zwei Lager spaltet, auf alle, selbst auf die privatesten, selbst auf die intimsten Teile des Lebens einwirkt: Liebe, Ehe, Beruf [...]. Keiner kann sich entziehen, jeder wird vor die Frage gestellt: Für wen, gegen wen bist du? – Das wollte ich an verschiedenen Menschenschicksalen zeigen" (*Gespräch* 341). Auf diese Weise machte Seghers ihre Figuren zu Repräsentanten bestimmter historischer Gegebenheiten und gesellschaftlich-politischer

---

16 Seghers hatte sich ausführliche Tabellen zu geschichtlichen und politischen Ereignissen zwischen 1946 und 1956 angelegt sowie Kapitelentwürfe notiert, in denen sie dem jeweiligen historisch-authentischen Ereignis ein Geschehnis in ihrem Roman zuordnete. So notierte sie sich z.B. für die Zeit des Metallarbeiterstreiks in Hessen im Frühjahr 1951 den Tod der Figur Herbert Melzer bei einer Demonstration während dieses Streiks. Für den Aufbruch der Figur Katharina Riedl von West- nach Ostdeutschland notierte Seghers sich den August 1951, einen Zeitpunkt, als in Ostberlin die Weltfestspiele stattfinden. Katharina Riedl begegnet auf ihrer ‚Flucht' zwei Besuchern dieser Weltfestspiele. (Vgl. ASA, Berlin, Mappe 1/3.) Im Gespräch mit Christa Wolf sagt Seghers außerdem: „Ja, ich lege mir gern für jedes Jahr eine Zeittafel an mit wichtigen und mit kleinen Ereignissen [...] – hier bei uns und in anderen Ländern. Dazu kommen dann die Handlungen der wichtigen Personen. Wenn sich z.B. in meinem Buch zwei Leute über das Essen beklagen, muß ich wissen, wie es damals mit den Rationen stand" (*Gespräch* 346).

Ereignisse.[17] Sie erweiterte so, über den relativ kleinen Bereich eines industriellen Standorts bzw. der DDR hinausblickend, die erzählte Zeit und den erzählten Raum ihres Romans zu einem größeren historischen Zeit- und Handlungszusammenhang.

Entsprechend dem größeren, internationalen Handlungsrahmen verfolgt auch das Heimatkonzept in *Die Entscheidung* zunächst einen übergreifenden Ansatz. In Anknüpfung an *Das siebte Kreuz* beinhaltet es universelle Elemente, wie die zwischenmenschliche und internationale Solidarität, den Kampf gegen Ungerechtigkeit sowie das Vertrauen auf den Mitmenschen. Diese Elemente gestaltet Seghers als nicht an eine bestimmte Gesellschaftsform, z.B. den Sozialismus, gebundene Elemente. Die Autorin konkretisiert für die Kernhandlung ihres Romans zwar den geografischen Raum (die Stadt Kossin mit dem Stahlwerk bzw. den sozialistischen Staat) und die historische Zeit (Anfang der 50er Jahre), sie beschränkt Heimat jedoch nicht auf diesen geografischen und politischen Bereich. Auch für Figuren an anderen Schauplätzen des Romans, wie z.B. für Helen Wilcox in den USA, für Miguel in Mexiko und für die Meuniers in Paris beschreibt Seghers heimatliche Beziehungen zum jeweiligen Raum. Die Universalität in Seghers' Heimatkonzept drückt sich jedoch am stärksten dort aus, wo die Autorin die direkte, unvermittelte Verbindung zwischen Mensch und Raum beschreibt (wie es auch in *Das siebte Kreuz* bei Franz Marnet angeklungen hatte, s.o.), und auf diese Weise eine Art von Refugium, einen zeit- und geschichtslosen Moment gestaltet. Beispiele für diese Momente gibt es immer wieder im Roman; die Sprache in ihnen wirkt lyrisch, idyllisch. So wird z.B. über die Figur des Ernst Riedl, Ingenieur in Kossin berichtet, als dieser einmal seinen alten Heimatort in Westdeutschland besucht:

---

17   In der Sekundärliteratur ist diese Form der Ästhetik, bei der sich Seghers u.a. an Lew Tolstoi orientierte, oft gewürdigt worden. So hebt Sigrid Bock beispielsweise die enge Verknüpfung von Seghers' „individualisierten literarischen Figuren [...] mit einer allgemeinen historischen Entscheidungssituation" hervor (*Epische Welt und Menschenbildkonzeption* 132). Schrade verweist auf die „Abbildung der Totalität des individuell-menschlichen und des allgemeinen Raumes" (53).

> Riedl war müde und ruhig [...]. Er stieg wie ein Schuljunge müßig in den Hügeln umher, als hätte er nichts im Sinn als Schmetterlinge und Vögel. Das blühende Dickicht roch stark. Und diesem Geruch, diesen Hügeln, dem warmen Wind wohnte etwas inne, was er lange entbehrt hatte. Etwas, was gleichzeitig wild und sanft war, eine Ahnung vom Süden, ein unzerstörbarer Glaube an die Schönheit der Welt. (*Entscheidung* 304)

An anderer Stelle im Roman heißt es über eine Gruppe Männer während einer Autofahrt:

> Sie fuhren auf der Autobahn. Ein Schimmer von Grün lag auf dem Land, und alle die zahllosen Ackerstreifen, nach alten Gesetzen geerbte, nach neuen Gesetzen verteilte, schmolzen in der Ebene zusammen, in einen Abendfrieden, der von Leiden und Mühen nichts wußte, nichts von Habgier und Angst. (274)

Der Text drückt hier jeweils die Sehnsucht nach Ruhe, Frieden und Zufriedenheit aus, nach dem Zustand der Unhinterfragbarkeit vertrauter Dinge, nach einer Heimat als einem Ort des Sich-Ausruhen-Könnens. Unverhüllt gestaltet die Autorin hierin auch ihre eigene Sehnsucht nach ihren Heimatlandschaften und ihre eigene Sehnsucht nach Ruhe.

Die als universal beschriebenen Heimatgefühle liegen demnach in der Verbundenheit des Menschen mit einem Raum, in der Liebe zu einer als schön empfundenen Landschaft begründet, da diese Landschaft Erinnerungen an schöne, heimatliche Empfindungen weckt. Damit ist die Universalität auch an die sozialen Beziehungen innerhalb dieses Raums geknüpft, eines Raumes innerhalb *irgend*einer Gesellschaft. Dort, wo die sozialen Beziehungen in der Form von Solidarität, Nächstenliebe, Hilfsbereitschaft und Menschlichkeit Bestand haben, sieht Seghers Heimatgefühle und -erfahrungen als gegeben an. Eine der Kernfragen von *Die Entscheidung* wie auch von *Das Vertrauen* ist deshalb, zu erkunden, wie und ob sich „ein Mensch entwickeln kann nach seinem Talent und seinen Fähigkeiten oder ob er daran gehindert wird und dauernd zurückgestoßen" (*Gespräch* 342). Die Heimaterfahrungen der Figuren werden zu einem Gradmesser, um bestimmte soziale Strukturen zu erkunden und zu hinterfragen. Konkret stellt Seghers diese Erkundungen in der sozialistischen Gesellschaft an, denn diese hält sie für die menschlichste und menschenwürdigste aller Gesellschaftsformen, mithin für die Gesellschaft,

Die heimatliche sozialistische Gesellschaft?

in der es die stärksten Voraussetzungen für Heimat geben sollte. An dieser Stelle verlässt Seghers allerdings den Bereich der Universalität und versetzt Heimat *doch* in einen politischen Kontext: in den sozialistischen. Diese beiden Aspekte – Universalität und politischer Kontext der Heimat – sind jedoch nicht widerspruchslos miteinander vereinbar. Zwischen beiden scheint eher eine Bruchstelle zu bestehen, denn dort, wo Heimat aus einem universalen Bereich in einen konkreten politischen Kontext verschoben wird, sind Heimaterfahrungen nicht mehr für alle Menschen gleich erreichbar oder gleich erlebbar, wie es auch das Figurenensemble in *Die Entscheidung* verdeutlicht.

Heimaterfahrungen in Die Entscheidung

Robert Lohse ist eine der Hauptfiguren aus *Die Entscheidung*. Seinen Lebensweg schildert Seghers als den eines Menschen, der sich zunächst vom Nationalsozialismus begeistern ließ und dessen Denken und politische Einstellung sich dann durch ein Schlüsselerlebnis, als sein Lehrer Waldstein von SA-Männern beschimpft und geschlagen wird, verändert (37–8). Lohse wird Spanienkämpfer und späterhin arbeitet er im kommunistischen Widerstand in Frankreich. Er gehört zu den ersten, die nach dem Ende des Krieges das Kossiner Werk wieder aufbauen, er arbeitet dort als ein einfacher Schlosser und unterweist auch Jugendliche in seiner Reparaturwerkstatt. Schließlich eröffnet sich ihm die Möglichkeit, einen Lehrgang zu belegen, um Ausbilder an einer Berufsschule zu werden. Robert Lohse nutzt diese Möglichkeit, die die neue Gesellschaft ihm anbietet, sein Wunsch, Lehrer zu werden, erfüllt sich. Durch die Bewältigung der Aufgabe erfährt Lohse das Gefühl, dass etwas in Übereinstimmung gerät, d.h. dass seine persönliche Geschichte und die Geschichte des Landes, in dem er lebt, eine befriedigende Entsprechung finden. Aus der Sicht Lohses heißt es:

> [Es] hatte ihn nie das Gefühl verlassen, dass etwas Neues, Unerwartetes in seinem Leben beginnen könne. Was er erst gestern und was er vor langem erlebt hatte, gehörte auf einmal zusammen, und es war richtig, dass es zusammengehörte. ... Als er in einer Straßenlücke die Schornsteine erblickte, mit schwärzlichen und gelblichen Rauchfahnen, freute er sich, er spürte, dass er heimkam. (535)

Der Textausschnitt erhellt mehrere Aspekte von Seghers' Heimatkonzept: Lohse fühlt die Verbundenheit mit einem Raum – hier mit Kossin und dem Stahlwerk –, und er erlebt ihn als seine Heimat, nachdem er ihm bei seiner ersten Ankunft noch als zertrümmerte und zerstörte Stadt, mit innerlich ‚zertrümmerten' und stöhnenden Menschen „fremd und starr" erschienen war (ebd.). Nun findet er hier das „wirkliche Leben" (ebd.). Des Weiteren verweist der Text auf Robert Lohses Lebensweg und seine Entwicklung von der Begeisterung über den Nationalsozialismus zum Spanienkämpfer, kommunistischen Widerstandskämpfer und nun Mitarbeiter am Aufbau des Sozialismus. Nun erlebt Lohse das befriedigende Gefühl, diesen Lebensweg ‚richtig' gegangen zu sein, so dass er schließlich eine Bestätigung in der Gegenwart erfährt, die er als Zuhause empfindet. Dies verleiht ihm sowohl „die Kraft, in der Gegenwart zu handeln" als auch den Blick nach „vorwärts" (Röhner, *Arbeiter* 227), in die sichere Zukunft. Seghers lässt ihren Roman mit diesem Blick in die Zukunft auch ausklingen. Wiederum aus Lohses Sicht heißt es dort: „Auf einmal fühlte er deutlich, dass nichts abgeschlossen war; etwas neues hatte begonnen" (597).

Sigrid Bock (1991) beschreibt Robert Lohse als eine Figur, an der sich der neue sozialistische Staat „bewährt", und die auf „Leistung und Möglichkeiten dieser Gesellschaft" hinweist (*Sprechen* 77). Es ging Seghers auch darum zu zeigen, „daß Robert, der sich inzwischen oft bewährt hat, nun, da seine Klasse gesiegt hat, immer noch darum kämpfen muß, oben zu bleiben, nicht abzusinken. Es geht darum, ob er imstande ist, sein Talent zu entwickeln" (*Gespräch* 342). So gestaltet Seghers auch Roberts Zweifel an seiner Arbeit und seinen Fähigkeiten in der Lehrwerkstatt sowie an seiner Nützlichkeit für das Werk, sie gestaltet die Auseinandersetzung mit seiner Vergangenheit, indem er seinen Kameraden aus Spanien, Richard Hagen, den er für tot hielt, in Kossin wiedertrifft, sie gestaltet eine Liebesgeschichte zwischen Lohse und der Arbeiterin Lene Nohl, die zwischen ihrem Mann, der dem Werk schaden will, und ihrer Loyalität zu dem Werk hin- und hergerissen ist, und sie gestaltet Lohses schwierige Entscheidung für den Lehrgang als Ausbilder und seine wachsende Freundschaft mit dem jungen Thomas Helger, der ihm beim Lernen für die Ausbilderprüfung hilft.

Was Seghers mit der Gestaltung der Figur gelingt, ist die glückliche Ineinanderfügung des Lebens des Einzelnen mit der Gesellschaft, in der

Die heimatliche sozialistische Gesellschaft?

dieser sich entschieden hat, zu leben. Und Seghers zeichnet diesen Prozess durchaus nicht als Idealbild, sondern sie beschreibt (lediglich) die in die Realität umgesetzte sozialistische Idee von der glücklichen Entwicklung des Einzelnen als Voraussetzung der Entwicklung aller.[18] An der Robert Lohse-Figur gestaltet Seghers damit die Übereinstimmung von individuellen Wünschen und Zielen mit den gesellschaftlichen Notwendigkeiten als ein befriedigendes, menschenwürdiges und sinnvolles Unterfangen. Anders als z.B. *Roheisen* oder andere Betriebsromane, die diesen Prozess idealisierten oder übersprangen, gestaltet Seghers gerade diesen Prozess, d.h. das, was im ‚Innern der Menschen' vorgeht, sehr differenziert. Auch in Kurt Maetzigs Film, *Schlösser und Katen* (1957), ist bereits eine Hinwendung zu solch genauer, differenzierter Darstellung auszumachen. Maetzig knüpft diese Darstellung außerdem an eine sichere, positive Zukunftsperspektive. Bei Seghers hat diese Perspektive allerdings ihre unbedingte Sicherheit verloren (s.u.).

Neben Erfolgsgeschichten, wie sie Seghers anhand der Robert Lohse-Figur oder auch an der Figur von Richard Hagen gestaltet, stellt die Autorin auch Lebensgeschichten dar, in denen Konflikte und Widersprüche letztendlich nicht gelöst werden können. Dahinter steht auch der Gedanke, dass die vielfältige und schwierige Gegenwart *ertragen* werden muss (in Bezug auf ihre künstlerische Gestaltung), anstatt sie zu idealisieren oder zu glätten – ein (ästhetischer) Grundsatz, dem sich z.B. auch Heiner Müller oder Werner Bräunig verschrieben hatten.[19] Anhand dieser wider-

---

18   Ich beziehe mich hier auf Marx und Engels aus dem *Manifest der Kommunistischen Partei*: „An die Stelle der alten bürgerlichen Gesellschaft mit ihren Klassen und Klassengegensätzen tritt eine Assoziation, worin die freie Entwicklung eines jeden die Bedingung für die freie Entwicklung aller ist" (232). Eberhard Röhner (1967) interpretierte Seghers' Roman in eben dieser Richtung, da er schrieb: „Es geht Anna Seghers nicht so sehr darum, daß sich ihre Gestalt behauptet und ‚etwas wird', sondern Lohses Fortentwicklung wird zum Kriterium für die Qualität der neuen Gesellschaftsordnung [...] und die Realisierung seiner durch ihn selbst wird wiederum als Voraussetzung für die Entwicklung dieser Gesellschaft charakterisiert" (*Arbeiter* 143).

19   Roos und Hassauer-Roos kommentieren dazu: „Dabei ist es für Anna Seghers besonders wichtig, daß der Schriftsteller sich der konfliktreichen Erfahrung der Realität stellt. Das ‚Handgemenge mit der Wirklichkeit' ist ihr unabdingbare Voraussetzung

spruchsvollen Figuren und Lebensgeschichten spürt Anna Seghers dem Gedanken nach, dass der sozialistische Staat nicht absolut als eine Heimat für den Einzelnen (voraus)gesetzt werden kann, und dass der Prozess, sich einen (neuen) Raum als Heimat anzueignen, auch ins Leere laufen kann. Es ist dies die Bruchstelle zwischen dem universellen, d.h. immerwährenden Vorhandensein von Heimat sowie der Schwierigkeit, diese Heimat tatsächlich in der sozialistischen Gesellschaft der DDR zu finden – eine Bruchstelle, die es unzweifelhaft auch in Seghers' eigenem Leben gab.

In der Figur des Ingenieurs Rentmair gestaltet Seghers ein Beispiel einer widerspruchsvollen Figur. Rentmair, der eigentlich am westdeutschen Standort des Stahlwerks gearbeitet hatte, kommt in den Osten, weil er dort eine bessere, sinnvollere Arbeit finden will, was ihm in Kossin auch gelingt. Ihn lässt Seghers in kritischem Ton aussprechen, was ihm „sonderbar vorkommt" (*Entscheidung* 156), z.B. dass seine Arbeit von Parteileuten, die kein fachliches Verständnis haben, kontrolliert wird, dass ihm aus politischen Gründen Entscheidungen aufgezwungen werden, die wirtschaftlich nachteilig sind, und dass viele Leute, mit denen er diskutieren will, stets die gleichen Argumente hervorbringen, zumeist solche, die die Partei vorgibt (156-7). Ihn lässt Seghers auch bezweifeln, dass Menschen sich völlig ändern können („Verändern, das heißt doch: ein anderer Mensch werden [...], gibt es das? In den Menschen kommt doch nichts Neues hinein, wovon vorher keine Spur in ihm war? Nur manche Eigenschaften werden in einem Krieg oder bei einem Umsturz besonders deutlich" [158]) – mithin, dass eine ganze Gesellschaft umerzogen werden kann, ohne, dass es auch Anpasser

---

künstlerisch gelungener Realitätsdarstellung; denn nur Erfahrung setze den Künstler instand, das Besondere, Neue und Bedeutsame der aktuellen Wirklichkeit richtig zu erfassen." (*Materialienbuch* 68) In ihrem künstlerischen Schaffensprozess, den Seghers vielfach als einen dreistufigen Prozess aus unmittelbarer, primärer Wirklichkeitsaufnahme, der Bewusstmachung von Zusammenhängen und dem Erkenntnisgewinn als zweiter Natur des Künstlers beschrieb (vgl. u.a. *Interview* 352), betonte sie die Phase der Wirklichkeitsaufnahme, aus einer „Haltung der Unmittelbarkeit heraus", ganz besonders (*Materialienbuch* 113).

Die heimatliche sozialistische Gesellschaft?

und Opportunisten geben wird.²⁰ Rentmair bleibt als ein Beobachter der neuen sozialistischen Gesellschaft immer außen vor, er findet keinen Zugang zu ihr, kann sie nicht zu seiner Heimat machen, obwohl er den festen Vorsatz hat: „Ich hab doch hier leben wollen" (376). Hinzu kommt eine Intrige eines missgünstigen Kollegen, die einen schweren Unfall im Werk wie Rentmairs Schuld aussehen lässt. Daraufhin nimmt sich Rentmair das Leben. Allerdings werden nicht der Unfall im Werk und auch nicht eine enttäuschende Liebesgeschichte als Gründe für Rentmairs Selbstmord in den Mittelpunkt gerückt, sondern die mangelnde Heimatlichkeit seiner Umgebung, d.h. die fehlende Zuwendung der sozialen Gemeinschaft. Diese ist sich ihres Versagens durchaus bewusst, Seghers lässt eine Figur, den Ingenieur Toms, Folgendes sagen: „Und Sie haben auch recht, wenn Sie sagen: Es war unsere Pflicht. Manchmal denkt man, der fühlt sich offenbar wohl, der ist ganz vergnügt in seiner Haut, der ist umgänglich, der findet Anschluß an Genossen, bei dem ist alles in Ordnung. Dabei war bei Rentmair nichts in Ordnung. [...] wir [hätten] ihn [...] nicht allein lassen dürfen" (383–4). Rentmairs Erwartungshaltung „ein Heim, einen Halt" (ebd.) in der sozialistischen Gesellschaft zu finden, kann diese nicht erfüllen.

In Katharina Riedl gestaltet Seghers eine weitere Figur, deren Leben an den neuen gesellschaftlichen Verhältnissen und an der Teilung Deutschlands zugrunde geht. Katharina Riedl lebt im Westen, während ihr Mann, der Ingenieur Ernst Riedl, wie Rentmair nach Kossin gegangen ist, um dort zu arbeiteten. Erst zum Ende des Romans fasst Katharina Riedl den Entschluss, in die DDR zu gehen; es ist ein Entschluss rein persönlicher Natur, da sie

---

20   Rentmair bezieht sich in seiner Aussage z.B. auf die Figur des Wolfgang Büttner, einen Ingenieur in Kossin und Assistenten des Werkleiters. Rentmair charakterisiert Büttner, den er von früher kennt, wie folgt: „Für den war solches Leben [unter Hitler, d. Verf.] doch keine Qual, durchaus nicht, er war Feuer und Flamme dafür. Er hatte Genuß an der Macht, und diesen Genuß hat ihm Hitler besorgt. Ich glaube, weil er nicht dumm ist und weil ihn Berndt [ein Vorgesetzter, d. Verf.] überzeugt hat – das war so im Winter 43 –, daß diese Macht bestimmt in die Brüche gehen wird, hat er schnell auf die richtige Karte gesetzt. Nennst du das aber verändern? Jetzt wird er dafür geachtet. Sogar mit einem gewissen Recht. Er hat Berndt durch die schwerste Zeit geholfen. Trotzdem, für mich war es ein sonderbares Erlebnis, ihn hier sozusagen als Widerstandskämpfer zu finden" (*Entscheidung* 158–9).

ein Kind erwartet. Der Entschluss ist begleitet von der Angst vor dem, was sie dort erwartet: „Was für ein Land kann das sein?", fragt sie sich (579). Katharina Riedl geht zu Fuß über die Grenze, bei der Geburt des Kindes, die durch die körperliche Anstrengung einsetzt, stirbt sie. Ernst Riedl ist ebenso schwierigen Entscheidungskonflikten ausgesetzt. Während eines Besuchs bei Katharina erfährt Riedl aus der Zeitung, dass die Leitung des Werks in Kossin sich in den Westen abgesetzt hat. Eine fast unmenschlich erscheinende Entscheidung wird Riedl abverlangt: zwischen dem Dableiben im Westen, bei seiner schwangeren Frau (die denkt, dass er zur Gruppe der Flüchtigen gehört), und der Rückkehr nach Kossin, in das Werk, wo er „jetzt so nötig" gebraucht wird, wo er für das „neue, gerechte Menschenleben" arbeiten will (494). Riedl entscheidet sich für seine Arbeit in Kossin.

Seghers hat das Schicksal dieser beiden Figuren bewusst als ein „schweres und tragisches" gestaltet, als eine direkte Auswirkung des Kalten Krieges auf das Leben der Menschen – ein gesellschaftlicher Zustand, der nicht allein durch Liebe zu überwinden ist (*Gespräch* 343; Vilar 207). Sie sieht in deren Geschichte etwas „für unsere Zeit sehr Typisches [...], es gibt viele Menschen ihrer Art. Es gibt auch viele, die ein ähnliches Schicksal haben, ohne daß einer von beiden sterben muß" (*Gespräch* ebd.). Die Autorin spürt im Gespräch mit Christa Wolf ihren Figuren nach: „Riedl hat gedacht, als er ohne Katharina aus dem Westen wieder zurückfuhr: Wäre sie mit mir gegangen [...], dann wäre sie wahrscheinlich in unser Leben hineingewachsen; aber sie konnte nicht probeweise mitgehen: es gibt nur hüben und drüben. Sie hat sich Furcht einjagen lassen. Sie ist zu spät gekommen" (ebd.). Seghers betont auch, dass sie Katharina Riedl als tragische Figur gestaltete, damit diese beim Leser eine größere erzieherische Wirkung als eine „gedankenlos, vergnügt über die Grenze hüpfende" Figur erzielen und zu „richtige[n] Handlungen" motivieren würde (ebd. 343–4). Mit der Geschichte des Ehepaars Riedl stellt Seghers die zur damaligen Zeit als irreversibel empfundene Spaltung zwischen Ost und West dar. Diese Erkenntnis sieht nicht nur das Entstehen des sozialistischen Staates als positive Perspektive, sondern die Spaltung wird als ein äußerst schmerzlicher, die Menschen zerreißender Vorgang empfunden, ähnlich wie es auch Christa Wolf einige Jahre später in der Erzählung *Der geteilte Himmel* (1963) gestaltete. Nicht zuletzt drückt die Autorin hier auch ihre eigene, persönliche Zerrissenheit zwischen ihrer Heimat im Rhein-Main-Dreieck und ihrer Heimat in der DDR aus.

Eine Schlüsselszene innerhalb der Riedl-Geschichte ist ein Gespräch zwischen Ernst Riedl und der Figur des Paters Traub in Westdeutschland. In diesem Gespräch werden u.a. Fragen des Glaubens angesprochen,[21] und es werden zahlreiche konkrete historische Bezüge hergestellt, zum Beispiel zu den Flüchtlingstrecks aus dem Osten, zu den Übergriffen der Roten Armee gegen die deutsche Bevölkerung (die jedoch in der endgültigen Druckfassung zu dem Satz „Furchtbares Leid hat der Krieg gebracht" abgeschwächt wurden [*Entscheidung* 312; Stephan, *Kommentar* 677]) oder zum Prozess gegen Kardinal Mindszenty in Ungarn. Im Dialog zwischen Traub und Riedl fungiert Ersterer als eine Art neutrale Instanz, die Riedls Beschreibungen über das Leben in der DDR anhört und wertschätzt, dem Thema gegenüber jedoch auch eine Art von Distanz wahrt und auf Unzulänglichkeiten und Brüche verweist. Er erscheint als ein Beobachter der Geschichte und der Entwicklung in den beiden deutschen Staaten, nimmt damit den Standpunkt ein, auf dem sich vermutlich auch die Schriftstellerin Anna Seghers sah. Riedl führt er die tragische Unausweichlichkeit der kommenden Entscheidungssituation vor, und auch er kann das Dilemma Riedls, ob dieser Katharina darum bitten soll, mit ihm nach Kossin zu kommen oder ihr selbst die Entscheidung zu überlassen, nicht lösen. Dies unterstreicht neuerlich die Tragik der Geschichte dieses Ehepaars.

Ost und West. Gegenüberstellungen in Die Entscheidung

Die Spaltung zwischen Ost und West, ein ‚Systemvergleich', ist überhaupt eines der Grundthemen in *Die Entscheidung*, und ist auch erzähltechnisch in der Gegenüberstellung der beiden Hauptschauplätze der Handlung verankert. Seghers' Standpunkt, in einer sozialistischen Gesellschaft die besten

---

21 Alexander Stephan bemerkt hierzu, dass die Diskussion über Glaube, Seele und Gott in diesem Gespräch ein Hinweis darauf sind, dass Anna Seghers „Zeit ihres Lebens intensiv über religiöse Dinge nachgedacht" habe (*Kommentar* 677).

Voraussetzungen für ein menschenwürdiges Leben vorzufinden, findet seinen Ausdruck in einem kontinuierlichen narrativen Vergleich zwischen Ost- und Westdeutschland in den unmittelbaren Nachkriegsjahren. So wird z.B. das Aussehen der Trümmerlandschaften in beiden Teilen Deutschlands kontrastiert. Über Kossin heißt es:

> Solange das Abendrot glühte, war der Mond machtlos. Die Trümmerhalden, wie Moränen, machten erst in der Ebene vor der Landstraße halt. [...] Tief drunten, in Hofzimmern, glimmten Lichter. Sie schienen aber in den Ruinen nicht zu verharren, sondern zu kreiseln, als suchten sich Menschen ihre Wege, ohne daß einer von dem anderen etwas wüßte. Auch an dem Bahnstrang in der Ebene glänzten Lichter, aber beständig und ruhig. Wenn alles aufgebaut ist, dachte Robert, sind wir schon längst eingewohnt. (341)

Und die Beschreibung einer Stadt im Westen lautet:

> Es war Nachmittag. Vom Fenster aus schienen auch hier die Trümmer unüberwindbar. Verglichen mit dem, was schon neu dastand oder, von Gerüsten gestützt, auferstand, sahen sie wie ein Felsengebirge aus [...]. Als in einer Sekunde alle Laternen aufglänzten, hob sich die große, hufeisenförmige Geschäftsstraße von den gezackten Ruinen ab. Am Himmel sah man noch keine Sterne. Ein öder Winterhimmel von unerschöpflicher Grauheit. (379)

Im Osten erscheint das Leben zwar noch grau und kalt, es zeigen sich jedoch Lichter und Menschen in den Trümmern: die Menschen suchen „ihre Wege", die Lichter glänzen „beständig und ruhig". Der Textausschnitt beschreibt den mühsamen und oft freudlosen Anfang des Aufbaus nach dem Krieg, der angesichts zahlreicher Probleme entmutigend und beklemmend wirken konnte. Die Lichter und Menschen setzen jedoch Zeichen von Hoffnung und Bewegung gegen die Trümmer, sie sind Zeichen eines Vorwärtskommens und einer Entwicklung hin zu einem besseren Leben, hin zum Entstehen einer Heimat. So erklärt bspw. Ernst Riedl seine Motivation, in der DDR zu bleiben, wie folgt: „Die Menschen waren nach dem Krieg wie Steine, sie waren verzweifelt und verrottet. Jetzt sind sie hinter der Arbeit her, sie leben mit Herz und Verstand" (*Entscheidung* 311), und im späteren Roman, *Das Vertrauen*, bestätigt dieselbe Figur noch einmal diese Sicht: „Damals hatte ihn etwas gepackt, wie ihn nie mehr etwas gepackt hatte, weder vorher noch nachher. Stärker als sonst etwas im Leben, und sei es selbst die Liebe zu einem einzelnen Menschen [...]. Totes wieder lebendig machen, das wurde von ihm verlangt: verrottete Röhren, das Werk, das Land, die Menschen" (24).

Die Nachkriegszustände im Westen beschreibt der zweite Textausschnitt aus *Die Entscheidung* hingegen als eine Art Stillstand bzw. als eine Rückkehr zum Alten, „als wäre nichts geschehen". Die Laternen, die hier „aufglänzen", beleuchten nicht die nach (neuen) Wegen suchenden Menschen, sondern eine Konsumwelt, eine „Geschäftsstraße". Auch hier ist das Leben grau, wie im Osten, aber die „Grauheit" ist „unerschöpflich", ihre Wirkung wird nicht durch lebendige Lichter aufgehoben.

Analog zum Bild der Trümmerlandschaft, die durch menschliche Tätigkeit wieder ein menschlicheres Antlitz gewinnt, erhalten auch die Menschen selbst wieder ein solches. Die Entsteinerung/Vermenschlichung geschieht vor allem durch die Arbeit, wie auch zuvor in den Betriebsromanen sowie in *Schlösser und Katen* nachvollziehbar. In *Die Entscheidung* heißt es in diesem Zusammenhang z.B. über den Parteisekretär Vogt:

> [Er] sah hinaus auf das herbstliche, dunstige Gelände [...] In Todesgefahr war ihm alles erschienen, von furchtbarer, aber erhabener Einfachheit. Dann hatte er sich wieder eingewöhnt in die Welt, die nicht einfach war und nicht erhaben, sondern sich aus tausend Einzelheiten zusammensetzte, mit Für und Wider, mit Auf und Ab. Er sehnte sich nach seiner Arbeit, in der alles zusammenschmolz zu einem unveränderlichen klaren Ziel. (88)

Und auch Lydia Enders, Arbeiterin in einer Glühlampenfabrik in der Nähe Kossins, lediglich eine Nebenfigur des Romans, empfindet ihre Arbeit als „klare[n], feste[n] Halt in dem unsicheren, trüben Leben" (388). Den Osten Deutschlands beschreibt Seghers damit als einen Ort, an dem die Menschen sich um Entwicklungen nach vorn bemühen, um eine ‚aktive' Enttrümmerung und die Veränderung der grauen Landschaft in eine Heimat, und wo es auch darum geht, sich mit der faschistischen Vergangenheit auseinanderzusetzen, wie es beispielsweise Robert Lohse, Rentmair und Riedl, aber auch Nebenfiguren wie z.B. Lene Nohl, Gertrud Steiner und Willi Steiner tun. Der westliche Teil wird als ein Ort gezeichnet, an dem kaum Veränderungen stattfinden, d.h. wo auch die faschistische Vergangenheit nicht aufgearbeitet wird, und der der DDR außerdem wirtschaftlich schaden will.[22] Als ein Beispiel für den Unwillen zur Veränderung beschreibt der Roman, wie Ernst Riedl auf einer Geschäftsreise in den Westen auf neue Bürohäuser und Wohnblöcke aufmerksam wird, sowie auf den Ausbau (nicht: Wiederaufbau) des westlichen Standorts des Stahlwerks. Die „Firmenschilder", die Riedl allerorten sieht, für ihn Symbol einer konsum- und marktwirtschaftsorientierten Welt, in der Veränderungen nur äußerlicher Natur sind, scheinen ihm folgende Botschaft zu vermitteln: „Greift zu, wo ihr könnt! Sowieso liegt bald alles wieder in Trümmern! Verändert Euch ja nicht! Es lohnt nicht die Mühe. [...] Bei uns ändern sich die Menschen. Das geschieht im Innern. Das liegt aber nicht in den Schaufenstern aus" (*Entscheidung* 301).

Das Weiterleben der faschistischen Vergangenheit im westlichen Teil Deutschlands gestaltet Seghers auch in den Lebensgeschichten der Figuren Helmut von Klemm, Melchior Bender und Otto von Bentheim, dreier Kriegsverbrecher, die, das sagt der Text deutlich, durch die Politik und die Industrie, die vor allem in der Figur des Kommerzienrats Castricius repräsentiert sind, protegiert werden und weiterhin ihren Geschäften nachgehen können.[23] Sie haben sich von ihrer Vergangenheit „freikaufen lassen" (*Entscheidung* 179). Castricius berichtet z.B. einem Freund über seinen Schwiegersohn, Otto von Bentheim: „Meine [Tochter] Nora hat aufgeatmet [...], als der Prozeß glücklich zu Ende war. Jetzt ist ihr Otto kein Nazi mehr. Er kann sich wahrhaftig selbst nicht mehr auf seine Streiche besinnen" (232); und über Melchior Bender, ehemaliger SS-Offizier und seit Kriegsende Besitzer eines Handschuhgeschäfts, wird berichtet, er sei bei Kriegsende „richtig vergessen worden. Er sei nicht angezeigt worden.

---

22 Hierzu gehört der Handlungsstrang um die Flucht der Werkleitung des Kossiner Standorts in den Westen, welche durch die Besitzer des Werks im Westen in die Wege geleitet wurde.
23 So betreibt z.B. Melchior Bender ein Handschuhgeschäft, in dem Beziehungen zu ‚alten Kameraden' weitergeführt werden. Seghers führt außerdem mit den Figuren Helmut von Klemm, Kommerzienrat Castricius sowie dessen Tochter Nora Castricius einen Handlungsstrang weiter, den sie in ihrem Roman *Die Toten bleiben jung* (1949) bereits behandelt hatte.

Die heimatliche sozialistische Gesellschaft?

Zudem habe [...] [man] Melchiors Papiere in Ordnung gebracht" (ebd.). Otto von Bentheim wird im Laufe der Romanhandlung in einem Racheakt für ein Kriegsverbrechen, das er begangen hat, erschossen. Die wahren Gründe für den Mord werden allerdings, so beschreibt der Text, vor der Öffentlichkeit verschwiegen. Castricius sorgt dafür, dass die Verhandlung gegen den Schützen wenig Aufsehen erregt, dass „der springende Punkt in dieser unklaren Sache verborgen blieb" (510). Darüber hinaus scheint auch die Öffentlichkeit nicht an einer Aufklärung interessiert zu sein, zur Verhandlung erscheinen wenige Journalisten, niemand wollte „den Anschein erwecken", dass ihm die Sache wichtig war; am Rande beteiligte Personen und Mitwisser waren sich „über den Vorfall klar, aber sie sprachen nicht laut darüber. Sie wollten in nichts verwickelt werden" (ebd.).[24]

Der Gegensatz zwischen Ost- und Westdeutschland bewegt sich damit in *Die Entscheidung* auch an einer Grenze des Willens zur inneren Erneuerung, d.h. an der Grenze zwischen einer grundsätzlich antifaschistischen Lebenshaltung, die Seghers vor allem im Osten verortet, und einer bloß oberflächlichen Übertünchung dieser Vergangenheit – dies vor allem im Westen – welche durch die ‚richtigen' Papiere oder durch den Einfluss eines reichen Staatsbeamten ungeschehen gemacht werden kann. Die politische Grenze zwischen Heimat vs. Nicht-Heimat zieht die Autorin damit, wie bereits in *Das siebte Kreuz*, zwischen Menschlichkeit, die für sie mit dem Willen zur Veränderung zusammengehört, und Menschenverachtung, die sie mit anhaltenden faschistischen Tendenzen verknüpft. Als ein erzählerischer Höhepunkt kann in diesem Zusammenhang das Ende des Romans *Das Vertrauen* (1968) gelten, da der Kommerzienrat Castricius nach seinem Tod, durch testamentarische Verfügung, sein Wohnhaus in die Luft sprengen lässt, mithin sein Zuhause vernichtet und ein „kahle[s] Stück Land" hinterlässt (437),[25] während, im Gegensatz dazu, das Leben in Kossin nach

---

24 Auf das Desinteresse der Öffentlichkeit in der BRD an der Diskussion und Aufklärung von Kriegsverbrechen weist auch Werner Bräunig hin. Siehe Kap. 8.
25 Im Verlag sah man diesen Schluss von *Das Vertrauen* nicht gern; der Lektor Günter Caspar bezeichnete ihn als einen „Gag" und wollte ihn der Autorin ausreden. Diese war jedoch nicht bereit, von diesem Schluss etwas zurückzunehmen (*Zehl Romero* 257).

langer Mühsal schöner und lebenswerter wird, und wo Kinder geboren werden.

Traditionslinien in Die Entscheidung

Die Betriebsromane, insbesondere *Roheisen*, hatten ihr Heimatkonzept in die Traditionslinie der proletarisch-revolutionären Arbeiterkultur und des kommunistischen Kampfes für ein besseres Leben der Arbeiter eingefügt. Auch Seghers gestaltet in *Die Entscheidung* eine Traditionslinie, gibt dieser allerdings einen breiteren, allgemein antifaschistischen Charakter, was im logischen Zusammenhang mit Seghers' eigenem Engagement für die Einheitsfrontpolitik steht, sowie mit dem im Roman gestalteten Vergleich der Verarbeitung der faschistischen Vergangenheit in der DDR und der BRD.

In *Die Entscheidung* wird die Traditionslinie vor allem in dem Handlungsstrang um die Figur des Journalisten und Schriftstellers Herbert Melzer gestaltet, „einem Menschen", wie Seghers sich äußerte, der ihr „beim Schreiben wichtig" war (*Gespräch* 344). Melzer ist eine Künstlerfigur, eine Art alter Ego der Autorin, auch er arbeitet an einem Roman über Ereignisse der jüngsten Vergangenheit. Er schildert darin seine Erlebnisse als Mitglied der Internationalen Brigaden im Spanischen Bürgerkrieg. Seine damaligen Kameraden, Richard Hagen und Robert Lohse, die er für tot hält, sind die Protagonisten seines Buches. (Gleichzeitig sind diese die Protagonisten von Seghers' Roman, die Autorin benutzt hier also eine Buch-im-Buch-Struktur.) Melzer selbst lebte nach dem Krieg als Journalist in Westdeutschland und den USA. Den Schluss seines Romans, den Tod einer kommunistischen Kämpferin, Celia, gestaltet Melzer nicht als den Endpunkt einer Geschichte, sondern als Perspektive für die Zukunft – ähnlich Seghers' eigener Perspektive, z.B. im *Aufstand der Fischer* oder dem *Siebten Kreuz* – woraufhin Melzer die Veröffentlichung des Romans durch einen amerikanischen Verleger verwehrt wird. Konkret beinhaltet der Schluss von Melzers Roman das Aufnehmen und Weitertragen der roten Fahne, Symbol des kommunistischen Kampfes, nach dem Tode Celias durch einen anderen Kommunisten. Melzer verweist damit auf einen andauernden kommunistisch-antifaschistischen Kampf in Spanien sowie auf der ganzen Welt – eine Vision, die Seghers mit ihrer Figur teilt. Sowohl Seghers' *Die Entscheidung* als auch Melzers Roman, als Buch im Buch, schlagen damit einen Bogen von den 30er Jahren bis in die Gegenwart, beide verankern den Kampf der Menschen für ein besseres Leben damit auch noch in *dieser* Gegenwart, sehen den Kampf als noch nicht abgeschlossen an. Zehl Romero bemerkt in diesem Zusammenhang, dass Seghers bewusst die Anfänge in der SBZ/DDR an den „von ihr bewunderten" Spanischen Bürgerkrieg knüpfte und nicht an die Sowjetunion oder eine andere kommunistische Tradition (*Zehl Romero* 193). Insbesondere verwies Seghers damit auf „einen kämpferischen Antifaschismus", der sich in Spanien durch eine „spontane Massenbeteiligung" geäußert hatte, und den es „in Deutschland so nie gegeben hat", und der so oder in ähnlicher Form auch in der SBZ/DDR fehlte (ebd.).

Melzers Roman wird zu *seiner* Fahne des Kampfes, die er an zukünftige Generationen weiterreichen will, wie auch die Schriftstellerin Seghers hofft, dass ihr Roman dieses vermag. „Was uns jetzt geschieht, soll darin stehen. Wer mein Buch liest, der erfährt, was für Menschen wir sind, was wir gewollt haben, was wir aushalten" (*Entscheidung* 35) – so lautet der Motto-Vorsatz von Melzers Roman, er könnte jedoch genauso gut das Motto von *Die Entscheidung* sein.[26] Seghers formuliert damit ihren eigenen Anspruch, ganz ähnlich dem Marchwitzas, dass eine ältere Generation ihre Erfahrungen und Lebensgeschichten an nachfolgende Generationen weitergeben sollte, so dass die Kontinuität des Kampfes für ein besseres Leben Bestand hat.

---

26 Melzers Roman wird schließlich einige Jahre später, ca. 1953, in der DDR veröffentlicht, wie in *Das Vertrauen* (1968) erzählt wird. In einer Textpassage wird beschrieben, dass der Roman einen starken Eindruck auf seine ‚Protagonisten' Robert Lohse und Richard Hagen macht, wie auch auf Mitglieder einer jüngeren Generation, z.B. den Arbeiter Thomas Helger.

Das Vertrauen (1968). Heimat und Trauer

Alexander Stephan beschreibt den Roman *Die Entscheidung* (1959) „vor allem [als] ein Stück Trümmerliteratur, eine Trauerarbeit", und erst danach als ein „Plädoyer für die Errichtung eines neuen sozialistischen Staates" (*Kommentar* 653–4). *Das Vertrauen* aus dem Jahr 1968 könnte man als neuerliche Trauerarbeit Seghers' und neuerliches Plädoyer lesen: es ist Trauerarbeit angesichts von Fehlern und Unzulänglichkeiten im sozialistischen Staat, es ist Plädoyer für eine bewusstere Beschäftigung mit den Mitmenschen und der Gesellschaft, in der der Mensch lebt, um diese so heimatlich wie möglich zu gestalten.

Nach Beendigung der *Entscheidung*, die mit den Worten *Ende des ersten Teils* schließt, hatte Seghers bereits im April 1958 in ihren Kalender das Verfassen des zweiten Teils als Arbeitsvorhaben notiert (*Zehl Romero* 194). Der Arbeiteraufstand des Jahres 1953 in der DDR war Seghers' eigentlicher Schreibanlass für *Die Entscheidung*, zu seiner literarischen Bearbeitung kam es jedoch tatsächlich erst im zweiten Teil, in *Das Vertrauen* (1968); den konkreten Schreibanlass für letzteres Buch, die Enthüllungen über Stalin auf dem XX. Parteitag der KPdSU im Jahr 1956, hat Seghers nie umgesetzt; Zehl Romero sieht darin Seghers' „Zögern und *Versagen*", die Schwierigkeiten, die sie „mit der Wirklichkeit nach dem Krieg" hatte, symptomatisch ans Tageslicht gebracht (ebd.). Gerade darin liegt auch jener trauernde Grundton beider Romane begründet, denn Seghers' Schwierigkeiten verursachten auch eine Art Sprachlosigkeit, die sich u.a. dadurch äußerte, dass sie nie offene, aggressive Kritik übte.

Bevor sich Seghers tatsächlich dem Schreiben von *Das Vertrauen* widmete, schrieb sie die längere Novelle *Das Licht auf dem Galgen* (1960), die sie in die Erzählsammlung *Karibische Geschichten* (1962) aufnahm, eine weitere Erzählsammlung, *Die Kraft der Schwachen* (1965), sowie die mexikanische Erzählung *Das wirkliche Blau* (1967). Neben den Enthüllungen über Stalin liegen zwischen der *Entscheidung* und dem *Vertrauen* solch einschneidende Ereignisse wie der Bau der Berliner Mauer (1961), die Kafka-Konferenz in Liblice (1963) sowie das 11. Plenum des Zentralkomitees der SED 1965, das sogenannte Kahlschlagplenum, da zahlreiche Künstler von der Politik kritisch attackiert wurden, ihre künstlerische Arbeit beeinträchtigt,

Die heimatliche sozialistische Gesellschaft?

verzögert oder verboten wurde (siehe Kap. 8). Die zuvor genannten Arbeiten, die sich seit der *Entscheidung* nicht mehr direkt mit der sozialistischen Gegenwart der DDR befassten, können als Seghers' Antwort auf die „kunstfernen und kunstfeindlichen Entwicklungen" gelten (*Zehl Romero* 236). Dennoch veröffentlichte sie 1968 schließlich *Das Vertrauen*, ihr letztes literarisches Bekenntnis zum Sozialismus und zum Staat DDR.[27] Die End- und Korrekturphase des Romans hatte sich lange verzögert, Seghers' Arbeiten war neuerlich durch Krankheiten beeinträchtigt worden. Möglicherweise war das *Vertrauen* auch zu einer Art Pflichtarbeit geworden; den ursprünglich geplanten dritten Teil hat Seghers nicht mehr verwirklicht, da sie weder die physische noch die psychische Kraft für einen weiteren breit angelegten Roman hatte (vgl. ebd. 264).

Während es in *Die Entscheidung* um das schwierige Hineinwachsen der Menschen in eine neue Gesellschaftsordnung ging, wird diese neue Gesellschaft in *Das Vertrauen* durch den Arbeiteraufstand 1953 vor eine Bewährungsprobe gestellt. Der Roman stellt die konkrete Frage, ob sich die neue sozialistische Gesellschaft gegenüber ihren Bewohnern heimatlich gebart, ja wie heimatlich der bestehende sozialistische Staat überhaupt ist. Die Lebensgeschichten wichtiger Figuren aus der *Entscheidung* werden wieder aufgenommen und durch den Zeitraum 1952–1953 hindurch fortgeführt. Wie zuvor begrenzt Seghers auch jetzt ihren Handlungsraum nicht auf das Stahlwerk in Kossin, sondern fügt Schauplätze in der BRD, in Mexiko und in den USA ein; ebenso fügt die Autorin historisch konkrete Ereignisse, insbesondere des Jahres 1953, ein, wie z.B. den Tod Stalins, den Prozess gegen die Ärzte Stalins in Moskau, den Krieg in Korea und als zentrales Ereignis den 17. Juni, den Tag des Arbeiteraufstands in der DDR.

Das Figurenensemble des Romans ist wiederum groß, als zentrale Figur des Romans stellt sich jedoch der aus einer jüngeren Generation stammende Arbeiter Thomas Helger heraus, den Seghers bereits als Freund

---

27 Der Erscheinungszeitpunkt des Romans Ende 1968 gab den sowjetischen Panzern aus den Szenen zum Arbeiteraufstand des Jahres 1953 eine höchste Aktualität angesichts des Einmarsches der Warschauer-Pakt-Truppen in die Tschechoslowakei. Seghers hat sich zum Prager Frühling allerdings nie öffentlich exponiert.

Robert Lohses in *Die Entscheidung* eingeführt hatte. Für Helger, so wird erzählt, ist die DDR nach seiner Zeit als verwaister und halbkrimineller Jugendlicher während des Krieges und auch danach vor allem ein (Neu-)Anfang.[28] Er ist als eine Figur gestaltet, die in einer Zeit persönlicher sowie gesellschaftlich-politischer Verunsicherungen nach seinem Zuhause, nach seiner Heimat sucht. Seghers macht dies vor allem an dem Gefühl des Gebrauchtwerdens fest, d.h. an der Erfüllung des eigenen Lebens mit einer bestimmten Sinngebung. In *Die Entscheidung* hatte sie dieses Motiv anhand von Figuren wie Ernst Riedl oder Robert Lohse gestaltet, die das Gebrauchtwerden und die Sinngebung im Aufbau des sozialistischen Staates erfuhren. Für die Figur des Thomas Helger gestaltet die Autorin den Erkenntnisprozess auf andere Weise: er will für sich selbst sehen, ausprobieren, nachdenken. Er gehört damit zu den Figuren, die einen „neu begründeten Anspruch des Subjekts" gegenüber der sozialistischen Gesellschaft formulierten (Schlenstedt 821).

Diese Figuren entstammten einer jüngeren Generation, die ab Anfang der 60er Jahre in der Literatur auftauchten, in Arbeiten von Brigitte Reimann, Christa Wolf, Karl-Heinz Jakobs, Erik Neutsch, Volker Braun u.a. (auch die Autoren selbst entstammten einer jüngeren, in den 20er und 30er Jahren geborenen Schriftstellergeneration). Zwar gehe es auch hier, so Schlenstedt, letztendlich um die erfolgreiche Eingliederung des Einzelnen in die Gesellschaft, jedoch ohne dabei den „menschlichen Kern, den subjektiven Anspruch" zu verlieren (826). Die neue Qualität des Anspruchs liege in der Forderung des Helden „sich selbst mit all [seinen] Lebenserwartungen und Lebensvorstellungen aktiv ins Spiel zu bringen und bestätigt zu sehen, [und seine] Persönlichkeit unverkürzt und im Interesse aller entfalten zu können" (827). In diesem Anspruch, sich selbst zu verwirklichen und sich selbst eine Heimat suchen zu können sowie das Recht darauf zu haben, diese an jeglichem möglichen Ort zu finden, liegt ein Konfliktherd zwischen dem Einzelnen und der sozialistischen

---

28   Er gehört damit ungefähr zur gleichen Generation wie die Figur des Tom Breitsprecher aus Karl-Heinz Jakobs' *Beschreibung eines Sommers* (Kap. 5) oder die Figuren Peter Loose und Christian Kleinschmidt aus Werner Bräunigs *Rummelplatz* (Kap. 8).

Die heimatliche sozialistische Gesellschaft?

Gesellschaft der DDR begründet, insbesondere, wenn sich eine „ungenügende Realisierung" dieses Anspruchs offenbart, ja, wenn dieser gar von der Umwelt verletzt wird (ebd.).[29] Dieser Konflikt entspricht eben jener Bruchstelle zwischen der Universalität eines Heimatgefühls und der Heimat in einem speziellen politischen Kontext (z.B. in der sozialistischen Gesellschaft), die in Seghers' beiden Gegenwartsromanen thematisiert ist.

Thomas Helger begreift seine Heimat, die in Kossin und im dortigen Werk liegt, erst durch die bewusste Erfahrung des Anderen, und durch eine Abgrenzung dagegen. Konkret geschieht dies durch einen Ausflug nach Westberlin. Thomas möchte dort „mit eigenen Augen sehen, was viele Leute wild macht, ganz gierig, ganz untreu", um für sich schließlich feststellen zu können „Mich nicht" (*Vertrauen* 170). Der Ausflug nach Westberlin löst bei Helger den Erkenntnisprozess aus, durch welchen er seine Verbundenheit mit einem bestimmten Raum begreift, d.h. durch welchen aus *einer* Arbeit *seine* Arbeit und aus *einem* Ort *sein* Heimatort wird (Bastian 48). Dabei sind es nicht nur die politischen und geografischen Gegebenheiten in Kossin und Westberlin, die Helgers Erkenntnisprozess beeinflussen, sondern die Menschen, auf die er trifft, und die durch ihre Verhaltensweisen heimatliche Gefühle bzw. Gefühle der Verbundenheit in ihm hervorrufen können oder nicht. Analog zu ihrer Vorgehensweise in *Die Entscheidung* setzt Seghers damit die Heimatlichkeit eines Raumes mit der Qualität der sozialen Beziehungen darin gleich.

So fühlt sich Thomas Helger z.B. beim Zusammensein mit der Landstreicherin Pimi in Westberlin, die Thomas für ihre kriminellen Geschäfte ausnutzen will, „in eine fremde Gegend versetzt" (*Vertrauen* 123) bzw. empfindet die Geschehnisse nicht als „wirkliche Wirklichkeit" (164); Pimi erscheint ihm als koboldartiges, verschlagenes Wesen, in deren Augen „etwas Gebrochenes, Schiefes" ist (94). Die Friseurin Sylvia Braunewell, auf die Thomas in Westberlin trifft, und die ihn ausnutzen will, erinnert

---

29 Werner Bräunig hat in *Rummelplatz* diesen Anspruch, immer „unterwegs sein" zu können, auf der Suche nach einer Heimat, zu seinem Leitmotiv gemacht.

ihn mit ihrem so oberflächlichen wie auffälligen Aussehen an den Teufel.[30] Die Frauen und Männer in Kossin hingegen werden überwiegend mit positiven Eigenschaften ausgestattet geschildert, sie sind „hilfsbereit und treu und gut" (422), haben einen „schön[en] Mund" und eine „schöne Brust und strahlende Augen" (381). Sie verhalten sich Thomas gegenüber zumeist verständnisvoll, mütterlich bzw. väterlich oder freundschaftlich, sie geben ihm das Gefühl, gebraucht zu werden.

Die Pimi- und Westberlin-Episoden zeichnet Seghers nicht nur als persönliche Suche und Bewährungsprobe für Thomas Helger, sondern auch als Bewährungsprobe für die sozialistische Gesellschaft. Die Reaktionen verschiedener Figuren in Kossin auf diese Episoden gestaltet Seghers als einen Gradmesser für die Qualität der Heimatlichkeit in der sozialistischen Gesellschaft. Einige Parteifunktionäre, wie Lina Sachse oder Paul Meeseberg, kritisieren Thomas scharf für seinen Westberlin-Ausflug und bestrafen ihn damit, dass ihm die Chance auf einen Studienplatz zunächst verwehrt wird.[31] Diese Figuren werden von Seghers als dogmatisch handelnd gekennzeichnet, sie beschneiden soziale Beziehungen, sobald sich ein Mitglied der Gemeinschaft anders als sie selbst verhält. Andere Figuren hingegen, wie z.B. Richard Hagen (selbst ein Parteisekretär), Robert Lohse oder die Familie Enders, bringen Thomas weiterhin Vertrauen entgegen. Erst die Ereignisse des 17. Juni 1953 bieten für Thomas Helger eine neuerliche Bewährungsprobe, bei welcher er sich gegenüber der Gesellschaft bewähren kann und welche ihm auch seine Heimaterfahrung bestätigt, denn er war „hier gebraucht worden mit Leib und Seele. [...] Hier gehörte er hin. Auch sein Kummer über verschiedenes, was schlecht war und schiefging, war mit diesem Ort verbunden. Er hätte nirgendwo sonst solche Sorgen und Freuden verspüren können" (*Vertrauen* 376).

---

30   Ihr Haar erscheint „wie ein Heiligenschein goldig und starr", sie hat ein „todernstes Gesicht" mit „roten Flecken auf den Backenknochen", einem „feuerfarbigen Mund" und ist „in schwarzem Taft" angezogen (*Vertrauen* 194).
31   Im Roman wird erwähnt, dass Lina Sachse ein ehemaliges BDM-Mädchen ist, was ihre übermäßige Begeisterung für die Sache des Sozialismus zumindest leise in Zweifel zieht.

Seghers macht mit diesem Handlungskomplex auf ein drängendes gesellschaftliches Problem aufmerksam – den „Vertrauensverlust zwischen Partei und Bevölkerung, zwischen Regierung und Regierten" (Schrade 117). Ein Gradmesser für die Heimatlichkeit liegt demnach *auch* in einem Spannungsfeld zwischen Vertrauen und Misstrauen, d.h. in einer vertrauensvollen Kommunikation zwischen Funktionären und Arbeitern einerseits und der aus Misstrauen wachsenden Bevormundung und Gängelung der Arbeiter durch die Funktionäre andererseits. Die Frage, die sich Thomas stellt, „wieso [...] es [kam], daß die Strengen, Unversöhnlichen so viel Macht besaßen?" (307), ist auch eine Frage, die die Autorin Seghers an ihre Leser und ihre Gesellschaft stellt.

In dem knappen Jahrzehnt, welches zwischen der *Entscheidung* und dem *Vertrauen* liegt, und das für Seghers viele (kultur-)politische Enttäuschungen brachte, hat sich die Sicht auf die Entwicklungsmöglichkeiten des Einzelnen deutlich verändert. So wird erkennbar, dass sich die Figur des Thomas Helger zwar, wie es bei Robert Lohse in *Die Entscheidung* der Fall war, in der sozialistischen Gesellschaft nach ihren Möglichkeiten und Leistungen entwickeln kann, jedoch wird dieser Prozess mehr und mehr erschwert, ja sogar beschädigt – ein Gedanke, der auch in *Der geteilte Himmel* (in Christa Wolfs Roman, 1963, sowie in Konrad Wolfs Verfilmung des Romans, 1964) sowie in Bräunigs *Rummelplatz* (2007) ausführlich diskutiert wird. Der ‚ideal'-typische Prozess, den Robert Lohse durchlief, durchaus mit zahlreichen Schwierigkeiten ausgestattet, endete doch in einer befriedigenden Zusammenfügung aller Faktoren. Thomas Helger hingegen kann das ursprünglich geplante Studium nicht antreten und muss stattdessen ein zeit- und arbeitsaufwendiges Fernstudium absolvieren; seine Arbeitskollegen verhalten sich nach seinem Westberlin-Besuch misstrauisch ihm gegenüber. Sein Freund, Heinz Köhler, wird im Zuge der Ereignisse des Arbeiteraufstands wegen konterrevolutionärer Aktivitäten verhaftet. Helger macht sich Vorwürfe, ihm nicht geholfen bzw. ihn nicht auf den richtigen Weg gebracht zu haben.

Eine Figur im Roman, die, auch als Sprachrohr der Autorin, negative gesellschaftliche Entwicklungen spürt und kommentiert, ist der Parteisekretär Richard Hagen. Seghers lässt Hagen den beginnenden Bruch zwischen Partei und Arbeitern wie auch zwischen älteren Kämpfern, wie er selbst einer ist, und der jüngeren Generation erkennen. (In *Das Vertrauen* ist letztere z.B. durch dogmatische Parteifunktionäre, wie Lina Sachse und Paul Meeseberg, und durch Figuren wie Heiner Schanz oder den Ingenieur Zibulka vertreten, die sich bewusst von der Politik abgrenzen oder sich gegen sie stellen.) Er fragt sich, was er angesichts des Streiks, der in ihm Bilder aus der Zeit des Nationalsozialismus hervorruft, „als er Jungens aus seinem Haus zum erstenmal als Pimpfe erblickt hatte und große Burschen im Braunhemd" (352), hätte anders machen müssen, um diesen Streik zu verhindern – „wieso sind unsere Leute so tief verbittert?" (388), fragt er sich. Das Entstehen eines „Niemandsland[s]" zwischen den Generationen und damit eine „unterbrochene und gestörte Weitergabe von historischen Erfahrungen von Generation zu Generation" (Bock, *Sprechen* 82) sind Gefährdungen, die Seghers für den sozialistischen Staat ausmacht. Für die BRD benennt die Autorin die Restauration von Großkapital und Großindustrie sowie die Verdrängung der faschistischen Vergangenheit als Hindernisse für eine positive Veränderung des menschlichen Lebens und gestaltet dies durch die Handlungsstränge um die Figur des Kommerzienrats Castricius. Indem sie *Das Vertrauen* mit der (Selbst-)Zerstörung von Castricius' Villa enden lässt, ist ihre Aussage bezüglich von Fortschritts- und Änderungsmöglichkeiten in diesem Teil Deutschlands eindeutig.

Den negativen Entwicklungslinien in der DDR setzt Seghers bewusst bestimmte Gegenentwürfe und Vorschläge entgegen. So entschließt sich Richard Hagen, ein weiterführendes Studium zu beginnen, um sich den Arbeitern (wieder) anzunähern und deren Bedürfnisse besser verstehen zu können. Er fühlt sich „den Menschen nicht nah genug", hat von ihnen „nicht genug gewusst", „von den Menschen nicht und auch nicht von ihrer Arbeit" (346). Richard Hagen exemplifiziert damit die „Umkehrung [...] [eines] eingespielten Rollenverhaltens", d.h., dass „der Parteifunktionär bei dem Werktätigen in die Lehre" geht, anstatt sich über sie hinwegzusetzen (Bock, *Sprechen* 80). Seghers wollte damit insbesondere die „Arroganz führender Parteikader" und „deren Führungsanspruch" (ebd.) kritisieren. Des weiteren wird schließlich Herbert Melzers Roman veröffentlicht und findet bei Mitgliedern aller Generationen ein großes Echo – ein Ausdruck von Seghers' Hoffnung, mittels Literatur ein Geschichtsbewusstsein

Die heimatliche sozialistische Gesellschaft?

lebendig und produktiv erhalten zu können. Schließlich ist in diesem Zusammenhang ein für das gesamte Werk Seghers' relevantes Motiv zu nennen, das Motiv der Lehrer-Schüler-Beziehungen. Bereits in *Das siebte Kreuz* wird die Beziehung zwischen Georg Heisler und Franz Marnet sowie zwischen Georg Heisler und Wallau in dieser Konstellation beschrieben.[32] In den beiden DDR-Romanen gibt es eine zentrale Lehrerfigur, Waldstein; er war einst Robert Lohses und Richard Hagens Lehrer und hat sie durch die Jahre des aufkommenden Nationalsozialismus begleitet, späterhin wird er auch Thomas Helgers Lehrer, begleitet ihn durch die unmittelbare Nachkriegszeit, da Helger noch nicht weiß, wohin er mit sich und seinem Leben soll. In *Die Entscheidung* hatte der jüngere Thomas Helger außerdem dem älteren Robert Lohse bei dessen Prüfungsvorbereitungen für den Ausbilderlehrgang geholfen; in *Das Vertrauen* unterstützt Lohse Helger wiederum während dessen schwieriger Zeit nach dem Westberlin-Besuch. Dies ist eine Schüler-Lehrer-Beziehung, die in beide Richtungen geht und die auch ein ‚umgekehrtes' Element in sich trägt, indem der Jüngere den Älteren unterstützt. Auch zwischen Richard Hagen und Thomas Helger gestaltet Seghers eine solche Szene, als sich beide zufällig in dem Unterrichtsgebäude ihres jeweiligen zukünftigen Studiums treffen, und da sie plötzlich eine starke Verbundenheit mit- und füreinander verspüren.[33] Seghers gestaltet in diesen Schüler-Lehrer-Beziehungen ihre Hoffnung auf eine fortgesetzte Kontinuität, auf die Möglichkeit

---

32   In diesem Zusammenhang ist auch zu erwähnen, dass Georg Heisler kein sozialistischer Held ist, als den ihn die Literaturwissenschaft der DDR oft interpretiert hat, sondern ein zunächst recht unpolitischer junger Mann, von dem erzählt wird, dass er häufig die Freundinnen wechselt, dass er Fußball liebt, dass er seinen Eltern ‚viel Verdruß' bereitet und dass er einmal sogar wegen eines Felddiebstahls mit dem Gesetz in Konflikt geriet. Erst durch den Freund Franz Marnet lernt er politisches Denken und Bewusstsein (Stephan, *Kreuz* 54–5).
33   „[Er] sah nun dicht vor sich das kleine, von weitem vertraute, von nahem fremde, etwas bleiche Gesicht. Die starken graublauen Augen waren […] aufmerksam auf ihn gerichtet. Nie zuvor hatte Thomas wahrgenommen, wie solche Aufmerksamkeit den Menschen verschönern kann und wie sie den Menschen, dem sie gilt, im Innern erfasst" (*Vertrauen* 429). Richard seinerseits sagt am Ende des Gesprächs zu Thomas: „Vielleicht gibt es […] manches, was wir uns gegenseitig abfragen. Ja, du und ich" (431).

einer *ununterbrochenen*, Weitergabe von historischen Erfahrungen von Generation zu Generation' (s.o.). Außerdem gestaltet sie in diesen Freundschaften funktionierende, produktive soziale Beziehungen und damit auch die Möglichkeit einer Annäherung zwischen den unterschiedlichen Heimatvorstellungen der jüngeren und der älteren Generation. Dies ist ein Aspekt, der sich in *Roheisen* noch als ein Ungleichgewicht (bzw. eine Ungleichzeitigkeit) darstellte, und der in *Schlösser und Katen* mit den drei im wahrsten Sinne volksnah gestalteten kommunistischen Figuren bereits eine Aufweichung erfuhr. Die Annäherung findet zwischen Heimatvorstellungen statt, die stärker durch den politischen Kampf geprägt worden sind (Robert Lohse, Richard Hagen, Waldstein) und zwischen solchen, die individuellen Ansprüchen entspringen (Thomas Helger). Damit wird auch eine Möglichkeit für eine fruchtbare „Verknüpfung des Individuellen und Gesellschaftlichen" (Jarmatz 260–1) eröffnet, für eine produktive Beziehung dieser beiden Pole.[34]

Darstellung des 17. Juni 1953 in Das Vertrauen

Die Darstellung der Ereignisse des 17. Juni 1953 ist nicht nur Hinweis Anna Seghers' auf die Schwierigkeiten und Versäumnisse der sozialistischen Gesellschaft, sondern auch ein Angebot, über Lösungsmöglichkeiten und positive Perspektiven nachzudenken.[35] Seghers bietet, ebenso wie viele andere, eine im Grunde parteikonforme Deutung der Ereignisse, indem sie

---

34 Diese Freundschaften findet man als durchgängiges Motiv in der Literatur, z.B. in *Das siebte Kreuz* zwischen Wallau und Georg Heisler, in Willi Bredels *Die Prüfung* zwischen Torsten und Kreibel, in *Roheisen* zwischen Lotte und Preißler, in Joachim Knappes *Mein Namenloses Land* zwischen Stephan Beck und Herbert Liskowski sowie Bruno Weidner, in Brigitte Reimanns *Ankunft im Alltag* zwischen dem Meister Hamann und den Abiturienten Recha, Nikolaus und Curt sowie in Christa Wolfs *Der geteilte Himmel* zwischen dem Meister Rolf Meternagel und Rita Seidel, um nur einige Beispiele zu nennen.

35 Zehl Romero nennt es das eigene „Mißtrauen zu überwinden" (260), und Sigrid Bock nennt es „hinter der Verzweiflung die Möglichkeit und hinter dem Untergang den Ausweg" spürbar werden zu lassen (*Sprechen* 75).

Die heimatliche sozialistische Gesellschaft?

den Aufstand nicht als legitimen Streik, sondern als konterrevolutionäre Aktion wertet. Allerdings betont sie, dass die Aktion zwar mit Unterstützung aus dem Westen geplant und durchgeführt wurde (konkret in der Gruppe um den Arbeiter Heiner Schanz), die Ursachen für den Aufstand jedoch intern zu suchen sind: in den schwierigen Arbeitsbedingungen, unrealistischen Arbeitsnormen, materiellen Mängeln und dem sich ausweitenden Kommunikationsproblem zwischen Partei und Arbeitern. Eine ‚Korrektur' der Ereignisse nahm Seghers dahingehend vor, dass die sowjetischen Panzer, die den Streik brechen sollen, vor den Toren des Stahlwerks Kossin zum Stehen kommen und die Lösung des Konflikts durch die Arbeiter selbst erreicht wird. Die Arbeiter verteidigen in gemeinsamer Anstrengung *ihr* Werk gegen die Streikenden; erzählerisch wird dies in einem Bild wiedergegeben, das häufig als ein Symbol für Stärke bei Seghers auftaucht: das eines Netzes bzw. von Fäden, die Menschen zu einer Gemeinschaft miteinander verbinden. (In *Das siebte Kreuz* war es beispielsweise das ‚Netz' aus Helfern, das Georg Heislers Flucht schließlich ermöglichte.) In *Das Vertrauen* sind es die Arme der Menschen, die einander bis an die Eisenstäbe des Kossiner Werkstores einhaken, die sich also miteinander *und* mit der Gesellschaft (in der Form des Werkes) vernetzen und das Werk gegen die streikenden Demonstranten verteidigen.[36] Mit dieser Lösung zeigt Seghers auf, welches Potential einer Gesellschaft innewohnt bzw. innewohnen kann, in der die Menschen sowohl einander als auch auf die gesellschaftlichen Gegebenheiten vertrauen, in der die Einsicht in das Neue, in den Sozialismus verinnerlicht wurde. Seghers hielt „solche Einsicht bei möglichst vielen für unerläßlich, wenn das Experiment DDR Zukunft haben sollte" (*Zehl Romero* 260).

Der 17. Juni 1953 ist ein kontroverser Höhepunkt in Seghers' Romanhandlung, nicht nur aufgrund der Lösung des Konflikts, sondern auch aufgrund des Todes einer der Hauptfiguren. Die Arbeiterin Ella

---

36 Es ist wiederum eine Reminiszenz Anna Seghers' an den Spanischen Bürgerkrieg, dass das Signal zur Verteidigung des Werks durch das Lied des Thälmann-Bataillons, *Spaniens Himmel* (Text Gudrun Kabisch, Musik Paul Dessau), gegeben wird (vgl. *Zehl Romero* 260).

Busch gestaltet Seghers als eine Figur, die, ähnlich wie Katharina Riedl in *Die Entscheidung*, eher unpolitisch ist, und die letztendlich an der politischen Zerrissenheit der Welt zugrundegeht. In *Das Vertrauen* ist es jedoch nicht mehr die Zerrissenheit zwischen Ost und West, die Einfluss ‚auf die privatesten [...] Teile des Lebens' der Menschen hat (s.o.), sondern die bereits beginnende *innere* Zerrissenheit in der DDR. Ella Busch – hochschwanger wie Katharina Riedl – stirbt während der Ereignisse des 17. Juni 1953, als sie von einer Gruppe Streikender zu Tode getreten wird. Sie stirbt in dem Moment, da sie sich ihrer politischen Zugehörigkeit gerade voll bewusst geworden ist und sich selbst, ihre Mitmenschen und die Gesellschaft als eine Einheit empfindet, in der sie ihre Heimat gefunden hat.[37] Sie empfindet darin nicht bloß „die flüchtige, jederzeit greifbare Viertelfreude", sondern „das wirkliche Glück" (*Vertrauen* 333). Als Beobachtung sei hier festgehalten, dass Katharina Riedl in *Die Entscheidung* zwar stirbt, ihr Kind jedoch geboren und weiterleben wird – eine Perspektive nach vorn bleibt. In *Das Vertrauen* hingegen stirbt Ella Buschs Kind mit ihr während des Streiks. Symbolisiert es ein Stück Hoffnung der Autorin Anna Seghers, welches im Laufe der Jahre gestorben ist? Oder ist es Symbol für den sozialistischen Staat selbst, welcher niemals wirklich leben und sich frei entwickeln konnte?

Rigoroser noch als in *Die Entscheidung* (dort u.a. Rentmair, Katharina Riedl) gestaltet Seghers also in *Das Vertrauen* verschiedene Figuren, die in der sozialistischen Gesellschaft kein Zuhause zu finden vermögen. Ella Busch und ihr Kind gehören dazu, wie auch Heinz Köhler oder der alte Arbeiter Janausch, der bereits als Figur in *Die Entscheidung* eingeführt wurde. Janauschs Hoffnung auf die Sinngebung seines Lebens durch die sozialistische Gesellschaft, die Frage, ob er dieses Leben „umsonst gelebt [hat] oder nicht umsonst?" (*Entscheidung* 528), wird nicht befriedigend beantwortet. Dies vor allem, da er kein Vertrauen zur Führung des Werks und zur Partei findet; die kommunikative Kluft zwischen den Menschen

---

[37] In diesem Sinne hat Ella Busch auch eine Ähnlichkeit mit Herbert Melzer, der sich ebenfalls, gerade im Moment seines Todes, bei einer Demonstration der streikenden Metallarbeiter in Baden-Württemberg 1951, zum politischen Kampf entschlossen hatte.

Die heimatliche sozialistische Gesellschaft?

und der Partei bzw. höheren gesellschaftlichen Instanzen findet in dieser Figur einen ihrer negativen Höhepunkte. Der Roman kritisiert diese Kluft nicht nur, indem er für mehr Menschlichkeit und für mehr heimatliches Verhalten gerade gegenüber solchen Figuren wie Janausch appelliert, es ist vor allem der den Text durchziehende trauernde Grundton über diese Kluft, der bleibt.

Solch trauernder Grundton findet sich auch in den Handlungssequenzen um die Figur des Professors Berndt. Dieser war Werkleiter in Kossin und war unter dem Zwang einer Erpressung in den Westen geflüchtet (*Entscheidung* 480–90). Von denen, die ihn einst protegierten, fallen gelassen, wird er von Westdeutschland aus zunächst in die USA und schließlich nach Mexiko abgeschoben, um dort ein Stahlwerk zu leiten (in *Das Vertrauen*). Seghers zeichnet Berndts Weggang aus Kossin als den Anfang eines schleichenden inneren Todes, ausgelöst durch Heimatlosigkeit bzw. Fern-Sein von der Heimat. Zum letzten Mal begegnet der Leser dieser Figur in *Das Vertrauen* in einer in Mexiko spielenden Szene. Diese war der Autorin besonders wichtig, da sie den Kontrast zwischen dem Verwurzeltsein eines jungen armen Mexikaners, Miguelito, und der Heimatlosigkeit Berndts hervorhob (*Zehl Romero* 257).[38] Die betreffende Szene zeigt ein friedliches Bild: Miguelito, Arbeiter im Stahlwerk, und seine Familie essen in einer Arbeitspause zusammen zu Mittag. Die Blicke Miguelitos und Berndts treffen sich zufällig: Miguelitos Blick ist „offen und leuchtend" (*Vertrauen* 368), als er Berndt anschaut – dieser hingegen blickt „steinfremd" und „totenstumm" (369). Der Gegensatz zwischen Zughörigkeit und Heimatlosigkeit wird hier als Gegensatz zwischen Leben/Lebendigsein und Erstarrung/Tod gestaltet. Berndt fühlt sich von diesem Blick getroffen, da ihm seine Heimatlosigkeit umso stärker bewusst wird, denn er denkt über Miguel: „Der ist daheim. Der weiß, wo er hingehört" (ebd.). Es ist nicht auszuschließen, dass auch Seghers sich die Frage nach ihrer Zugehörigkeit oft gestellt hat, dass der trauernde Grundton ihres Romans nicht nur jeweils den Figuren, sondern auch ihrer eigenen Situation galt.

---

38   Miguelito ist eine Figur, die Seghers ebenso bereits in *Die Entscheidung* eingeführt hatte.

Der Roman *Das Vertrauen* verbleibt somit Seghers' (Selbst-)Befragung, wie sich die sozialistische Gesellschaft, die sie für die beste, weil menschenwürdigste aller möglichen Heimaten erkannt hatte, in den ersten Jahren in der DDR entwickelt hat.[39] Wie Werner Bräunig, dessen Romanfragment deutliche Anlehnungen an Seghers' Werk aufweist, diskutiert sie die Gefährdungen, denen das Gelingen des sozialistischen Gesellschaftsexperiments vor allem durch innere Einflüsse unterworfen ist. Die Schlussfolgerung von Seghers (wie auch von Bräunig) ist, dass jene Gefährdungen, z.B. die gestörte Kommunikation zwischen Partei und Arbeitern oder das ungerechte Handeln dogmatischer Parteifunktionäre, die Möglichkeiten für eine Heimat des Einzelnen in der sozialistischen Gesellschaft einschränken, d.h. dass sie den Menschen in seiner Heimatsuche verunsichern und behindern. Mit den Romanen *Die Entscheidung* und *Das Vertrauen* (und dem 1949 veröffentlichten *Die Toten bleiben jung*) hatte Seghers versucht, ein großangelegtes Geschichts- und Gesellschaftsporträt zu gestalten. Über die vielen Jahre der Arbeit an den Romanen verlor sie vermutlich selbst das Vertrauen darin, das künstlerisch darstellen zu können, was sie sich seit ihrer Rückkehr aus Mexiko vorstellte und hoffte, in der DDR-Wirklichkeit zu finden.

---

39 Loreto Vilar bemerkt hierzu: „Eine andere Entscheidung, ein anderes Vertrauen gibt es für Anna Seghers nicht. [...] [S]ie [träumt] ständig vom richtigen Weg, sie bekennt sich in ihrem Lebenswerk zum Sozialismus, auch wenn sie sich dessen bewusst ist, dass ihre Träume unrealisierbar bleiben" (352).

KAPITEL 5

Heimat im Wandel: Der Bitterfelder Weg. Karl-Heinz Jakobs' Erzählung *Beschreibung eines Sommers* (1961)

Der Bitterfelder Weg als gesellschaftlicher Umgestaltungsprozess

Der Begriff *Bitterfelder Weg* bezeichnet in erster Linie eine neue kulturpolitische Richtung in der DDR, die Ende der 50er Jahre initiiert wurde und auf die Entwicklung eines eigenen ästhetischen Konzepts und damit auf eine eigenständige, sozialistische Nationalkultur zielte. Der Kerngedanke war eine neue Qualität von Realismus in der Kunst, „eine Orientierung an der Realität anstatt an Realitätsemblemen" (Trommler 319). Der *Bitterfelder Weg* war jedoch als ein weitaus umfassenderes Konzept angelegt, er war im Grunde eine sozialistische Kulturrevolution, die ökonomische, politische und kulturelle Prozesse zusammenführen und in ihrer Gesamtheit umgestalten sollte (Hörnigk 198–9).[1] Es ging mithin darum, sowohl die Kultur als auch die Wirtschaft der sich konsolidierenden DDR so einzigartig wie überlebensfähig zu formen. Eine neue Selbst-Definition der DDR wurde artikuliert: als souveräner Staat und als sozialistische Heimat, in der die Entwicklung der sozialistischen Gesellschaft als erfolgreicher Prozess stattfand. Der Bau der Mauer im August 1961 begünstigte letztendlich diese

---

1 Vgl. dazu: „Über die Entwicklung einer volksverbundenen sozialistischen Nationalkultur." Rede Walter Ulbrichts auf der II. Bitterfelder Konferenz, 24.–25. April 1964. In: *Dokumente zur Kunst-, Literatur-, und Kulturpolitik der SED*. Hrsg. von Elimar Schubbe, 956–91, hier 964–6.

Entwicklungen und machte eine stärkere Öffnung nach innen möglich. Er eröffnete die Chance zu größerer Souveränität im Umgang mit inneren Widersprüchen, besonders auch nach der Zeit hoher Republikflucht-Zahlen der zweiten Hälfte der 50er Jahre. Nachdem ‚äußere' Probleme und Gefahren durch den Mauerbau vorerst gelöst schienen, war jene Innenschau möglich und erwünscht. Eine größere Offenheit gegenüber Jugendkulturen, die auch vom Westen beeinflusst wurden („Wir betrachten den Tanz als einen legitimen Ausdruck von Lebensfreude und Lebenslust. [...] Welchen Takt die Jugend wählt, ist ihr überlassen: Hauptsache sie bleibt taktvoll!" [zitiert in Evans 335–6]),[2] und die dazu dienen sollte, eine jüngere Generation in den Gesellschaftsprozess einzuführen, korrespondierte mit Modernisierungsansätzen in der Wirtschaft.[3]

Im Jahr 1963 wurde eine weitreichende Änderung in der Wirtschaftspolitik beschlossen, die Einführung des Neuen Ökonomischen Systems der Planung und Leitung (NÖS bzw. NÖSPL), unter der Leitung von Walter Ulbricht. Dies stand im engen Zusammenhang mit einer wissenschaftlich-technischen Revolution, mithin einer umfassenden Modernisierung und Rationalisierung der Wirtschaft der DDR (Emmerich, *Literaturgeschichte* 184).[4] Hauptakteure dieses neuen Systems sollten Techniker, Wissenschaftler und Ökonomen sein; als ‚Planer und Leiter'

---

2   Die Passage stammt aus dem 1963 von der SED beschlossenen Jugendkommuniqué „Der Jugend Vertrauen und Verantwortung" (Evans 335). Mit dem 1965 von Walter Ulbricht ausgesprochenen ‚Beatverbot', dem Ende des ‚Yeah, Yeah, Yeah', nahm diese Entwicklung, wie auch andere Modernisierungstendenzen ihr Ende.

3   Ein allgemeiner wirtschaftlicher Aufschwung war nach den schweren Aufbaujahren zu verzeichnen. Die Umgestaltungen in der Landwirtschaft waren zum Ende der 50er Jahre abgeschlossen, der Lebensstandard war stetig ansteigend. 1957 wurde bei gleichbleibendem Lohn die Arbeitszeit auf 45 Stunden herabgesetzt, 1958 wurden Lebensmittelkarten endgültig abgeschafft. 1958 war außerdem die zehnklassige, polytechnische Schule als allgemeinbildende Oberschule für alle eingeführt worden (Hörnigk 209), ein Umstand, der im Übrigen auch für Winfried Junges Film über die ‚Kinder von Golzow' wichtig war.

4   Andrew Evans stellt bezüglich der Modernisierungsbestrebungen fest: „Die Reformen verkörperten die dringende Notwendigkeit, die DDR zu modernisieren, und gleichzeitig einen Versuch der SED, ihren Kontrollanspruch aufrechtzuerhalten. Sie waren

sollten sie Arbeitsproduktivität, Effektivität und Dynamik des Systems gewährleisten.⁵ Andererseits wurde dem neuen Wirtschaftssystem auch ein gewisses Selbstregulierungspotential zugeschrieben, zuweilen sogar eine Nähe zu marktwirtschaftlichen Strukturen in kapitalistischen Ländern (Emmerich 185; Evans 333).⁶ Dieses Denken wiederum wurde durch die neue Wissenschaft der Kybernetik beeinflusst, deren einflussreichster Vertreter der Philosoph Georg Klaus war. In der Kybernetik geht es um die Theorie dynamischer Systeme (biologische, physikalische oder gesellschaftliche), die als „wechselseitiger, komplexer und geregelter Prozeß" (Emmerich 185) eine eigene Stabilität erreichen und sich selbst regulieren können, und in denen nicht nur lineare Kausalketten, sondern auch „das Wechselspiel von Notwendigkeit und Zufall, von System und Individuum mitberücksichtigt" werden (ebd.). Auf der 2. Bitterfelder Konferenz im Jahr 1964 war beschlossen worden, die Prinzipien des NÖS auch auf die Literatur zu übertragen, was im Grunde nichts anderes hieß, als die Kultur und Kunst, im Sinne des gesellschaftlichen Fortschritts, einem Prozess der Versachlichung und Rationalisierung zu unterziehen. Die Autoren sollten selbst zu Planern und Leitern werden, „die den generellen Prozeß der Produktivitätssteigerung beispielhaft voranbringen" (Emmerich 187).⁷

---

    gleichzeitig letzter Atemzug des revolutionären Sozialismus und Vorwegnahme der Honecker-Ära" (331).

5   Es kann deshalb wenig erstaunen, dass etwa ab Mitte der 60er Jahre jene ‚Planer und Leiter' auch zunehmend zu Protagonisten in Literatur und Film wurden. Peter Zimmermanns *Industrieliteratur der DDR: vom Helden der Arbeit zum Planer und Leiter* (Stuttgart: Metzler, 1994) gibt einen ebenso erhellenden wie umfassenden Überblick über diese literarischen Entwicklungen.

6   Evans ergänzt: „What might appear in the NÖS, for example, to be the reinstatement of capitalist concepts, could, when looked at from the ‚correct' perspective, reveal the underlying essence: socialism's arrival at a more mature stage of historical development." (335)

7   Eine Reaktion auf diese Technisierungs- und Versachlichungstendenzen der Kultur war unumwunden ausgedrückte Skepsis, wie z.B. in solchen Werken wie Anna Seghers *Das wirkliche Blau* (1967), Christa Wolfs *Nachdenken über Christa T.* (1968), Werner Heiduczeks *Abschied von den Engeln* (1968) oder Erwin Strittmatters *Ein Dienstag im Dezember* (1969).

In diesem Sinne stellte die erste Hälfte der 60er Jahre für die DDR eine Phase der Öffnung und Modernisierung in kulturellen, politischen sowie wirtschaftlichen Strukturen dar, und war damit auch die Phase mit dem größtmöglichen Potential für eine produktive und kritische Auseinandersetzung der sozialistischen Gesellschaft mit sich selbst. Der Bitterfelder Weg, in seiner Ausprägung als neues ästhetisches Konzept für die Literatur, war ein wichtiger Bestandteil dieser Phase.

Bitterfelder Weg und künstlerische Produktion

Der Bitterfelder Weg wurde im April 1959 auf einer durch den Mitteldeutschen Verlag im Kulturpalast des Elektrochemischen Kombinats Bitterfeld organisierten Konferenz beschlossen. Teilnehmer der Konferenz waren Autoren, schreibende Arbeiter, Verlagsmitarbeiter sowie Parteifunktionäre; Anliegen und Ziel waren bereits auf dem V. Parteitag der SED im Jahr 1958 festgelegt worden. Diese waren von Walter Ulbricht als „Überwindung der noch vorhandenen Trennung von Kunst und Leben" und der Aufhebung der „Entfremdung zwischen Künstler und Volk" zusammengefasst worden (Schubbe 535).[8] Das Konzept sollte die Kultur aus der Exklusivität für eine privilegierte Schicht herausheben (die sie z.B. in einer bürgerlichen Gesellschaft innehatte), um zu einer „künstlerische[n]

---

8   „Der Kampf um den Frieden, für den Sieg des Sozialismus, für die nationale Wiedergeburt Deutschlands als friedliebender demokratischer Staat." Referat W. Ulbrichts auf dem V. Parteitag der SED, 10.–16. Juli 1958. *Dokumente zur Kunst, Literatur und Kulturpolitik der SED*. Hg. von Elimar Schubbe, 534–6. Auch auf dem IV. Deutschen Schriftstellerkongress im Januar 1956 hatte Ulbricht bereits eingefordert, der Schriftsteller möge „eng mit dem Volke verbunden sein" und „mehr mit dem Volke selbst leben", um „die unermeßlichen Kräfte, die in der Arbeiterklasse und im Volke vorhanden sind, zur vollen Entfaltung zu bringen". „Fragen der deutschen Nationalliteratur." Rede Walter Ulbrichts auf dem IV. Deutschen Schriftstellerkongress, 9.–14. Januar 1956. In Schubbe 421–6, hier 424.

Selbstbetätigung der Arbeiterklasse" zu führen, die „die Kunst nicht mehr nur passiv genießt, sondern selbst mit erschafft" (Hörnigk 205). Der revolutionäre Impetus des Bitterfelder Programms war deshalb die Herauslösung der Kultur aus jenem traditionellen Verständnis und ihre Bindung an die materielle gesellschaftliche Produktion (ebd. 241). Andererseits ermöglichte solch kulturelles Verständnis eine direkte ideologische Einflussnahme auf die Massen. Die Aufforderung an die Schriftsteller, sich intensiver mit den Problemen des sozialistischen Alltags zu beschäftigen und gemeinsam mit den schreibenden Arbeitern die sozialistischen Produktions- und Lebensverhältnisse zu fördern, affirmiert letztendlich eine unmittelbare Wirkungsmöglichkeit von Literatur auf das gesellschaftliche Bewusstsein (ebd. 237).

Zwei Grundprinzipien bzw. Losungen wurden auf der Bitterfelder Konferenz 1959 proklamiert – *Schriftsteller an die Basis!* sowie *Greif zur Feder, Kumpel!* – womit die gegenseitige Durchdringung von Arbeit und Kunst, geistigem und wirtschaftlichem Leben erreicht werden sollte.[9] Arbeitern und anderen Werktätigen sollte ein aktiver(er) Zugang zu Kunst und Kultur eröffnet werden, sie sollten die „Höhen der Kultur" (Ulbricht) erstürmen (zitiert in Judt 322).[10] In *Greif zur Feder, Kumpel!* formulierte der Schriftsteller Werner Bräunig, seines Zeichens selbst ein ehemaliger Arbeiter: „Im sozialistischen Staat werden die schöpferischen Kräfte des Volkes, die unter den Bedingungen der kapitalistischen Ausbeutung verkümmern mußten und [...] unterdrückt oder abgelenkt wurden, gepflegt und gefördert" (*Kranich* 356).[11] Der Arbeiter sollte das ‚Haus Sozialismus'

---

9   Greiner beschreibt den Bitterfelder Weg als einen Vertrag zwischen Intelligenz und Arbeiterschaft. Letztere sollte durch die künstlerische Tätigkeit „gegebene gesellschaftliche Erfahrung mit Bewusstsein [...] durchdringen"; der Schriftsteller seinerseits sollte durch unmittelbare Arbeitserfahrungen in Betrieben sein schon „voraussetzbares gesellschaftliches Bewusstsein mit Erfahrung [...] sättigen" (100).
10 Ulbricht, Walter. Rede vor Schriftstellern, Brigaden der sozialistischen Arbeit und Kulturschaffenden in Bitterfeld, 24. April 1959. *Neues Deutschland* vom 15. Mai 1959. (Quelle entnommen aus Judt 323)
11 In Bräunigs Aufruf heißt es weiter: „Greif zur Feder, Kumpel. Laß Dich's nicht verdrießen, wenn sich das lebendige Wort Dir nicht sofort fügen will. Die Literatur besteht nicht nur aus Meisterwerken, und in keinem Beruf gelingen große Leistungen

mit erbauen und als „Schöpfer seiner selbst" wirken, so Bräunig (ebd. 357), und sich dadurch für das Ganze stärker mitverantwortlich fühlen.

Die Schriftsteller ihrerseits sollten ihre Arbeit mit noch mehr Realität anreichern, indem sie in der Produktion eines Industriebetriebs mitarbeiteten; gleichzeitig würden sie dort die schreibenden Arbeiter künstlerisch anleiten und unterstützen. Zu den Schriftstellern, die diesem Aufruf folgten, gehörten Brigitte Reimann, Siegfried Pitschmann, Franz Fühmann, Erik Neutsch, Volker Braun, Karl-Heinz Jakobs u.a.. Diese Ausflüge in die Produktion blieben jedoch sporadischer und kurzfristiger Natur, eine dauerhafte oder gar breite Anbindung der Schriftsteller an die Industriebetriebe war de facto nicht möglich. Unter der Anleitung der Schriftsteller entstanden in den zahlreich gegründeten *Zirkeln schreibender Arbeiter* eine große Anzahl an von Arbeitern verfassten Kurzgeschichten, Gedichten sowie Theaterstücken und Hörspielen.¹²

Einer der am besten dokumentieren Ausflüge in die Produktion war der der Autorin Brigitte Reimann (1933–1973). Reimann und ihr Mann Siegfried Pitschmann zogen 1960 in die Stadt Hoyerswerda (Sachsen) und arbeiteten dort einige Tage pro Woche im Braunkohlen-Großkraftwerk *Schwarze Pumpe*. Für Brigitte Reimann stellte sich in dieser Zeit mit den beiden Erzählungen *Ankunft im Alltag* (1961) und *Die Geschwister* (1963) der große schriftstellerische Erfolg ein. Sowohl in ihren Tagebüchern wie auch in *Ankunft im Alltag* beschreibt bzw. gestaltet Reimann ihre autobiografischen Erfahrungen in *Schwarze Pumpe*. Ein Tagebucheintrag über ihre Arbeit im Kraftwerk lautet: „Am Mittwoch erster Produktionstag, Ventile geschliffen, nicht mal ungeschickt. Habe ganz schön geschafft. [...] Fühle mich großartig stark in Arbeitsklamotten und mit dreckigen Händen – irgendeine neue, etwas überschwängliche Gefühlsqualität" (*Ich bedaure nichts* 139). Über eine Vorab-Lesung aus *Ankunft im Alltag* vor Arbeitern des Werks notiert sie: „Vor drei Wochen erste Buchlesung [...]. 35 Rohrleger

---

    auf Anhieb. Schöpfe aus der Fülle Deiner Umwelt, Deines Lebens. Schreibe das Naheliegende. Was Dir nicht aus dem Herzen strömt, taugt nicht. Überall wächst das Neue, entdecke es für Dich und für uns" (*Kranich* 357).

12   Dieser umfangreiche Materialkorpus ist bis dato wenig erforscht und könnte für zukünftige Arbeiten aufschlussreiche Einsichten bieten.

und Schweißer [...]. Die jungen Leute machen mir den Hof, mein Buch hat Anklang gefunden – ein Jugendbuch, das in meiner Brigade spielen wird. Sie sind stolz, hoffen, sich porträtiert zu finden [...]. [Ich] fand herzlichste Aufnahme, Anteilnahme an meinen Helden, wir haben lange diskutiert und viel gelacht" (ebd. 136). *Ankunft im Alltag* erzählt die Geschichte dreier Abiturienten, die vor dem Studium ein Jahr praktische Arbeit in einem Industriebetrieb leisten. Obwohl es sehr konventionell geschrieben ist, fühlten sich vor allem junge Leser von der Thematik des Buches angesprochen: es geht vielfach um ihren Alltag, die Arbeitsbedingungen im Betrieb, die dürftigen Wohnverhältnisse, Probleme im Arbeitskollektiv, dogmatische Parteifunktionäre sowie die Dreiecksgeschichte, die sich zwischen den jungen Protagonisten, einer Frau und zwei Männern, entspinnt. Aus dem Buch spricht, in einer für Reimanns Sprache typischen übersteigerten Gefühlslage, eine unbändige Begeisterung für das sozialistische Gesellschaftsexperiment, an dem man sich, insbesondere als junger Mensch, buchstäblich „eigenhändig" beteiligen kann. Vieles in Reimanns Erzählung zeigt deshalb noch Anklänge an die Betriebsliteratur (siehe Kap. 2), in der Betonung der Entwicklung der jungen Protagonisten sowie der Konflikte und Widersprüche ist sie jedoch auch ein Werk des Bitterfelder Wegs.

Dieser hatte künstlerische Arbeiten eingefordert, die den arbeitenden Menschen in den Mittelpunkt stellen und ihn in aktiver Auseinandersetzung mit seiner unmittelbaren sozialen Umgebung (die zumeist der Arbeitsplatz war) sowie dem größeren gesellschaftlichen Umfeld zeigen sollten. Die neue Konzeption war, im Kontrast zur Literatur der 50er Jahre, eine Abkehr von der „versuchende(n) Vorwegnahme des Ideals", und führte zurück zur „Suche nach dem Ideal, der Probe auf die Wahrheit des sozialistischen Ideals in der Gegenwart" (Greiner 102). Anstatt des fertigen Helden der Arbeit, „der das gesellschaftlich Neue, das sozialistische Ideal schon machtvoll verkörpert", ging es vielmehr um den „suchenden Helden, der seinen Ort in der Gesellschaft erst noch bestimmen muss, in diesem Sinne in der Gesellschaft erst noch ‚ankommen' muss" (ebd.) – und das heißt auch: seine Heimat erst noch finden muss. In Anlehnung an Reimanns Erzählung *Ankunft im Alltag* war der Begriff „Ankunftsliteratur" für diese neue Richtung geprägt worden. Die sozialistische Gesellschaft erschien nicht mehr als „idealer Zielpunkt, in dem alle Konflikte zu harmonischer Ruhe" kamen, sondern als „Ursprung neuer sich entfaltender Widersprüche" (Arend 238). Diese Widersprüche entstanden nun vor allem durch die Auseinandersetzung des Individuums mit seiner Gesellschaft, wobei das Erreichen einer Übereinstimmung zwischen diesen beiden Polen weiter in die Zukunft verrückt bzw. als produktives gegenseitiges Befruchten begriffen wurde. Als grundsätzlicher Konsens stand der Sozialismus als Gesellschaftsform fest; der ‚Ankunftsort' bzw. das „Was" war klar – es ging nun um den Weg, um das „Wie". Möglicherweise wurde deshalb „der Kern dessen, was man DDR-Literatur nennt und nennen wird, in der ersten Hälfte der 60er Jahre geschrieben" (ebd. 237).

Die neue Generation der ‚Ankunfts'-Schriftsteller, zu der neben Brigitte Reimann auch Christa Wolf, Hermann Kant, Karl-Heinz Jakobs, Erik Neutsch, Werner Bräunig u.a. gehörten, setzte sich zu ihren Vorgängern (Johannes R. Becher, Anna Seghers, Arnold Zweig, Hans Marchwitza, Willi Bredel u.a.) bewusst in Beziehung. Deren antifaschistische Haltung und soziales Engagement teilten sie, und sie waren mit diesen darin einig, dass Literatur an der Veränderung des Lebens der Menschen teilhaben kann und muss. Jedoch hatte diese neue Autoren-Generation, zu Anfang der 60er Jahre etwa 30 Jahre alt, andere Lebenserfahrungen als die Älteren: Exil, Erfahrungen revolutionären Lebens und aktiven Widerstands kannten sie nicht mehr aus eigenem Erleben (Röhner, *Übereinstimmung* 6–7); die meisten hatten den Zweiten Weltkrieg als Jugendliche erlebt, waren noch Soldat oder Flakhelfer (z.B. E. Neutsch, K.-H. Jakobs) geworden, andere waren Flüchtlinge bzw. damals so bezeichnete Umsiedler (Ch. Wolf, Franz Fühmann).

Ein wichtiger Aspekt des Bitterfelder Wegs wie auch der Literaturwissenschaft der 60er Jahre war das Verständnis von Wirklichkeit sowie deren künstlerische Gestaltung. Ersteres war, dass die Wirklichkeit durch den Menschen aktiv erfahren, gestaltet und verändert werden konnte. Wirklichkeit sollte somit zu einem Feld werden, auf dem sich der Mensch erproben konnte und welches sich seinerseits durch den Menschen erproben lassen musste. Dies schloss auch die Forderung nach der eigenverantwortlichen, aktiven und konstruktiven Aneignung der Heimat durch den Einzelnen ein. Das künstlerische Schaffen des Bitterfelder Wegs verstand sich damit als „eine spezielle Form von gesellschaftlicher Aktivität", und war „also in letzter Instanz [...] mit denselben Methoden beschreibbar wie andere Formen gesellschaftlicher Tätigkeit" (Hohendahl 146–7). Hier zeigte sich wiederum der Einfluss der Kybernetik. Horst Redeker hatte für die Literaturwissenschaft aus der Kybernetik den Modellbegriff übernommen und erweiterte den bis dato vor allem durch Georg Lukács geprägten Widerspiegelungsbegriff. Widerspiegelung hieß in Redekers Theorie nicht mehr bloß wirklichkeitsgetreues, künstlerisch angereichertes, *objektives* Abbild, sondern war vor allem „ästhetische Wiederholung struktueller Prozesse der Wirklichkeit" (Emmerich 190).[13] Damit wird sowohl dem Autor eine äußerst aktive Rolle zugeschrieben, als auch dem Leser, der durch die Aufnahme und Verarbeitung eines künstlerischen Werks dieses erst, in seinem *subjektiven* Prozess der Rezeption, vollendet (ebd.).

Auch Werner Bräunig hat in *Prosa schreiben* (1968) solche Rückbeziehung zwischen dem Menschen und seiner Umwelt betont; diese offenbart sich ihm in der Kunst in „bewegten Bildern" bzw. als „bewegte [...] Welt", befindet sich also in einem Prozess (14). Kunst wird somit (erneut) als ein Medium festgeschrieben, für Produzenten wie für Rezipienten, um Welt zu erkennen und sich anzueignen, und um schließlich sich selbst zu erkennen. Das Erkennen der Welt und die Positionierung des Menschen darin – in Raum, Zeit, sozialen Beziehungen und Arbeit – beschreibt den Prozess der Heimatsuche des Menschen, seinen ‚Heim-weg' (Joisten, siehe Kap. 1). Dass dieser Prozess sowohl *in* künstlerischen Werken also auch *durch* sie stattfand, heißt auch, dass nicht nur ‚Geschichten' in diesen Werken erzählt wurden, sondern, dass die DDR darin eben auch ihre eigene Geschichte schrieb.

Fazit zum Bitterfelder Weg

Hanns Eisler resümierte 1962 im Gespräch mit Hans Bunge den Bitterfelder Weg als ein Konzept, das „die Arbeiterklasse neu eingesetzt [hat] [,] in

---

13 Wolfgang Emmerich bezieht sich hier auf Horst Redekers Werk *Abbild und Aktion* (1966).

Kunstempfänger und auch Kunstproduzenten. Das zweite ist etwas fraglich. Aber die Konzeption ist eine völlig richtige. Man kann nicht im Sozialismus leben und vom Sozialismus in der Kultur schwätzen, ohne etwas Praktisches zu machen" (zitiert in Hörnigk 236). Die Grundidee des Bitterfelder Wegs, die gegenseitige Durchdringung von Kunst und Arbeit, hatte in der Praxis nicht lange Bestand, wie bereits erwähnt, verblieben die Ausflüge der Autoren in die Produktion eher punktuell, die *Zirkel schreibender Arbeiter* wurden immer häufiger zu einer statistischen Note in den Industriebetrieben. Dennoch wurde der Bitterfelder Weg in politischer sowie ästhetischer Hinsicht zu einer der wichtigsten Phasen in der kulturellen Entwicklung in der DDR, er machte ein fruchtbares, gegenseitiges Sich-In-Frage-Stellen und Überprüfen von Individuum und Gesellschaft möglich; eine kritische Selbstbewusstheit in der Gewissheit der besseren gesellschaftlichen Alternative trat in dieser Phase aus den künstlerischen Werken besonders stark hervor.

Diese Phase hielt wenige Jahre an und fand, nach einigen erneut restriktiven kulturpolitischen Entwicklungen (u.a. Absetzung Peter Huchels als Chefredakteur von *Sinn und Form* Ende 1962; Kafka-Konferenz 1963), ihren negativen Höhepunkt im 11. Plenum des Zentralkomitees der SED im Dezember 1965 (siehe Kap. 8). 1964 hatte eine zweite Bitterfelder Konferenz stattgefunden, auf der der Bitterfelder Weg praktisch als beendet erklärt wurde. Walter Ulbricht entwarf auf dieser Konferenz das Bild von der „sozialistischen Menschengemeinschaft" (Schubbe 968).[14] Damit orientierte man sich, im Gegensatz zur kritischen Auseinandersetzung, wiederum am Erreichten, nicht am *Erreichbaren*. Es wurde ein „Harmoniemodell" favorisiert, was sich gut eignete, „noch erfahrbare gesellschaftliche Widersprüche zu überwölben" (Greiner 195). Ab der zweiten Hälfte der 60er Jahre trat deshalb neuerlich eine Phase der gesellschaftlichen Konsolidierung ein, die Walter Ulbricht mit dem Bild vom „entwickelten gesellschaftlichen System des Sozialismus" auf dem VII. Parteitag der SED 1967 prägte (zitiert in Judt

---

14　Ulbricht, Walter. „Über die Entwicklung einer volksverbundenen sozialistischen Nationalkultur" a.a.O.

56).¹⁵ Ebenso wurde das NÖS, welches nach seiner Einführung wirtschaftliche Erfolge zeitigte, Ende der 60er Jahre wieder abgeschafft. Die Gründe lagen, ähnlich wie im Bereich der Kulturpolitik, in einer Gefährdung, die die SED durch die Reformen für ihren absoluten Machtanspruch sah, sowie in Kritik aus der Sowjetunion, insbesondere durch Leonid Breschnew, der den reformfreudigeren Nikita Chruschtschow Ende 1964 abgelöst hatte.

Karl-Heinz Jakobs, *Beschreibung eines Sommers* (1961): Heimat auf dem Prüfstand

Tom Breitsprecher: Heimat, die überall ist

Beispielhaft für ein literarisches Werk, welches im Zuge des Bitterfelder Wegs entstand, soll die Erzählung *Beschreibung eines Sommers* (1961) von Karl-Heinz Jakobs betrachtet werden. Jakobs, 1929 geboren, kam aus einem Elternhaus, das den Nationalsozialismus unterstützte, 1945 noch wurde er Soldat. Diese Vergangenheit hat Jakobs in seinem gesamten Werk, auch in der Erzählung *Beschreibung eines Sommers*, immer wieder thematisiert. Nach Ausübung verschiedener handwerklicher Berufe hatte Jakobs Mitte der 50er Jahre ein Studium am Literaturinstitut Johannes R. Becher in Leipzig absolviert und war 1959 für neun Monate nach Schwedt/Oder (Brandenburg) gegangen, um dort beim Aufbau des Chemiekombinats mitzuarbeiten. Zuerst schrieb er darüber kleinere journalistische Arbeiten, dann folgte *Beschreibung eines Sommers* (1961) als erste längere literarische

---

15   Ulbricht, Walter. „Die gesellschaftliche Entwicklung in der Deutschen Demokratischen Republik bis zur Vollendung des Sozialismus." *Protokoll der Verhandlungen des VII. Parteitages der Sozialistischen Einheitspartei Deutschlands, 17. bis 22. April 1967 in der Werner-Seelenbinder-Halle zu Berlin.* Berlin 1967, 133f (Quelle entnommen aus Judt 57).

Arbeit (Arend 243).[16] Die Erzählung fand große Aufmerksamkeit und Verbreitung, nicht zuletzt aufgrund der darin erzählten Liebesgeschichte sowie der raschen Verfilmung des Stoffes (*Beschreibung eines Sommers*, 1962, Regie Ralf Kirsten) mit dem populären Schauspieler Manfred Krug.

Die männliche Hauptfigur und Ich-Erzähler, der 30-jährige Ingenieur Tom Breitsprecher, erzählt aus der Rückschau die Geschehnisse auf einer Baustelle in dem Ort Wartha, wo junge FDJler im Jahr 1959 am Aufbau eines Chemiewerkes arbeiten. Breitsprecher erzählt die Geschichte in einem schnoddrigen und ungezwungenen, d.h. vor allem für die Leser neuartigen Ton. Auf der Baustelle lernt er die verheiratete Grit Marduk kennen, die er zunächst nur sinnlich begehrt, dann aber als Lebenspartnerin begreift. Grit wird wegen der Liebesbeziehung von der Partei bestraft – mehr ein politischer denn ein puritanischer Akt – und aus dem Status eines vollwertigen Mitglieds der Partei in den Kandidatenstatus zurückversetzt;[17] Tom muss Wartha verlassen und zurück an seinen alten Arbeitsort, Berlin, gehen.[18] Am Ende der Erzählung erkrankt er schwer und versucht während der Genesungszeit mit seinen „Gedanken in Ordnung zu kommen" (Jakobs 232); alles Weitere lässt die Geschichte offen.

---

16   Karl-Heinz Jakobs verließ die DDR in den 70er Jahren. 1986/87 hielt er Gastvorlesungen an Universitäten in den USA, Kanada und England.
17   Das politische Verständnis war, dass ein Kommunist (bzw. Sozialist) keinen Ehebruch begeht bzw. eine Beziehung oder Ehe nicht an einer vermeintlichen Affäre scheitern lässt. Das (Liebes-)Leben in einer sozialistischen Gesellschaft sollte, wiewohl gleichberechtigt und kameradschaftlich zwischen Mann und Frau, so doch in geordneten und ‚sauberen' Bahnen (d.h. nicht chaotisch, anarchistisch) ablaufen. Auch andere Werke widmeten sich diesem Thema, u.a. Erik Neutschs Roman *Spur der Steine* (1964) (siehe auch folgende Anmerkung) oder Jürgen Böttchers Film *Jahrgang 1945* (1966/1990).
18   Anlehnungen an dieses Handlungsmuster finden sich im Roman *Spur der Steine* (1964) von Erik Neutsch, in dem der verheiratete Parteisekretär Werner Horrath eine Liebesaffäre mit der Ingenieurin Kati Klee beginnt, wofür beide in einem Parteiverfahren bestraft werden und in dessen Folge Kati Klee den Schauplatz des Geschehens, die Großbaustelle Schkona, verlässt. Horrath wird vom Parteisekretär zum Arbeiter „degradiert".

Die ‚Ankunft' der Helden Tom Breitsprecher und Grit Marduk in der sozialistischen Gesellschaft wird sowohl durch ihre Arbeit als auch ihre Liebesgeschichte initiiert, mithin in der gesellschaftlichen wie der persönlichen Sphäre angestrebt. Durch die Beziehung zu Grit und durch die freiwillige Weiterbildung seiner Brigade im Betonbau wächst Tom in eine „persönliche – später vielleicht soziale – Verantwortung hinein [...], die er bisher verleugnet hat"; Grit entdeckt erst „in Wartha die widerspruchsvolle und fesselnde Wirklichkeit des Sozialismus" (Feitknecht 47). Breitsprecher ist ein Anhänger der Mathematik, deren Klarheit ihm als Schutzschild gegen jegliche Ideologie dient. Die Erfahrungen des von ihm einst unterstützten Faschismus, auf die der Text in verschiedenen Rückblenden zurückschaut (und die ihren autobiografischen Hintergrund in Jakobs' eigener Jugend haben, s.o.), haben ihn diese Einstellung entwickeln lassen. Auch im Sozialismus will er seine politische Indifferenz nicht wieder aufgeben, obwohl er sich dem Staat DDR und dessen Gesellschaftsordnung gegenüber loyal zeigt, wie z.B. die Erzählung seines Freundes Schibulla über die Ereignisse des 17. Juni 1953 vor der Parteileitung zeigt. Breitsprecher will mit den in seinen Augen „bürokratisch geschulten FDJlern", mit denen er auf der Baustelle zusammenarbeitet, nicht im gleichen Licht gesehen werden; seine zutiefst antifaschistische Haltung – nicht das Aufsagen von Losungen – ist für ihn die wichtigste Überzeugung (Jakobs 200).[19]

Arbeit ist der wichtigste Inhalt in Breitsprechers Leben – Arbeit, die er überall gleich gut ausführen kann. Seine Suche nach Heimat ist damit an eine (be-)ständige Aktivität, d.h. an ein dauerndes Tätigsein gebunden, gleich dem ‚Unterwegssein', das auch Peter Lohse, eine der Hauptfiguren in Bräunigs *Rummelplatz*, praktiziert. Tom Breitsprecher ist außerdem ein literarischer Vorläufer von Hannes Balla, der Hauptfigur aus Erik Neutschs Roman *Spur der Steine* (1964).[20] Die ‚Spur aus Steinen', die Breitsprecher bzw.

19   Bei der ersten Begegnung mit Grit Marduk macht Breitsprecher sich z.B. über deren „persönlichen Kompass" sowie die „FDJ-Gruppenkompasse" lustig sowie über „die Liste ihrer feierlichen und freiwilligen Selbstverpflichtungen, mit denen sie die Richtung ihres Lebens festlegten" (Jakobs 48).
20   Es gibt nicht nur Ähnlichkeiten in den Handlungsabläufen der beiden Romane; allein die Nachnamen der beiden Hauptfiguren, ‚Breitsprecher' und ‚Balla' assoziieren jeweils

Balla durch ihre Arbeit auf verschiedenen Großbaustellen des Landes ziehen, ist letztendlich ihre Manifestation von Heimat. Überall dort, wo sie etwas aufbauen, bearbeiten sie einen bestimmten Raum und wandeln ihn in eine Heimat um. Heimat wäre dann das, „was man sich – als Mitinhaber der Produktionsmittel – arbeitend angeeignet hat – ob in Rostock, Schwedt oder Schkona" (Emmerich, *Literaturgeschichte* 202), oder eben in Wartha. Die Heimat hat somit noch immer die Qualität eines dokumentarisch-authentischen Ortes, als die sie in Marchwitzas *Roheisen* (1955) gestaltet war (d.h. sie ist noch immer durch einen bestimmten, zumeist authentischen, Industriestandort symbolisiert), aber sie erhält auch eine neue universelle Qualität. Sie kann überall dort sein, wo es Arbeit gibt: „Er trennt sich von einer Welt, die ihn schon wieder erwartet. Es gibt keinen Abschied mehr für ihn. Die Heimat ist überall", so lauten die letzten Sätze in Erik Neutschs Roman (778), und Tom Breitsprecher erfährt während seiner Krankheit, „daß [er] [...] am 1. Dezember die Baustelle X als Vertreter für Y [...] übernehmen werde" (Jakobs 232). Die Universalität von Heimat, die sich für Anna Seghers vor allem an Menschlichkeit und Güte knüpfte, wird bei Jakobs und Neutsch, später auch bei Bräunig, an die Arbeit, d.h. an die Möglichkeit der tätigen Umwandlung des Raumes in einen heimatlichen Ort gebunden.

Grit Marduk: Kämpfen für persönliche und gesellschaftliche Heimat

Grit Marduk ist als kontrastive Figur zu Tom Breitsprecher angelegt. Toms persönliche „Überzeugung" seiner Liebe zu Grit wird deren Grundüberzeugung „vom Sieg des Sozialismus" gegenüber gestellt (Jakobs 104). Im Gegensatz zu Tom entspringen Grits jegliche Handlungen einem konkreten politischen Bewusstsein, einem konkreten Willen, gesellschaftlich tätig zu sein. Die Baustelle in Wartha wird für sie zu dem Ort, an dem ihr

---

einen Typ, der (laut) sagt, was er denkt, und der als Außenseiter und Beobachter der Gesellschaft fungiert. Außerdem wurden beide in den jeweiligen Verfilmungen von dem Schauspieler Manfred Krug verkörpert, der den Figuren ähnliche Charakterzüge verlieh (*Spur der Steine*, 1966/1989, Regie Frank Beyer).

Heimat im Wandel: Der Bitterfelder Weg

Lernprozess und ihre Suche nach einer Heimat erstmals aktiv stattfinden, und an dem sie über ihr eigenes Tun, im privaten wie im gesellschaftlichen Bereich, kritisch nachzudenken lernt. In diesem Falle ist es Tom Breitsprecher, nicht, wie andernfalls oft üblich, ein Vertreter einer älteren Generation, der zum Lehrer und Mentor für sie wird. Zum ersten Mal im Leben hat sie „eine Meinung", denn Breitsprecher fordert ihren „Protest" heraus, wodurch sie gezwungen ist, sich „selbst eine richtige Meinung zu bilden" (Jakobs 106). Auch die Arbeit erlebt Grit Marduk als eine Chance für eine bewusste Bestimmung ihres Platzes bzw. ihres ‚Ankunftsortes' in der Gesellschaft. Erst durch die Arbeit ist ihr „richtig zum Bewusstsein gekommen, wieviel wir noch zu tun haben. Hier ist mir auch zum ersten Mal klargeworden, was ich selbst zu tun habe beim Aufbau des Sozialismus" (ebd. 107). Für Grit Marduk ist die Suche nach Heimat mit dem Willen verbunden, die gesellschaftliche Sphäre (ihre Arbeit) und die persönliche Sphäre ihres Lebens (ihre Beziehung zu Tom Breitsprecher) miteinander in Harmonie zu bringen. Indem sie Breitsprecher kennenlernt, scheint sich diese Möglichkeit für sie zu eröffnen. Durch die Bestrafung des Liebespaares durch die Partei (mithin durch die Gesellschaft) wird diese Möglichkeit letztendlich wieder verhindert.

Obwohl *Beschreibung eines Sommers* einige Passagen beinhaltet, die deutlich auf eine Belehrung des Lesers ausgerichtet sind („Wenn wir uns nicht um unsere Klassenbrüder kümmern, dann kümmert sich unser Feind um sie. [...] Wo sollen sie hin, wenn wir sie vertreiben? Wenn sie nicht spüren, dass ihre Heimat bei uns ist, dann hat der Klassenfeind leichtes Spiel" [126]), so ist Jakobs' Heimatkonzept doch vielschichtig und stark an das Individuum geknüpft. So wird im verstärkten Maße, wie auch im Zuge des Bitterfelder Wegs eingefordert, Heimat im Zusammenhang mit privaten Erlebnisräumen geschildert. So spricht Grit oft von „ihrem Heimatort Elsterwerda, den sie sehr liebte, wo sie geboren war und wo sie gewohnt hatte, bis sie zu ihrem Mann nach Oelsnitz gezogen war" (Jakobs 163). Sie fühlt eine tiefe Verbundenheit mit diesem Heimatort, in einer einfachen, persönlichen Gefühlslage, in der es keine gesellschaftliche Komponente, keine Zukunftsverpflichtung gibt. Der Text stellt Grit Marduks Kindheit gleichberechtigt als Ort des Glücks und des Wohlgefühls neben das Leben und die Arbeit in Wartha.

Auch in der Liebesbeziehung zwischen Tom und Grit werden private Heimaträume geschaffen, die vor allem als Rückzugsorte in der sommerlichen Natur geschildert werden, wohin sich beide vor der ablehnenden Haltung der Gesellschaft zurückziehen. Grit besteht auf der Berechtigung dieser außerhalb der Gesellschaft liegenden Rückzugsorte als Heimat, und trotz der Parteistrafe hält sie an der Liebesbeziehung fest. Jakobs schildert in dieser Figur in eindrucksvoller Weise das Ringen darum, individuelle Wünsche und gesellschaftliches Interesse in Harmonie zu halten bzw. diese einander (wieder) anzunähern. Grit Marduk ist bereit, für diese Annäherung zu kämpfen und sich der Bewährungsprobe auszusetzen. Die Kraft dazu erhält sie aus ihrer Überzeugung von der Richtigkeit und der Gesetzmäßigkeit des Sozialismus und aus der Motivation, die Konflikte und Widersprüche, in die sie gerät, als produktiv zu erleben, als Aufforderung zum Tätig-Werden. Sie sagt: „Hier in Wartha hab ich [...] meine Aufgabe entdeckt [...], dass ich mit meinem eigenen Schweiß den Wald roden muß, damit ich Sozialismus sagen darf. In Oelsnitz lebte ich in einem sozialistischen Traum, hier darf ich zum erstenmal vom Sozialismus träumen" (Jakobs 108–9). Heimat ist auch für Grit, wie für Tom Breitsprecher, aktives Tätigsein, jedoch steht Heimat für sie immer in einem gesellschaftlichen Kontext: Heimat, das heißt nicht nur, eine Arbeit gut zu erledigen, sondern auch, diese Arbeit für den sozialistischen Staat gut zu erledigen. Gleichzeitig leitet sie daraus allerdings ihre Berechtigung ab, ebenso in der persönlichen Sphäre eine gültige Heimat zu finden.

Heimat als Zukunftstraum

Ein wichtiger Aspekt von Jakobs' Erzählung ist das „Träumen nach vorn". Die Jugendlichen auf der Baustelle in Wartha träumen vom kommenden Kommunismus, den sie selbst mit aufbauen. Tom Breitsprecher kommentiert die Diskussionen der jungen Arbeiter am abendlichen Lagerfeuer als „angelesenes Populärwissen" und „Phantasie", aber auch als „Romantik [...] so was, was man mit sozialistischer Romantik bezeichnen könnte" (Jakobs 87). Neben dem deutlichen Verweis auf die „revolutionäre Romantik", die 1934 auf dem 1. Allunionskongress der Sowjetschriftsteller für eine sozialistische Literatur und Gesellschaft propagiert worden war (Shdanov 48),[21] werden neuerlich Bezüge zu Blochs *Das Prinzip Hoffnung* erkennbar.[22] Blochs Konzept von der konkreten Utopie bzw. vom Sozialismus als der „Praxis der konkreten Utopie" (Bd. 1, 16), hin zur Entstehung von einer den Menschen „adäquatere[n] Welt ohne unwürdige Schmerzen, Angst, Selbstentfremdung, Nichts" (Bd. 2, 17) – also einer Heimat –, findet hier ihren literarischen Ausdruck, spiegelt letztendlich den Wunsch nach der Erfüllung aller Träume wider. Ähnlich wie in Blochs Werk erscheint die Utopie in Jakobs' Erzählung (noch) realisierbar, gleichzeitig bleibt sie jedoch fest in einer noch fernen Zukunft verortet.

Bezüge zu Blochs *Prinzip Hoffnung* wie auch allgemein zu gesellschaftlichen und politischen Utopien, welche in einem Spannungsfeld zwischen Realisierbarkeit und Doch-Nicht-Erreichbarkeit stehen, halten ab dem Beginn der 60er Jahre stärkeren Eingang in die literarische und filmische Produktion der DDR – ein Fingerzeig für das noch immer greifbare, jedoch gleichzeitig auch ferner rückende Bild einer voll entfalteten sozialistischen bzw. kommunistischen Gesellschaft. Gleichzeitig lassen sich in der DDR-Literatur der 60er Jahre „zusehends Zweifel an der Realisierbarkeit des Kommunismus innerhalb der dem einzelnen Menschen gegebenen Zeit" ausmachen (Feitknecht 82), eine Überlegung, die in den 50er Jahren, in der Betriebsliteratur, noch nicht artikuliert wurde.

---

21 In Andrej Shdanovs Rede auf dem Kongress, „Die Sowjetliteratur, die ideenreichste und fortschrittlichste Literatur der Welt", heißt es: „Für unsere Literatur, die mit beiden Beinen auf festem materialistischem Boden steht, kann es keine lebensfremde Romantik geben, sondern nur eine Romantik von neuem Typus, eine revolutionäre Romantik. Wir sagen, daß der sozialistische Realismus die grundlegende Methode der sowjetischen schönen Literatur und der Literaturkritik ist; aber das setzt voraus, daß die revolutionäre Romantik als integrierender Bestandteil in das literarische Schaffen eingeht" (48).
22 Wie gut Karl-Heinz Jakobs Blochs Arbeit gekannt hat, ist im Einzelnen nicht zu ermitteln, die Bezüge im Text sind jedoch nach Meinung der Verfasserin eindeutig. Eine ausführliche Analyse zu Blochs Einfluss auf Schriftsteller in der DDR bietet: Verena Kirchner: *Im Bann der Utopie: Ernst Blochs Hoffnungsphilosophie in der DDR-Literatur*. Heidelberg: Universitätsverlag C. Winter, 2002.

Jakobs' Tom Breitsprecher bleibt ein Beobachter des ‚Träumens nach vorn'. Das Gesellschaftsexperiment Sozialismus reizt diese Figur nie gedanklich oder handelnd voll aus, so wie es beispielsweise Grit Marduk praktiziert. Tom zerbricht im Grunde an der Maßregelung durch die Partei, welche Grit ihrerseits als eine Herausforderung annimmt. Seine Reaktion ist seine Krankheit, und sein Wunsch „in die Freiheit" zu fliehen (Jakobs 228). Dass er Freiheit mit „Toronto" oder „Madrid" (ebd.) assoziiert, also einem Ort, der fern der sozialistischen Gesellschaft ist, verstärkt den Eindruck seines Außenseiter-Daseins in dieser Gesellschaft. Dies erinnert den Leser auch daran, dass Tom Breitsprecher die Möglichkeit sieht, eine bzw. seine Heimat an jedem möglichen (Arbeits-)Ort zu finden – sei dieser in einem sozialistischen Staat oder anderswo. In der Erzählung wird er als Zyniker dargestellt, der möglicherweise, im Gegensatz zu Grit Marduk, die Realitäten bereits durchschaut. Seine Bemerkung: „Für unsere Sache ist die Zeit noch nicht da, und der Ort steht noch nicht fest" (ebd. 179) bezieht sich zwar auf die Liebesbeziehung, kann jedoch auch für die Verwirklichung einer sozialistischen Gesellschaft gelten.

Die Erzählung *Beschreibung eines Sommers* kann als ‚Zwischenstück' zwischen den Werken von Marchwitza, Maetzig und Seghers sowie K. Wolf und Bräunig eingeordnet werden. Jakobs' Text vermittelt den Gedanken, dass das Träumen vom Kommunismus noch ernsthaft betrieben werden kann, dass also ein Erreichen der (konkreten) Utopie noch möglich ist. Es bräuchte wohl Menschen wie Grit Marduk, um diese Utopie zu erreichen, d.h. um das Ideal einer sozialistischen Heimat zu verwirklichen, in der der Einzelne für sich *und* im gesellschaftlichen Kontext eine Heimat finden wird. Wird es davon genug geben? – So lautet eine Frage, die die Erzählung stellt. Sie macht auch deutlich, dass das angestrebte Ideal der Harmonie zwischen Individuum und Gesellschaft zahlreichen Gefährdungen unterworfen ist, wobei diese Gefährdungen allerdings *nicht* von Menschen wie z.B. Tom Breitsprecher ausgehen, trotz ihres nicht vorhandenen gesellschaftlichen Engagements, sondern vielmehr von denen, die den Sozialismus in bürokratischer, dogmatischer Weise gegen jegliche menschliche Regung um- und durchsetzen wollen. Dieser Aspekt nahm in Seghers' DDR-Romanen einen breiten Raum ein, bei Jakobs wird er ebenfalls ausführlich thematisiert (insbesondere in den beiden Parteifunktionären Senkpur und Pillau), und auch Werner Bräunig verweist in *Rummelplatz* mit seiner Figur des Parteisekretärs Nickel auf bürokratisch-dogmatische Strukturen in der sozialistischen Gesellschaft.

Jakobs' Erzählung ist mit den zuvor und nachfolgend diskutierten Werken außerdem durch die Aspekte des Scheiterns und des Opferns verbunden. Dies wird bei Jakobs' in beiden Hauptfiguren angedeutet, für deren Liebesbeziehung es noch ‚keinen Ort' und ‚keine Zeit' gibt. Hier gibt es insbesondere Verbindungslinien zu *Der geteilte Himmel*. Dessen Hauptfigur Rita Seidel gibt ihre Liebesbeziehung zu Manfred Herrfurth, der nach Westberlin geflohen ist, bewusst auf, um in der DDR zu leben. Rita Seidel erbringt dieses Opfer, da sie ihre Heimat im sozialistischen Staat sieht. In der zeitgenössischen Forschung der DDR wurden solche Opfer gern als notwendig interpretiert, d.h., dass Figuren wie z.B. Seidel „um einer idealen, aber fernen *Zukunft* willen Härten und Schwierigkeiten auf sich [...] nehmen" mussten (Röhner, *Arbeiter* 126).[23] Ein *Noch nicht* wurde hier proklamiert, das Erreichen der Utopie in die Zukunft verlagert. Was die literarischen und filmischen Werke jedoch eigentlich damit ausdrückten, war, dass „die Probe auf die Wahrheit des sozialistischen Ideals in der Gegenwart" (Greiner 102), also die gegenseitige Bewährung von Individuum und Gesellschaft, und damit die Fragestellung nach der *Heimatlichkeit* der sozialistischen Gesellschaft, *nicht mehr* (im Gegensatz zu: *noch nicht*) ohne Beschädigungen geschehen konnte.

---

23 Dazu gehören auch Figuren wie Ole Bienkopp aus Erwin Strittmatters gleichnamigen Roman (1963); Kati Klee aus Erik Neutschs *Spur der Steine* (1964), sowie Seghers' Katharina Riedl (*Die Entscheidung*, 1959) und Ella Busch (*Das Vertrauen*, 1968).

KAPITEL 6

Die Heimat codieren. Winfried Junges Filmchronik
Die Kinder von Golzow (1961–2007)

Bitterfelder Weg und Dokumentarfilm

Die Gattung Dokumentarfilm – im Gegensatz zum Spielfilm – wurde bei den Bitterfelder Konferenzen 1959 und 1964 kaum in die Diskussion einbezogen. Ein Grund dafür lag in deren institutionellen Zuordnung zum Dokumentarfilmstudio der DEFA in Potsdam-Babelsberg. Dieses war der Abteilung *Agitation und Propaganda* im Zentralkomitee der SED angeschlossen, d.h. die Dokumentarfilmer wurden kaum als Künstler, sondern vielmehr als „Publizisten und Herausgeber einer ‚sprechenden Illustrierten'" gesehen und deshalb als Agitations- und Propagandamedien eingeordnet, ähnlich der Tagespresse (Lori 18–19).[1] Die Bitterfelder Konferenzen

---

[1] Das Zentralkomitee (ZK) war das höchste Organ in der Parteistruktur der Sozialistischen Einheitspartei Deutschlands (SED) zwischen den Parteitagen. Das Machtzentrum lag dabei beim *Sekretariat des Komitees*, dem ein Generalsekretär (von 1953 bis 1976 *Erster Sekretär*) vorstand. Dieser war wiederum Vorsitzender des Politbüros. In der politischen Rangfolge standen die Mitglieder des ZK über den Ministern, die ZK-Sekretäre und Abteilungsleiter waren gegenüber den staatlichen Ministern weisungsbefugt. 1989 bestand das ZK aus 165 Mitgliedern und 57 Kandidaten. Alle hochrangigen Partei- und Staatsfunktionäre der DDR waren im ZK vertreten. Von Institutsdirektoren über Generaldirektoren wichtiger Kombinate, dem Präsidenten des Schriftstellerverbandes, Generälen bis hin zu verdienten Parteiveteranen waren alle wichtigen Funktionsträger vertreten. Die Generalsekretäre bzw. Ersten Sekretäre des ZK der SED waren: Walter Ulbricht, 1950 Generalsekretär, 1953 bis 1971 Erster Sekretär; Erich Honecker, 1971 Erster Sekretär, 1976 bis

hingegen wurden von der Abteilung *Kultur* ausgerichtet und hatten ihr Augenmerk deshalb vor allem auf die Produktion von literarischen Werken und Spielfilmen gelegt.

Wie lassen sich die in diesem Kapitel diskutierten Dokumentarfilme mit dem Bitterfelder Konzept in Zusammenhang bringen? Dass dieses Konzept die Kunst und Kultur der DDR in der ersten Hälfte der 60er Jahre nachhaltig beeinflusst und mitgestaltet hat, wurde bereits festgestellt. Der Einfluss auf den Dokumentarfilm ist insofern zu spüren, als dass eine thematische Wende stattfand: die Tendenz ging weg von Filmen, die sich Themen aus Politik und Schwerindustrie widmeten, hin zu solchen über Alltagsgeschichten und Menschen. In den Jahrzehnten davor, d.h. in den 40er und 50er Jahren, hatte sich der Dokumentarfilm in der DDR vor allem drei großen Themenbereichen gewidmet: der Darstellung des politischen Lebens, dem Antifaschismus und Antiimperialismus sowie der industriellen Produktion (Opgenoorth 71–2). Beispiele für Dokumentarfilme aus dieser Phase sind *Einheit SPD-KPD* (Kurt Maetzig, 1946); *Todeslager Sachsenhausen* (Richard Brandt, 1946); *Stahl* (Joop Huisken, 1949); *Wilhelm Pieck – Das Leben unseres Präsidenten* (Andrew Thorndike, 1951); *Turbine I* (Joop Huisken, 1953); *Die sieben vom Rhein* (Annelie und Andrew Thorndike, 1954); *Stahl und Menschen* (Hugo Hermann, 1957); *Auf Täves Spuren* (Harry Hornig, 1958).[2] In dieser Phase war das Image

---

Oktober 1989 Generalsekretär; Egon Krenz, Oktober 1989 bis Dezember 1989 Generalsekretär. Den etwa zehn ZK-Sekretären waren die insgesamt 40 verschiedenen Abteilungen des ZK mit hauptamtlichen Mitarbeitern zugeordnet. Eine Abteilung wurde jeweils durch einen Abteilungsleiter und seinen Stellvertreter geleitet, ebenfalls einflussreiche Positionen im DDR-Machtapparat. Jede Abteilung war wiederum in Sektoren gegliedert mit Sektorenleitern, Mitarbeitern und Instrukteuren. Angaben entnommen aus dem Wikipedia-Eintrag zu: *Zentralkomitee der SED*. Web. 9.5.2014. <http://de.wikipedia.org/wiki/Zentralkomitee_der_SED#Zentralkomitee>.

2 Überblicke zur Geschichte des Dokumentarfilms liefen u.a.: *Schwarzweiß und Farbe. DEFA-Dokumentarfilme 1946–1992*. Hrsg. vom Filmmuseum Potsdam, Red. Günter Jordan und Ralf Schenk, 1996; Peter Zimmermann und Gebhard Moldenhauer (Hg.): *Der geteilte Himmel. Arbeit Alltag und Geschichte im ost- und westdeutschen Film*. Konstanz: UVK Medien, 2000; Ralf Schenk: „Dokumentarfilme der DEFA: Überblick – Tendenzen – Politikum." In: *Der geteilte Himmel. Höhepunkte*

des Dokumentarfilms einerseits noch stark von den Propagandafilmen der Nationalsozialisten belastet; andererseits hatte der Dokumentarfilm erneut eine wichtige Propagandafunktion inne, indem er das neue politische und wirtschaftliche Geschehen ‚an die Menschen' brachte. Gezeigt wurden die Filme auf Grundlage einer gesetzlichen Bestimmung als Vorprogramm im Kino; abendfüllende Filme wurden häufig als organisierte Veranstaltung von der gesamten Belegschaft eines Industriebetriebs, einer Schule oder einer Verwaltungsinstitution etc. besucht.³ Der Ton der Dokumentarfilme war in dieser Phase häufig noch dogmatisch und von einem agitatorischen Gestus gekennzeichnet, jedoch vermittelten die Filme auch Begeisterung über das große Wagnis des sozialistischen Experiments. Sie sollten vor allem politisches Problembewusstsein schaffen und „die Bereitschaft für politisch-gesellschaftliche Veränderungen im Sinne des entstehenden Sozialismus herbeiführen" (Opgenoorth 68). In dieser Hinsicht ähneln diese Dokumentarfilme in vielen Aspekten, insbesondere denen ihrer Wirkungsabsichten, den Betriebsromanen der 50er Jahre.

In den 60er Jahren wandelte sich die Rezeption von Dokumentarfilmen, sie gewannen bei den Zuschauern an Popularität und nahmen, ähnlich wie Spielfilme und Literatur, allmählich die Funktion einer Ersatzöffentlichkeit wahr. Eine nun agierende, jüngere Generation an Dokumentarfilmern – Winfried Junge, Walter Heynowski, Jürgen Böttcher, Gitta Nickel u.a. – war teilweise schon in der DDR sozialisiert worden; die meisten von ihnen hatten an der 1954 gegründeten Deutschen Hochschule für Filmkunst in Potsdam studiert, im Übrigen parallel zu der jüngeren Generation von Schriftstellern (siehe Kap. 5), die zumeist am neu gegründeten Literaturinstitut Johannes R. Becher in Leipzig ausgebildet wurden. Dieser Generation erschien der Blick auf die eigene Gesellschaft,

---

    des DEFA-Kinos 1946–1992. Band. 2. Wien: Filmarchiv Austria, 2001; Manuela Uellenberg: *Fenster zur Wirklichkeit. Eine Studie zur filmischen Langzeitbeobachtung „Die Kinder von Golzow."* Münster: LIT, 2010.

3   Der Dokumentarfilmer Karl Gass schreibt dazu: „Als ‚Beiprogrammfilm' war ihr Platz im Kino gesetzlich gesichert. [...] Zum jeweiligen Spielfilm *mussten* die DEFA-Wochenschau *Der Augenzeuge* und als Beiprogramm ein Dokumentar-, populärwissenschaftlicher oder Trickfilm gezeigt werden" (*Nach einer Idee von ...* 11).

die Auseinandersetzung mit der Gegenwart – wie es auch Anliegen des Bitterfelder Wegs war – am wichtigsten, weniger der Klassenfeind und die faschistische Vergangenheit (Lori 28). Der Einfluss des Bitterfelder Wegs auf den Dokumentarfilm ist somit zumindest thematisch deutlich spürbar, womit auch die steigende Popularität dieses Genres zu erklären ist. Vermehrt traten ab dem Anfang der 60er Jahre genaue Beobachtungen des Alltags- und Arbeitslebens hervor, der einzelne Mensch bzw. eine Gruppe von Menschen (zumeist Arbeiter und Arbeiterinnen) standen jeweils im Mittelpunkt der Filme. Diese dokumentarischen Aufzeichnungen des Alltagslebens in der DDR, des Lebens ‚normaler' Bürger, beschreibt Lori als eines der „typischsten Merkmale des DEFA-Dokumentarismus" (22) ab den 60er Jahren, und Winfried Junge, Regisseur der Golzow-Filme, bemerkte, dass er mit seiner „Chronistenarbeit ganz unschematisch unter der Hand verwirklicht" habe, was „damals den Kunstschaffenden so nachdrücklich empfohlen wurde" (*Ästhetik* 135).

Internationale Vorbilder und Anregungen für die neuen Dokumentarfilmentwicklungen in den 60er Jahren bildeten das aus den USA kommende *Direct Cinema* sowie die französische Strömung des *Cinema Verité*. Im Mittelpunkt des ersteren steht die Idee einer objektiven Realitätsabbildung. Dies sollte und konnte durch den Einsatz neuer, besserer Technik in den Bereichen Kamera, Filmmaterial, Ton und Schnitttechnik erreicht werden, die es ermöglichten „gesellschaftliche Ereignisse so unauffällig wie möglich" zu filmen (Uellenberg 39). Es wurde weitgehend auf Kommentare, musikalische Untermalung oder offizielle Reden verzichtet, stattdessen traten der Originalton oder Gespräche in den Fokus. Dokumentarfilme sollten nicht mehr *über* das Reale sprechen, „sondern das Reale sollte selbst sprechen" (ebd.).[4] Im *Cinema Verité* (dem Kino der „Wahrheit" bzw. „Wirklichkeit") spielt außerdem die Interaktion zwischen Filmemachern und Protagonisten sowie die Selbstreflexion im Film eine Rolle (ebd.).[5] Dokumentarische Arbeit im internationalen

---

[4] Zu wichtigen Vertretern des Direct Cinema gehören u.a. Richard Leacock, Chris Marker sowie die Gruppe der Drew Associates.
[5] Wichtige Filmemacher dieser Strömung waren Jean Rouch und Edgar Morin.

Kontext sowie ein Austausch zwischen ostdeutschen und ausländischen Dokumentarfilmern wurde durch das seit 1955 jährlich stattfindende *Internationale Leipziger Festival für Dokumentar- und Animationsfilm* ermöglicht und vorangetrieben. Obwohl im thematischen und künstlerischen Ansatz der Einfluss dieser Strömungen spürbar war, folgten die Dokumentarfilmer der DDR (noch) nicht so stark jener neuen Agilität der Kamera, sondern arbeiteten noch zurückhaltender und ruhiger (Lori 44). Dies hing mit den technischen Voraussetzungen zusammen, in der DDR wurde zu Beginn der 60er meist noch mit der 35mm Technik gefilmt, eine leichtere Handkamera ließ noch auf sich warten; außerdem ist eine gewisse persönliche Nähe zwischen Dokumentaristen und Protagonisten als Konstante des dokumentarischen Filmschaffens der DDR feststellbar (und z.B. an Langzeitprojekten von Karl Gass, Winfried Junge oder Volker Koepp nachvollziehbar), was der Kameraarbeit womöglich jenen ruhigen, aufmerksamen Charakter gab.

Winfried Junges Chronik *Die Kinder von Golzow* (1961–2007). Gefilmte Heimat

Der erste Film: Wenn ich erst zur Schule geh' (1961)

Winfried Junge, Jahrgang 1935, arbeitete nach seinem Abschluss an der Hochschule für Filmkunst zunächst als Dramaturgieassistent im DEFA-Studio für populärwissenschaftliche Filme. Sein Mentor wurde der Regisseur Karl Gass, einer der Pioniere des ostdeutschen Dokumentarfilms. Schon in den 50er Jahren hatte Gass an einer stärkeren Hinwendung zum Alltags- und Arbeitsleben im Dokumentarfilm gearbeitet.[6] Im Jahr 1960 schlug

---

6   Karl Gass berichtete z.B. in einem Interview mit Hermann Herlinghaus über die Arbeit an *Turbine I* mit Joop Huisken (1953): „daß wir es in diesem Film vielleicht zum erstenmal in der Entwicklung unseres Dokumentarfilms verstanden haben, uns

Gass Winfried Junge, der ins Regiefach überwechseln wollte, vor, einen Film über den ersten Schultag einer ersten Klasse zu drehen. Hinter Gass' Vorschlag stand zum einen die praktische Intention, den Regieanfänger Junge mit einem relativ einfachen und unpolitischen Projekt zunächst nicht zu überfordern; zum anderen stand dahinter jedoch ebenso das Vorhaben, eine Langzeitstudie zu beginnen (Lori 49). Diese sah vor, eine in der DDR heranwachsende junge Generation, geboren in den Jahren 1954/55, von ihrem ersten Schultag an zu begleiten, bis wiederum deren Kinder ihren ersten Schultag erleben würden. Die Filmemacher gingen deshalb von einem Zeitraum von ca. 20–25 Jahren aus, in denen ein Portrait der sozialistischen Gesellschaft in all ihren Facetten und Entwicklungsstufen wie Schule, Lehre, Heirat, Kinder, Beruf etc. entstehen sollte (Uellenberg 54; Lori 49). Als Ort wählten Gass und Junge das Dorf Golzow, im heutigen Bundesland Brandenburg gelegen (damals Bezirk Frankfurt an der Oder), in der Nähe der polnischen Grenze. Die dortige Gegend, das Oderbruch, galt als wenig besiedelt und ärmlich, und sie gehörte zu den am stärksten zerstörten Regionen Deutschlands nach dem Zweiten Weltkrieg. Ein Vorteil für das Filmvorhaben war, dass Anfang der 60er Jahre auch in den ländlichen Gegenden der DDR die einheitliche zehnklassige Schule eingeführt worden war. In Golzow war gerade eine neue Schule gebaut worden, in die eine neue erste Klasse eingeschult werden sollte. Winfried Junge äußerte sich 1992 rückblickend über den Beginn seines Projekts:

> auf zwei Dinge zu konzentrieren [...]. Das erste ist: Gegenstand dieses Films war der Mensch. Wir haben uns hier [...] in die Nähe unseres arbeitenden Menschen begeben und versucht, sein Handeln, seine Aktivität, sein Fühlen und Denken, soweit es im Dokumentarfilm möglich ist [...], unmittelbar widerzuspiegeln. Und der zweite wichtige Punkt ist, daß wir uns auf ein bestimmtes Sujet, auf eine thematisch begrenzte Problematik konzentriert und dabei tiefer zu schürfen versucht haben. Es ging dabei [...] um die Schnellreparatur einer Turbine. In diesen beiden Punkten liegt meines Erachtens die Lösung des Rätsels" (*Näher an das Leben* 400). Zwei wichtige und viel beachtete Filme Gass' aus den 60er Jahren sind *Feierabend* (1964) sowie *Asse* (1966), die sich jeweils einer Gruppe Arbeiter in einem Industriebetrieb in Schwedt (Oder) und deren Lebensvorstellungen, Wünschen und Frustrationen widmen.

> Worauf vertraute ich eigentlich, als ich mit 26 Jahren den ersten Film machte und Karl Gass mir den Gedanken, daraus eine Chronik zu machen, nahelegte? Ich vertraute wohl darauf, daß am Ende meiner Arbeit, so um das Jahr 2000 herum, der ‚fertige Sozialismus' zu filmen sein würde und dass es lohnte, die Etappen dorthin in der Entwicklung von Menschen unserer Gesellschaft von Kindesbeinen an zu dokumentieren (*Ästhetik* 142).[7]

Der erste Film Junges, *Wenn ich erst zur Schule geh'*, wurde im August und September 1961, kurz nach dem Bau der Berliner Mauer, gedreht und uraufgeführt. Die filmische Langzeitbeobachtung der „Kinder von Golzow" erstreckte sich dann über 47 Jahre. Den ‚fertigen Sozialismus' konnte Junge freilich nicht filmen, aber seine Chronik führte er auch in den 1990er und 2000er Jahren weiter. Er drehte ausführliche Einzelporträts verschiedener Golzower Protagonisten und verfolgte ihre Lebenswege durch mehrere Gesellschaftssysteme und Länder. Bis zum Abschluss der Chronik im Jahr 2007 wurden insgesamt 20 Filme gedreht.[8] Die Studie ist damit die längste Langzeitbeobachtung in der internationalen Filmgeschichte (Stand 2014) und wird in verschiedenen Listen, u.a. vom Verband Deutscher Kinematheken sowie von *filmportal.de*, einer Online-Plattform des Deutschen Filminstituts, zu den wichtigsten deutschen Filmen gezählt.[9]

Die ersten fünf Filme Winfried Junges – die ‚Keimzelle' der Chronik – in den Jahren 1961 bis 1971 entstanden, jeweils nicht länger als 30 Minuten,

---

7   Ein wichtige Überlegung für Gass' und Junges Langzeitprojekt war die folgende, die Junge in einem Interview im Jahr 1981 äußerte, und die aus einer heutigen Sicht u.U. schon vergessen sein könnte: „[Das Projekt] erstreckt sich nicht nur bereits über zwanzig Jahre – es braucht auch kein Ende zu haben: Weil Frieden blieb, leben die Kinder, haben wieder Kinder, werden – wenn Frieden bleibt – zu Ende des Jahrhunderts Enkel haben – und so weiter. [...] Eine Chronik wie die Golzower hätte man mit den Generationen, die 1914 und 1939 in den Krieg zogen, wohl kaum drehen können" (*Die Geschichte der Kinder von Golzow* 459).
8   Überblicke über die gesamte Chronik Winfried Junges bieten die Arbeiten von René Lori, *Dokumentieren ohne Unterlass* (2008); Manuela Uellenberg, *Fenster zur Wirklichkeit* (2010) sowie die Buch-Chronik *Lebensläufe. Die Kinder von Golzow* (2004), herausgegeben von Dieter Wolf.
9   Vgl. *filmportal.de*. Web. 25.5.2014. <http://www.filmportal.de/thema/die-wichtigsten-deutschen-filme-chronologische-uebersicht>.

waren in kurzen Abständen gedrehte abgeschlossene Studien über die gesamte Golzower Schulklasse; erst später entwickelte Junge die einzelbiografischen Filme. Die beiden ersten Filme vom Beginn der 60er Jahre, *Wenn ich erst zur Schule geh'* (1961, 13min.) und *Nach einem Jahr. Beobachtungen in einer 1. Klasse* (1962, 15min.) sollen im Mittelpunkt dieser Betrachtung stehen. Der Dreh des ersten Films gestaltete sich aufgrund der Arbeit mit den sechs- und siebenjährigen Kindern sowie aufgrund technischer Unzulänglichkeiten als unerwartet schwierig. Die Kinder empfanden die Arbeit mit den Filmleuten verständlicherweise als eine Ausnahmesituation, und Junge musste versuchen, ihr natürliches Verhalten durch die anwesende Technik und das Filmteam nicht zu stark zu beeinflussen (Junge, *Ästhetik* 136–8 und *Lebens- und Werkstattbericht* 27–30; Lori 53). In den Innenräumen der Schule in Golzow wurde mit einer stummen Handkamera gedreht, die Hauptkameras wurden vor den teilweise verhängten Fenstern des Klassenzimmers versteckt aufgestellt, und es wurde durch ein Guckloch gedreht. Die Blickwinkel der Kameras waren entsprechend eingeschränkt, und es konnte darum fast immer nur eine bestimmte Gruppe von Kindern bzw. die Lehrerin gefilmt werden. Diese starre Beobachterposition sowie Junges bewusste Entscheidung, nicht als Regisseur im Klassenzimmer zu agieren, machte ein Zusammenwirken von Kamera und Regie fast unmöglich (Junge, *Lebens- und Werkstattbericht* 28). Vieles, was der Regisseur sich vorgenommen hatte, konnte nicht realisiert werden bzw. wurde nachgedreht oder sogar inszeniert. Dies war auch der Unerfahrenheit des Filmteams in „der Methodik der Beobachtungsstudie" geschuldet; deshalb schien Junge das Gedrehte noch „nicht intensiv genug [...]. Wir hatten die besonderen Dinge vielfach in falschen Ausschnitten, beispielsweise in zu totalen Bildern, oder überhaupt verpasst" (ebd. 29).

Entstanden ist letztendlich eine Mischung aus tatsächlichem Geschehen, wie z.B. die trotz der Schwierigkeiten sehr genau und liebevoll geratenen Kinderbeobachtungen, und aus Inszenierung, die im Film dadurch zuweilen spürbar wird, dass einige Abläufe im Unterricht stark von der Lehrerin gesteuert und (für den Film) eingeübt wirken. Allerdings zeichnet sich der Film auch durch den sparsamen Einsatz von Off-Kommentar und musikalischer Untermalung aus. Damit zeigt der Film einerseits seine Nähe zu den internationalen Neuerungen im Dokumentarfilm und will

Die Heimat codieren

die Realität für sich selbst sprechen lassen, andererseits ist eine gewisse verbale und visuelle Expliziertheit sowie ein affirmativ-propagandistischer Impetus kaum zu übersehen.

Der Film zeigt seine jungen Protagonisten auf dem Weg von der Kindheit zum Erwachsensein, den Schritt von Spiel (im Kindergarten) zum ernsthaften Lernen in der Schule und damit den Eintritt des kindlichen Individuums in die sozialistische Gesellschaft. Der Film wird mit einer Szene im Sandkasten des Kindergartens eröffnet, Spiel und Leichtigkeit zeichnen das Leben der Kinder aus. Es werden kurz nacheinander mehrere Großaufnahmen ihrer Gesichter gezeigt, gleichsam um sie dem Zuschauer vorzustellen. Insgesamt könnte man die Szenerie, im Gegensatz zur späteren Ordnung im Schulklassenzimmer, als chaotisch bezeichnen. Eine langsame Fahrt der Kamera weg vom Sandkasten und ein verhallender Gesang der Kinder symbolisieren den Abschied von der Kinderwelt (Lori 55–6). Nach einer kurzen Sequenz zur Schuleinführung erfolgt dann der Wechsel der Szenerie ins Klassenzimmer, zu den ersten Schultagen. Dort beginnt der „Ernst des Lebens" – dieser wird in den streng wirkenden Anweisungen der Lehrerin, der Disziplin, mit der die Kinder dem Unterricht folgen (obwohl dies dem Filmdreh geschuldet sein mag) sowie im Inhalt des Unterrichts gezeigt. So sagt z.B. die Lehrerin in ihrer Begrüßungsrede: „Und wer am besten aufpasst, wird auch als erster Junger Pionier werden" (4min:25sec).[10] Wie bereits erwähnt, mussten einige Szenen inszeniert werden, dennoch ist über große Strecken das individuelle Verhalten der Kinder wohl ungeplant und authentisch geblieben. Eine Szene ist in diesem Zusammenhang

---

10 (a) Alle Filmzitate sind entnommen aus: *Die Kinder von Golzow. 1961–1975*. Buch und Regie Winfried Junge. DEFA, 1961–1975. DVD, absolut Medien GmbH, 2006.
(b) *Junger Pionier*: Die Pionierorganisation „Ernst Thälmann", benannt nach dem kommunistischen Arbeiterführer Ernst Thälmann, war in der DDR die Massenorganisation für Kinder. Ihr gehörten seit den 1960er Jahren fast alle Schüler als Jungpioniere (1. bis 3. Klasse) und als Thälmannpioniere (4. bis 7. Klasse) an. Die Pionierorganisation war als politische Kinderorganisation und Teil des einheitlichen Schulsystems in der DDR fest in die Schulen integriert, ihr Vorbild war der sowjetische Komsomol-Verband. Die Aufnahme in die Pionierorganisation erfolgte als ein feierlicher Akt, auf dem die zukünftigen Pioniere ein Gelöbnis ablegten.

hervorzuheben: eines der Kinder, Jürgen, schaut mit Interesse auf eine plötzlich am Fenster auftauchende Katze (die vom Filmteam dorthin platziert worden war) und lässt sich offensichtlich vom Geschehen im Klassenzimmer ablenken. Schnitt und Gegenschnitt – Jürgens Gesicht und die Katze am Fenster – wie auch die folgende Ermahnung durch die Lehrerin lässt die Schwelle zwischen Kindheit und Erwachsensein, die „Konfliktsituation" der ersten Schultage bzw. den „Widerstreit zwischen Pflicht und Neigung", wie Junge seinen Ansatz beschrieb, erkennbar werden (Karl Gass, *Nach einer Idee von ...* 12; Junge, *Lebens- und Werkstattbericht* 30).

Der Junge aus dieser Szene, Jürgen (Hans-Jürgen Weber), ist einer von Winfried Junges ca. sieben Protagonistinnen und Protagonisten, die bis zum Abschluss der Chronik mit dem Regisseur beständig zusammenarbeiteten und über die schließlich auch Einzelporträts gefilmt wurden.[11] In diesem ersten Film macht der Regisseur Jürgen zur Identifikations- und Mittelpunktfigur. Jürgens verschiedene ‚Gesichter' – beim Spielen, Nachdenken, Lernen usw. – bilden in einer Montage aus Groß- und Nahaufnahmen den Vorspann und die Eröffnungsszenen des Films (0:00–0:40). Der Abschluss der Kindergartensequenz (Bd. 2, 12), Beginn und Abschluss der Sequenzen im Klassenzimmer (4:20; 9:57) sowie die Szene mit der Katze (8:38–9:22) sind ebenfalls durch Großaufnahmen von Jürgen gekennzeichnet. Die Geschichte, die von einer Klasse, von einem Ort und von einem Land erzählt werden soll, wird damit in *diesem* Kind gebündelt, es wird zum Repräsentanten dieser Geschichte.

Die Konzentration auf Menschen und deren Gesichter im Film *Wenn ich erst zur Schule geh'* (1961) ist konstituierend für dessen Heimat-Konzept. Dieses wiederum ist dem politisch-kommunikativen Ansatz des Films verpflichtet, welcher dem Hans Marchwitzas in *Roheisen* (1955) ähnelt. Hier wie dort geht es um die Manifestation und Dokumentation von gegenwärtiger (DDR-)Wirklichkeit sowie um den damit verbundenen politisch-ideologischen Aspekt: den der Festschreibung bzw. *Definition* dieser Wirklichkeit als sozialistische Heimat. Beide Werke *bebildern* diese Heimat

---

11   Zur mehr zufälligen Auswahl Jürgens als Protagonisten siehe Junge, *Lebens- und Werkstattbericht* 31.

Die Heimat codieren

in bestimmter Weise: bei Marchwitza ist es das Werk bzw. die Baustelle des zukünftigen Werks, welche als assoziative Heimat-Bilder immer wieder verbal aufgerufen werden, und welche Eingang in die visuelle Kultur der DDR gefunden haben (siehe Kap. 2). Junges Film nutzt film- und kulturspezifische Codes, d.h. Elemente und Motive aus dem Alltag jener jungen Generation, die gerade in die sozialistische Gesellschaft eintritt, um die Idee von der sozialistischen Heimat zu visualisieren.[12] Auch er trägt damit zum Bildgedächtnis der DDR bei; er hält Heimat bzw. einen Lebensausschnitt der Wirklichkeit nicht nur fest, sondern kreiert im gewissen Sinne auch eine visuelle Heimat.[13] Die codierten Elemente sind z.B. das Schulgebäude, das Klassenzimmer, das Lesebuch der Kinder mit dem Satz „Lernen für morgen" auf der ersten Seite, das Schreibheft, das Halstuch der Jungen Pioniere, die

---

12   Kuchenbuch (2005) führt aus, dass die Elemente eines Films (Figuren, Handlung, Requisiten, Räume, etc.) vor allem dem Zuschauer verständliche „Lebensfragmente, Lebensausschnitte" darstellen, sie sind jedoch auch vielfach mit Bedeutung überlagert bzw. angereichert – also auch „codifiziert" (109). „Diese Kenntnisse bzw. diese gespeicherten Erfahrungen sind sowohl beim Filmemacher als auch bei seinem Publikum bis zu einem gewissen Grad vorauszusetzen. Nur so ist das Kommunizieren durch Filme denkbar" (ebd. 110). *Codes* bzw. *Film-Codes* charakterisieren demnach „die allgemeine oder gruppenspezifische Verständlichkeit von Kommunikationsakten und deren visuellen Erscheinungsformen" (ebd. 94). Ohne das Verständnis der Codes wäre ein Verständnis von Filmen nicht oder nur schwer möglich. Codes können in allen Varianten filmischer Gestaltungsmittel wie Beleuchtung, Ton, Bauten, Requisiten, Darsteller, Kostüme, Masken, Kameraperspektiven, Montage u.v.m. auftreten und eingesetzt werden. Einige Beispiele aus dem Bereich der gegenständlichen Codes, die Kuchenbuch anführt, sind folgende: Figuren (blonde Frau bei Hitchcock, die Beine von Marlene, Stasi-Typ); Handlung/Plot/Aktion (Happy-End, Showdown, Vampirkuss); Schauplatz, Orte, Räume (Western-Landschaft, Saloon, die unbeleuchtete Straße im Krimi, die Treppe im Horrorfilm); Ausstattung, Dekoration, Objekte (Revolver im Action-Film; Koffer mit Geld im Krimi) (Kuchenbuch 95, nach Bitomsky 1972).
13   Diese Überlegungen führen zum Themenkomplex der Erinnerungskultur und -politik hin (Wie erinnern wir uns an die DDR?; Welche kulturellen Produkte funktionieren heute als Erinnerungsträger und -orte?; Inwiefern besteht eine Spannung zwischen zeitgenössischen Darstellungen und Konzeptionen von Heimat und heutiger Bewertung derselben?) – ein Komplex, der einer eigenen Arbeit bedürfte.

Beine der Kinder, die, von der Kamera eingefangen, zu fröhlicher Musik der Zukunft entgegenlaufen (s.u.), ihre Gesichter in unterschiedlichsten Einstellungen und mimischen Ausdrücken. Für Junge werden diese codierten Elemente zum wichtigsten ästhetischen Mittel der früheren Golzow-Filme. Sie ermöglichen den Erfolg seiner Kommunikationsabsicht: das Darstellen des gesellschaftlichen Kontexts (der sozialistische Staat) und das Aufzeigen der optimistischen Zukunftsperspektive (das Hineinwachsen der jungen Generation in den gesellschaftlichen Kontext, ihre Entwicklung hin zu sozialistischen Persönlichkeiten).

Auch Kurt Maetzig hatte in seinem Zweiteiler *Schlösser und Katen* (1957) (siehe Kap. 3) kulturspezifische Codes verwendet, nicht in der Detailfülle wie Junge, jedoch mit gleicher Kommunikationsabsicht, nämlich der Visualisierung einer bestimmten gesellschaftlichen Entwicklungsrichtung in besonders fokussierter Weise. Bei Maetzig waren es beispielsweise Elemente wie die neu gebauten Häuser für die Bauern, die neuen landwirtschaftlichen Maschinen sowie die Umgestaltung des gräflichen Gutes in einen gemeinschaftlich genutzten Raum, welche die Entwicklung des Dorfes hin zu einer sozialistischen Heimat visuell codierten. Die Thälmannjacke und -mütze des Parteiarbeiters Buddenboom waren die entsprechenden Codes, die die Geschichte Holzendorfs mit der proletarisch-revolutionären Traditionslinie verbanden.

Wie oben ausgeführt, werden in Junges erstem Golzow-Film vor allem die Gesichter der Protagonisten in den Vordergrund gerückt. In ihnen ist gleichsam das ‚Gesicht des Sozialismus' codiert: es birgt menschliche, sich in der sozialistischen Heimat erfüllende Grundbedürfnisse wie Hoffnung, Sicherheit, Zugehörigkeit und Zukunft. Ein Höhepunkt in diesem Zusammenhang ist eine Sequenz, in welcher verschiedene Einstellungen aus dem Klassenzimmer, wie z.B. Großaufnahmen von Kindergesichtern, die Hefte der Kinder mit den ersten Schreibversuchen sowie aufgeschlagene Seiten im Lesebuch schnell nacheinander geschnitten gezeigt werden, während dessen wird ein Off-Kommentar gesprochen. Es heißt darin: „Das ist ihre Arbeit. So ringen sie um das erste A. Fünfundzwanzig weitere Buchstaben folgen. Das erste Wort, der erste Satz, die ersten Zahlen. Sie tun ihre Pflicht, haben ihren Plan, helfen einander. Und nicht so sehr lange wird es dauern und sie stehen neben uns:

Die Heimat codieren

Bürger der Deutschen Demokratischen Republik" (10:23–10:54). Zum Abschluss des Kommentars werden in einer Detailaufnahme die nach unten blickenden Augen der Lehrerin gezeigt (10:44), danach erfolgt ein Schnitt zu dem Gesicht Jürgens, mit leicht nach oben blickenden Augen (10:46). Durch diese Montage treffen sich die Blicke beider und assoziieren damit eine Verständigungsbasis, die eine Harmonie zwischen Individuum und Gesellschaft (deren Repräsentantin die Lehrerin ist) bedeutet, des Weiteren zwischen junger und älterer Generation. Die Montage verweist außerdem auf die gemeinsamen Anstrengungen beider Generationen beim Hineinwachsen des Kindes in die sozialistische Gesellschaft, wofür das staatliche Bildungs- und Erziehungswesen den Kontext bildet, sowie auf das Aufgehobensein der jungen Generation in diesem (staatlichen) Erziehungsprozess.[14] Die Detailaufnahmen der Gesichter und die Montage der Blicke haben einen eindringlichen, affirmativen Charakter; in ihnen ist – unterstützt durch den, wiewohl sparsamen, aber umso stärker wirkenden Off-Kommentar – fast überdeutlich die Überzeugung codiert, dass in *diesem* Land, in *diesem* Erziehungssystem, mit *diesen* Menschen das Ziel, die sozialistische Gesellschaft und mithin die Harmonie zwischen Individuum und dieser Gesellschaft, erreichbar sein wird. Wie aus zahlreichen Äußerungen Winfried Junges ersichtlich wird (s.u.), entsprach dies seiner Überzeugung, die er mittels des Films nach außen getragen hat.

Zwei kurze Szenen zum Ende des Films bekräftigen den optimistischen Blick des Films in die Zukunft. Eine Szene zeigt, wie eine kleine Gruppe der Kinder durch das Dorf läuft (10:09), dazu werden alternierend die Beine und Gummistiefel im Detail eingefangen. Die Bewegung wird

---

14 Ein weiterer interessanter Aspekt dieser beiden Einstellungen ist der horizontale Kamerawinkel. Letzterer deutet „häufig Dominanzverhältnisse" oder auch „Subjekt-Objekt-Beziehung[en]" zwischen Figuren an (Kuchenbuch 53 und 57). Dabei wird der „jeweils Mächtigere [...] tendenziell von unten gesehen, der jeweils [U]nterlegene [...] dagegen von oben" (ebd. 57). Die Sequenz mit der Montage der Blicke weist eben diese Struktur auf: die ‚mächtigere' Lehrerin als Repräsentantin des Staates, welcher als Erziehungsberechtigter auftritt, wird von unten gesehen, das ‚unterlegenere', noch lernende Kind, hingegen von oben.

mit fröhlicher, an einen Marsch erinnernder Musik unterlegt.[15] Die frohe Stimmung und die Vorwärts-Bewegung in der Szene versinnbildlichen neuerlich den Entwicklungsprozess der jungen Menschen in die sozialistische Gesellschaft hinein. In der letzten Szene des Films und während des Abspanns (ab 11:31) wird dieses Motiv wiederholt. Diese Sequenz beginnt mit einer weiteren Großaufnahme von Jürgens Gesicht: nun trägt er bereits ein Halstuch, das Symbol der Jungen Pioniere und damit Symbol seines guten Lernens. Dann fährt die Kamera langsam rückwärts, so dass eine Gruppe von Kindern ins Blickfeld rückt, die auf einer Landstraße unterwegs ist. Die Kamera entfernt sich immer weiter von der Gruppe, die Aufnahme geht schließlich in eine Totale über und die laufenden Kinder winken der Kamera – und im symbolischen Sinne ihrer Zukunft – lachend entgegen.[16]

Junges Film ist, ähnlich wie Jakobs' *Beschreibung eines Sommers* (siehe Kap. 5), vermutlich nicht unmittelbar beeinflusst von Blochs Werk, jedoch stark getragen von der Idee der sozialistischen Gesellschaft als einer konkreten Utopie. Insbesondere die Groß- und Detailaufnahmen der Kinder unterstreichen den utopisch-zukunftsweisenden Charakter des Films. Die Tendenz des Films ist insgesamt stark idealisierend und verklärend, ins Extreme gedeutet, zeigt er eine heile Welt. Die Utopie wird nicht ins Verhältnis zur gegenwärtigen Wirklichkeit gesetzt und ggf. hinterfragt,

---

15   Eine ähnliche Einstellung gibt es in Kurt Maetzigs *Schlösser und Katen* (1957). Es ist die Sequenz, da der Bau der neuen Wohnhäuser gefeiert wird. Auch hier sind Beine und Stiefel in Detailaufnahmen sowie fröhliche Marschmusik Symbole für die positive Zukunftsperspektive (siehe Kap. 3).

16   An anderer Stelle wird die Entwicklung der Kinder durch einen langen Kameraschwenk durch den Schulflur angedeutet. Im Off hört man Stimmen aus den Klassenzimmern, die sich mit fortlaufender Vorwärtsbewegung der Kamera immer „erwachsener" anhören sowie „erwachsenere" Themen behandeln. Auffällig sind in dieser Einstellung die zahlreichen Gummistiefel, die vor jedem Klassenzimmer stehen. Dies ist einer der wenigen Hinweise auf die Außenwelt, auf die ländliche Umgebung Golzows, die aus dem Film ansonsten fast ausgeschlossen ist. Junge beschreibt: „Die schmutzigen Stiefel vor den Türen [...] prägten sich dem Zuschauer [...] ein. Später wurden in Golzow mehr und bessere Straßen gebaut, denn der fruchtbare Boden des Oderbruch war feucht und schwer. Die Stiefel charakterisieren tatsächlich ein wenig die damalige Situation" (*Lebens- und Werkstattbericht* 33).

sondern sie wird vorausgesetzt, aus vollster Überzeugung verfolgt. So gibt der Film auch „das Gewollte" schon für „das Erreichte" aus, wie Junge selbst kritisch vermerkte (*Ästhetik* 144).[17] Er erklärte weiterhin, die Zuschauer sollten sich „mit dem, was unsere Filme zeigen konnten, doch erst einmal wohlfühlen" (*Lebens- und Werkstattbericht* 50). So ist auch ein interessanter Aspekt, dass die Drehzeit des Films im August 1961 lag, zur gleichen Zeit, in der in Berlin die Mauer gebaut wurde. In keiner Weise nahm der Film Bezug auf dieses oder ein anderes aktuelles Ereignis.

Junges Film hat zahlreiche positive, affirmative Reaktionen ausgelöst (was einer der Gründe dafür war, die Chronik fortzuführen), und er konnte heimatliche Gefühle erzeugen, auf zweierlei Weise. Zum einen war es das Wiedererkennen des Eigenen, das Verstehen der kulturellen Codes des Films, das dem Zuschauer heimatliche Gefühle wie Zugehörigkeit und Anerkennung vermittelten; zum anderen stifteten die Bilder des Films, insbesondere die kindlichen Gesichter, im Blochschen Sinne eine Gewissheit auf die Verwirklichung der „Träume vom besseren Leben" (*Das Prinzip Hoffnung* Bd. 1, 16). Sie erfüllten damit das menschliche, heimatliche Bedürfnis nach Geborgenheit in einem „'sicheren', weil zweifelsfreien Orientierungswissen" (Kirchner 26).

Der zweite Film: Nach einem Jahr – Beobachtungen in einer ersten Klasse (1962)

Der zweite Film der Golzow-Reihe, *Nach einem Jahr – Beobachtungen in einer ersten Klasse*, wurde im Sommer 1962 gedreht und uraufgeführt. Er erhielt sowohl nationale als auch internationale Aufmerksamkeit und

---

17 Junge selbst bewertete diese Absicht späterhin sehr kritisch. Freilich ist dieser Ansatz auch von den Medien in der DDR als gelungene Propaganda (v.a. gegen den Westen) aufgefasst und genutzt worden. Ein Beispiel: „Filme aus der DDR [...] sind für Bonn gefährlich. Erzählen sie doch die Wahrheit über das Leben im ersten Arbeiter- und Bauernstaat Deutschlands, die den Imperialisten, die das Volk verdummen wollen, gar nicht gefällt" *Märkische Volksstimme* vom 1.3. 1962 über *Wenn ich erst zur Schule geh'*.

gewann beim Leipziger Dokumentarfilm-Festival von 1963 die Silberne Taube.[18] Der Film führt das in *Wenn ich erst zur Schule geh'* etablierte Heimatkonzept konsequent fort und erweitert es um andere Beispiele und Codes. Durch den stetigen Wechsel der Aufnahmen zwischen Innen- und Außenräumen werden außerdem die Parallelen zwischen Lernen und Lebenswirklichkeit der Kinder intensiver dargestellt. Golzow und dessen Umgebung, das soziale Umfeld der Kinder, im ersten Film noch größtenteils ausgespart, werden nun ins Bild gebracht: die Eltern, die Landschaft, die Arbeit in der Landwirtschaft (*Lebens- und Werkstattbericht* 27). Eine der wichtigsten Neuerungen in technischer Hinsicht gab es bei der Kameratechnik. Junge berichtete darüber:

> Wir gaben die sogenannte versteckte Kamera auf [...], weil wir das Prinzip für falsch hielten. [...] Unbeobachtet andere der Beobachtung auszusetzen, zum Objekt filmischer Bemühung zu machen, war nicht gerade eine vertrauensbildende Maßnahme, mit der Partnerschaft hätte aufgebaut werden können. Die entwickelten wir vom zweiten Film *Nach einem Jahr* an [...], indem wir die Kinder ins Vertrauen zu ziehen versuchten. Sie konnten sich [...] selbst mit der Kamera beschäftigen [...] [und] Vorschläge machen, was wir filmen sollten. (*Ästhetik* 138)

Junge nannte die Arbeitsweise, die er ab dem zweiten Film verfolgte, deshalb „Ästhetik des Vertrauens" (*Ästhetik* 133), d.h. er überließ seinen Protagonisten ein (mal kleineres, mal größeres) Mitspracherecht bei der Gestaltung der Filme und deren Inhalte. „Zusammen machen wir einen Film, es ist *unser* Film." (ebd.) – dieses Gefühl wollte Junge seinen Schützlingen vermitteln. Insbesondere tritt in diesem Zusammenhang der dritte Film der Reihe, *11 Jahre alt* (1966), hervor, in welchem die Kinder selbst das Mikrofon in die Hand nehmen und frei über sich sprechen

---

18 Ein Rezensent der *Westdeutschen Kurzfilmtage* schrieb im Februar 1963 in der Zeitung *Die Welt* über den Film: „Der einzig diskutable Beitrag. Herrlich unbefangen und gelöst geben sie sich vor der Kamera. Die Montage aber ist verkrampft, gezwungen, wirklichkeitsfern. Die differenzierte Beobachtung verflacht zum rosaroten Lob der Schule" (zitiert in *Lebens- und Werkstattbericht* 187; dort entnommen aus: *Die Welt*, Dietrich Kuhlbrodt, Februar 1963, o. S.).

durften,¹⁹ sowie der Film *Ich sprach mit einem Mädchen* aus dem Jahr 1975, in dem zum ersten Mal eine Einzelstudie durch ein langes Film-Gespräch zwischen Junge und einer der Protagonistinnen entstand.

Der zweite Golzow-Film ist lebendiger und vielfältiger als der erste; die Bildkomposition stand nicht mehr im Mittelpunkt, die Filmemacher folgten dem Geschehen und den Menschen, es musste nicht mehr so viel inszeniert werden (Lori 35). Musik und Kommentar wurden noch sparsamer eingesetzt als im ersten Film. Hingegen waren die Gedanken und Gespräche der Kinder häufig aus dem Off zu hören, quasi als Kommentar zu den eigenen Aufnahmen, ein Stilmittel, das Junge in den späteren Filmen weiterhin nutzen würde (ebd. 59). Die Beobachtung der Kinder fand weiterhin im Klassenzimmer statt, verlagerte sich jedoch auch nach außen, in die Arbeitswelt, und in das sie prägende Umfeld. Junge berichtet, dass nun nur noch bei zentralen Szenen der gesamte Ablauf gedreht wurde, ansonsten wurden in jeder Unterrichtsstunde selektiv jeweils verschiedene Kinder beobachtet (*Lebens- und Werkstattbericht* 30). Dies führte einerseits zu kleinen authentischen Geschichten (z.B. die Lernerfolge und -misserfolge eines Jungen aus der Klasse), andererseits entstanden aus dem Zusammenschnitt mehrerer Drehtage verdichtende Montagen, wie z.B. ein Wettrechnen der Kinder an der Tafel und ein Mathematiktest (ebd.). So entstanden kleinere narrative und visuelle Kontinuitäten innerhalb des Films, die einen deutlichen Qualitätssprung zum ersten Film erkennen lassen; anstelle von eher einzeln stehenden Impressionen, aus denen *Wenn ich erst zur Schule geh'* vorrangig besteht, legte Junge nun Wert auf einen inneren Zusammenhang der einzelnen Sequenzen.²⁰

---

19 Dieser Film, *11 Jahre alt* (1966), zeigt deutliche Einflüsse des Direct Cinema, indem er vollkommen kommentarlos „zuschaut", wie sich das Leben der Kinder entfaltet, wie auch des Cinema Verité, indem er selbstreferentiell ist und eigene Vorstellungen der Kinder des zu Zeigenden herausstellt (vgl. Lori 63).

20 Winfried Junge äußerte sich in einem Interview 1981: „Von der kurzen Momentaufnahme geht die Tendenz zur systematischen Dokumentation von Entwicklungsprozessen. Aus dem kleinen Formexperiment mit – nicht immer – authentischem Material, wurde die großangelegte Erkundung" (*Die Geschichte der Kinder von Golzow* 463; *Lebensläufe* 184).

Mit dem Wechsel zwischen den Bereichen Schule und äußeres Umfeld betont *Nach einem Jahr* erneut den Gegensatz zwischen Spiel und Ernst (z.B. beim Schnitt zwischen Sport- und Mathematikunterricht), darüber hinaus wird der Lernstoff des Klassenzimmers in die Lebenswirklichkeit der Kinder transportiert und umgekehrt. So sind die Kinder in einer Außen-Sequenz auf einem Feld zu sehen (3:00), wo sie einem in der Landwirtschaft eingesetzten Motorflugzeug bei der Arbeit, dem Düngen der Felder, zusehen. Der Pilot lässt das Flugzeug auf einer Wiese in der Nähe der Kindergruppe landen, sie dürfen sein ‚Arbeitsgerät' bestaunen und erkunden. Darauf folgt ein Schnitt ins Klassenzimmer: die Kinder lesen in ihrem Lesebuch einen Text über die „klugen Bauern" in den landwirtschaftlichen Genossenschaften, dann fertigen sie eine Zeichnung über die „Geschichte mit dem Flugzeug und den Bauern" an (5:05). Zu Detailaufnahmen der Zeichnungen der Kinder hört man ihre Stimmen, wie sie aus dem Off ihr Malen kommentieren, welche Figuren, Gegenstände, Symbole usw. sie aufs Papier bringen und warum. Die Äußerung eines Mädchens tritt dabei deutlich hervor: „Die DDR-Fahne, die muss ... [ich] noch malen" (5:32). In der darauffolgenden Außen-Sequenz besuchen die Kinder sodann eine landwirtschaftliche Genossenschaft, wo sie beim Füttern helfen und bei der Entenzucht zuschauen. Darauf folgt wiederum ein Schnitt ins Klassenzimmer, in eine Unterrichtsstunde, in der die Kinder einen Test in Mathematik schreiben.

Die Flugzeug-Sequenz betonte die Verbindung zwischen Anschauung in der Wirklichkeit und der politisch-ideologischen Einordnung des Geschauten durch das Lesen und Zeichnen; die Sequenz in der Genossenschaft betonte den umgekehrten Prozess, d.h. sie stellte Lernen und Wissen (hier z.B. in der Mathematik) als notwendige Voraussetzungen für die Arbeit in der Genossenschaft bzw. in der sozialistischen Wirtschaft im Allgemeinen in den Mittelpunkt. In beiden Sequenzen wird durch die enge Verknüpfung von Lern- und Arbeitswelt die untrennbare Verbindung des Einzelnen mit den gesellschaftlichen Anforderungen und seinen (zukünftigen) Aufgaben im Sozialismus verdeutlicht. Der Schritt der Kinder in die Außenwelt bedeutet hier auch einen weiteren Schritt in die sozialistische Gesellschaft hinein. Gleich dem ersten Film wird dieser Entwicklungsprozess als eine sichere Perspektive für die Kinder verstanden, d.h. auch *Nach einem Jahr* kommuniziert ein „ungeheures Maß an Vertrauen" (Byg, *Kinder* 364) in Entwicklung und Fortschritt im Sozialismus und damit wiederum in die konkrete Utopie.[21]

In einer der letzten Sequenzen des Films wird die Idee von der sicheren Zukunft besonders in den Mittelpunkt gerückt. Die Drehsituation ist der letzte Schultag in der ersten Klasse, alle Kinder erhalten von der Lehrerin ihre Zeugnisse. In einer Nahaufnahme wird die erste Seite eines Zeugnisses eingeblendet (13:35), die biografischen Angaben darauf (Name, Geburtsdatum usw.) sind deutlich zu erkennen. Das Schulzeugnis fungiert gleichsam als ‚Zeuge' einer exemplarischen Biografie des Sozialismus, und der Film impliziert die Sicherheit, dass *diese* Biografie, dass *dieses* Kind, eine sichere Zukunft haben wird. Nicht zufällig handelt es sich bei dem Kind um Jürgen, Junges Identifikationsfigur aus dem ersten Film, der hier wiederum zum Repräsentanten seiner Generation wird. Während der Sequenz mit der Zeugnisübergabe ist ein Off-Kommentar zu hören, der das Geschaute auch verbal unterstreicht: „schon im nächsten Jahrzehnt werden sie die Schule verlassen, einen Beruf erlernen, vielleicht studieren. Vierundzwanzig Kinder der zehnklassigen Oberschule in Golzow, einem kleinen Dorf an der Oder" (13:10). Während dieses Kommentars werden außerdem – in Analogie zu den sich treffenden Blicken der Lehrerin und Jürgens im ersten Film – zwei Einstellungen so montiert, dass auch hier eine Verständigungsbasis zwischen jüngerer und älterer Generation versinnbildlicht wird. Ein Junge hält sein Zeugnis hoch über seinen Kopf, in Richtung der im Klassenzimmer sitzenden Eltern, die als Gäste zu der Zeugnisausgabe eingeladen sind. Dann folgt ein Schnitt auf das Gesicht der Mutter des Jungen, in einer Großaufnahme sieht der Zuschauer ihre Freude über das Zeugnis. Der Blickwechsel wirkt authentischer und unstilisierter als die Blick-Montage aus dem ersten Film. Er kann auch als ein Fingerzeig gesehen werden, dass es diese Kindergeneration im Sozialismus

---

21 Jürgen Böttchers Dokumentarfilm *Barfuß und ohne Hut* (1964), in dem Jugendliche über ihre Berufspläne sprechen, die Komödie *Auf der Sonnenseite* (1962) des Regisseurs Ralf Kirsten oder auch Frank Vogels *... und deine Liebe auch* (1962), der erste ‚Mauerfilm', sind einige Film-Beispiele aus der ersten Hälfte der 60er Jahre, in denen die Idee der Gewissheit um eine Zukunft gestaltet wird.

einmal besser haben wird als die der Eltern. Eine weitere Parallele zum ersten Film bildet der Schluss. Die Gruppe der Kinder ist in der Natur unterwegs, wandert einen Feldweg entlang (13:38), dabei singen die Kinder ein fröhliches Lied. Die Kamera fängt die Gruppe zunächst von der Seite und dann von vorn ein, bis die Gruppe schließlich aus dem Bild ‚hinausläuft', im symbolischen Sinne ihrer Zukunft entgegen.

Heimat wird auch im zweiten Golzow-Film vor allem in den Gesichtern der Kinder codiert. Diese werden in der Eingangssequenz, während des Sportunterrichts, in mehreren Groß- und Nahaufnahmen eingeführt, ihre Gesichter sind ob des sportlichen Engagements äußerst lebendig und bewegt. Einzelne Kinder rücken im Verlauf des Films in den Vordergrund, auch Jürgen und einige andere, aus dem ersten Film bekannte Kinder, gehören dazu. So entsteht eine weitere Form der inneren Kontinuität. Darüber hinaus wird Heimat mittels zahlreicher Objekte und ritualisierter Handlungen codiert. Dazu gehören die Uniform des Flugzeugpiloten, die Halstücher und Pionierblusen der Kinder, das Binden des Halstuches, der Pioniergruß, das Aufsagen der Pioniergebote, der Text im Schullesebuch über die bäuerlichen Genossenschaften, die effiziente Massentierhaltung und moderne Ausstattung in der Genossenschaft, die DDR-Fahne, die ein Mädchen ihrer Zeichnung noch hinzufügen will. Es handelt sich durchgehend um Embleme der DDR; ihre vielfache Verwendung bei Junge schreibt erneut die Existenz der sozialistischen Heimat *in* der gezeigten Gegenwart sowie *als* die gezeigte Gegenwart fest.[22] Heimat wird damit durch den Film als die uneingeschränkte Bejahung der sozialistischen Gegenwart kommuniziert. Der Film bejaht damit auch neuerlich die Verschmelzung des Individuums in und mit seiner Gesellschaft, und er deutet diese Harmonie in der bestehenden gesellschaftlichen Realität als verwirklicht.

Die Affirmation sowie der ihr innewohnende utopische Aspekt sind wichtige Bestandteile der gesamten Golzow-Chronik. Erwartung und Hoffnung sind Teile des menschlichen Lebens und der Heimatsuche; es ist natürlich, diese in künstlerischer Form darstellen und kommunizieren

---

22 Der Begriff Emblem soll hier im Sinne von *Sinnbild, Symbol, Wahrzeichen* gebraucht werden.

zu wollen. Ein inhaltlicher wie auch künstlerischer Verlust in den Golzow-Filmen ist allerdings die Ausklammerung jeglicher Konflikt- und Widerspruchsbereiche aus der gezeigten Gegenwart.²³ Solche Widersprüche, Probleme und schwierigen Situationen hätten die (endliche und konsequente) Bejahung der sozialistischen Gesellschaft eher gestärkt, wie es zahlreiche andere filmische und literarische Werke der 60er Jahre zeigten.

So bietet auch der zweite Golzow-Film einen durchaus genauen, jedoch auch sehr unkritischen, zuweilen verklärenden Blick. Der positiv-affirmative Gestus der Filme hatte, wie bereits mehrfach angedeutet, einen gewichtigen Grund in der Denk- und Arbeitsweise ihres Regisseurs. Anfang der 90er Jahre sagte Junge im Rückblick auf den Beginn seiner Chronik, dass er einen Traum verfolgte, der ihm „Hoffnung auf Besonderes, auf das ‚nur im Sozialismus' Mögliche machte [...], daraus konnte nur ein schöner Film werden" (*Ästhetik* 142). An anderer Stelle ergänzte er, dass er „Chronist [...] einer Generation sein [wollte], die in diesem Staat DDR groß wird. Es schien sich zu lohnen, sie mit der Kamera zu begleiten. Das konnte schon, so hofften wir, auch eine gute Auskunft über das Land werden, wenn sich das Beste seiner Politik indirekt im Menschenbild spiegeln würde" (*Lebens- und Werkstattbericht* 36). Die beiden Äußerungen erhellen nicht nur Junges idealisierenden Ansatz, sondern auch sein Bestreben, mit den Golzow-Filmen etwas Einmaliges festzuhalten: eine sozialistische Gesellschaft und einige so alltägliche wie exemplarische ihrer Repräsentanten. Dieser Ansatz ist es auch, der den bleibenden Wert der Filme ausmacht: ihre Funktion als historisches Material, als Alltags*geschichte*. Sie zeigen die „Gewohnheiten und Rituale des Alltags: wie die Wohnungen eingerichtet waren, welche Kleidung man trug, wie das Fernsehen immer mehr zum selbstverständlichen Bestandteil des Lebens wurde, wie die jungen Leute ihre eigene Kultur entwickelten" (Roth 157). Barton Byg stellt hierzu fest, dass die Golzow-Filme „typische, gar archetypische Geschichten" zeigen, und dass insbesondere die späteren Porträtfilme „für eine ganze Gesellschaft ‚repräsentativ' werden" konnten (362–4).

---

23 Wie bereits erwähnt, wurde z.B. keinerlei Bezug auf aktuelle Ereignisse, wie bspw. den Mauerbau 1961, genommen.

Winfried Junge hat seine Arbeitsweise und seinen künstlerischen Ansatz vielfach verteidigt, genauso beständig hat er sich damit kritisch auseinandergesetzt, angefangen in dem ausführlichen und selbstreflexiven Film *Drehbuch: Die Zeiten* von 1992, einer Art Werkstattbericht, Standortbestimmung und Dialog zwischen Zuschauern, Filmemachern und Golzower Protagonisten.[24] Einige Jahre später ging er in einem Vortrag auf die „Schere zwischen dem, was in Golzow Sache war und dem, was wir in teilweise hymnischer Überhöhung daraus gemacht haben" ein (*Ästhetik* 139). Der vierte Film beispielsweise, *Wenn man vierzehn ist* (1969), der als Geburtstagsgeschenk zum 20. Jahrestag der DDR gedreht werden sollte, war aus eben diesem Grund stark von der offiziellen Kulturpolitik beeinflusst worden: „Die Golzower waren so ein bißchen zu den Lieblingen der Kinonation geworden. Im Vorfeld des 20. Jahrestages der DDR erwartete man [...] Auskunft über weitere Höhenflüge der jungen Staatsbürger [...] oder ‚Hausherren von morgen', wie sie genannt wurden. [...] Kein anderer der [...] Filme der Chronik trägt so sehr die Spuren von offizieller Einflußnahme", sagte Junge über diesen Film (ebd.).

Ein stetiges problematisches Thema, nicht nur in dem vierten Film und nicht nur durch die offizielle Kulturpolitik verursacht, war der in den Filmen einzusetzende Off-Kommentar. Junge befand sich in einem ständigen Widerstreit, vor allem mit sich selbst, wie viel Kommentar in den Filmen eingesetzt, d.h. wie viel dem Zuschauer explizit erklärt werden sollte. Junge fühlte die Notwendigkeit, Dinge (über-)deutlich zu sagen bzw. zu kommentieren, „um das Gezeigte gleichsam auch historisch bedeutsam erscheinen zu lassen – etwa: Das ist die Generation, die den Kommunismus aufbauen wird" (*Lebens- und Werkstattbericht* 32). Der Kommentar aus dem ersten Film über die zukünftigen ‚Bürger der Deutschen Demokratischen Republik' sowie aus dem zweiten über die ‚vierundzwanzig Kinder der zehnklassigen Oberschule in Golzow' sind Beispiele von Junges Bestreben, dem Gezeigten einen überhöhenden Anstrich zu verleihen.[25] Junge stellte

---

24 Vgl. dazu *Alle Golzow-Filme* 236–48.
25 Winfried Junges Mentor Karl Gass hatte ihm allerdings bereits vor dem Dreh zum ersten Film geraten: „Wir reden mal nicht so viel, und behaupten schon gar nichts.

sich später die Frage, ob beispielsweise der (wiewohl sparsame, aber umso stärkere) Kommentar des ersten Films zu pathetisch geraten war (ebd.).

Die hier angedeutete Problematik setzte sich in den späteren Porträt-Filmen der Reihe fort, in Form von suggestiven Fragen, die der Regisseur den Protagonisten stellte, sowie in Form der „penetrante[n]" pädagogischen Absicht der Filme, über die Junge selbstkritisch reflektierte (*Ästhetik* 147–8). Ein letztes Beispiel sei in diesem Zusammenhang noch angeführt, in Bezug auf die Montage der Blicke aus dem ersten Golzow-Film. Dazu schrieb Junge 2004: „[...] mir [war] bei dieser Montage nicht wohl, weil solche gestellten, überhöhten Bilder und Montagen keinen authentischen Wert haben. Sie sind stilisierende Inszenierung zu einem bestimmten Zweck und verstimmten [...] mich bald" (*Lebens- und Werkstattbericht* 32). Tatsächlich sind Inszenierungen und Bilder dieser hölzern-offensichtlichen Art in den folgenden Filmen nicht mehr zu finden.

Die Fragen zu Authentizität und Inszenierung, die Junge in dieser Äußerung kritisch aufwirft, sind letztlich Fragen, die das Genre Dokumentarfilm im Allgemeinen betreffen. Da eine ausführliche Diskussion des Themas über den Rahmen dieser Arbeit hinausginge, werde ich im Folgenden nur auf einige Aspekte dieses Diskurses in Bezug auf die Golzow-Filme eingehen. Bei der Beschreibung und Definition des Dokumentarischen finden Termini wie Realität, Objektivität, Authentizität und Glaubwürdigkeit sowie Wahrheit immer wieder Verwendung (Uellenberg 17). Wenn man sich die Wortetymologie anschaut, so wird das lateinische Nomen *documentum* mit *Urkunde*, *Schriftstück* oder *Beweis* übersetzt, und das Verb *docere* kann mit *etwas zeigen* oder *nachweisen* übertragen werden. Eine Grundfrage jeglichen Diskurses über Dokumentarfilme ist deshalb die, dass sie dem Zuschauer suggerieren, einen Beweis liefern zu können, dass sie zuverlässiger und ‚richtiger' als andere Kunstformen das Leben zeigen, wie es wirklich ist.[26] Peter Zimmermann (1995) merkt an,

---

Wollen mal etwas Neues versuchen. Die Leute müssen nicht alles gesagt bekommen" (Zitiert in *Lebens- und Werkstattbericht* 32).

26 Diese Frage hat in der neueren Form des *fiktiven* Dokumentarfilms wie z.B. in *This Ain't California* (2012) von Marten Persiel oder auch in Heinrich Breloers *Die Manns – Ein Jahrhundertroman* (2001) noch eine völlig neue Dimension erhalten.

dass der Eindruck, dokumentarische Bilder würden wahr und authentisch sein, zu den „Mythen der Moderne" gehöre, die „wirksam bleiben, obwohl sie längst durchschaut sind" (*Strategie der Blicke* 9).

Zeigen also Junges Golzow-Filme die Wirklichkeit der DDR, wie sie *wirklich* war? Ich meine, die Frage nach dem Wahrheits- oder Wirklichkeitsgehalt kann nur immer wieder neu, im jeweilig gültigen politisch-gesellschaftlichen Kontext des individuellen Zuschauers, beantwortet werden. Dokumentarische Filme und deren Wahrheitsgehalt ändern sich „im Rhythmus zeitgeschichtlicher Umbrüche und Veränderungen und dem damit einhergehenden Wechsel dokumentarischer Moden, Filmstile und Darstellungsmethoden" (ebd.). Was für wirklichkeitsgetreu, authentisch und deshalb auch dokumentarisch gehalten wird und was nicht, wird in jeder Generation und deren gesellschaftlichen Kommunikationsprozessen stets neu verhandelt. Das heißt, Dokumentarfilme, aber auch Spielfilme, Literatur und andere Formen der Kunst sind selbstverständlich immer an bestimmte (politische) Kommunikationsinteressen und Weltanschauungen gebunden. *Die Kinder von Golzow* waren dem Interesse verbunden, die „Verwirklichung einer sozialistischen Gesellschaftskonzeption in einem Teil Deutschlands zu dokumentieren", als diese noch – nicht nur vom Regisseur Winfried Junge – für möglich gehalten wurde.[27] Späterhin waren sie der abzuschließenden Chronik von Lebensläufen unterschiedlicher Menschen verpflichtet. Dabei sind sie freilich selektiv in dem, was dokumentiert wird, sie sind, zumindest in den ersten Filmen, zu unkritisch, sie sind zuweilen inszeniert, d.h. *gespielt* anstatt dokumentiert, und sie sind durch Kommentare und Fragen außerdem suggestiv, bewertend, Zustimmung und Sympathie erheischend. Dieser Aspekte muss man sich beim Anschauen der Filme bewusst bleiben. Andererseits vermitteln die nah am Geschehen operierende Handkamera, der in den ersten Filmen nur sparsam verwendete Kommentar wie auch die sparsame Musik den Eindruck der Unmittelbarkeit des Gezeigten. Der Zuschauer wird zu einer

---

27 Winfried Junge, *Lebensläufe – Die Kinder von Golzow./Wert und Wirkung.* Web. 25.5.2014. <http://www.kinder-von-golzow.de/index.php/zum-gegenstand/wert-und-wirkung.html>.

Art ‚Augenzeugen' der Wirklichkeit, als ob er sich selbst ein Bild machen könnte. Außerdem kann die Makrostruktur der Montage – das Zeigen eines Tagesablaufes, eines Feiertags oder auch eines spezifischen Ereignisses, wie z.B. Schulanfang, Jugendweihe, Prüfungen und Zeugnisübergaben – beim Zuschauer die Wahrnehmung fördern, die Dramaturgie des Films sei durch die Wirklichkeit vorgegeben und mache ihn deshalb zu einem authentischen Dokument (Lori 64–5). Die vertrauten bzw. alltäglichen Abläufe, die außerdem mit bekannten optischen Details und Emblemen verbunden sind, erhöhen das Vertrauen des Zuschauers in die Glaubwürdigkeit des filmisch Gezeigten. Diese Vertrautheit mit dem Gesehenen kann auch auf einer interkulturellen Ebene, außerhalb des kleinen politisch-geografischen Kontexts Golzow/DDR entstehen, wie die Anmerkung Barton Bygs über den achten Film, *Lebensläufe* (1980/81), zeigt: „Für mich persönlich war dieser Film sehr beeindruckend, weil er die Entwicklung vom Dorfleben zur modernen Industrie und zu großangelegten Landwirtschaftsunternehmen zeigt, die meine Heimat in South Dakota in den USA auch durchgemacht hat" (361).

Die in diesem Kapitel diskutierten ersten Filme aus der Golzow-Chronik, von 1961 und 1962, präsentieren einen Ausschnitt aus der DDR-Wirklichkeit, der diese als eine ungebrochene Welt präsentiert. Bruchlos fügt sich das Leben des Einzelnen, insbesondere das der jungen, jetzt in der DDR aufwachsenden Generation, in das gesellschaftliche Leben ein. Dieser Prozess wird geradezu als ein natürlicher, durch die historischen Gegebenheiten so ermöglichter Vorgang geschildert. Eine bruch- und widerspruchslose Lebenswirklichkeit ist freilich immer eine Illusion und Junges Golzow-Filme präsentieren damit auf ihre Weise eine konkrete Utopie. Auch Junges gedanklicher Ansatz und seine Wirkungsabsichten (s.o.) beeinflussten den Idealcharakter der Filme. Andererseits sind diese womöglich Zeuge davon, dass es zu Anfang der 60er Jahre tatsächlich ein kurzes (Zeit-)Fenster gab, in dem solch harmonische Übereinstimmung von Individuum und Gesellschaft *als Möglichkeit existent* war, und in dem sich die sozialistische Gesellschaft nicht nur als Heimat definierte, sondern es auch in der Lebenswirklichkeit der Menschen sein konnte.

KAPITEL 7

Die geteilte Heimat.
Konrad Wolfs Film *Der geteilte Himmel* (1964)

Der Regisseur Konrad Wolf

Der geteilte Himmel: Roman (1963) und Film (1964)

Der DEFA-Spielfilm *Der geteilte Himmel*, 1964 von Konrad Wolf nach dem gleichnamigen, 1963 erschienenen Roman von Christa Wolf gedreht,[1] widmet sich, in engster Anlehnung an das Buch, der endgültigen Trennung der beiden deutschen Staaten im Jahr 1961 und den Auswirkungen dieses Ereignisses auf das Leben des Einzelnen. Wolfs Spielfilm steht damit in starkem Kontrast zu Winfried Junges Golzow-Filmen, die die Teilung Deutschlands oder andere aktuelle Ereignisse nicht thematisierten. Der Kontrast wird nicht nur hinsichtlich der aktuellen politischen Thematik und deren ästhetischer Gestaltung evident, sondern insbesondere in der Sichtweise der Filme auf Heimat in der gegenwärtigen sozialistischen Gesellschaft.

Die Vorlage für den Film, Christa Wolfs Roman *Der geteilte Himmel*, 1963 veröffentlicht, kann, wie Jakobs' *Beschreibung eines Sommers* (1961) und andere Werke dieser Periode (siehe Kap. 5) als Beispiel für die Umsetzung des Bitterfelder Wegs geltend gemacht werden. In thematischer Hinsicht verbindet Chr. Wolfs Roman intellektuelle Welt und Arbeitswelt, seinen Mittelpunkt findet er im einzelnen Menschen und dessen Suche nach

---

1   Die Namensgleichheit ist zufällig, zwischen dem Regisseur und der Autorin besteht keine verwandtschaftliche Beziehung.

einem Platz in der gegenwärtigen Welt. Das gegenseitige Sich-Befragen von Individuum und Gesellschaft wird als schmerzhafte, aber auch als Fortschritt und (größere) Klarheit bringende Notwendigkeit verstanden. Mit der Gestaltung verschiedener narrativer Ebenen, dem Aufbrechen des Raum- und Zeitgefüges sowie einer tastenden und suchenden Rhetorik, die sich ganz auf die weibliche Hauptfigur konzentriert, setzte Wolfs Text auch ästhetisch innovative Zeichen.

In der Geschichte, die der Roman sowie auch die Verfilmung erzählen, geht es um ein junges Paar in der ostdeutschen Stadt Halle, zu Beginn der 60er Jahre. Der aus einem bürgerlichen Elternhaus stammende Manfred Herrfurth, etwa 30, arbeitet als Chemiker und wird als ein zynischer und desillusionierter Kritiker des Sozialismus und der DDR gezeichnet. Rita Seidel, gut zehn Jahre jünger als Manfred Herrfurth, beginnt ein Studium als Lehrerin und arbeitet in den Semesterferien in einer Waggonfabrik. Über die Ablehnung eines von ihm entwickelten Verfahrens frustriert, geht Manfred schließlich nach Westberlin, noch bevor die Mauer errichtet wird – eine Entscheidung, die Rita in eine schwere Gewissenskrise stürzt. Sie besucht Manfred in Westberlin und entscheidet sich, nicht bei ihm zu bleiben, sondern in die DDR zurückzukehren. Der kurz darauf stattfindende Bau der Mauer macht Ritas Entscheidung endgültig. Nach einem seelischen und physischen Zusammenbruch erholt sich Rita in einer ländlichen Gegend und rekapituliert die Ereignisse. Diese Situation wird zum Ausgangspunkt der im Rückblick erzählten Geschichte.

Als der Roman 1963 erschien, löste er zahlreiche Debatten aus. Man warf der Autorin z.B. vor, dass sie die Teilung Deutschlands durch die Mauer für ein nationales und persönliches Unglück halte, anstatt das Wiederentstehen des (west-)deutschen Imperialismus als Unglück zu betonen, sowie, dass sie den sozialistischen Alltag und die Genossen der Partei falsch bzw. zu kritisch darstelle (Richter 175).[2] Der Autorin wurde dennoch oder vielleicht gerade wegen ihrer kritisch-hinterfragenden Haltung

---

[2] Eine ausführliche Darstellung der Debatten um Christa Wolfs Roman bietet: Martin Reso (Hg.): „Der geteilte Himmel" und seine Kritiker. Dokumentation. Halle: Mitteldeutscher Verlag, 1965.

1964 der Nationalpreis für Kunst und Literatur der DDR verliehen. Beim Publikum wurde der Roman ein großer Erfolg, im ersten Jahr wurden 160.000 Exemplare gedruckt, eine äußerst hohe Zahl angesichts der herrschenden Papierknappheit (Forster/Riegel 461-5).

Konrad Wolfs Leben und Filmschaffen

Christa Wolfs Roman hatte für Wolf einen attraktiven Filmstoff geboten, da die Geschichte seinem Lebensthema als Filmregisseur entsprach. Dieses war die stetige Suche des Menschen nach seinem Platz in der Geschichte und in der gegenwärtigen Gesellschaft, sowie die stetige Reflektion, durch die dieser Platz hinterfragt und überdacht wurde. Wolf beschreibt damit letztendlich die immerwährende Suche des Menschen nach einer Heimat, die ihn insbesondere nach seiner Rückkehr aus der Emigration in die Sowjetunion beschäftige. Wolf wurde 1925 in Hechingen (Baden-Württemberg) geboren, die Familie war 1934 aufgrund der politischen Tätigkeit und der jüdischen Herkunft des Vaters, des Arztes, antifaschistischen Schriftstellers und Politikers Friedrich Wolf, in die Sowjetunion emigriert. Dort ging Konrad Wolf zur Schule, dort lernte er die russische Sprache und Kultur, die ihn zeitlebens stark prägten und ihm zu einer zweiten Heimat wurden.[3] Als sowjetischer Staatsbürger, der er seit 1936 war, ging Wolf 1943 zur Roten Armee und nahm u.a. als Übersetzer an Kriegshandlungen teil. Im April 1945 erlebte er mit seiner Einheit unweit Berlins das Ende des Krieges; er war auch an der Befreiung des Konzentrationslagers Sachsenhausen beteiligt. Nach einem Regie-Studium an der Moskauer Filmhochschule kehrte Wolf 1954 endgültig in die DDR zurück (von 1945–1947 hatte er bereits für die sowjetische Militäradministration der SBZ gearbeitet) und drehte

---

3 „Das Russische blieb ihm Heimat, in der er sich immer fand, nicht nur, wenn er als Besucher kam. Diese Heimat war in seinem Filmen gegenwärtig, in den sowjetischen Büchern, die er kurz nach ihrem Erscheinen schon gelesen hatte, in seiner Musik [...]. Das ging bis zu Essen und Trinken. Und manche Sachen konnte er überhaupt nur auf russische sagen" (zitiert in Jacobsen/Aurich 457; dort entnommen aus: Sylvester, Regine: „Für Konrad Wolf." *Filmspiegel* 4 [April 1982], o. S.).

seinen ersten Spielfilm für die DEFA, die Komödie *Einmal ist keinmal*, dem fünfzehn weitere folgten.[4] Von 1965 bis zu seinem frühen Tod 1982 war Wolf außerdem Präsident der Akademie der Künste der DDR und damit, wie Anna Seghers, eine Figur des öffentlichen Lebens der DDR sowie eine moralische Instanz.[5]

Seine Erlebnisse aus der Zeit als Soldat der Roten Armee bei Kriegsende hat Wolf in einem Kriegstagebuch festgehalten und in dem Film *Ich war Neunzehn* (1968) verarbeitet. Dieser, einer der erfolgreichsten der DEFA, spiegelt allerdings nicht nur Kriegsgeschehen wider, sondern ist die Darstellung einer Heimatsuche, was Wolf nicht nur in diesen Film, sondern ein Leben lang beschäftigte. Über seinen Standpunkt und die Schwierigkeiten beim Finden der Heimat berichtete Wolf 1977 in einem Interview:

> Ich sah in den Soldaten der Hitlerwehrmacht meine Gegner, die diesen verbrecherischen Krieg begonnen hatten. Sie hatten ein Land, das mir sehr nahe stand, zerstört. Menschen, mit denen ich aufgewachsen war, wurde schweres Leid zugefügt. Als wir auf deutsches Gebiet kamen, kam erstmals ein zwiespältiges Gefühl auf. Ich sah nicht nur die zerstörten Orte und die zerstörten Städte. Schwerwiegender war die Zerstörung des Menschen. [...] Ich hatte auch Mitgefühl. [...] Später erst wurde mir in wachsendem Maße meine eigene Schwierigkeit bewußt. Es hatte lange gedauert, bis ich mich entschied, zurückzukehren. Meine Heimat war Moskau geworden. Dort hatte ich Kindheit und Jugend verbracht. Es dauerte auch lange, den wirklichen Zugang, den Weg zum Herzen und Verstand meiner Landsleute zu finden.[6]

---

4   Die erste Arbeit Konrad Wolfs bei der DEFA war die Regieassistenz in Kurt Maetzigs Film *Thälmann – Sohn seiner Klasse* (1954).
5   Vgl. Wolfgang Jacobsen/Rolf Aurich: *Der Sonnensucher Konrad Wolf. Biographie.* Berlin: Aufbau 2005.
6   *Ostsee-Zeitung* vom 13.3.1977. In: *Konrad Wolf. 1925–1982.* Hrsg. vom Deutschen Institut für Filmkunde. Frankfurt 1983, 22. *Ich war Neunzehn* spiegelt die Suche nach einer Heimat wider, die allerdings nicht nur ein autobiografisches Problem des Regisseurs ist, sondern ein nationales Ausmaß hat. Wer sind wir Deutschen nach dem Krieg?, Wie sehen uns andere Völker?, Welche Schuld hat der Einzelne auf sich geladen? – so lauten die Fragen, die der Film aufwirft. Den gleichen Umgang mit jüngster Geschichte bietet *Der geteilte Himmel* (1964), in dem es ebenso um die

Die geteilte Heimat

Diese Haltung machte im Grunde das gesamte Werk Wolfs zum „Versuch einer immer neuen Selbstdefinition gegenüber Geschichte und Gesellschaft" und zu einem „fortlaufenden Dialog mit der deutschen Geschichte" (Ulrich Gregor 77). Er betonte immer den Prozess und die Suche selbst, die Schwierigkeiten auf dem ‚argen Weg zur Erkenntnis', in allen drei großen Themenbereichen seines Filmschaffens. Diese waren der Aufstieg des Nationalsozialismus und der Zweite Weltkrieg (*Sterne*, 1959; *Professor Mamlock*, 1961; *Mama, ich lebe*, 1977), die Rolle des Künstlers in der Gesellschaft (*Goya*, 1971; *Der nackte Mann auf dem Sportplatz*, 1974) sowie Gegenwartsstoffe der DDR (*Sonnensucher*, 1958; *Der geteilte Himmel*, 1964; *Solo Sunny*, 1980) (Coulson 164–5; Silberman, *Remembering* 167). Insbesondere die Werke ab der zweiten Hälfte der 60er Jahre zeigen dabei eine distinkte „voice of exploration" (Coulson 166). Diese Filme setzen außerdem ganz bewusst eine Offenheit der Erkenntnis bei der Suche des Menschen nach seinem Platz im komplizierten Gefüge von Geschichte und Gegenwart voraus. Sie sind, so Anthony Coulson, „paths of exploration and discovery, social and political in their goals […], charted out in portrayals of individuals whose lives ultimately affirm a commitment to open-mindedness and change" (165). *Der Geteilte Himmel* steht am Beginn dieser Entwicklung. Der Film (wie auch Christa Wolfs Roman) ist konsequent in seiner allgemeinen politischen, pro-sozialistischen, Aussage, die auch die schmerzhafte Entscheidungssituation der Protagonistin einschließt. Dennoch zeigt er auch jenen offenen Charakter: wohl soll der Zuschauer Rita Seidel folgen (d.h. sich mit dieser Figur identifizieren), aber er könnte auch bei Manfred Herrfurth bleiben. Trotz seiner unbestreitbaren Parteilichkeit ist *Der Geteilte Himmel* ein Film, der „eine Offenheit wahrt, ohne die die Parteinahme nicht glaubwürdig wäre" (Jacobsen/Aurich 297).

Frage der Position des Einzelnen gegenüber historischen Ereignissen, hier dem Bau der Mauer 1961, geht.

Der geteilte Himmel im internationalen Kontext

In der einschlägigen Literatur wird Wolfs Film einhellig als einer der innovativsten des Regisseurs wie auch der gesamten DEFA-Produktion beschrieben.[7] Ungewöhnliche und extreme Kamerawinkel, filmstilistische Neuerungen, wie z.B. assoziative und elliptische Montagen, Jump-Cuts und Freeze Frames sowie eine nichtchronologische und mehrschichtige Erzählweise zeichnen ihn aus und machen ihn zu einem anspruchsvollen und ästhetisch äußerst interessanten Kunstwerk. Seine Kunsthaftigkeit und -fertigkeit unterstreicht dabei nicht zuletzt die Ernsthaftigkeit der Geschichte, die er erzählen will. Das Drehbuch für den Film schrieb ein Kollektiv, zu dem auch Christa Wolf sowie deren Mann Gerhard Wolf gehörten. Gemeinsam mit dem Regisseur erprobten die Drehbuchschreiber mehrere Varianten. Eine Erzähl(er)struktur auf mehreren Ebenen – wie auch im Roman – wurde einer chronologischen schließlich vorgezogen. Letztere Variante hätte die Geschichte „vereinfacht", „verflacht" und wäre so „an den Grundproblemen vorbeigegangen", führte Konrad Wolf aus (*Kopf und Herz* 98).[8] Bei der Uraufführung des Films gab es, wie zuvor bei der Veröffentlichung des Romans, zahlreiche kritische Stimmen. Diese bezogen sich vor allem auf filmästhetische Fragen, wie die komplexe Erzählstruktur und die modernen filmischen Stilmittel, die Konrad Wolf allerdings vehement verteidigte.[9] Als Einflüsse für seinen Film benannte der

---

7   Vgl. z.B. Marc Silberman, „Remembering History: The Filmmaker Konrad Wolf" (1990); Ralf Schenk, *Das zweite Leben der Filmstadt Babelsberg* (1994); Seán Allan/John Sandford, *DEFA. East German Cinema 1946–1992* (1999); Joshua Feinstein, *The Triumph of the Ordinary* (2002); Sabine Hake, *German National Cinema* (2002); Wolfgang Gersch, *Szenen eines Landes* (2006).

8   An anderer Stelle äußerte er sich: „Wir wollten zuerst die ganze Geschichte chronologisch erzählen, das heißt ohne die zweite Ebene, ganz einfach erzählen, wie Rita ihren Manfred kennengelernt hat, um dann zu diesem bitteren Schluß zu kommen. Das wäre der Weg der üblichen Filmdramatisierung gewesen. Ich bin heute fest davon überzeugt: Das wäre eine sehr oberflächliche, sehr gekünstelte, sehr wirklichkeitsfremde Geschichte geworden" (*Kopf und Herz* 93).

9   Am 30. Juni 1964 fand z.B. eine große Plenartagung in der Akademie der Künste zu Berlin (Ost) unter dem Titel „Probleme des sozialistischen Realismus in der

Regisseur u.a. Sergei Eisensteins *Panzerkreuzer Potemkin* (1925), Wsewolod Pudowkins *Die Mutter* (1926) sowie „gute [...] klassische [...] Filme des Westens", in denen er gleiche bzw. ähnliche Montagetechniken und Raum-Zeitkonstruktionen wie in *Der geteilte Himmel* bereits angewendet sah (*Kopf und Herz* 94). Darüber zeigt Wolfs Film Nähe zur Strömung der *Nouvelle Vague* und insbesondere zu Alan Resnais' Film *Hiroshima Mon Amour* (1959). Neben thematischen Anknüpfungspunkten zwischen den beiden Filmen sind es Techniken wie Jump Shot, Freeze-Frame, elliptische Montagen oder das Verzichten auf die ‚establishing shots' (und damit der Wegfall einer Orientierungshilfe für den Zuschauer zugunsten einer Reihe von „anachronistic images [that] follow each other without introduction"), die in Resnais' Film bzw. im Zuge der *Nouvelle Vague* eingeführt wurden und die Wolf in *Der geteilte Himmel* ebenfalls nutzte (Feinstein 118).[10] Andere Anknüpfungspunkte von Wolfs Film an das internationale Kino sind Anlehnungen an den italienischen Neorealismus sowie an die Entwicklungen im westdeutschen Film nach dem Oberhausener Manifest 1962, mit Regisseuren wie Alexander Kluge oder Edgar Reitz (Elsaesser/Wedel 18). Im Zuge einer Einordnung der DEFA-Filme in eine integrative und internationale Geschichte des deutschen Films bezeichnen Elsaesser und Wedel (2001) Konrad Wolf als „missing link in this history, representing a work no less challenging and controversial than that of any other German director" (23).[11] Bei Wolf gehe es, so die Autoren, wie auch bei anderen

---

    darstellenden Kunst" statt, die sich zu einer Diskussion über den Film *Der geteilte Himmel* entwickelte (*Kopf und Herz* 92). Außerdem erschienen diverse Zeitungs- und Zeitschriftenbeiträge, die sich mit dem Film auseinandersetzten, z.B.: Rosemarie Rehan: „Risiko ist eingeplant." In *Wochenpost* vom 2. Mai 1964; H. Geier: „Ein filmisches Kreuzworträtsel?" In *Sonntag* vom 18. Oktober 1964 sowie Günter Karl: „Filmexperiment im Streitgespräch." In *Neues Deutschland* vom 5. September 1964.

10 Joshua Feinstein führt außerdem Herbert Veselys *Das Brot der frühen Jahre* (1961), eine Böll-Verfilmung, sowie François Truffauts *Les quatre cents coups* (dt. *Sie küßten und sie schlugen ihn*, engl. *The Four Hundred Blows*, 1959) als Einflüsse der *Nouvelle Vague* auf Wolfs Film an (112).

11 Marc Silberman (1990) bemerkte in diesem Zusammenhang: „Wolf's continuous and critical examination of German history and the formal means by which he has

europäischen und internationalen Filmemachern, um die „narrativization of present contradictions and past realities" und um eine „combination of national stylistic traditions and international genres" (ebd.). Außerdem sei ein wachsender Fokus auf eine „female subjectivity" festzustellen, was sich in einer anwachsenden Zahl weiblicher Protagonistinnen manifestiere (ebd.).[12] Interessanterweise war es gerade die weibliche Protagonistin in Wolfs Film, Rita Seidel, die von den Filmrezensenten der DDR am stärksten kritisiert wurde. Sie sei zu passiv, zu nachdenklich, zu genau prüfend und abwägend, anstatt energisch und schneller eingreifend zu handeln, so die Kritik (Richter 175). Wolf verteidigte ‚seine' Figur in Diskussionsrunden und Stellungnahmen gegen Kritiker, die schematisches, zielführendes Handeln dargestellt sehen wollten. Rita sei eine, so der Regisseur, die „nicht immer sofort etwas parat hat, um bestimmte Erscheinungen [...] durch bestimmte Handlungen zu neutralisieren oder zu nivellieren. [...] Sie dürfen sie nicht überfordern, ihr nicht Wunschdinge aufzwingen, die nicht in der Realität und in der Glaubwürdigkeit ihrer Handlungssphäre liegen" (*Kopf und Herz* 104).

---

    engaged in this highly personal examination represent a productive counter-model to the phenomenon of the historical film in the Federal Republic during the last ten years (e.g. Syberberg, Kluge, Sanders-Brahms, Reitz, etc.)" (*Remembering* 164).

12 Feinstein (2002) verweist ebenso auf eine hohe Anzahl weiterer DEFA- sowie internationaler Filme mit weiblichen Protagonisten, z.B.: *Septemberliebe* (Kurt Maetzig, 1961); *Christine* (Slatan Dudow, 1963); *Lots Weib* (Egon Günther und Helga Schütz, 1965), *Das Kaninchen bin ich* (Kurt Maetzig, 1965/1990); *Karla* (Herrmann Zschoche, Ulrich Plenzdorf, 1965/1990); *Hiroshima mon amour* (Alain Resnais, 1959); *Vivre sa vie* (dt. *Die Geschichte der Nana S.*, Jean-Luc Godard, 1962) und *Lásky jedné plavovlásky* (dt. *Die Liebe einer Blondine*, Milos Forman, 1965), (S. 131). Feinstein führt weiter aus: „such female characters were a continuation of a cinematic trend, which began with neorealism, toward more intimate films and away from the genre pictures typical of commercial moviemaking. Exploring the world through such figures allowed filmmakers to question the certainties of the postwar era" (ebd.).

Der geteilte Himmel (1964): Der Riss durch die Heimat und den Menschen

Fragmentierung des Raumes

Konrad Wolfs Film erzählt von dem persönlichen Trauma Rita Seidels sowie von dem politischen Trauma der Trennung der beiden deutschen Staaten. Der Riss, der durch Deutschland, ja sogar „durch den Himmel hindurchgeht", wie es bereits im Roman heißt, geht auch mitten durch das Leben Rita Seidels.[13] Der Fokus des Films liegt weniger auf den ideologisch-politischen Aspekten – diese kommen im Grunde nur in den in Westberlin spielenden Szenen, und dort in deutlich vereinfachender Schwarz-Weiß-Zeichnung, zum Tragen – sondern auf den ethischen Fragen, d.h. auf dem Schmerz und den Gewissenkonflikten, die Rita Seidel durch die politischen Umstände zugefügt werden. Um dort zu leben, wo sie leben möchte, und wo sie ihre persönliche wie gesellschaftliche Verantwortung liegen sieht, muss sie ihre Liebe opfern. Mit diesem Opfer wird der Film eröffnet: Ritas Augen sind in einer Detailaufnahme zu sehen, die in den Himmel schauen, unmittelbar, bevor sie auf den Schienen des Waggonwerks zusammenbricht. Der dann folgende Film-Vorspann zeigt Ritas Gesicht in einer Großaufnahme: unbeweglich, trauernd, weinend. Für einen kurzen Moment schaut sie direkt in die Kamera. Damit etabliert der Film eine narrative Perspektive, die ausschließlich an die Figur der Rita geknüpft ist. Der Film zeigt, wie Wolf ausführt, „mit einer winzigen Ausnahme eigentlich nur das [...], was

---

13 Dieser Ansatz Christa Wolfs wurde stark von Anna Seghers' Konzept der Spaltung der Welt und des gesamten Lebens beeinflusst, welches diese v.a. in ihrem Roman *Die Entscheidung* (1959) dargestellt hatte: „Mir war die Hauptsache zu zeigen, wie in unserer Zeit der Bruch, der die Welt in zwei Lager spaltet, auf alle, selbst die privatesten, selbst die intimsten Teile unseres Lebens einwirkt: Liebe, Ehe, Beruf sind sowenig von der großen Entscheidung ausgenommen, wie Politik oder Wirtschaft.", so Anna Seghers über ihre Schaffensmethode (*Gespräch* 341).

Rita auch erlebt hat" (*Kopf und Herz* 103).[14] An anderer Stelle verweist der Regisseur außerdem auf seine Strategie der „Totalitätsdramaturgie", womit ein bestimmter Realitätsanspruch gemeint ist, in dem Sinne, dass „wir anstrebten, diesen Lebensabschnitt von Rita so wahrheitsgemäß wie nur möglich zu verfilmen. Wir stellen einen jungen Menschen dar, der gerade bewußt ins Leben tritt. Es stürzen [...] viele Dinge auf ihn ein, beeinflussen ihn [...]. Erst im Laufe der Zeit schälen sich bestimmte Erfahrungen heraus, die für ihn wesentlich bleiben [...]. Auf dieser normalen Realität des Lebens beruhte die Konzeption des Films" (ebd. 97).

Rita Seidel erscheint somit als Ausgangspunkt und als Subjekt der Filmhandlung, aber sie ist auch Beobachterin, Kommentatorin und schließlich Erzählerin derselben. Dies wird durch den Einsatz der Rückblenden, jeweils ausgehend von Ritas Rekonvaleszenz, ermöglicht, womit der Film auch die therapeutische und erkenntnisbringende Wirkung des Erzählens betont (Feinstein 113). Ritas Geschichte wird somit auf einer „Ebene des unmittelbaren Erlebens" sowie auf einer „Ebene des geistigen Erfassens" erzählt (*Kopf und Herz* 93), eine Struktur, die der Film in der ersten der sieben Rückblenden etabliert. Diese beginnt mit einem Splitscreen, einem zweigeteilten Bildschirm: auf der linken Bildhälfte ist Rita in der Gegenwart zu sehen, in einem Bett liegend, auf der rechten Hälfte laufen Erinnerungsbilder ihres Kennenlernens mit Manfred ab. Der Splitscreen ist eine Technik, die hier zum einen die Dualität von Erleben und Erzählen/Begreifen verdeutlicht, und die zum anderen beim Zuschauer das Gefühl erzeugt, er könne in Ritas Kopf und Gedanken schauen – ein Verweis auf die ‚female subjectivity'. Der Film gestaltet diese Erzählperspektive im Weiteren, indem er in wichtigen Handlungsmomenten jeweils Groß- oder Detailaufnahmen von Ritas Gesicht zeigt, z.B. als sie zum ersten Mal die Produktionshalle des Waggonwerks betritt (oh: 13min), als sie von Juri Gagarins Raumflug erfährt (1:22) oder als sie, in Berlin-Friedrichstraße,

---

14 Mit der „winzigen Ausnahme" meint Wolf eine Szene, in der Manfred und dessen Eltern ein Paket auspacken, das eine Tante aus dem Westen Deutschlands geschickt hat (mit dem üblichen Inhalt: Schokolade, Kaffee, Zigaretten), derweil Rita auf dem Weg zu ihrem Lehrer Schwarzenbach ist, um mit ihm über ihre Probleme mit einem dogmatisch agierenden Kommilitonen zu sprechen.

Die geteilte Heimat

dem ehemaligen Grenzübergang zwischen Ost- und Westberlin, ankommend, allein vor einer vorbeifahrenden S-Bahn (1:31) zu sehen ist, so, wie sie auch allein vor der kommenden Entscheidung steht.[15]

Die Liebesgeschichte zwischen Rita Seidel und Manfred Herrfurth ist kein inhaltlicher Fokus des Films (oder des Romans), sondern lediglich ein Teil eines größer angelegten Lernprozesses, den Rita in vielen Lebensbereichen durchläuft: Beruf und Arbeit, Arbeitskollektiv, Politik, Umgang mit der Vergangenheit, Verantwortung in der Gegenwart und Freundschaft. Diese Lebensbereiche spiegeln eben jene Kategorien Raum, Zeit, soziale Beziehungen und Arbeit wieder, in denen sich der Mensch in seiner Heimatsuche positioniert, und in denen Rita Seidel ihren Platz in Geschichte und Gesellschaft zu bestimmen versucht. Sie denkt über die Grundfragen des Lebens nach: Wofür arbeitet man?, Wie will man leben?, Was ist wichtig im Leben?, Was ist es wert, Verantwortung dafür zu übernehmen?. Der Lernprozess wird vor allem durch Ritas Arbeit im Waggonwerk, durch ihr Pädagogik-Studium sowie durch ihre beiden Mentoren, den älteren kommunistischen Arbeiter Rolf Meternagel (der intellektuelle und politische Kopf ihrer Brigade) und den Hochschullehrer Schwarzenbach vermittelt. Meternagel und Schwarzenbach werden zu wichtigen Gesprächspartnern und zu menschlichen wie beruflichen Vorbildern für Rita; zum Ende des Films übernimmt diese schließlich die symbolische Fahne des Kampfes von dem todkranken Meternagel. Dieser Lernprozess, währenddessen *eine* Arbeit zu *ihrer*, zu Ritas Arbeit wird, *eine* Brigade zu *ihren* Arbeitskollegen, und *ein* beruflicher Bereich, die Pädagogik, zu *ihrem* gedanklichen Betätigungsfeld, ,verliebt' sich Rita Seidel gewissermaßen in *ihr* Leben. Dieser Lernprozess ist es letztendlich, der zum Bruch mit Manfred führt, nicht allein dessen Flucht. Manfred, in Kontrast zu Rita, sieht immer nur (oder: nur noch) die Unverhältnismäßigkeit persönlicher oder gesellschaftlicher Anstrengungen und wirkt, außer in seiner Liebe zu Rita, ohne innere Anteilnahme.

---

15 Alle Angaben zum Film sind entnommen aus: *Der geteilte Himmel*. Regie Konrad Wolf. Buch Werner Bergmann, Helga Krause, Gerhard Wolf, Konrad Wolf, Willi Brückner, Kurt Barthel. DEFA, 1964. DVD, Icestorm, 2009.

Ritas Lernprozess wirft schließlich auch die Frage auf, wo sie sich heimatlich geborgen und gebraucht fühlt bzw. wie ein Ort beschaffen sein müsste, der ihr eine Heimat sein kann. Hier sind es insbesondere filmästhetische Aspekte, konkret die Raumdarstellung im Film, anhand derer sich dieser Frage nachgehen lässt. Die Lebens-Umwelt erscheint in *Der geteilte Himmel* als ein perspektivisch komplizierter, fragmentierter und begrenzter Raum. Extreme horizontale Kamerawinkel werden verwendet, die entweder von weit oben (Vogelperspektive) oder sehr weit unten (Froschperspektive) angesetzt werden; andere stark kontrastive Einstellungen (Detailaufnahme/Totale) lösen einander ab. Dadurch wirkt der Film zuweilen überstilisiert, denn nichts erscheint in normaler räumlicher Perspektive (Silberman, *Remembering* 177). Durch den Schwarz-Weiß-Ton des Films wird dieser Eindruck noch verstärkt. Beispielhaft seien hier einige Einstellungen genannt, die durch ihren wiederholten Einsatz im Film besonders prägnant wirken: der (Kamera-)Blick hinauf in die Wipfel einer Pappelallee und in den Himmel; der Blick von unten hinauf zur Ansicht eines Stadttors, das mit seinen zwei spitzen Türmen in den Himmel ragt; ein anderes Mal blickt die Kamera von weit oben hinunter auf eine Straßenkreuzung vor dem Eingang des Waggonwerks und in einer anderen Einstellung, ebenso aus der Vogelperspektive, auf einen Platz in der Innenstadt. Diese Einstellungen sind symbolisch aufgeladen: die Pappelallee mit der schnurgeraden, einer Grenzmarkierung gleichenden Wipfellinie der Bäume, die den Himmel zerschneidet, versinnbildlicht den Titel des Films, den geteilten Himmel, die Kreuzung vor dem Waggonwerk symbolisiert Rita Seidels Entscheidungssituation, der Platz in der Stadt, am Anfang des Films noch leer, zum Ende hin belebt, verdeutlicht Ritas Hineinwachsen in diese Stadt und in dieses Leben. Ein besonderer Kunstgriff des Films ist es, dass diese Einstellungen das komplizierte Raum- und Zeitgefüge der Geschichte strukturieren; sie fungieren als visuelle Leitmotive, als Einteilung der Kapitel bzw. Rückblenden. So werden beispielsweise die Sequenzen in der Waggonfabrik durch die Einstellung der Pappelallee sowie die der Kreuzung vor dem Werkstor eingeleitet; die Ansicht des Stadttores und die Sicht auf den Platz in der Stadt sind Szenen vorangeschnitten, in denen es um Ritas Zusammenleben mit Manfred sowie um ihr Studium geht; die Totale eines großen Viadukts in

Die geteilte Heimat

einer ländlichen Gegend bezeichnen Ort und Zeit, an denen sich Rita von ihrem Zusammenbruch erholt.

Interieurs, wie z.B. das Haus von Manfreds Eltern oder die Dachkammer, in der Manfred und Rita wohnen, sowie die Produktionshalle der Waggonfabrik, werden ebenfalls in ungewöhnlichen Kameraeinstellungen und Perspektiven gezeigt. Häufig sind diese Räume von vertikalen und horizontalen Linien durchzogen oder eingerahmt. Der Komplexität des Raums fügt dies eine fragmentarische Komponente hinzu. Der Raum, d.h. die Lebensumwelt, präsentiert sich Rita auf diese Weise zunächst nicht als heimatlich. Er ist keineswegs harmonisch, Sicherheit, Geborgenheit und Zugehörigkeit verheißend, sondern chaotisch und verwirrend, ein Geflecht aus Strukturen, Linien und symbolischen Bildern, vielleicht sogar eine „inhospitable and fractured socialist presence" (Rechtien 478).

Als Kontrast zu dem Fragmentarisch-Begrenzten des Raums setzt der Film Motive der Bewegung und Entgrenzung ein. In zahlreichen Szenen sind Brücken, Flüsse und Viadukte zu sehen, außerdem zahlreiche Objekte, die mit Transport im Allgemeinen in Zusammenhang stehen: Straßenbahnen, Züge, Waggons und Bahnhöfe. Den visuellen wie inhaltlichen Höhepunkt des Films bildet dabei eine Sequenz, in welcher jene Entgrenzung in ihrer äußersten Ausprägung dargestellt ist. In dieser Sequenz werden Bilder eines fahrenden Zuges mit Bildern des Himmels sowie mit dokumentarischem Bild- und Audiomaterial von Juri Gagarins erstem Raumflug am 12. April 1961 zu einer assoziativen Montage zusammengefügt (1:21ff).[16] Gagarins Raumflug, der fast als ein mythisch anmutendes Ereignis erscheint, findet in dem fahrenden Zug – einer Reihe von Waggons aus Rita Seidels Werk,

---

16   Die Bedeutung von Gagarins Raumflug als technologische Errungenschaft, aber auch als eine politische Aussage in Zeiten des Kalten Krieges, wird zum Beispiel auch an folgender Äußerung Winfried Junges aus dem Jahr 1981 sinnfällig: „Juri Gagarin –, der der Menschheit neue Ziele steckte, sie erreichbar werden ließ. Das war 1961. 1961 begann ich meine Arbeit im Beruf. Ich habe immer darüber nachdenken müssen, daß Gagarin und ich eine Generation sind [...] und daß ausgerechnet unsere Generation es ist, die nach Jahrtausenden der Menschheitsgeschichte an jenem Scheideweg anlangt, an dem sie mitentscheidet, ob weitere Generationen leben werden, ob der Schritt in den Kosmos oder in das Chaos getan wird" (*Dokumentaristen der Welt* 460).

die auf einer Testfahrt sind – seine Entsprechung auf der Erde bzw. in der Gegenwart der Filmhandlung. Während der Flug ins Weltall die unendlichen, unbegrenzten Möglichkeiten, die der Menschheit offenstehen, symbolisiert, bezeichnet der Zug den unmittelbaren Beitrag, den Rita und ihre Kollegen unten auf der Erde für die Menschheit leisten können. Die Sequenz verknüpft somit utopische Ideen, die zur Realität werden (wie z.B. ein Flug ins Weltall) mit der Realität selbst, die ihrerseits der utopischen Idee vom Sozialismus entgegen strebt.

Es ist dies auch eine Schlüsselsequenz des Films, da sie ein weiteres visuelles Leitmotiv des Films assoziativ bündelt: den Gegensatz zwischen der Größe der Welt (bzw. des Weltalls) und der des einzelnen, kleinen Menschen. Dieser Gegensatz wird im gesamten Film immer wieder durch Kameraeinstellungen betont, die die Welt aus der Vogelperspektive einfangen, so dass die Menschen (bzw. Figuren) darin sehr klein erscheinen. Dennoch, so die deutliche Aussage des Films, ist jeder einzelne Mensch wichtig (genug) und wird für den Aufbau der sozialistischen Gesellschaft gebraucht. Dies ist eine Erkenntnis, zu der Rita in ihrem Lernprozess gelangt, und die sie in der DDR bleiben lässt.

So ist die Gagarin-Sequenz der Moment der Filmhandlung, in dem Rita und Manfred ihre jeweilige Entscheidung für bzw. gegen ein Leben in der sozialistischen Gesellschaft treffen. Zum einzigen Mal im Film ist hier auch ein innerer Monolog Ritas zu hören, den sich der Zuschauer aufgrund der Fokussierung der Kamera auf diese Figur sonst lediglich vorstellen kann. Man hört zuerst eine Überlagerung von Gagarins Original-Stimme (auf Russisch) und der eines deutschen Sprechers: „sehe die Wolken, Licht und Schatten der fernen und doch so lieben Erde. Und für einen Moment erwachte in mir der Bauernsohn. Der vollkommen schwarze Himmel sah wie ein frisch gepflügtes Feld aus. Und die Sterne waren die Saatkörner." Daran schließt sich Ritas Stimme an: „Alles, was geschehen ist, bekommt seinen Sinn. Ein Bauernsohn pflügt den Himmel und zerstreut die Sterne als Saatkörner über ihm. Wird unser bisschen Menschenwärme der Kälte des Kosmos standhalten können?" (1:22–3). Gagarins und Ritas Worte werden hier so miteinander verknüpft, dass Ritas Worte gleich einem Gelöbnis klingen, für die Verwirklichung der sozialistischen Utopie zu leben und zu arbeiten. Gleichzeitig deutet ihr Teil des Monologs Zweifel an, ob solch

Die geteilte Heimat

ein Unternehmen erfolgreich sein kann, ob es gegen die ‚Kälte' Bestand haben wird.

Manfred seinerseits glaubt nicht (mehr) an (sozialistische) Utopien oder an gemeinsame menschliche Anstrengungen. Er sieht das Leben als einen Zufall und „de[n] Ort der Geburt an kein Gesetz gebunden" (0:53) – eine Ansicht, die in einen schroffen Gegensatz zu Ritas zunehmender Verwurzelung am Ort ihrer Geburt, der DDR, gesetzt wird. Manfred sieht lediglich die „Propaganda", die auf den Raumflug Gagarins folgen wird (womit er freilich auch Recht hat). Der wahre Unterschied, wenn man so will, liegt in Manfreds Nicht-Mehr-Glauben-*Wollen* an die gesellschaftliche Utopie: „Ich bedaure nur die Unmaße an Energie und Illusion, die an Unmögliches verschwendet wird" (1:23f), so lautet sein Fazit. Er glaubt nicht, dass „Menschlichkeit" eine verlässliche Größe sei, im Gegensatz zu „Habsucht, Eigenliebe, Misstrauen"; „abschminken" müsse man sich „die Töne und Phrasen, die großen Gefühle" (1:24–5).

Es ist dies folgerichtig die Szene, die seiner Ausreise nach Westberlin vorangeht, und die Ritas folgende Entscheidungssituation visuell vorweg nimmt. Dies geschieht in einem Gespräch, das zwischen Rita, dem Werkleiter Wendland, der als pragmatische, sympathische Figur dargestellt wird, und Manfred stattfindet. Die drei Figuren, auf einer Wiese sitzend, sind so von der Kamera eingefangen, dass sie wie in einem Dreieck positioniert erscheinen, wobei Rita zwischen den beiden Männern, und damit symbolisch gesehen zwischen Ost (Wendland) und West (Manfred), sitzt. Die beiden Männer diskutieren, Manfred stellt provokante Fragen, die Wendland nachdenklich-tastend zu beantworten versucht. Manfred steht schließlich auf und geht fort, Rita bleibt zusammen mit Wendland zurück, die Entscheidung ist getroffen.

Durchlässigkeit des Raumes

Wie die Analyse bislang verdeutlichte, setzt Wolfs Film auf einen starken visuellen Kontrast zwischen Fragmentierung/Begrenzung des Raums einerseits und Bewegung/Unbegrenztheit andererseits. Eine mögliche Lesart dieser ästhetischen Struktur wäre, Rita Seidels Heimatsuche bzw. ihren

Lernprozess als eine Suche im komplexen Spannungsfeld aus Freiheit, Sich-Bewegen-Können und einem unvermeidlichen An-Grenzen-Stoßen zu interpretieren.[17] Dann wären es die Grenzen, und nicht die Möglichkeiten, die letztendlich definierten, wie und wo Rita ihr Leben leben wollte. Solche Sichtweise würde jedoch vernachlässigen, dass es dem Film eigentlich darum geht zu zeigen, dass Rita im Geflecht (bzw.: im Chaos) der verschiedenen Raumfragmente, die gleichzeitig ihre Lebensbereiche darstellen (ihre Arbeit in der Fabrik, ihr Studium, ihre Beziehung zu Manfred), einen Weg zu sich selbst findet. Das heißt dann auch, die Fragmente zu einem Ganzen, zu einem vollständigen Leben mit einer stabilen Mitte zu verbinden. Es geht darum, „[ü]ber die Dekonstruktion [des Raumes] [...] zu einer Synthese zu kommen, zu einem Ganzen als Bild und Gedanke" (Jacobsen/Aurich 296). Der Film leistet dieses ‚Finden der Mitte': diese wird z.B. in der Parallelführung bestimmter Linien verdeutlicht. So fängt die Kamera beispielsweise *zwei* Wipfellinien aus Pappeln ein, die aus starker Untersicht gegen den Himmel gezeigt werden; ein anderes Mal sieht man parallel nebeneinander stehende, halbfertige Waggons in der Fabrikhalle, die in einer Perspektive mit einem sich verjüngenden Fluchtpunkt eingefangen sind. Jacobsen und Aurich sehen darin eine im Film verwirklichte Perspektive, „die – obwohl statisch – eine Bewegung in sich birgt, hin zum Horizont, wo sich die Parallelen [...] berühren." (296) Damit markieren die leitmotivischen Bilder einerseits einen Trennstrich und andererseits einen Ort, an dem sich möglicherweise wieder etwas zusammenfügt. Die gesuchte „Mitte" ist auf diese Weise eine „dramaturgische Achse", denn „hier liegt – in den Bildern wie auch in der Rede – der Schwerpunkt der Balance" (ebd.).

Eine weiterer Aspekt, welcher die Suche nach der Mitte bzw. nach der Synthese in filmästhetischer Hinsicht verdeutlicht, ist etwas, das man mit

---

17 Anhaltspunkt für solche Lesart gibt beispielsweise Renate Rechtien (2010): „The transport images, which are one [...] leitmotif [...] have the function to portray the GDR as a progressive, modern state. At the same time, the many borders and barriers that pervade the [...] space suggest that in contrast to travel and freedom across boundaries, the topography of GDR socialism is pervaded by barriers and boundaries that imprison and confine the individual" (487).

Die geteilte Heimat

‚Durchlässigkeit' der Räume bezeichnen könnte. Bei aller Fragmentierung und Begrenzung, die der Film betont, besitzen die Räume dennoch eine gewisse Porosität – und müssen es auch, um Ritas Lernprozess sowie jene ‚grundsätzliche Offenheit der Erkenntnis' (s.o.) überhaupt zu ermöglichen. Das Denkbild von der Durchlässigkeit der Räume wird durch die im Film häufig angewandten Montagetechniken erzeugt, wozu im Folgenden einige Beispiele beschrieben werden sollen.

So gibt es im Mittelteil des Films eine Sequenz, in der ein Gespräch zwischen Rita und ihrem Mentor Schwarzenbach und ein Gespräch zwischen Rita und Manfred durch eine Montage miteinander verknüpft sind (0:59ff). Beide Gespräche finden an unterschiedlichen Orten und zu unterschiedlichen Zeiten statt, durch schnelle Schnitte zwischen den drei Figuren wirken sie jedoch wie ein einziges Gespräch. Die Äußerungen aus beiden Gesprächen sind in einer Weise aufeinander bezogen, dass Rita als eine Art Fragestellerin und Moderatorin erscheint, während Manfred und Schwarzenbach jeweils auf Ritas Gedanken reagieren, sich mit dem Gesagten aber auch aufeinander beziehen. In dem/n Gespräch/en geht es um einen Kommilitonen Ritas, der die Atmosphäre in ihrer Studiengruppe negativ beeinflusst, denn er ist ein Dogmatiker, „der alle Zitate auswendig kennt". Während Schwarzenbach Rita rät, nicht den Mut zu verlieren und gegen solche „Spießer" anzukämpfen, da sie „uns schaden", rät Manfred Rita zu Passivität: sie solle sich heraushalten und Schwarzenbach „so viel kämpfen lassen, wie er wolle".

In einer anderen Sequenz werden neuerlich zwei Gespräche, diesmal zwischen Rita und ihrem älteren Kollegen Meternagel sowie zwischen Manfred und dem Werkleiter Wendland, montageartig miteinander verknüpft (0:46ff). Diese beiden Gespräche finden gleichzeitig, im selben Raum und zur selben Zeit statt, konkret in einem Ballsaal, in dem eine Festveranstaltung des Waggonwerks stattfindet. Beide Gesprächspaare sitzen vor sich gegenüberliegenden Wänden, die jeweils mit Spiegeln ausgekleidet sind. Der Film schneidet zwischen den beiden Gesprächen parallel hin und her; während die Kamera auf einem Gesprächspaar ruht, ist das andere in den Spiegeln im Hintergrund weiterhin sichtbar. Durch diese Technik werden beide Gespräche mittelbar aufeinander bezogen und bilden eine Art Wettstreit um Weltanschauungen – Meternagel erzählt Rita aus seinem Leben als kommunistischer Kämpfer, Manfred und Wendland erörtern philosophische Fragen. Die Sequenz etabliert einen Gegensatz zwischen dem Leben im Hier und Jetzt (Meternagel) und der zunehmenden Entfremdung von dieser Gegenwart (Manfred). Äußerungen aus den Gesprächen lauten z.B. wie folgt. Manfred: „Sie werden doch nicht bestreiten, dass sich die Geschichte auf Gleichgültigkeit gründet"; Meternagel: „Hinterhof, fünf Jungs. Vater war gefallen, Mutter hat Wäsche gewaschen"; Manfred: „Leiten wir nicht aus den Zufälligkeiten der Geschichte zu viele Forderungen an uns selber ab?"; Meternagel: „Wir haben die Macht, das verstand ich. Sie setzten mich dann auch auf einen leeren Instrukteursstuhl. Das war die letzte ruhige Minute in meinem Leben. [...] Und inzwischen haben die jungen Leute in aller Ruhe so viel gelernt, wie sie brauchen, um mich abzulösen"; Manfred: „Sie werden doch nicht bestreiten, dass die Entstehung des Lebens auf der Erde ein kosmischer Zufall ist."

Beide Sequenzen, die Gesprächsmontage Rita-Manfred-Schwarzenbach und der ‚Wettstreit' der Gesprächspaare in gegenseitiger Reflektion (Spiegelung), bilden jeweils Räume, in denen Ritas Lernprozess stattfindet. Schwarzenbachs Ermutigungen (insbesondere auch ihrer ‚Empfindlichkeit' gegenüber Dogmatikern) sowie Meternagels Lebensgeschichte helfen ihr, die Gegenwart und ihre eigene Position in dieser Gegenwart besser zu verstehen. Gleichzeitig wird Rita mit Manfreds zunehmendem Desinteresse und seiner Entfremdung von der sozialistischen Gesellschaft in der DDR konfrontiert. Die filmischen Montagen verdeutlichen jeweils Ritas Bewegungsfreiheit in und zwischen den Gesprächen, und damit zwischen unterschiedlichen Sichtweisen auf das Leben.

Eine dritte aufschlussreiche Montage findet in einer Sequenz Anwendung, in der Rita mit einer Kommilitonin in einem Café sitzt und sich über die Flucht von deren Vater in den Westen unterhält (1:01ff). Parallel wird ein Gespräch zwischen Manfred und einem Arbeitskollegen gezeigt, die sich über die Vorzüge des wissenschaftlichen Arbeitens im Westen unterhalten. Erst nachdem die Kameraposition wechselt, und die beiden Männer aus einer anderen Perspektive zeigt, bemerkt der Zuschauer, dass sie in dem gleichen Café wie die beiden Frauen sitzen. Auch hier wird, nach dem Wechsel der Kameraposition, eine (retrospektive) Bezogenheit der beiden Gespräche aufeinander vermittelt. Während Rita ihrer Kommilitonin rät, den Vater auf dessen Arbeitsstelle nicht mehr mit Krankmeldungen zu decken, sondern „ehrlich alles zu sagen", erwärmt sich Manfred immer mehr für ein Arbeiten in Westdeutschland.

Die Durchlässigkeit der Räume illustriert somit Rita Seidels Lernprozess in dem Sinne, dass sie im Gespräch und im Gedankenaustausch mit anderen die Dinge, die ihr wichtig sind, kennen- und verstehen lernt und diese schließlich auch artikulieren kann. Des Weiteren stellt die Durchlässigkeit der Räume die Verbindung zwischen Ritas Gedankenwelt und der realen Erlebniswelt her. Dies ist nicht nur wichtig für das Gelingen der dramaturgischen Grundkonstruktion des Filmes, sondern auch ein Schritt hin zum Finden jener Mitte, der wiederum als Handlungsmoment für Ritas Heilungsprozess wichtig ist. So verbindet beispielsweise die Sequenz zum Raumflug Gagarins, in welcher die Worte des Kosmonauten und die Ritas ineinander übergehen, die Sphäre der Wirklichkeit mit der Sphäre der Utopien und Ideale – eine Sphäre, die Rita hier bewusst in ihre Gedankenwelt einschließt. Ein weiteres Beispiel ist ein Dialog zwischen Rita und Schwarzenbach (1:33). Dieser Dialog beginnt als ein Voice-Over während Bilder der Stadt zu sehen sind, bevor die beiden Figuren vom rechten Bildrand her quasi in die Szene hineintreten. Im weiteren Verlauf des Dialogs berichtet Rita Schwarzenbach von ihrem Besuch in Westberlin. Sie ist nun, in dieser letzten längeren Sequenz des Films, die aktive (d.h. auch hörbare) und wissende Erzählerin ihrer Geschichte; Gedanken- und Erlebniswelt sind jetzt einander durchlässig geworden.

Rita Seidels Entscheidung für die Heimat

Um aber zur Ausgangsfrage zurückzukehren: wie und wo kann Rita in diesem komplexen Gefüge aus Be- und Entgrenzung, aus Fragmentarischem und Durchlässigem ihre Heimat finden? Wo in Rita Seidels Geschichte ist die ordnende „Mitte" im Chaos? Die Welt, die sie als *ihre* Welt kennenlernt, die sozialistische Gesellschaft der DDR, schält sich mehr und mehr als ihre Heimat heraus.

Der letzte Schritt in diesem Prozess ist Ritas Besuch in Westberlin. Sie entscheidet sich, nicht bei Manfred zu bleiben, sondern in die DDR zurückzukehren. Auffällig ist, dass die Szenen in Westberlin starke Stereotype aufweisen, die der Film andernfalls vermeidet. Der Westen erscheint als eine helle, sonnige, gediegene Welt, die von Konsum und Vergnügen gekennzeichnet ist. „Aber schließlich läuft doch alles auf Essen und Trinken und sich Kleiden und Schlafen hinaus" (1:34); und: „Vieles gefällt einem, aber man hat nicht die rechte Freude daran, man ist auf schreckliche Weise allein" (1:35), so schildert Rita, nun als Erzählerin ihrer Geschichte, ihre Erfahrungen in Westberlin. In einer Einstellung werden Rita und Manfred vor einem übergroßen, weißen Persil-Werbeplakat stehend gezeigt (1:38). Persil, Sauberkeit, Reinheit, das sind bis heute Inbegriffe westlicher Konsum-Kultur. In einer anderen Szene essen Rita und Manfred im berühmten Café Kranzler auf dem Berliner Kurfürstendamm, einem weiteren Inbegriff (damaligen) westlich-modernen Schicks und Mondänität (1:35–7). Dort ist ebenfalls alles steril und weiß, die Kellner fast unsichtbar, das Essen wird aus silbernen Schalen gereicht. Später sieht man Rita und Manfred auf einer Bank vor einem modernen Bürohaus mit hunderten von Glasfenstern sitzen (1:39), Kleinbürgerlichkeit blüht um sie herum: der müßige Spaziergänger, der seinen Mittagsschlaf auf der Bank hält, eine Frau, die einen Hund spazieren führt, eine andere Frau, die einen modernen Kinderwagen hin- und herschiebt. Größer und aufdringlicher könnte der Film den bildlichen Kontrast zwischen dieser Welt (auch das flackernde Neonlicht fehlt nicht) und der (graueren, dunkleren) Hallenser Welt mit der Waggonfabrik und den Arbeitern, den Maschinen, den Problemen und der Mühsal der Arbeit kaum darstellen.

Die Welt in Westberlin kann für Rita Seidel keine Heimat sein. Sie kehrt jedoch nicht allein aufgrund der Sterilität und Kälte, die sie dort empfindet, in die DDR zurück, sondern weil sie auch in den menschlichen, in den sozialen Beziehungen keine Heimat finden kann. Dies trifft insbesondere auf Manfred Herrfurth zu. Dieses Missverhältnis etabliert der Film bereits zu Anfang der Liebesgeschichte, als Rita in das Elternhaus von Manfred einzieht. Manfred zeigt ihr die Zimmer des Hauses mit den Worten: „Wohnsarg, Schlafsarg, Kochsarg". Alle Türen der Zimmer sind verschlossen und bleiben es auch. Es ist nicht nur, dass sie Rita dadurch keinerlei Möglichkeit bieten, sich in und zwischen ihnen zu bewegen, geschweige denn durchlässig erscheinen; die Assoziation mit dem Tod setzt diesen Ort darüber hinaus in starken Kontrast zu Leben, Heimat und Geborgenheit. Nicht zuletzt wird damit auf unbewältigte und unverarbeitete Belastungen aus der Zeit des Nationalsozialismus sowie auf die bürgerliche (soll heißen: nicht sozialistische) Lebensweise und -einstellung von Manfreds Eltern verwiesen. Manfred Herrfurths Elternhaus wird im Grunde als Vorstufe und als verkleinertes Abbild der Welt in Westberlin präsentiert.

Manfred Herrfurth, in sichtlicher Distanz zur Lebensweise seiner Eltern, ist wie Rita auf der Suche nach einer Heimat, nach einem Ort, an dem er leben möchte, dennoch findet er nicht dieselben Antworten auf die Fragen des Lebens, die Rita sich gestellt hatte (Wofür arbeitet man?, Wie will man leben?, Was ist wichtig im Leben?, Was ist es wert, Verantwortung dafür zu übernehmen?). Rita Seidel teilt ihre Antworten mit anderen Menschen: mit Schwarzenbach, Meternagel und Wendland, mit ihren Kommilitonen und ihren Arbeitskollegen. Sie kehrt deshalb aus Westberlin weniger an einen bestimmten Ort, sondern vielmehr zu einer bestimmten inneren Einstellung zurück, anders ausgedrückt zu bestimmten Werten und zu Menschen, die diese Werte teilen. Diese Werte beinhalten vor allem die Vorstellung, dass sich Anstrengungen für ein menschlicheres und besseres Leben und Arbeiten lohnen.[18] Rita entscheidet sich bewusst dafür, eine sozialistische Gesellschaft als ihre Heimat zu erkennen. Auch wird ihr die Bedeutung der sozialistischen Unternehmung immer stärker bewusst und damit auch ihre Aufgabe und Möglichkeiten in dieser Unternehmung. Heimat ist für Rita Seidel somit die Entscheidung, eine bestimmte gesellschaftliche Aufgabe wahrzunehmen, die ihr zugedacht ist und von der sie glaubt, dass *gerade sie* als einzelner Mensch für diese Aufgabe und für den Staat, die DDR, wichtig ist.[19] Eine klare Aussage des Films (und ebenso

---

18   Ritas Mentor Schwarzenbach drückt diesen Gedanken in einem Gespräch mit ihr wie folgt aus: „Wie gierig die Menschen nach Aufrichtigkeit sind. Schweres nicht in Leicht umwandeln, Dunkles nicht in hell, Vertrauen nicht missbrauchen – das ist das Kostbarste, was wir uns erworben haben" (1:40).
19   Paul M. Lützeler merkt hierzu an: „Dazu beitragen, die sozialistische Utopie zu realisieren, möchte auch Rita in Christa Wolfs *Geteiltem Himmel*. [...] Da sie zu wissen meint, wie wichtig ihr eigener Beitrag zur Realisierung der angestrebten

von Christa Wolfs Roman) ist, dass ohne das persönliche Engagement der Rita Seidels, Meternagels, Schwarzenbachs und Wendlands die DDR nicht hätte aufgebaut werden oder überleben können. Das Ideal von persönlichem Engagement und Verantwortung wurde auch in zahlreichen anderen Werken gestaltet, so zum Beispiel anhand solcher Figuren wie Marchwitzas Familie Hoff, Seghers' Robert Lohse und Richard Hagen, Maetzigs Kalle Buddenboom, Jakobs' Grit Marduk oder Bräunigs Hermann Fischer und Ruth Fischer – die Liste ließe sich fortsetzen. David Clarke (2010) merkt in diesem Zusammenhang richtig an, dass es allerdings immer nur einzelne Persönlichkeiten waren, dass es sich immer nur um individuelle Opfer handelte, nicht um Massenerscheinungen, durch welche die Idee von einer sozialistischen Gesellschaft am Leben gehalten wurde (137).[20] Das ließe letztendlich auch die Schlussfolgerung zu, dass solche „Weltordnung", an die *Der geteilte Himmel* glaubt, „sich erst dort beweisen [würde], wo sie nicht von der Güte des einzelnen abhängt, sondern diese Güte provoziert" (Jacobsen/Aurich 299).[21]

So folgerichtig und klar Ritas Entschluss ist, in die DDR zurückzukehren und dort ihr Heimat-Ideal von Engagement und Verantwortung zu leben, so brüchig ist dennoch dieses Ideal. Der Bruch liegt eben darin, dass Rita ein großes persönliches Opfer, die Trennung von Manfred, für

---

    gesellschaftlichen Ziele ist, will sie nicht mit Manfred in den Westen gehen" (272); und auch Feinstein stellt fest: „Rita experiences a sense of a shared higher mission" (135).

20 Im Original: „the prospect of an unalienated existence in a socialist community is kept alive only by the self-sacrificing commitment of individuals engaged at the site of collective industrial labor" (137)

21 Vgl. in diesem Zusammenhang auch Christa Degemanns Ausführungen, hier zu den Romanen von Anna Seghers: „[Richard Hagens] Arbeit zeigt, daß die Entwicklung der sozialistischen Produktionskräfte von mühseliger Überzeugungsarbeit abhängt" (75). Und: „Die Autorin [Anna Seghers] läßt keinen Zweifel daran, daß der Sozialismus in jenen [50er] Jahren in weitaus geringerem Maße im Bewusstsein der Bevölkerung verankert war, als dies die Partei es sich selbst hat glauben machen wollen" (ebd.).

Die geteilte Heimat

ihre Heimat-Entscheidung erbringen muss.[22] Anna Seghers hatte den Bruch zwischen einer universalen Qualität von Heimat und Heimat in einem speziellen politischen Kontext beschrieben (siehe Kap. 4) – dieser Bruch verläuft nun in *Der Geteilte Himmel* gewissermaßen schon mitten durch die Menschen hindurch. Wenn man sich Rita und Manfred als nur *einen* Menschen denken würde, dann wäre die Liebesbeziehung der beiden eine Art innerer Kampf verschiedener Charakterseiten miteinander. Manfreds Weggang in den Westen müsste dann als ein schmerzhafter Prozess des Ablegens von bestimmten Vorstellungen und Ideen interpretiert werden, wie auch als Verlust von etwas Gutem und Schönem, nämlich der ehrlichen Liebe zwischen zwei Menschen. Konrad Wolf verwies in einem Artikel im *Sonntag* (Februar 1965) auf das Schmerzhafte an dem Verlust Manfreds; er merkt an, dass die Darstellung der Figur vielerlei kritisiert wurde, „in der Richtung, sie sei zu positiv, zu sympathisch, man würde sich sozusagen zu schwer von Manfred trennen. [...] das [ist] eine bewußt konzipierte Wirkung, weil [...] Manfred ein Mensch ist, von dem wir uns, glaube ich, ungern trennen sollten" (zitiert in *Kopf und Herz* 103).

Jene ungebrochene Harmonie zwischen dem Ich und dem Wir (das glückliche und bruchlose Einfügen des Einzelnen in den größeren gesellschaftlichen Rahmen), die Winfried Junge in seinen frühen Golzow-Filmen festhalten wollte, und die Kurt Maetzig, Anna Seghers und Karl-Heinz

---

22 (a) Die Figur der Rita steht nicht allein in diesem Kontext, auch die Ingenieurin Kati Klee aus *Spur der Steine* (Roman: Erik Neutsch, 1964; Film: Frank Beyer, 1966/1989), der Landwirt Ole Bienkopp aus Erwin Strittmatters gleichnamigen Roman (1963), die Figur der Elisabeth aus Brigitte Reimanns Erzählung *Die Geschwister* (1963), die Kellnerin Maria Morzek aus Kurt Maetzigs Film *Das Kaninchen bin ich* (1965/1990), nicht zuletzt Katharina Riedl aus Seghers' *Die Entscheidung* (1959) und Ella Busch aus *Das Vertrauen* (1968) sind Figuren, die ihre Arbeit und ihre Familie, ihre Liebe oder gar ihr Leben opfern, um der höheren Sache willen.
(b) Die zeitgenössische Literaturkritik der DDR war sich der Sichtbarwerdung der gebrochenen Harmonie bewusst und interpretierte Figuren wie Rita Seidel dahingehend, dass sie um einer besseren Zukunft willen Schwierigkeiten und Härten auf sich nehmen müssten und dass in einer Gesellschaft, „die sich revolutionär umgestaltet", die tragischen Momente in der Literatur „notwendige Einbeziehungen" sind (Röhner, *Arbeiter* 126–7).

Jakobs ihrerseits bereits in Frage gestellt hatten, diese Harmonie versteht *Der Geteilte Himmel* als etwas, das nur unter dem Erbringen von Opfern aufrecht zu erhalten ist, ja im Grunde nur (noch) eine Illusion ist. Wenn ein Mensch jedoch in seiner Heimatentscheidung bestimmte individuelle Charakterzüge, -wünsche, und -vorstellungen aufopfern *muss*, dann kann Heimat kein einheitliches, ganzes Gebilde mehr sein, dann wird sie brüchig und verletzbar. Dem gegenüber stand das Versprechen jener ‚glücklichen Sinngewissheit', in der sozialistischen Gesellschaft die bessere Alternative und damit die menschlichste Heimat zu besitzen. Diese Sinngewissheit ist auch in *Der Geteilte Himmel* vorhanden, aber in die Geschichte ist bereits die Skepsis eingewoben. Die Gefahren, denen das Gelingen eines sozialistischen Gesellschaftsexperiments ausgesetzt ist, werden (in Wolfs Film im wörtlichen Sinne) sichtbar gemacht.

KAPITEL 8

„Es liegt an uns".[1] Werner Bräunigs Romanfragment *Rummelplatz* (2007)

Der Schriftsteller Werner Bräunig und sein Romanprojekt

In der ersten Hälfte der 60er Jahre wurden die Weichen für die weitere Entwicklung der sozialistischen Gesellschaft auf lange Zeit gestellt. Auf eine Phase offensiver politischer und philosophischer Haltung, die sich in den künstlerischen Werken widerspiegelte, folgte zum Ende des Jahrzehnts eine Wendung zur Verinnerlichung und zur Abkehr von unmittelbar tagespolitischem Geschehen. Werner Bräunig wurde zu einem der wichtigsten Protagonisten dieser Entwicklung. Auf der 1. Bitterfelder Konferenz, im Jahr 1959, hatte er mit seinem Appell „Greif zur Feder, Kumpel!" gewissermaßen die Phase der produktiven künstlerischen Auseinandersetzung mit der sozialistischen Gesellschaft der DDR eröffnet.[2] Das 11. Plenum des Zentralkomitees der SED des Jahres 1965 beendete diese Phase; es bedeutete für Bräunig wie auch für andere Künstler harsche Kritik und Angriffe auf ihre Arbeit seitens der (kultur-)politischen Führung, bis hin zu Verboten von Büchern und Filmen (s.u.).

Der Schriftsteller Werner Bräunig hatte mit seiner Biografie geradezu die Verkörperung des Bitterfelder Konzepts geboten: die Annäherung bzw. gegenseitige Durchdringung von Intelligenz und Arbeiterschaft.

---

1   *Rummelplatz* 548.
2   Zu Bitterfelder Konferenz/Bitterfelder Weg siehe Kapitel 5 dieser Arbeit.

Bräunig wurde 1934 in Chemnitz geboren, er kam aus einer Arbeiterfamilie und war u.a. Schweißer, Bergarbeiter und Papiermacher, bevor er 1955 Volkskorrespondent für die Zeitung *Volksstimme* wurde. Von 1958 bis 1961 studierte er am Literaturinstitut *Johannes R. Becher* in Leipzig, arbeitete sodann als dortiger wissenschaftlicher Mitarbeiter, ab 1967 als freier Schriftsteller.³ Ähnlich wie Anna Seghers in *Die Entscheidung* (1959) plante Bräunig ab Anfang der 60er Jahre einen die jüngsten geschichtlichen Entwicklungen umfassenden Roman, der beide deutsche Staaten beleuchten sollte. Er beschrieb ihn in einem Umfrageformular des Schriftstellerverbandes aus dem Jahr 1961 als „Entwicklungsroman junger Menschen, die heute etwa dreißig Jahre alt sind, von 1949 bis 1959. Geplant 600 Seiten" (zitiert in Drescher, *Träume* 635).⁴ Andernorts schrieb er, eine „Verquickung von Erziehungs- und Gesellschaftsroman" (*Notizen* 48) schaffen zu wollen um Probleme von „gesellschaftlicher und nationaler Spannweite" (*Vaterland*, o.S.) zu diskutieren. Der Arbeitstitel lautete „Der Eiserne Vorhang". Bis Anfang des Jahres 1963 war ungefähr die Hälfte des geplanten Romans geschrieben, ca. 300 Seiten lagen in Rohfassungen vor, wie Werkstattberichte und Vorabdrucke des VIII. Kapitels belegen können.⁵ Im August 1964 war der Roman auf ca. 380 Seiten angewachsen, Bräunig plante inzwischen mit zwei Bänden, die Jahre 1949 bis 1953 und 1954 bis 1960 umfassend. Ein Auszug aus dem IX. Kapitel wurde im *Neuen Deutschland* vorab veröffentlicht, weitere Vorabdrucke folgten in verschiedenen Zeitschriften und Zeitungen (Drescher, *Träume* 635).⁶ Im Umfragebogen des Schriftstellerverbands von 1964/65 gab Bräunig an, den ersten Band mit dem Arbeitstitel „Die Freiheit der Gefangenen" im

---

3   Vgl. die Lebensdaten Werner Bräunigs in *Rummelplatz* 752–3.
4   Dort entnommen aus: Akademie der Künste, Berlin. Literaturarchiv, Archiv des Schriftstellerverbands, Mappe Nr. 1200.
5   Vgl. Günter Ebert, „Ein Roman und seine Schwierigkeiten." / Bräunig, Werner. „Schritte im Vorzimmer." *Sonntag* 1 (1963): 9f. Das XIII. Kapitel nimmt in der vorliegenden Taschenbuch-Fassung des Aufbau Verlags die Seiten 210 bis 247 ein.
6   Das IX. Kapitel nimmt in der vorliegenden Taschenbuch-Fassung des Aufbau Verlags die Seiten 248 bis 261 ein.

„Es liegt an uns"

Frühjahr 1965 abzuschließen und sodann im Mitteldeutschen Verlag Halle zu veröffentlichen, mit dem bereits ein Vertrag vorlag (ebd. 636).⁷

Das Interesse und die Erwartungen an Bräunigs Roman waren aufgrund der zahlreichen Vorabdrucke und -besprechungen groß. Zu Lebzeiten des Autors (wie auch der DDR) wurde der gesamte Roman jedoch nie veröffentlicht.⁸ Aufgrund anhaltender intensiver Kritik, bereits vor und insbesondere nach dem 11. Plenum 1965, hatte Bräunig irgendwann im Zeitraum 1966/67 aufgehört, an seinem Werk zu arbeiten; im November 1967 wurde der Vertrag mit dem Verlag gelöst, ungefähr zum selben Zeitpunkt hörte auch Bräunigs Tätigkeit am Literaturinstitut auf.⁹

Der Autor hinterließ bei seinem Tod im Jahr 1976 zwei Fassungen des Romans, eine vorletzte und eine letzte, sowie Manuskriptfragmente und skizzierte Szenen. Man kann davon ausgehen, dass es sich bei der vorletzten Fassung um ein Rohmanuskript handelte, welches der Autor im November 1965 beim Mitteldeutschen Verlag abgegeben hatte. Die letzte vorliegende Fassung, die heute als Originalmanuskript bezeichnet wird, hatte Bräunig insbesondere sprachlich bearbeitet (trotz weitaus umfassenderer Kritik auf dem 11. Plenum, s.u.). Diese galt als verschollen, tauchte jedoch 1991 in der Ausstellung *Zensur der DDR* im *Literaturhaus Berlin* wieder auf.¹⁰ Sie trägt auf der ersten Seite den Titel *Rummelplatz* und umfasst im Manuskript 711 Seiten mit durchlaufender Seitenzählung. Dass Bräunig mit dem

---

7   Dort entnommen aus: Akademie der Künste, Berlin. Literaturarchiv, Archiv des Schriftstellerverbands, Mappe Nr. 1200.
8   Für den Sammelband über Werner Bräunig, *Ein Kranich am Himmel. Unbekanntes und Bekanntes*, den der Mitteldeutsche Verlag Halle 1980, vier Jahre nach Bräunigs Tod, herausgab, wurden einige Kapitel, insgesamt ca. 170 Seiten, ausgewählt und darin unter dem Titel *Rummelplatz* abgedruckt.
9   Ein Lektor, Freunde, ein guter Berater hätten Bräunig womöglich helfen können, den Roman dennoch, freilich in stark überarbeiteter Form, zu veröffentlichen. Aber dies ist aus vielerlei Gründen nicht geschehen. „Werner Bräunig ist meiner Meinung nach an diesem Konflikt zugrunde gegangen", so Christa Wolfs Einschätzung (*Erinnerungsbericht* 265). Der Autor verstarb, vermutlich durch übermäßigen Alkoholgenuss, im Jahr 1976 mit 42 Jahren.
10 Vgl. Angela Drescher, „Editorische Notiz." In: *Rummelplatz*, 754–65, hier 754–5 und 760–1.

Gesamtkonzept seiner Geschichte noch nicht zum Ende gekommen war, bezeugen Inkonsistenzen in der Kapiteleinteilung und -reihenfolge, einige widersprüchliche bzw. doppelt erzählte Szenen, Brüche in der Figurenlogik sowie unterschiedliche Varianten bestimmter Handlungsabläufe.[11] Auf Grundlage der letzten Fassung wurde *Rummelplatz* nach „behutsame[r], aber beherzte[r] Rekonstruktion" im Jahr 2007 im Aufbau-Verlag Berlin veröffentlicht (Drescher, *Notiz* 754–5). Auf dieser vervollständigten Fassung basiert die folgende Analyse.

Die Offenheit des Versuchs

Rummelplatz spielt zwischen den Jahren 1949 bis 1953 in einem Bergbaubetrieb der Wismut AG in dem fiktiven Ort Bermsthal im Erzgebirge (im Südosten der ehemaligen DDR) sowie in einer Papierfabrik in derselben Region.[12] Die Lebenswege von vier jungen Menschen, Christian Kleinschmidt, Peter Loose, Ruth Fischer und Nickel, werden nachverfolgt. Dass Seghers' Werk offenbar einen starken Einfluss auf Bräunig hatte, bezeugen u.a. die Namen der Hauptfiguren – Peter Loose (Bräunig), Robert Lohse (Seghers) –, die episodische Struktur, die parallelen Handlungsstränge in Ost und West einschließlich der Flucht der Werkleitung in den Westen (bei Bräunig die Leitung der Papierfabrik, bei Seghers die des Werks in Kossin) sowie der allgemeine Vergleich zwischen

---

[11] Dasselbe gilt auch für die vorletzte Fassung des Romans, einschließlich des Titels *Rummelplatz*. Vgl. Angela Drescher, „Editorische Notiz" 758 und 764.

[12] *SDAG Wismut* (Sowjetisch-Deutsche Aktiengesellschaft) war ein Bergbauunternehmen, das sich zwischen 1946 und 1990 zum weltweit größten Produzenten von Uran entwickelte. Das auf dem Territorium der Sowjetischen Besatzungszone und DDR an Standorten in Sachsen und Thüringen geförderte und aufbereitete Uran war die Rohstoffbasis der sowjetischen Atomindustrie. Vgl. *Die Wismut GmbH*. Web. 20.10.2013. <http://www.wismut.de/de/altstandorte_geschichte.php>.

den beiden Systemen. Auch Bräunig bettet die Handlung in den Kontext konkreter geschichtlicher Ereignisse ein, z.B. die Gründung der DDR 1949, der Moskauer Ärzte-Prozess 1952/53, die Anschuldigungen gegen den jugoslawischen Politiker Tito Anfang der 50er Jahre sowie der Arbeiteraufstand am 17. Juni 1953, welche anhand der Entwicklung der einzelnen Figuren repräsentativ verfolgt werden.

Bräunig formuliert in seinem Roman den Appell – ‚Es liegt an uns', ob das sozialistische Gesellschaftsexperiment glücken kann; damit rückt er die Verantwortung des Individuums, für sich selbst wie auch für seine Gesellschaft, in den Mittelpunkt. Heimat sieht er damit, wie bereits bei Konrad Wolf und Anna Seghers beobachtet, im Menschen selbst sich konstituierend und damit auch vom Menschen ausgehend. Der Mensch macht sich die Gesellschaft zu seiner Heimat, nicht umgekehrt. 1964 hatte Bräunig sein Konzept wie folgt beschrieben: „Die vier jungen Leute suchen, jeder auf seine Weise [...] ein Vaterland – jeder auf seine Weise müssen sie erfahren, daß man sein Vaterland nicht irgendwie findet, sondern daß man es bauen, daß man sich engagieren muss" (*Vaterland*, o. S.).

Heimatsuche ist in Bräunigs Verständnis selbstständiges, aktives und kritisches Gestalten der Umwelt des Menschen, ist auch langwierige und schmerzensreiche, aber ebenso erfüllende Auseinandersetzung mit politischen und sozialen Gegebenheiten – ausgehend von und reflektierend auf die Erwartungen und Wünsche des Individuums. Die Frage lautet demnach weiterhin: Wie verhalten sich individuelle Wünsche und Lebensvorstellungen der Menschen zu gesellschaftlichen Angeboten und Anforderungen? Inwiefern können zwei Pole – das Lebensglück und die Heimatsuche des Menschen und die übergeordneten kollektiven Gesellschaftsziele – in Harmonie bzw. in eine produktive Auseinandersetzung gebracht werden, oder auch nicht? Wo entsteht ein Bruch in diesem Gefüge, wie ihn z.B. Seghers und Wolf gesehen hatten?

Werner Bräunigs spezieller Fokus liegt auf dem Weg hin zur Heimat, nicht auf dem Ziel selbst (ähnlich Konrad Wolfs „paths of discovery"). „Unterwegssein, das war alles" (*Rummelplatz* 97) ist das Leitmotiv, welches der Autor für seinen Roman daraus ableitet. Ein Zitat des Naturwissenschaftlers Carl Friedrich Gauß (1777–1855), welches er im Roman anführt, lautet: „Es ist nicht das Wissen, sondern das Lernen, nicht das Da-Sein, sondern das Hinkommen, nicht das Besitzen, sondern das Erwerben, welche mir immer Freude gemacht haben" (ebd. 540). Was wie ein simpler Sinnspruch anmutet (das Zitat hängt an der Wand im Büro einer Parteisekretär-Figur), ist ein Kommentar über das ständige Unterwegssein des Menschen, welches Bräunig wichtig ist, über das immer neue Erarbeiten von Heimat(en), und über die Tatsache auch im Unterwegssein, in der Suche selbst eine Heimat finden zu können.[13] Der Kernpunkt des Heimatkonzepts in *Rummelplatz* ist nicht zuerst die sichere Ankunft, sondern die Gewissheit und die Versicherung, immer unterwegs sein zu können, immer weitergehen zu können.

Der Autor überprüft dieses Konzept des Vorwärtsgehens, des Unterwegssein-Könnens für beide deutsche Staaten. Wiewohl er den Sozialismus für die bessere und menschlichere Lebensform hält, diskutiert er die beiden gesellschaftlichen Alternativen, die sozialistische und die kapitalistische, auf einer gleichberechtigten Ebene. Gleichberechtigt bedeutet hier, dass beide Gesellschaftsformen als gleichwertig überlegungs- und diskussionswürdig behandelt werden, dass ihre jeweilige Existenz mit ihren politischen und sozialen Ausformungen – positiven wie negativen – untersucht wird.[14] Möglicherweise stellte dieser Umstand – und nicht so sehr die ‚anarchistischen' und ‚pornografischen' Züge, für die der Roman 1965 vordergründig kritisiert wurde – sogar die größere Tabuverletzung dar. So lässt Bräunig beispielsweise zwei in Westdeutschland lebende Figuren, den Journalisten Martin Lewin und den Verleger Vitzthum den Umstand diskutieren, dass eine Arbeiterin am Verpackungsautomaten

---

13   Joisten (2001) hat diesen Ansatz als „Sehn-Suche" des Menschen beschrieben, wobei sich der Mensch „in eine[r] lineare[r] Ausrichtung in der Horizontalen" auf eine unendliche Suche nach sich selbst und seiner Heimat begibt (*Heimat der Philosophie* 206; siehe Kap. 1).

14   Dem ästhetischen Einwand von André Hille in diesem Zusammenhang kann man allerdings zustimmen: „Jeden Satz scheint Bräunig mit jeder Faser seines Körpers erlebt zu haben, das macht die ungeheure Authentizität seiner Sprache aus. Immer da, wo er versucht, fern von sich zu schreiben – etwa bei den Passagen, die im Westen spielen – ist er am schwächsten." Hille, André. „Die konkrete Utopie." *literaturkritik.de* Nr. 4, April 2007. Web. 22.10.2013. <http://www.literaturkritik.de/public/rezension.php?rez_id=10562&ausgabe=200704>.

in den Persilwerken in Düsseldorf (Westdeutschland) im Grunde die gleiche Arbeiterin sei, die „am Fließband, Glühlampenwerk Ostberlin, Arbeiter-und-Bauern-Staat" sitze (*Rummelplatz* 476). Dort wie hier müsse die Frau acht Stunden am Tag, sechs Tage in der Woche schwere Arbeit verrichten, für ihre Familie sorgen, mit schwierigen finanziellen und Wohnverhältnissen zurechtkommen. Der Unterschied bestehe „lediglich" zwischen dem kapitalistischen Direktor in Düsseldorf und dem volkseigenen Direktor in Ostberlin, welcher allerdings aufgrund seiner Position ebenso diverse Annehmlichkeiten wie ein Auto oder ein eigenes Haus erhalte (ebd. 477). Mit diesen Beobachtungen verweist der Roman darauf, dass das bloße Verändern der Rahmenbedingungen bzw. gar das bloße Ändern von Titeln und Benennungen den Sozialismus noch nicht lebenswerter als den Kapitalismus macht. Die Tatsache, dass dort alle Brot genug haben, dass genug „Wegzehrung für die Reise" da ist – dies lässt die Frage danach, ob der „Weg zwischen Leben und Sterben gangbarer" und der „Tod geringfügiger" sei, noch nicht mit einem ‚Ja' beantworten (*Rummelplatz* 347–8). Bräunig deklariert deshalb die Verantwortung des Einzelnen für die Möglichkeit des Veränderns und Verbesserns gesellschaftlicher Zustände als überlebenswichtig. Die Möglichkeit für diese Verantwortung sieht Bräunig im östlichen Teil Deutschlands, in der DDR gegeben, und er interpretiert sie als nationale Aufgabe, als Auftrag an den Einzelnen: ‚Es liegt an uns'. Auch die Möglichkeit für eine ständige Vorwärtsbewegung bzw. ein Unterwegssein sieht Bräunig eher in der DDR angesiedelt. Dies setzt er in den einzelnen Handlungssträngen um; zahlreiche Kapitel und Textabschnitte, die in der DDR spielen, beinhalten eine Art von Bewegung, wie Auto- und Zugfahrten, Wanderungen, Arbeitsvorgänge, Reisen, Geschehnisse auf dem Rummelplatz. Für die BRD interpretiert der Autor die Möglichkeit der Bewegung als bereits eingeschränkt und stagnierend; zahlreiche Szenen sind in Innenräume verlagert, wie z.B. in Büros, Konferenzzimmer, Restaurants, Wohnhäuser.

In einem Gespräch zwischen Lewin und Vitzthum über die Befindlichkeiten im westlichen Teil Deutschlands heißt es außerdem: „Immer nur Selbstgespräch [...], nur Laues und Halbes immer, und nur zaghafte Zeichen, und immer nur alles außer: hingehen, etwas Wirkliches tun" (*Rummelplatz* 466). An anderer Stelle heißt es über die Figur Irene

Hollenkamp, eine im Rheinland lebende Cousine der Hauptfigur Christian Kleinschmidt, dass alles in ihrem Leben an ihr vorbeiginge – ihr Studium, ihre Verlobung, ihre familiären und beruflichen Aktivitäten und Pläne –, dass sie jedoch weder etwas vermisse, noch etwas vom Leben erwarte (ebd. 463–44). Das Leben von Irene Hollenkamp, einer jungen Frau, wird als ein Stillstand beschrieben, ja als etwas Banales, gar Belangloses. Dem gegenüber steht bspw. die Geschichte der jungen Arbeiterin Ruth Fischer in Bermsthal, deren Lebensmotto „immer unterwegs sein, ‚auf dem Wege'" lautet (ebd. 430).

Bräunig entwickelt in seinem Roman eine Sichtweise auf Westdeutschland als einer Gesellschaft, in der das „Leben in geschlossene Räume" verlagert scheint (ebd. 470), in denen es keine Fortbewegung mehr gibt und in denen Verantwortung für die Gesellschaft mithin obsolet ist. Im Hinblick auf eine Alternative konstatiert Martin Lewin, dass, wenn es die geschlossenen Räume gebe, dann müsse es auch „das Andere geben, jenseits der Angst, jenseits des Vergeblichen", dann müsse es „die Umkehrung geben" (ebd.). Das ‚Andere' sieht Bräunig in der sozialistischen Gesellschaft als Möglichkeit verankert. Er zeichnet diese Gesellschaft als eine Alternative, die sich durch ihre grundsätzliche Offenheit auszeichnet. Diese „Offenheit des Versuchs", wie Greiner es nennt (107), korrespondiert mit Bräunigs Auffassung von der Heimat als einem Weg, als einer Garantie des Unterwegssein-Könnens.[15] Die sozialistische Gesellschaft als grundsätzlich offene Gesellschaft, in der jeder Einzelne die Garantie hat, immer auf der (Heimat-)Suche sein zu können und in dieser Suche einen Sinn für das eigene Leben zu finden sowie Werte für andere, nachfolgende Leben und Generationen schaffen zu können, und dies alles „um einer besseren Welt willen, in der [man] [...] vielleicht selbst nicht mehr heimisch werden kann", das ist Bräunigs *Idee* von einer sozialistischen Heimat (*Rummelplatz* 180). Aus dem Roman spricht eine Art verzweifelte Wut (als Pendant zur Trauer,

---

15 Dabei beruft sich Bräunig auch auf Karl Marx. In einem theoretisch-philosophischen Abschnitt des XVIII. Romankapitels über den Sozialismus als Staatsform heißt es: „Marx hielt viele Formen der Vergesellschaftung für möglich und sprach von einem Prozeß" (549).

„Es liegt an uns"

die Seghers' Gesellschaftsromane vermittelten), dass diese Idee aufgrund von Borniertheit, Gleichgültigkeit und staatlichen Kontrollzwängen nicht in die Realität umgesetzt werden konnte (s. u.). Bräunig entwirft damit auch die Harmonie zwischen dem Einzelnen und der Gesellschaft nur noch als ein Ideal, das nicht mehr einholbar ist.

Den Vergleich zwischen DDR und BRD stellt Bräunig auch für den Umgang mit der faschistischen Vergangenheit an. Er kritisiert das in der BRD entwickelte Modell der *Stunde Null* (gemeint ist das Jahr 1945, die Zeit nach dem Ende des 2. Weltkrieges) als eine Denkweise, die die Vergangenheit ignoriert, und damit auch vergangenes Leben und Verbrechen, die mithin bereits am Anfang ihrer Entwicklung stagniert. Im VI., einem der im Westen handelnden Kapitel, heißt es in diesem Zusammenhang:

> Es war klar, daß man ganz neu anfangen musste, es war das Jahr Null, dieses Jahr fünfundvierzig, davor waren zwölf Jahre, die getilgt werden mußten, und noch weiter zurück war keine Vergangenheit. Es gab nur noch diese abendländische Ruinenlandschaft, durch die der Mensch irrt, allein, abgeschnitten von allen überkommenen Bindungen, von den Vätern. (150)

Das Abschneiden der Vergangenheit, das das *Stunde Null*-Modell befürwortet, wird im Text mit äußerst negativen gesellschaftlichen Konsequenzen bewertet. Ein Beispiel ist die Figur des Staatssekretärs Servatius, eine der Hauptfiguren der im Westen handelnden Kapitel. Dieser hat trotz verbrecherischer Vergangenheit weiterhin staatliche Ämter inne und besitzt seine Firma. Darüber hinaus wird sein Sohn, Hilmar Servatius, sein berufliches Erbe antreten, ohne Vergangenes, wie z.B. die durch die Firma durchgeführten Transporte von Juden ins Konzentrationslager, zu hinterfragen. Dieses singuläre Beispiel für die *Stunde Null*-Mentalität erweitert Bräunig zu einer allgemeinen Kritik an der westdeutschen Gesellschaft und Öffentlichkeit, indem er das Wegschauen und Augen-Verschließen vor der Vergangenheit als breitflächige Erscheinung beschreibt.

Sie beginnt bei der ehemaligen Mitarbeiterin, Geliebten und Mitwisserin von Servatius sr., die ihn deckt, bis hin zur Verlobten von Servatius jr., Irene Hollenkamp, die ihrerseits keinen Anlass sieht, *irgendetwas* in ihrem Leben zu hinterfragen (s.o.). Bräunig verweist damit auch darauf, dass die (westdeutsche) Öffentlichkeit den Verbrechen aus dem Zweiten Weltkrieg womöglich gleichgültig gegenübersteht. Dies bestätigt die Reaktion der Öffentlichkeit auf die Veröffentlichung eines Buches von Martin Lewin über Kriegsverbrechen. Darüber heißt es im XVI. Kapitel: „ein paar werden gackern, und ein paar werden gähnen, und sechzig Millionen werden gerade etwas anderes zu tun haben, und es wird rein gar nichts passieren, das ist es" (468). Die politische Lethargie und die *Stunde Null*-Mentalität im westlichen Deutschland werden in ein Tagesgeschehen eingebettet, das als konsum- und unterhaltungsorientiert charakterisiert wird, darin stimmt Bräunig vollkommen mit Seghers' und Wolfs' Darstellungen überein. Es gehe, so heißt es in *Rummelplatz*, im westdeutschen Alltag vor allem um die „kleinen Komödien und die kleinen Intrigen, den Drang nach Dingen, Beziehungen und Kenntnissen, die einen in Geld, Ruhm, Macht und Einfluß ausdrückbaren Wert besaßen" (265). Heimat wird in diesem Zusammenhang nicht als Vorwärtsbewegung oder als ein Weg begriffen, sondern als eine Art von Bequemlichkeit und Passivität, als ein Einrichten in jenen ‚geschlossenen Räumen'. Die *Stunde Null* ist somit nicht eigentlich ein neuer Anfang, sondern bereits ein Stehenbleiben.

Beim Umgang mit der Vergangenheit in der DDR schildert Bräunig zwei bestimmende Aspekte. Zum einen ist dieser Umgang durch das Bewusstsein älterer kommunistischer Kämpfer und Parteifunktionäre gekennzeichnet, wie z.B. der Figuren Paul Zacharias oder Herrmann Fischer. Diese Figuren haben ihre Vorgänger in den Parteisekretären Preißler und Leitner aus Marchwitzas Roman, in Seghers' Richard Hagen, in Wolfs Rolf Meternagel oder auch in Kurt Maetzigs Kalle Buddenboom (siehe vorherige Kap.). Auch Bräunig gestaltet mit seinen Figuren eine Kontinuität des kommunistischen Kampfes, die er dem Konzept der *Stunde Null*, d.h. dem Bruch mit der Vergangenheit, gegenüberstellt. Er sieht den Kampf idealerweise sowohl von den Alten als auch von den jüngeren Generationen fortgeführt, was er z.B. in den Figuren Herrmann Fischer und dessen Tochter Ruth gestaltet.[16] Auch der ältere Paul Zacharias will die symbolische Fahne

---

16   Aus der Sicht Herrmann Fischers heißt es z.B.: „Ob der Kampf schwerer geworden ist oder leichter, das kann wahrscheinlich niemand sagen. Aber anders ist er

des Kampfes von der jüngeren Generation übernommen wissen, denn für diese „war Ausgangspunkt, was für ihn immerhin Erreichtes war" (*Rummelplatz* 555). Die Kontinuität wird jedoch allerorten unterbrochen, jüngere Parteifunktionäre wie Nickel werden als dogmatisch geschildert, Herrmann Fischer erfährt einen gewaltsamen Tod während der Ereignisse des 17. Juni 1953.

Zum anderen sieht Bräunig den Umgang mit der Vergangenheit in der DDR durch ein konsequenteres „Enteignen von Kriegsverbrechern" kennzeichnet (*Rummelplatz* 477), sowie durch den Anspruch, der faschistischen Vergangenheit als Realität ins Gesicht zu schauen, d.h. sich bewusst(er) mit ihr auseinanderzusetzen, auch wenn er diesen Anspruch nicht durchgängig gestaltet.[17] Der Realität ins Auge zu schauen, das heißt auch (und dies gestaltet Bräunig allerdings im klaren Gegensatz zur Gesellschaft im Westen) zu akzeptieren, dass es zwischen Gestern und Heute keinen klaren Trennungsstrich gibt. Die Menschen der Gegenwart sind dieselben wie während des Krieges, und das Leben geht einfach weiter: „[d]er Blockwart wurde Straßenbeauftragter mit Brotkartenmonopol, HJ-Turnlehrer Grasselt wechselte zur Antifa-Jugend und kommandierte bau-auf-bau-auf,

---

    geworden. Und man muß sich wohl darauf einstellen, daß das immer so weitergeht. Das Wichtigste ist immer, was noch zu tun ist. Ja, dachte er, was getan ist, ist getan, und es ist gut getan. Aber nun muß das nächste getan werden, besser als gut, darum geht es" (*Rummelplatz* 289).

17 Eine interessante Figur in diesem Kontext ist der Produktionsleiter der Papierfabrik, Louis Jungandres, aus Baden-Württemberg stammend. Der Leser erfährt, dass er ehemaliges Mitglied der NSDAP war (215), außerdem wird angedeutet (jedoch nie aufgelöst), dass er noch Verbindungen zu Industriellen in Westdeutschland unterhält (z.B. zu Servatius sr.) und möglicherweise als deren Agent in Bermsthal arbeitet (336; 408). Den Faschismus und Zweiten Weltkrieg empfindet er „dem aufgeklärten Geist des alten Kulturvolkes der Deutschen fraglos zutiefst unwürdig", die nationalsozialistische Diktatur „im Grunde [als] das Werk einiger Extremisten" (415). Von der Flucht der Werkleitung der Papierfabrik in den Westen hat er gewusst, ist jedoch als einzige leitende Kraft nicht mitgegangen. Die Motivation zum Bleiben erwächst ihm ausschließlich aus seiner technischen Besessenheit, seiner engen, jedoch unpolitischen Verbundenheit mit der Fabrik; was außerhalb dieser geschieht, interessiert ihn nicht mehr (421).

der Stiefvater [von Peter Loose, früheres SS-Mitglied, d. Verf.] hatte bald wieder ein Pöstchen" (*Rummelplatz* 81–2).

Bräunig wendet sich in seinem Vergleich gegen das Modell der *Stunde Null*, ebenso tritt eine Kritik am bewussten Wegschauen, welches freilich auch in der DDR praktiziert wurde, deutlich hervor. Bräunig kritisiert allerdings auch die Idealisierung der DDR als einen Ort, in welchem ausschließlich erfahrene kommunistische Kämpfer wie z.B. Herrmann Fischer oder Paul Zacharias agierten und arbeiteten. Der Roman verschweigt nicht, dass es grobe Ungerechtigkeiten gab, wie z.B. im Falle der Figur Peter Looses, der u.a. aufgrund seines Stiefvaters, dem ehemaligen SS-Mitglied, zunächst nicht studieren darf und bei dem späterhin, in einem politisch motivierten Gerichtsverfahren (s.u.), die ‚ungünstigen' Familienverhältnisse zur ungerechtfertigten Verurteilung beitragen. Mit dem doppelten Ungleichgewicht, welches zwischen solchen Lebensläufen wie denen von Hilmar Servatius und Peter Loose herrscht – unreflektierter Sohn eines Kriegsverbrechers führt dessen Werk fort, gutwilliger Sohn eines SS-Mannes wird ungerecht verurteilt – verweist der Roman auf die Unzulänglichkeiten in beiden deutschen Staaten.

Heimat in Bräunigs Roman: Zwischen unterwegs sein und Utopie

Das „Rummelplatz"-Kapitel: Niemandsland und Anarchie

Ein zentrales Kapitel in Bräunigs Roman und Stein des Anstoßes für die kritischen Auseinandersetzungen um das 11. Plenum ist das IV. und titelgebende, „Rummelplatz". Erzählt wird vom Feierabendvergnügen einer Gruppe Bergwerksarbeiter auf dem örtlichen Weihnachtsmarkt in Bermsthal des Jahres 1949, kurz nach der Gründung der DDR. Eine Stimmung von Chaos und Anarchie, von Hinwegsetzen über Autoritäten, von Dunkelheit, menschlichen Trieben, von dreckiger und schwerer Arbeit, deren Mühsal in Alkohol ertränkt wird, durchdringen den Text: „RUMMELPLATZ.

Leierkastenmusik, plärrende Blechlautsprecher. [...] Uralte Verlockung der Jahrmärkte. Locker sitzen die Fäuste in den Taschen, die Messer, die zerknüllten Hundertmarkscheine, der Rubel rollt [...], [es] kommen die Gaukler und Gauner, die Narren und Nutten" (75–6). Die Menschen auf dem Rummelplatz werden als Glücksritter geschildert, viele von ihnen sind zufällig dorthin gekommen, sind Gestrandete nach dem Weltkrieg, auf der Suche nach einem neuen Leben. Anstelle von Klarheit, Weitsicht, Aufbauwillen, politischem Bewusstsein und Motivation für gesellschaftliche Verantwortung betont Bräunig hier, in sehr realistischer Weise, gerade das Schwierige und Ungeordnete des Neuanfangs. Der Rummelplatz ist somit Ort und Zeit des Übergangs zwischen Vergangenheit und Gegenwart, eine Art Niemandsland ohne festgefügte Formen, dort gibt es Kommunisten, Mitläufer, Verbrecher, Gleichgültige.[18] Mit dem ‚Rummelplatz' symbolisiert Bräunig das Sammelsurium an Leben, Wünschen und Vorstellungen, mit denen sich der gerade gegründete sozialistische Staat konfrontiert sah, und er plädiert für eine unvoreingenommene Akzeptanz der Realitäten. Man müsse den Sozialismus „mit den Leuten" machen, „die nun mal da sind – oder gar nicht", so lautet seine nüchtern formulierte Erkenntnis (*Rummelplatz* 281).

Auf narrativer Ebene reflektiert Bräunig in dieser Hinsicht über Georg Lukács' ästhetisches Postulat des Zusammenfalls von *Wesen* und *Erscheinung* im literarischen Werk sowie über die Vorstellung von dessen Geschlossenheit – Kriterien, die noch lange für eine sozialistisch-realistische Literatur in der DDR als bindend galten (auch noch nach Lukács' Beteiligung am Ungarn-Aufstand 1956), und die von der Kulturpolitik explizit eingefordert wurden. Durchgängig im Roman, jedoch insbesondere im *Rummelplatz*-Kapitel, werden allgemeine gesellschaftliche Entwicklung und gegenwärtige menschliche Erfahrung bewusst nicht zusammenfallend, d.h. als Einheit, sondern als in Reibung stehend dargestellt (vgl. Greiner 138). Das *Wesen* – der Aufbau des sozialistischen Staates (=die gesellschaftliche

---

18 Vgl. dazu das 2. Kapitel aus Joachim Knappes Roman *Mein Namenloses Land* (1965), in welchem in einem ähnlichen Handlungskontext ebenso das Motiv eines Niemandslands gestaltet wird.

Entwicklung) – und die *Erscheinungen* – die noch unklaren, suchenden Menschen im Niemandsland des Rummelplatzes (=die gegenwärtigen Erfahrungen) – arbeiten sich noch aneinander ab. Zu Geschlossenheit und Einheitlichkeit, im ästhetischen wie im gesellschaftlich-politischen Sinne, ist es ganz offensichtlich noch ein weiter Weg.

Bräunig opponiert hier nicht zuvorderst gegen Lukács und dessen ästhetische Auffassungen, wohl aber gegen deren vereinfachte Anwendung in der DDR. Letztendlich zielt Bräunigs Darstellungsweise auf eine positive Provokation des Lesers, anstatt der passiven Rezeption des Textes, wie noch bei den Betriebsromanen gesehen. Dadurch schafft der Roman einen ästhetischen Raum für die geforderte sowie notwendige produktive Auseinandersetzung mit den gesellschaftlichen Verhältnissen, und er appelliert gleichzeitig an die Selbstverantwortung des Lesers. Der Bitterfelder Weg sollte gerade das vereinfachte „Bild der Wirklichkeit als harmonischer Einheit von Wesen und Erscheinung" überwinden und somit „vorgegebene […] Schemata der Wirklichkeitsauffassung" durchstoßen (Greiner 138). Bräunig hat diesen Anspruch in *Rummelplatz* umfassend umgesetzt und ausgenutzt, jedoch später mit aller Härte zu spüren bekommen, dass solche Wirklichkeitsdarstellung nicht gewünscht bzw. diese von Seiten der Kulturpolitik so „nicht gemeint" war (Chr. Wolf, *Vorwort* 6). Ihm wurden u.a. mangelnde Parteilichkeit und fehlende Geschlossenheit in der Darstellung sowie ideologische und ästhetische Unklarheiten vorgeworfen.

Das „Zugfahrt"-Kapitel: Das gemeinsame Ziel

Als eine Weiterführung des *Rummelplatz*-Kapitels kann man einen Abschnitt aus dem X. Kapitel lesen. Bräunig schildert darin eine Zugfahrt, ca. 1950/51, von Bermsthal nach Berlin. Er nimmt ebenso wie im *Rummelplatz*-Kapitel eine Menge an Menschen in den Fokus (u.a. Peter Loose, Christian Kleinschmidt, Herrmann Fischer, Nickel), die mit unterschiedlichen Zielen in dem Zug unterwegs sind. Mit dem beständigen Wechsel der Erzählung zwischen den jeweiligen Figuren und Episoden, gleich schnell hintereinander gereihten Filmschnitten, erinnert dieser Abschnitt stark an Seghers' Schreibweise in *Das siebte Kreuz* (1942).

Der Abschnitt verdeutlicht zum einen das allmähliche Auflösen des Chaos' des Rummelplatzes in geordnete, zielgerichtete Bahnen, immer in dem Bewusstsein, dass jeder Mensch mit unterschiedlichen Voraussetzungen und Zielvorstellungen aufgebrochen ist. Gleichzeitig werden die höchst unterschiedlichen Gedanken der Menschen im Zug geschildert: an Belangloses wie an Politisches, an Erfolge und an Ungerechtigkeiten, an Hoffnungen und Frustrationen, und an die Ziele, zu denen sie unterwegs sind, seien es gesellschaftlich-politische Veranstaltungen oder private Vergnügungen. Allen gleich ist die gemeinschaftliche Vorwärtsbewegung, das gemeinsame Unterwegssein, welches in einem bestimmten äußeren Rahmengebilde stattfindet: hier ist es der Zug, auf höherer Ebene ist es die DDR bzw. die sozialistische Gesellschaft. Aus der Sicht Peter Looses fasst der Text dieses Bild zusammen: „Das ist komisch. [...] Wir sitzen alle im gleichen Zug [...] und fahren alle in die gleiche Richtung. Und doch will jeder woanders hin und steigt woanders aus. Und jeder ist woanders hergekommen" (291).

Bräunig beschreibt hier das Spannungsfeld zwischen Offenheit und Geschlossenheit, d.h. zwischen der Vorwärtsbewegung des Unterwegsseins und den Grenzen dieser Vorwärtsbewegung. Im Gegensatz zu retrospektiven Betrachtungen der DDR, die jene nicht selten als restriktive und geschlossene Gesellschaft bewerten (und dies ist, auf Kriterien wie politische Meinungs- und Pressefreiheit, Reisefreiheit, Berufschancen und Berufswahl bezogen, eine richtige Einschätzung), entwirft Bräunig das Bild einer sozialistischen Gesellschaft, die jenes Spannungsfeld als natürliches und produktives Aktionsfeld nutzen kann, die die Offenheit durch die Grenzen erst fruchtbar und produktiv macht, die sich selbst erst durch dieses Spannungsfeld lebenswert macht. Die Summe der einzelnen Bewegungen, die alle unterschiedliche Wege verfolgen, aber dennoch in eine gemeinsame Richtung streben, macht die Produktivität und die gemeinschaftliche Vorwärtsbewegung aus. An späterer Stelle im Roman, im XVI. Kapitel, ergänzt Bräunig diesen Gedanken. Hier erfasst er das Spannungsfeld in einem Bild von Mauern – „mal lassen sie mehr Raum, mal weniger, weichen auch zurück aufs gerade noch Wahrnehmbare [...] und stürzen dann wieder heran" (473). Die Mauern werden hier nicht als Grenze im restriktiven Sinne interpretiert, sondern als Tatsache und als Notwendigkeit des Lebens. Sie unterliegen auch keiner Willkür (bzw.

sollten keiner Willkür unterliegen), sondern es liegt an den Menschen selbst, am Einzelnen wie an allen, wo diese Grenzen verortet werden. Im Roman heißt es weiter: „Die Wände gehen nicht einwärts und auswärts, wie sie wollen, sondern sie sind einfach da, und ihren Abstand legt nur fest die Vorstellung derer, die jeweils dazwischen sind" (474). Der Roman gestaltet in diesem Zusammenhang das Leben von Irene Hollenkamp als ein Beispiel, in welchem alles gleichgültig, klein und eng geworden zu sein scheint, in welchem die Mauern fast geschlossen stehend erscheinen. Im Gegensatz dazu steht Hollenkamps Cousin Christian Kleinschmidt in Bermsthal, in dessen Leben die Wände sich stets erweitern und der eine „um sich greifende [...] Unendlichkeit" erlebt (ebd. 565).

Peter Loose: „Unterwegssein, das war alles"

In den Mittelpunkt des *Rummelplatz*-Kapitels stellt Bräunig eine der vier Hauptfiguren des Romans, Peter Loose. Loose wird als ein junger Mann geschildert, aus ärmlichen Verhältnissen kommend, die Kindheit durch Kälte und Fremdheit zum Stiefvater gekennzeichnet, der nach einem kleinkriminellen Delikt, welches er aus Hunger begangen hat, in die Wismut AG zur Bewährung als Bergmann kommt. Bräunig zeichnet Loose als zunächst ziellos und verunsichert, durch die Zeit des Faschismus bereits desillusioniert. Seine Erwartungen an das Leben sind die von lebenslanger Schufterei „in harter Mühle", immer „unten [...] mit der Nase im Dreck" (*Rummelplatz* 82). Er will sich nicht an- oder einpassen, vor allem keine „Arschkriecherei" betreiben oder gar an die „Mär vom befreiten Arbeitsmann" glauben (ebd.). Eine Überschlagsschaukel, Mittelpunkt des Bermsthaler Rummelplatzes, entspricht mit ihrer Kreisbewegung, dem „Looping the loop" (91), dem Lebensgefühl Looses zu Beginn des Romans. Es ist ein Kreislauf, in dem er auf der Stelle zu treten scheint: „Du steigst in die Schaukel und schwingst dich hoch über den toten Punkt, aber du kommst immer wieder herunter, und es ist alles so, wie es vorher war. Das ist dann alles. Er wollte nicht, daß es alles war, aber er wußte nichts anderes" (97).

Eine bloße Kreisbewegung, wie sie die Überschlagsschaukel ausführt und Loose mit ihr, als er sich mit seinen Kumpanen auf eine Wette einlässt (in der es darum geht, die Rekordzahl an Überschlägen zu übertreffen), wird jedoch letztendlich zu Untergang und körperlichem Verfall führen. Diese Erkenntnis gewinnt Loose nach dem Erlebnis auf der Schaukel (er und sein Freund schaffen den Rekord nur unter größten körperlichen Mühen): anstatt zu einer „Leiche" zu werden oder seine Umgebung nicht mehr wahrnehmen zu können, entschließt sich Loose zum Vorwärtsgehen (91–2). Der Entschluss bezeichnet seinen Wunsch danach, sich ein Vaterland, eine Heimat zu suchen – gleich allen anderen Glücksrittern auf den Rummelplätzen Deutschlands (Ost und West) –, denn dies ist des Menschen Natur: er will ja leben und vorwärtskommen. Bräunig beschreibt hier die menschliche Grunddisposition des Unterwegsseins, des Auf-Dem-Weg-Sein-Müssens. Unterwegssein, das bedeutet für Peter Loose zu leben, und zu leben bedeutet auf der Suche nach einer Heimat zu sein. Unterwegssein bedeutet für Loose außerdem das endgültige Loslösen von der Kindheit, von deren Bildern und Farben, Emotionen und Menschen – „all das in uns", von dem man fortgehen kann und muss (260).[19] Peter Looses Lebensmotto macht Bräunig zum Leitmotiv des Romans: „Nur Unterwegssein, das gab es wirklich. Man mußte wissen, daß man nirgends fortging und nirgendwo ankam, soviel man auch ging. *Unterwegs sein, das war alles*" (97, Hervorh. d. Verf.).

Trotz vieler Rückschläge in seiner Lebensgeschichte glaubt Peter Loose an diese Formel, bricht, nachdem er wegen einer Schädelverletzung als Bergmann nicht mehr arbeitstauglich ist, erneut auf, glaubt daran, „daß es nie so bleibt, und daß immer was Neues kommen muss" (456). Er wird schließlich LKW-Fahrer für die Wismut AG; er ist wieder auf seiner ‚Straße' unterwegs, beteiligt sich nicht an den Benzinschiebereien seiner Kollegen, freundet sich mit einer jungen Frau, Margit, an, findet etwas wie Zufriedenheit: „Ihm war, als läge sehr viel hinter ihm und als sei er aus dem Ärgsten heraus, es war wieder alles offen" (506). Auf einem Parkfest, in Kapitel XVII, wird Loose von Mitarbeitern der Staatssicherheit

---

19 Im IX. Kapitel, in welchem Peter Loose seine Heimatstadt, Chemnitz, und seine Mutter, den Stiefvater und den Halbbruder besucht, verspürt er eine wachsende Fremdheit. Sein Bild von der Heimatstadt stimmt nicht mehr, es „stimmten nur noch die Konturen, [aber] die Umkehrung aller Töne war unwahr, war ohne Entsprechung" (255).

verhaftet und wegen des Erzählens von politischen Witzen zu vier Jahren Haft verurteilt.[20]

Die Szene auf dem Parkfest ist eine weitere Parallele zum *Rummelplatz*-Kapitel, mit dem Bräunigs Roman begann. Dort, 1949, öffnete sich der Kreis für Peter Loose, hier, es ist jetzt das Jahr 1952, (ver-)schließt er sich wieder. In beiden Kapiteln beschreibt der Autor die Atmosphäre des jeweiligen Festes in expressionistischen Bildern. Während es auf dem Rummelplatz keinerlei Begrenzungen gibt („[z]wei Farben nur hat die Landschaft, weiß und grau" [75]) und diesem auch keine Grenzen gesetzt werden („Polizisten lassen sich nach Einbruch der Dunkelheit nur selten sehen. Und wenn schon, dann allenfalls weitab vom Schuß" [77]), so ist dies auf dem Parkfest, auf dem Looses Verhaftung stattfindet, vollkommen geändert. Dem dort herrschenden Chaos („Flackernder Wechsel von Hell und Dunkel, nichts hatte Bestand, Köpfe und Schultern in unerhörter Bewegung, kein Ufer" [513]) werden nun sichtbare staatliche Begrenzungen gesetzt: „Dennoch ein Horizont: auffallend konzentrierte Polizeitruppe, eine Linie hinter den Lautsprechermasten" (ebd.). Das Chaos des Rummelplatzes, das nach allen Seiten hin offene Möglichkeiten und Wege zuließ, wird nun auf dem Parkfest durch die Polizisten, die die Staatsmacht repräsentieren, überdeutlich begrenzt – die Mauern werden nun sichtbar und willkürlich gesetzt. Peter Looses Unterwegssein wird damit ein unnatürliches Ende gesetzt, sein Leben ist nun Stillstand. Der Gefängnisaufhalt Looses, in einem der stärksten Kapitel des Buches, dem XVIII., geschildert, lässt ihm alles nur noch als „vergebliches Gleichmaß [...], bleierner Ozean [...], bittere Dämmerung" erscheinen (536). Hier bricht auch die Geschichte um Peter Loose ab, ob von Bräunig so geplant oder dem Abbruch des Projekts geschuldet, ist nicht zu ermitteln.

In jeglichem Fall macht der Autor deutlich, dass es Strukturen und Entwicklungen im sozialistischen Staat gibt, die den Menschen auf seinem

---

20   Der offizielle Name des Vergehens lautet: Boykotthetze. Auch eine Prügelei am Anfang von Looses Zeit in Bermsthal sowie seine Familienverhältnisse (v. a. sein Vater) werden ihm als ungünstig ausgelegt. Das Gerichtsurteil gegen ihn ist ausschließlich politisch motiviert.

Weg und auf seiner Heimatsuche behindern und die ihm das Vorwärtsgehen verwehren. Die Idee der Möglichkeit der offenen Wege, der produktiven Spannung zwischen Offenheit und notwendiger Begrenzung, wird durch staatliche Strukturen gestört oder für den Einzelnen möglicherweise für immer soweit verschoben, dass sich keine offenen Wege mehr auftun. In wütend-verzweifelt anmutender Manier fragt der Erzähler des Romans: „Woher dieses ungeheure Garantie- und Sicherheitsbedürfnis, das im Namen der Verteidigung sozialistischer Errungenschaften am liebsten alle Freiheiten und Errungenschaften aufheben möchte, die wir erreicht haben oder erreichen müssen. Woher dieses Riesenbedürfnis nach Mätzchen?" (548) Als das Empörende an diesen restriktiven Strukturen formuliert Bräunig deren kleingeistige Motivation, wie auch die Ohnmacht denen gegenüber, die sie schaffen:

> Der Sozialismus, die Befreiung des Menschen. Und diese kläglichen, kleinlichen Verfahrensweisen, das ging nicht überein, das entsprach der Sache nicht und nicht der Idee, wie die Erstickung in Papier und Beschallung nicht entsprach, der Autoritätsfetischismus und die Kleingeisterei, die Buchstabengläubigkeit und die Epidemie in Mißtrauen. Aber was war zu tun? Wo war der Ursprung? Und wo der Weg, der herausführt? (569–70)

Bräunig trennt in seiner Kritik die Idee der Gesellschaftsform klar von ihrer realen Ausprägung in der DDR. Wie es auch Seghers in *Das Vertrauen* (1968) tun würde (siehe Kap. 4), stellt er die drängenden Fragen danach, wie bestimmten Fehlentwicklungen in der DDR, die nicht der Idee und dem Anfang entsprachen, entgegengewirkt werden kann – dies alles mit der Souveränität dessen, der weiß, dass er über die bessere gesellschaftliche Alternative verfügt. Bräunig greift mit seiner Kritik auch Seghers' Motivpaar von Vertrauen/Misstrauen vor, ebenso beleuchtet er die Frage nach einer beständig wachsenden Kluft zwischen Partei(-funktionären) und Menschen bzw. Arbeitern.[21] Bräunig plädiert für eine stärkere Beteiligung

---

21 In Bräunigs Roman heißt es z.B. aus der Sicht des Parteifunktionärs Paul Zacharias, als dieser über die Unruhen in der Arbeiterschaft im Juni 1953 nachsinnt: „Vertrauen, heißt es, ist gut. Aber Kontrolle, sagt man, ist besser. [...] Ist Vertrauen denn kontrollierbar? Ein so verschwommener Begriff, mit Kontrolle gepaart, führt er nicht eher

Letzterer an den gesellschaftlichen Strukturen, für die Gewährung von mehr Verantwortung, d.h. für eine Umkehr der Entwicklung, die Menschen sukzessive aus diesen Strukturen auszuschließen.[22] Der Autor stellt damit die Frage, inwiefern die ‚Offenheit des Versuchs' gewährleistet bleibt, inwiefern die sozialistische Gesellschaft der DDR tatsächlich jedem einzelnen die Möglichkeit lässt, immer unterwegs sein zu können – mithin, inwiefern bzw. wie stark also die Qualität ‚Heimatlichkeit' in der bestehenden sozialistischen Gesellschaft vorhanden ist. In der Figur Peter Loose, die deutlich autobiografische Züge Werner Bräunigs trägt, gibt der Autor eine äußerst zweifelnde Antwort. Am Lebensmodell der Figur des Christian Kleinschmidt gestaltet er hingegen eine positive Variante dieser Fragestellung.

Christian Kleinschmidt: Heimat als produktive Harmonisierung

Christian Kleinschmidt, wie Peter Loose als Bergmann in der Wismut AG arbeitend, kommt aus bürgerlichen Verhältnissen, sein Vater ist Universitätsprofessor. Wie Loose darf er zunächst nicht studieren – in diesem Fall allerdings aufgrund seiner bürgerlichen Herkunft –, sondern muss sich ein Jahr in der Produktion bewähren; Kindern aus Arbeiterfamilien sollte der Vortritt an den Universitäten gelassen werden. Nachdem Bräunig mit dem *Rummelplatz*-Kapitel ein Modell für die gesellschaftlichen Gegebenheiten und Entwicklungen zu Beginn der DDR entworfen hat, gestaltet er im darauffolgenden V. Kapitel, in dem Christian Kleinschmidt und später Ruth Fischer im Mittelpunkt stehen, das Thema

---

zu Mißtrauen? [...] Muß das Vertrauen nicht erweitert und gefestigt werden durch Verantwortung, ehe ein Maßstab überhaupt möglich wird? [...] Müßten wir nicht sagen: Vertrauen ist gut, Verantwortung ist mehr?" (546).

22 In diesem Zusammenhang heißt es auch im Roman: „Aber die Entfremdung, einmal erkannt, ist nicht aus der Welt zu schaffen durch Appelle und Pamphlete, nicht einmal durch Entmachtung der Ausbeuter und Zerschlagung ihres Staates schlechthin [...] – es bedarf eines weiteren Schrittes: *der Beteiligung der Massen an der Verantwortung*" (547, Hervorh. d. Verf.).

gesellschaftlich-produktiver Arbeit. Bräunig beleuchtet vor allem den eigentlichen Prozess des Arbeitens und Schaffens, ein ‚Unterwegssein' in der Arbeit. Außerdem gestaltet er hier die Möglichkeit und die Notwendigkeit von gesellschaftlicher Verantwortung des Einzelnen, die er auch mit Peter Looses Lebensgeschichte einforderte.

Die Arbeit im Bergbau empfindet Christian Kleinschmidt als „Knochenarbeit" und „Schinderei" (*Rummelplatz* 112), sie ist überaus hart, freudlos und gefährlich, die Arbeitsmaterialien sind veraltet, die Methoden umständlich. Der Leser hört zwischen den Zeilen gleichermaßen das Echo von Looses ironischem Kommentar über die ‚Mär vom befreiten Arbeitsmann', denn der Text lässt keinen Zweifel daran, dass Kleinschmidt und seine Kollegen ihre Arbeit untertage als entfremdet erleben. Andererseits gibt es immer wieder Verweise auf die gesellschaftlich dringliche Funktion solcher Arbeit. Es gibt nur diese Arbeit, und sie muss gemacht werden, um „[r]aus aus dem Dreck" zu kommen (314), um das Land DDR nach vorn zu bringen und es wirtschaftlich (über-) lebensfähig zu machen. Mehrfach wird im Roman die äußerst schwierige wirtschaftliche Lage Ostdeutschlands diskutiert,[23] wie auch die Versuche Westdeutschlands reflektiert, die Industrie im Osten zu schwächen.[24]

---

23   In einem Gespräch zwischen zwei Nebenfiguren des Romans, dem Bermsthaler Arbeiter Häring und dem kommunistischen Maler Bauerfeldt, in Westberlin lebend, heißt es in diesem Zusammenhang: „Ob Häring wisse, was ein Hochofen sei? Nun, nach fünfundvierzig habe es in Westdeutschland 120 Hochöfen gegeben, auf dem Gebiet der DDR aber, das ein Drittel Deutschlands ausmache, nur fünf. Und mit anderen Dingen sei es ähnlich. Industrie habe es nur in Sachsen und Mitteldeutschland gegeben – aber in diesem riesigen Mecklenburg, in der Mark und in der Lausitz, in Thüringen und Ostsachsen, das habe es schon früher nur so kleine Krutzscher gegeben, Häusler, Landarbeiter – und Rittergutsbesitzer. […] ‚Wissen Sie', sagte Bauerfeldt, ‚bis fünfundvierzig war dieses Ostdeutschland nichts weiter als ein riesiges Kartoffelfeld.'" (362). Die Arbeit untertage muss nicht zuletzt auch deshalb gemacht werden, da die Wismut AG der sowjetischen Besatzungsmacht gehörte und der dort stattfindende Uranabbau der wichtigste Lieferant für die sowjetische Atomindustrie war.

24   So heißt es z.B. aus der Sicht des Staatssekretärs und Industriellen Servatius sr.: „Die investieren drüben [in der DDR, d. Verf.] unheimlich in die Schwerindustrie,

Bräunigs Roman begreift und gestaltet den wirtschaftlichen Aufbau der DDR als eine nationale Aufgabe, ja als eine Notwendigkeit, um gegenüber der BRD nicht nur als eine politische, sondern auch als eine wirtschaftliche und vor allem lebenspraktische Alternative bestehen zu können. Deshalb gibt es zu der Arbeit von Christian Kleinschmidt und seinen Kollegen keine Alternative, entweder sie wird gemacht oder das Land bleibt nachhaltig wirtschaftlich geschwächt. Somit verläuft die Grenze zwischen entfremdeter und nicht entfremdeter Arbeit in Bräunigs Roman zwischen dem Wahrnehmen von gesellschaftlicher (und damit nationaler) Verantwortung sowie der Verweigerung bzw. Gleichgültigkeit, diese Verantwortung zu tragen. Christian Kleinschmidt nimmt sie wahr, er wird Brigadier einer Jugendbrigade.[25] Er empfindet die Ergebnisse seiner Arbeit schließlich als eine persönliche *und* gesellschaftliche Veränderung, „die durch die eigene Tat bewirkt war und täglich durch neue Tat bekräftigt wurde" (378). Aus dem Gefühl, mit der eigenen Arbeit ein Stück des Landes und damit der eigenen Heimat erschaffen und gestaltet zu haben, erwächst hier die Erkenntnis, gesellschaftlich Wirksames getan und gleichzeitig das eigene Leben sinnvoll gestaltet zu haben. Bräunig lässt jedoch auch die Skepsis nicht außer Acht. Mit der Erkenntnis der gesellschaftlichen Veränderung geht bei Kleinschmidt auch das Misstrauen einher, dass die gute Tat ideologisch missbraucht, dass sie medienwirksam und politisch ausgenutzt wird, dass er selbst in eine (ideologisch-politische) Position gerät, die er

---

    gezwungenermaßen. [...] Wie es aussieht, brechen sie sich bei Stahl und Chemie von selber das Genick; in der Leichtindustrie müssen wir ein bißchen nachhelfen. In ein, zwei Jahren, schätze ich, haben wir sie soweit. [...] Hinter der Kulisse versuchen sie, mit aller Gewalt die Wirtschaft hochzubuttern. Das ist ihre einzige Chance, die letzte" (337–8).

25 Jugendbrigaden waren Arbeitsgruppen, bestehend aus jungen Leuten unter 25 Jahren, die in selbständiger Arbeit ein bestimmtes Bauprojekt, ein sog. „Jugendobjekt", oder ein bestimmtes Arbeitsziel, z.B. eine Norm, zu erfüllen hatten. Die seit 1949 zahlreich stattfindenden Gründungen der Jugendbrigaden waren Teil der stärkeren wirtschaftlich-politischen Einbindung der jüngeren Generation in die Gesellschaft sowie eine Maßnahme gegen den allgemeinen Arbeitskräftemangel. Bekannte Jugendobjekte in der DDR waren z.B. die Talsperre in Sosa im Erzgebirge in Sachsen (1949) oder der Ausbau des Zentralflughafens Berlin-Schönefeld (1959–1962).

nicht angestrebt hatte (ebd.). Dieser Handlungsabschnitt steht, neben zahlreichen anderen, für Bräunigs präzise und hellsichtige Analyse der sozialistischen Gesellschaft der DDR.

In einer der stärksten Passagen des Romans wird geschildert, wie Christian Kleinschmidt schließlich nach Wochen schwerster körperlicher Mühsal eine existentielle wie euphorische Erfahrung bei der Arbeit erlebt:

> Die Arbeit überkam ihn wie ein Rausch, plötzlich und ungeheuer. Er setzte den Meißel an und stemmte ihn mit aller Kraft in den Berg, der Druck der Preßluft schüttelte seinen Körper, der Rückschlag lief wie ein Schauder durchs Fleisch und spannte die Muskeln. Christian spürte den Rhythmus dieser Arbeit [...]. Er begriff die Mechanik seines Körpers, begriff den Wechsel von Ruhe und Anspannung, den Austausch von Spannung und Reserve [...]. Er ordnete sich einem Rhythmus ein, den er nicht erfunden hatte, der in ihm war, oder zwischen ihm und dem Berg und der Maschine. (115–16)

Die Verschmelzung seiner selbst mit der Arbeit, mit Maschine und Material erlebt Kleinschmidt als einen Idealzustand, der vor allem durch den gleichmäßigen Rhythmus erzeugt wird. Bräunig verwendet hier, ebenso wie beispielsweise Claudius oder Marchwitza in den Betriebsromanen (siehe Kap. 2), das Bild spielerischer Leichtigkeit der Arbeit und hebt ihren rhythmischen Ablauf hervor, welcher jene Glücksgefühle erzeugt. Im Text wird dieser Zustand mit „Er arbeitete" zusammenfasst (116). Diese beiden Worte stehen an exponierter Stelle, in einer einzelnen Zeile, offenbar eine bewusste Entscheidung Bräunigs. ‚Er arbeitete' heißt: er *lebte*, was wiederum heißt: er war unterwegs, auf der Suche nach einer Heimat. Bräunig lässt diese Szene nicht von ungefähr im Innern des Bergwerks, d.h. in dessen Mitte, gewissermaßen am Ursprung des Lebens stattfinden. Ursprung, das bedeutet auch Anfang, Ganzheit, Einheit. In einem Menschenleben steht am Ursprung (also am Anfang) die ‚Urheimat', wie Waldenfels sie bezeichnete (siehe Kap. 1). Dort herrscht jene Übereinstimmung des Menschen mit sich selbst und der Welt, jene Unhinterfragbarkeit, nach der er später im Leben auf seinem Heimatweg sucht, und dort ist auch der Beginn von Lebenswegen, Möglichkeiten und notwendigen Veränderungen.

In der Bergwerksszene wird geschildert, wie sich Kleinschmidt an seine Kindheit erinnert, als er sich mit Freunden „Höhlen gebaut" und so „einen Platz geschaffen" hat (117). Diese Tätigkeit findet ihre Parallele in der Gegenwart, da durch seine Arbeit im Berg „ein freier Raum [entsteht] [...], den es nie vorher gegeben hatte" (ebd.). Kleinschmidts Kindheitserinnerungen und seine Arbeit in der Gegenwart im Bergwerk versinnbildlichen damit zwei allgemein-menschliche Lebenstätigkeiten: das Loslösen vom Ursprung, der Urheimat, sowie das Erschließen von neuen Räumen auf dem Weg hin zu einer (neuen) Heimat. Diese menschliche Grunddisposition wird durch die dem Sozialismus spezifische Vorwärtsbewegung auf ein gesellschaftliches (Heimat-)Ziel hin ergänzt, das sich im Idealfall mit einem individuellen Ziel deckt. Dieser Gedanke wurde in Hans Marchwitzas Roman aus den 50er Jahren nicht hinterfragt, sondern vorausgesetzt; Winfried Junge präsentierte in seinem dokumentarischen Material den Idealfall als in der DDR verwirklicht. Kurt Maetzig beschrieb die Harmonisierung der beiden Pole als einen schwierigen, jedoch letztendlich erfolgreichen Prozess. Aus Anna Seghers' Gegenwartsromanen sprachen vor allem Zweifel, und auch Konrad Wolf betonte die Schmerzen und die Opfer, die eine unbedingte Harmonisierung von Individuum und Gesellschaft verursachen.

Bei Bräunig nun, konkret in Kleinschmidts Lebensmodell, ist das Spannungsfeld aus individueller Vorwärtsbewegung und gesellschaftlicher Begrenzung als positiv und produktiv dargestellt, so, wie es idealerweise in einer sozialistischen Gesellschaft sein könnte (wie es auch Seghers schon an der Figur des Robert Lohse aufgezeigt hatte).[26] Die ‚Mauern' in diesem Lebensmodell werden durch Christian Kleinschmidt selbst bestimmbar gesetzt; sie verlieren somit ihren Begrenzungscharakter und werden zum produktiven Gegenpart und zur sinnvollen Ergänzung des individuellen Lebens- und Heimatziels. In Peter Looses Lebensgeschichte hingegen betont Bräunig vor allem die Bewegung, das Vorwärtsgehen, ohne ein besonderes persönliches oder gesellschaftliches Ziel vor Augen zu haben, außer dem des immerwährenden Voranschreitens.

---

26 „Idealerweise" meint hier die Schilderung eines Lebensentwurfs, in dem die Idee von der freien Entwicklung des einzelnen zum Nutzen der Gemeinschaft als möglich und verwirklicht gedacht wird.

Der Autor entwickelt damit zwei unterschiedliche Lebensentwürfe, zwei unterschiedliche Arten, sich eine Heimat anzueignen, und stellt zur Diskussion, inwiefern diese als Lebensweg in der gegenwärtig existierenden sozialistischen Gesellschaft erfolgreich sein können. Während Peter Looses Lebensweg vorerst im Gefängnis im Stillstand endet, eröffnet sich für Christian Kleinschmidt eine Welt, die beständig größer und weiter, lebenswerter wird. Nach einem Jahr erfolgreicher Tätigkeit im Bergwerk wird er sein Studium der Geologie und Geophysik antreten können, ein produktives, beruflich erfolgreiches Leben wird vor ihm liegen. Die Grenzen seines Lebens „rückten weiter an jedem Tag [...] – das war eine gute Welt, darin zu leben" (565) heißt es aus Christian Kleinschmidts Sicht. Und dennoch birgt auch dieser Lebensentwurf Enttäuschungen, Leere, Ängste, die im Roman in der Wut und Frustration Kleinschmidts über das Urteil gegen seinen Kollegen Peter Loose angedeutet werden.

Die grundsätzlichen Fragen, die Bräunig anhand dieser beiden Lebensentwürfe über die sozialistische Gesellschaft in der DDR aufwirft, sind mithin folgende: Ist ein Unterwegssein und eine persönliche Suche nach einer Heimat, so wie es für Peter Loose befriedigende Lebenstätigkeit ist, nicht genug in einer sozialistischen Gesellschaft? Wird andererseits das Gestalten von (Heimat-)Räumen mit einem bestimmten individuell-gesellschaftlichen Anspruch und Ziel höher geschätzt bzw. bewertet? Inwiefern werden staatliche Grenzen in Bezug auf den einzelnen Menschen willkürlich gesetzt, inwiefern sind sie womöglich durch Herkunft bestimmt, inwiefern kann man sich durch Verantwortung und Eigeninitiative vor ihnen schützen bzw. sie selbst bestimmen?

Beide vorgestellte Lebenswege sollten, die Offenheit des Versuchs vorausgesetzt, gangbar sein, und der Roman enthält sich einer Wertung, welcher von beiden der bessere ist. Nicht zu übersehen ist jedoch, dass Kleinschmidts Lebensmodell produktiver und erfolgreicher in der gegenwärtigen sozialistischen Gesellschaft der DDR ist. Der Roman kann und will den Bruch, der auch hier wiederum zutage tritt, nicht glätten oder auflösen, er kann ihn nur ‚laut' sichtbar aufzeigen, wie auch schon exemplarisch im *Rummelplatz*-Kapitel geschehen (s.o.). Diesen Bruch, den schon Seghers zwischen Universellem und Politischem erspürte, und den sowohl Christa Wolf als auch Konrad Wolf als durch den Einzelnen hindurchgehend beschrieben, diesen Bruch verortet Bräunig mitten in der sozialistischen Gesellschaft. Der Bruch zieht in dieser Gesellschaft offenbar eine Grenze zwischen lebbaren und nicht lebbaren Lebensmodellen und somit: zwischen Leben und Nicht-Leben, zwischen Heimat und Nicht-Heimat. Diese Auffassung beinhaltet letztendlich auch das Eingeständnis, dass gesellschaftliche Widersprüche, die vom Sozialismus als grundsätzlich lösbar behandelt werden, d.h. als nicht antagonistisch gelten, offenbar nicht im Hier und Jetzt und möglicherweise auch nicht in der Zukunft gelöst werden können.

Parteisekretär Nickel: Heimatgefährdungen

Mit zwei weiteren Hauptfiguren, Nickel sowie Ruth Fischer, entwirft Bräunig jeweils Variationen des anhand von Christian Kleinschmidt vorgelegten Modells. Der vornamenlose Parteifunktionär Nickel, Personalleiter in der Papierfabrik in Bermsthal, ist in seiner Zeichnung als Dogmatiker die negativ übersteigerte Variante von Kleinschmidts Lebensentwurf. Ruth Fischer, eine junge Arbeiterin in der Papierfabrik, wird von Bräunig als eine Verkörperung der Utopie des Sozialismus und des sozialistischen Lebens gestaltet. Die Figur des Nickel ist mit unbedingter Zielstrebigkeit ausgestattet geschildert; das große Ziel, der Kommunismus, wird von ihr mit „Pathos und Überschwang" als etwas „Großes und Heiliges" (*Rummelplatz* 210) verfolgt, wie der Text mit einem ironischen Unterton vermerkt. Die Grundlage für diese charakterliche Disposition sucht der Text in der besonderen historischen Situation, an die Nickels Biografie gekoppelt ist:

> Vielleicht lag das daran, daß er sich diesem neuen Ziel [dem Kommunismus] aus jener tiefen persönlichen und nationalen Ausweglosigkeit heraus zu hastig zugewendet hatte, gleichsam von einem glänzenden Apfel, der sich beim Essen faulig erwiesen hatte, zu einem glänzenden andern; vielleicht war es auch nur jener besonders stark entwickelte Zug seines Charakters, der ihn immer wieder [...] auf Anpassung und Einordnung in ein Größeres bedacht sein ließ. (210)

Nickel wird damit als ein Diener des Regimes, welches gerade an der Macht ist, eingeführt. Über seine Biografie wird weiterhin vermerkt, dass er als Kriegsheimkehrer zunächst ziel- und orientierungslos lebte und mehr aus Zufall und Langeweile denn aus Überzeugung Versammlungen der Antifa-Jugend besuchte. Dort bildete er sich politisch weiter und erhielt schließlich die Stelle des Personalleiters in der Bermsthaler Fabrik. Nickels beruflicher und politischer Werdegang wird als ein rein passiver Vorgang beschrieben, den er mit gutem Willen und gewissenhaft absolviert, in dem er jedoch keine eigene Verantwortung trägt und in dem es immer die „anderen" waren, „die ihn auf den Weg brachten" (67).

Das Modell, das Bräunig für Nickel entwirft, setzt ausschließlich das gesellschaftliche Ziel in den Fokus und ignoriert den Weg dorthin, den eigentlichen Prozess. Anders ausgedrückt könnte man sagen, dass Nickel bereits am Ziel angekommen sein will, noch bevor er sich auf den Weg gemacht hat. Dieses Ziel verfolgt Nickel mit einer Ausschließlichkeit, die alles andere ignoriert: die Bedürfnisse der Arbeiter, die seiner Verlobten Ruth Fischer (s.u.) wie auch seine eigenen. Nickel entwickelt weder eigene Ideen noch hat er ein Gespür für die verschiedenen politischen und menschlichen Untertöne gegenwärtigen Geschehens. Er vertritt im Laufe der Handlung immer mehr den Typ des dogmatischen, ‚buchstabentreuen' und theoriebesessenen Funktionärs. Als im Zuge der Unruhen, die dem Arbeiteraufstand am 17. Juni 1953 vorausgingen, am 12. Juni einige unpopuläre Regierungsbeschlüsse zurückgenommen wurden,[27] entspricht Nickels Kommentar zu diesen Entwicklungen seinem schematischen Denken: „Sowieso ist heute der schwärzesten Tage einer für den Sozialismus. [...] Er also, er sähe da zu übertriebener Freude gar keinen Anlaß. [...] Und nicht ein Schritt zurück sei da getan worden, wie es der große Lenin ausdrücken würde, sondern mindestens zehn" (579). Der Text signalisiert hier, dass bereits ein Endpunkt in Nickels Leben erreicht ist, jegliche Vorwärtsbewegung ist gestoppt, ein statischer Zustand erreicht. Ein statischer Zustand, der sich, ähnlich dem der Bequemlichkeit und Passivität, die

27 Vgl. *Rummelplatz* 573.

Bräunig an einigen Figuren in Westdeutschland hervorhob (u.a. Servatius sr. und jr., Irene Hollenkamp, Vitzthum), mit Gegebenem zufrieden gibt und davon nicht mehr abweicht. In der Figur Nickels gestaltet Bräunig damit bereits zu Anfang der 60er Jahre die Personifizierung eines wichtigen Grundes, warum die DDR nicht langfristig lebensfähig war. Der Grund liegt in eben jenem schematischen Denken, Handeln und Entscheiden nach theoretischen Vorgaben. Der allwissende Erzähler kommentiert diese Erscheinungen wie folgt:

> Also: allmächtig. Kommt aber unseres Wissens auf Erden nicht vor. [...] Eine Partei, die sich einredet, sie hat immer Recht, gerät in die fatale Lage, auf Irrtümer gar nicht mehr eingerichtet zu sein, sie fängt an zu stottern. Also – fertige Sätze an alle Wände gepinselt, und meistens Endsätze, Ergebnisse eines komplizierten Gedankens, einer Analyse. Für sich hingestellt, gerinnen sie zu Schlagwörtern, zu Superlativen, und kein Mensch versteht mehr den lebendigen Inhalt. So werden die Leute daran gewöhnt, in fertigen Sätzen zu denken, statt den Gedanken nachzugehen, die zu den Sätzen geführt haben. [...] So wird die interessanteste Sache der Welt unversehens zur langweiligsten. (550)

Dieser Erzählerkommentar ist ein erneutes Plädoyer des Autors Bräunig für eine von Staats- und Parteifunktionären zugelassene und unterstützte Eigenverantwortung der Menschen, für eine „Beteiligung der Massen an der Verantwortung" (547). Erneut betont er auch das Prozesshafte des Lebens – „[d]as zu Klärende – nicht das Geklärte" (550) sollte das Wichtigste sein. In der Figur des Nickel gestaltet Bräunig ein Beispiel für Menschen bzw. Funktionäre, die gewissermaßen auf ihrem (Heimat-)Weg stehen- oder steckengeblieben sind und dadurch die Wege vieler anderer Menschen, schließlich die des ganzen Staates DDR, stagnieren ließen. Solche ‚Typen' findet man als literarische und filmische Figuren in zahlreichen künstlerischen Werken der DDR in den 60er Jahren dargestellt. Es sind Figuren wie Paul Meeseberg und Lina Sachse bei Anna Seghers (*Das Vertrauen*, 1968), Frieda Simson bei Erwin Strittmatter (*Ole Bienkopp*, 1963) oder Heinz Bleibtreu bei Erik Neutsch (*Spur der Steine*, 1964). Sie werden durch den jeweiligen Autor bzw. Erzähler unterschiedlich gezeichnet, zuweilen mit starker Kritik, zuweilen mit einer gewissen Komik; Bräunig zeichnet seine Figur mit einer gewissen mitleidsvollen Sympathie, ohne deren Versagen zu beschönigen.

„Es liegt an uns" 241

Ruth Fischer: Sozialistische Heimat als Utopie

Einen Abschnitt des V. Kapitels widmet Bräunig seiner vierten Hauptfigur, der jungen Arbeiterin Ruth Fischer. Nach Loose, Kleinschmidt und Nickel führt der Autor damit auch den vierten Lebensentwurf für einen jungen Menschen in der sozialistischen Gesellschaft ein, womöglich den utopischsten. Der erwähnte Abschnitt zeigt Ruth Fischer während einer Versammlung in der Papierfabrik, in welcher es um Produktionsschwierigkeiten und Arbeitskräftemangel geht. Sie fordert ihre Kollegen und Vorgesetzten auf, aus alten Denkmustern und altem Gleichmaß auszubrechen und endlich Frauen als Maschinenführer auszubilden, um einen Ausgleich für die mangelnden (männlichen) Arbeitskräfte zu schaffen. Bräunig findet in der Figur der Ruth Fischer deutliche Worte für einen Appell, Frauen gleichberechtigt in den Arbeitsprozess einzubinden. Bereits Hans Marchwitza hatte in *Roheisen* (1955) anhand einiger weiblicher Arbeiterinnen (z.B. der Kranführerinnen Lena Pauschkat und Margret Hoff) diese angestrebte Gleichberechtigung exemplifiziert. Ruth Fischer erhält die eingeforderte Chance und wird zur Maschinenführerin in der Papierfabrik ausgebildet. Sie besteht die Bewährungsprobe, die sie sich selbst gestellt hat, und die Gesellschaft besteht mit Fischers beruflicher und persönlicher Entwicklung die Bewährungsprobe, die ihr durch die junge Frau gestellt wurde. Sie gehört damit, wie Christian Kleinschmidt oder Robert Lohse (Seghers) zu den Figuren, an denen sich der sozialistische Staat ‚bewährt'. Gleichzeitig verweist Bräunig mit Ruth Fischer auf das Potential von Frauen bzw. weiblichen (Haupt-)Figuren, soziale und gesellschaftliche Entwicklungen vorantreiben zu können. Man denke beispielsweise an Romanfiguren wie Rita Seidel (Chr. Wolf, *Der geteilte Himmel*, 1963), Kati Klee (E. Neutsch, *Spur der Steine*, 1964) oder Recha Heine (B. Reimann, *Ankunft im Alltag*, 1961) sowie an Filmprotagonistinnen wie Maria Morzek (*Das Kaninchen bin ich*, Kurt Maetzig, 1965) und Karla Blum (*Karla*, Herrmann Zschoche, 1965), die ihr engeres soziales sowie größeres gesellschaftliches Umfeld so weit beeinflussen, dass sich bestimmte veraltete und stagnierende Strukturen ändern oder zumindest in Frage gestellt werden.

Ruth Fischer ist diejenige von Bräunigs Figuren, die am dichtesten, d.h. am lebenspraktisch stärksten an und in der gegenwärtigen Wirklichkeit lebt. Für sie ist der noch junge sozialistische Staat eine praktische und nützliche Aufgabe, die es zu bearbeiten und zu bewältigen gilt, sie ist Weg und Ziel zugleich. Im Roman heißt es, Ruth Fischers Ansatz „sei nicht Kapitalismus oder Sozialismus; sondern Sozialismus, wie er gegenwärtig aussieht für die meisten, und Sozialismus, wie er aussehen könnte und gemacht werden muß – so schnell und so gut als möglich" (554). Für Ruth Fischer sind dabei, wie für Christian Kleinschmidt und Peter Loose, der Weg und der Prozess, das ‚Machen' ein wichtiger Faktor. Ihr Anspruch lautet ebenso: „nie zu verharren im Vorläufigen, sich nie zufriedenzugeben mit Erreichtem" (429–30).

Auch das Privatleben von Ruth Fischer gestaltet Bräunig von dem Anspruch gekennzeichnet, sich immer vorwärts zu bewegen, nicht stehenzubleiben. So trennt sie sich von Nickel, der ihr Verlobter ist, nachdem dieser sie ohne ihr Wissen als Parteifunktionärin für die SED-Kreisleitung vorgeschlagen hat. Ruth lehnt die Kandidatur ab, und diese Ablehnung gleicht einem unerhörten Vorgang, in doppelter Hinsicht. Zum einen bricht sie hier wiederum mit einem traditionellen Denkmuster und wehrt sich gegen das Verfügen ihres Verlobten wie der Partei über ihre Person. Zum anderen bricht Bräunig mit dem stark tradierten Handlungsmotiv der DDR-Literatur der 50er und 60er Jahre, die persönliche und gesellschaftliche Entwicklung einer Figur anhand der Übernahme einer politisch-gesellschaftlichen Funktion darzustellen (und der Autor benutzt dieses Motiv an anderer Stelle selbst noch, als nämlich Christian Kleinschmidt die Funktion des Brigadiers der Jugendbrigade übernimmt). Auf Ruth Fischers Lebensweg liegt diese politische Funktion jedoch nicht oder noch nicht. Sie will einerseits ihre Arbeit in der Papierfabrik weiterführen, andererseits ist sie von Nickel persönlich enttäuscht. Am stärksten und negativsten wiegen jedoch der „Mechanismus" und die menschenverachtende Bürokratie, die sie in diesem Vorgang erkennt und die sich wie folgt darstellen: „Der Kreissekretär der FDJ befragt die Kreisleitung der Partei [...], dann befragt der Kreissekretär den Parteisekretär des Betriebes und den Kaderleiter, der wird [...] ihre Personalakte befragen, so wird einer eingekreist, und ganz zuletzt erst, wenn man seiner sicher ist, wird der befragt, um den es geht. Aber das ist dann eigentlich schon keine Frage mehr" (483–4). Mit Ruth Fischers negativer Reaktion auf die Kandidatur verweist Bräunigs Roman

„Es liegt an uns"

ein weiteres Mal auf die Notwendigkeit des ständigen Hinterfragens und Bewusstmachens bestimmter Mechanismen sowie auf deren mögliches Durchbrechen, hier wiederum durch eine weibliche Figur.

Ruth Fischer geht damit in dem Spannungsfeld aus individuellen und gesellschaftlichen Zielen, das für Christian Kleinschmidt bereits als positiv-produktives Lebensmodell entworfen wurde, noch einen Schritt weiter als dieser. Sie nimmt sich das Recht heraus, das Ziel selbständig auf ihrem Weg zu korrigieren und zu verändern. D. h., sie nimmt sich auch das Recht heraus, ein (falsches) Ziel abzulehnen, um die größtmögliche Produktivität für ihr eigenes Leben, aber damit auch für die Gesellschaft zu gewährleisten.

Auch in der Schilderung der Arbeitserfahrungen der jungen Frau geht der Roman noch einmal über diejenigen Christian Kleinschmidts hinaus. Arbeit empfindet Ruth Fischer einerseits noch als „Arbeit im alten Sinn des Wortes [...], notwendig und in ihrer unschöpferischen Monotonie und Mühsal bereits anachronistisch"; andererseits ist sie jedoch auch schon „Arbeit in einem neueren Sinn [...], Abenteuer und Erfüllung, Spiel und Erschöpfung" (*Rummelplatz* 229). Hier werden zunächst dieselben Erfahrungen beschrieben, die Christian Kleinschmidt bei seiner Arbeit im Berg durchlief, d.h. den Übergang von mühsamer Kraftanstrengung und Entfremdung in der Arbeit hin zu einer ganzheitlichen, erfüllenden Erfahrung. Für Ruth Fischer gestaltet Bräunig noch eine dritte Stufe, die sie allerdings nicht bei der Fabrikarbeit, sondern beim freiwilligen Ausbau eines Sportplatzes erfährt. Diese Art von Arbeit empfindet Ruth als „Vergnügen und Selbstbestätigung, auferlegt in der Freiwilligkeit eines gemeinsamen Plans [...], [sie] war Austragungsort überschüssiger Kraft und Phantasie" (ebd.). Bräunig beschreibt hier, mit Marxschem Bezug, das Erlebnis von nicht entfremdeter Arbeit, in der der Mensch nicht mehr vom Produkt seiner Arbeit, von der Tätigkeit selbst sowie von seiner eigenen menschlichen Natur als Gattungswesen entfremdet ist, dass er also *nicht* „seine Lebenstätigkeit, sein *Wesen* nur zu einem Mittel für seine *Existenz* macht" (Marx, *Ökonomisch-Philosophische Manuskripte* 567, Hervorh. i. Original), sondern dass er diese Lebenstätigkeit schöpferisch, für die „Entwicklung des Reichtums der menschlichen Natur" (ebd. 568) einsetzt.

Die Arbeit Ruths, so heißt es in Bräunigs Roman weiter, geht mit dem Wissen einher, „daß man nichts verbrauchen kann, wenn man nichts geschaffen hat, daß nichts entsteht, wenn man es selber nicht baut" (ebd.). Die Vision, die Bräunig also in Ruth Fischers Lebensentwurf gestaltet, ist die von einer kommunistischen Gesellschaft als einem Ort von frei gewählter, schöpferischer und gemeinsamer Tätigkeit, die wiederum die Voraussetzung dafür ist, die selbst geschaffenen Werte zu nutzen und zu verbrauchen. Dies alles fände in einem Kreislauf statt, der die Anhäufung von monetärem Reichtum, ja überhaupt von sozialen und materiellen Werten, die nicht unmittelbar wieder genutzt werden können, nicht vorsieht. Heimat – das wären in solch einer Gesellschaft die Dinge selbst – der Mensch, die Arbeit, die Gemeinschaft; Heimat wäre – ähnlich wie in Seghers' Kontinuitätsmodell – ein immerwährender Prozess und immer gültiger Wert; sie würde im arbeitsbezogenen und gesellschaftlichen Prozess stets von neuem durch den Menschen erschaffen und gestaltet. Arbeit wäre dann wieder, nach Marx, „die Befriedigung eines Bedürfnisses" und nicht „nur ein Mittel, um Bedürfnisse außer ihr zu befriedigen" (*Ökonomisch-philosophische Manuskripte* 564); Heimat wäre dann, wie Bräunig sie in diesem Kontext entwirft, „das Haus, in dem wir wohnen, daran wird immer gebaut, das ist alles. Da muß jeder sein Stück Arbeit tun in der Arbeit aller" (*Rummelplatz* 587).

Es bleibt festzustellen, dass Bräunig diese kommunistische Vision, diese ‚konkrete Utopie' in seinem Roman nicht an eine große Fabrik des Industriesektors, also an ein staatstragendes Projekt, koppelte, sondern an den Bau einer Sportanlage, einem eher persönlich-privaten Arbeitsprojekt. Der Roman zeigt damit ein Signal des Möglichen auf, am ‚kleinen' Beispiel, und impliziert damit gleichzeitig das Utopische – also: das Unmögliche – des ‚großen' Projekts.

Tod eines Arbeiters

Das letzte Kapitel der vorliegenden Romanausgabe, das XX., beschließt die Erzählung mit den Ereignissen am 17. Juni 1953. Konkret wird eine Demonstration in der Stadt Halle geschildert, in die Hermann Fischer

„Es liegt an uns" 245

und Christian Kleinschmidt zufällig hineingeraten. Der gewaltsame Tod von Herrmann Fischer während der Demonstration (er wird von anderen Demonstranten erschlagen) ist einer von verschiedenen Fazitansätzen, die der Autor im letzten Drittel seines Romans präsentiert. Da nicht zu ermitteln ist, ob diese so geplant oder der nicht abgeschlossenen Bearbeitung geschuldet waren, muss man von offenen Fragestellungen ausgehen, wie etwa, ob Bräunig mit dem Tod des Arbeiters das Ende der DDR vorausdeuten wollte, ob er aufzeigen wollte, inwiefern das Gesellschaftssystem in der DDR sich bereits selbst wieder auffraß oder ob er auf die (tödlichen) Gefährdungen hinweisen wollte, denen der Staat von innen und außen ausgesetzt war. Die Schilderungen der Demonstration am 17. Juni sowie der politischen Diskussionen der dem Aufstand vorangehenden Tage sind ausführlich und detailgenau, sie muten fast dokumentarisch an. Die erzählten Ereignisse werden mit theoretischen Analysen zur Situation in der DDR und des Sozialismus verknüpft, so z.B.:

> [...] daß das Zentralkomitee noch immer keine entscheidenden Gegenmaßnahmen [gegen unpopuläre Beschlüsse, s.o., d. Verf.] traf. Wo lagen die Ursachen? Sand war im Getriebe – wo kam er her? Ja, vieles war offenkundig. Die Spaltung des Landes; der Kampf überall in der Welt, der sich in Deutschland deutlich niederschlug [...]; der äußere Feind, der die Unruhe im Innern schürte und von ihr profitierte [...], die Gegner in den eigenen Reihen und die vorkommenden Fehler und Unsicherheiten so mancher ehrlicher Genossen, zu unkundig noch die Leitung des Staates und der Wirtschaft. (543)

Der Abschnitt zum Arbeiteraufstand wird zu Bräunigs schonungslosester Bestandsaufnahme des Sozialismus in der DDR. Neben sachlicher Erzählung und den Analysen zur gesellschaftlichen Situation gibt es im Text immer wieder, insbesondere bei der Darstellung der Ereignisse am Tag des Aufstands selbst, starke, expressionistische Bilder. Diese Bilder schaffen eine Atmosphäre von Bewegung und Chaos, ähnlich der Atmosphäre auf dem Rummelplatz im IV. Kapitel. Jetzt jedoch ist die Bewegung nicht mehr nach vorn drängend, einen Weg suchend, sondern dunkel und bedrohlich. So heißt es beispielsweise über die Demonstration in Halle: „Einen zerfließenden Himmel, und einen Rauch, Schreie darin, Tierlaute, [...] [der] Weg [...], den die große Chimäre genommen hat bis hierher: ein Wal, ein

Wolf, ein Haufen Schutt, ein schwarzer Inselrest, ein Panzerschiff, ein Spinnenpack, Gewölk, ein Rudel Steine [...], das füllte Wälder schwarz, das wälzte Rauch, das tötete vor-an" (604–5).[28] Menschen erscheinen hier zu Tieren und Steinen umgewandelt und werden zu einer tödlichen Bedrohung für sich selbst und für ihre Umwelt. Das Unterwegssein, die Offenheit der Wege, wird in Frage gestellt bzw. ist gar nicht mehr existent, denn alles scheint in einer fragmentierten Welt und einem apokalyptischen Chaos aufgelöst. Somit erscheinen auch alle Tätigkeiten sinnentleert; es heißt weiter im Text: „aufspringen, niederbrechen, fraglos, immer neu, den Stein wälzen, und er rollt zurück, bis der Berg plattgewalzt ist höchstens, sagt ein Spaßmacher, also nie: Der Weg ist alles, und das Ziel ist nichts? Das fragt die Leute, fragt die Steine hier" (605).

Das Infragestellen der gesamten Situation, d.h. des sozialistischen Gesellschaftsentwurfs, die sich hier andeutet, findet seinen Höhepunkt im Tod Herrmann Fischers. Diese ist eine Figur, die als Arbeiter, alter kommunistischer Kämpfer, Antifaschist sowie als gegenwärtiger politischer Funktionär, der ganz bewusst der Jugend die symbolische Fahne des Kampfes überreichen will, alle Werte und Säulen der sozialistischen Gesellschaft in sich vereinigt. Der Tod dieser Figur, insbesondere als Endpunkt von Bräunigs Erzählung, hat deshalb starken symbolischen Charakter, da sie mit ihrem Tod auch den beginnenden Tod der Verwirklichung der sozialistischen Idee, des guten Anfangs und des jahrelangen Kampfes verkörpert.

Die tödlichen Gefährdungen, denen diese Figur und in ihr symbolisch die gesellschaftliche Idee ausgesetzt sind, und an denen sie zugrunde gehen werden, verdeutlicht Bräunig anhand der Darstellung verschiedener Gruppierungen, die sich am Aufstand des 17. Juni beteiligen. Es ist zum einen die Gruppe derer, die mit faschistischen Parolen und Gesängen zu alten, vermeintlich besseren Zeiten zurückkehren wollen. Bräunig schildert diese als die größte und dominante Gruppe und hält sich dabei, bei aller Differenziertheit, die den Roman andernorts auszeichnet, letztlich an die offizielle politische Interpretation des Aufstands in der DDR als faschistische Provokation. Zum anderen gibt es die Gruppe der Dogmatiker,

---

28 Schreibweise *vor-an* entspricht dem Original.

Theoretiker und ‚Besserwisser', die dazu beitragen, dass die Kluft zwischen Partei bzw. Staat und den Menschen beständig größer wird. (Der Autor hatte mit der Darstellung des Parteifunktionärs Nickel bereits in früheren Kapiteln auf diese Gruppe hingewiesen.) Und schließlich gibt es die Gruppe der Arbeiter, die aus Frustration über materielle Mangelzustände, schlechte Arbeitsbedingungen und willkürliche Normenänderungen, aber auch aus Unwissenheit oder Mitläufertum gegen diese Zustände protestieren. Mit diesem Protest, so Bräunigs Interpretation der Ereignisse, sind die Arbeiter im Recht, dennoch streiken sie letztendlich gegen sich selbst, gegen ihren eigenen Gesellschaftsentwurf, denn sie werden von den anderen Gruppen missbraucht. Sie sind „wieder dem Anschein gefolgt, nicht der Wahrheit. Denn die sich zu Anführern aufschwingen, die den Aufruhr predigen [...], wenige sind es, und Arbeiter sind es nicht: aber sie haben den Augenblick, und – sie haben nichts zu verlieren" (*Rummelplatz* 615).

Die Bewährungsprobe, die die Menschen gegenüber ihrer Gesellschaft, ihrem Staat bestehen müssen, misslingt mit dem Ausbrechen des Aufstands. Nur eine kleine Gruppe, die Bräunig als eine Art Gegenentwurf herausstellt, besteht diese Probe. Dazu gehören Figuren wie Herrmann Fischer, Ruth Fischer oder Christian Kleinschmidt. Sie sind als positive Verwirklichungsmodelle für die Idee einer sozialistischen Gesellschaft gestaltet. Bräunig verweist ebenso auf die Bewährungsprobe des Staates gegenüber seinen Menschen und Arbeitern. Diese misslingt gleichfalls – der Autor spart nicht die sowjetischen Panzer und nicht die gewaltsamen polizeilichen Maßnahmen während des 17. Juni aus: „das, wofür [...] [die Arbeiter] auf die Straße gegangen waren und das, was sie gewollt hatten, [hatte] nichts zu tun [...] mit dem, was dann geschehen war, hier und anderswo" (614).

Das gesamte Kapitel ist durchdrungen von einer Trauer darüber, dass der Staat und seine Funktionäre einerseits und die Menschen andererseits nur vier Jahre nach der Gründung der DDR bereits keine gemeinsame Verständigungsbasis mehr finden können, dass bereits eine Kluft zwischen Idee und Verwirklichung, zwischen Offenheit und Begrenzung herrscht, die nicht mehr umkehrbar scheint. Die Gruppe derer, die der Autor als positive Beispiele schildert, ist Symptom dieser Entwicklung: dies ist die Gruppe, die Verluste erdulden muss, die, versinnbildlicht im Tod Herrmann Fischers, bleibend geschädigt wird.

Da Bräunig seinen Roman nicht vollständig be- bzw. umarbeiten konnte oder wollte, bleibt der Tod des Arbeiters Herrmann Fischer sein Schlusswort. Dieses trauernd-resignative Fazit wird auch durch andere Handlungsstränge des Romans reflektiert, z.b. bei Peter Looses Gefängnisstrafe oder bei Nickels Bemerkungen zu den Entwicklungen vor dem 17. Juni. Darüber hinaus gibt es durchaus zynische Erzählerkommentare, z.B. bezüglich eines Vergleichs zwischen DDR und BRD: „Totaler Sozialismus, falls sie's schaffen, gegen totalen Kapitalismus, die schaffen das bestimmt" (477), aber auch ‚utopisierende' Textabschnitte, in denen der Autor/Erzähler über die ‚richtige' Variante der Verwirklichung der Idee nachdenkt:

> Sollten vielmehr die sinnvolle Unruhe fördern, sollten sagen: Denken ist die erste Bürgerpflicht; sollten sagen: welch Maß an Verantwortung [...]. Ja, das ist ein ziemlich alter Gedanke. [...] Es wäre unerhört, ihn in die Praxis umzusetzen – in einem ganzen Land [...]. Und sollte sich unter den Maßgeblichen einer finden, der damit ernst macht ohne Demagogie, der die Chancen der Rechthaberei, der Unvernunft und der sanktionierten Unfähigkeit mählich abbaut – der wäre ein wirklich unverschämter Bursche und wäre der größten Marxversteher einer. Und wäre deshalb unser Mann. (590)

Bräunig sieht hier die Verwirklichung der (marxistischen) Idee von einer kommunistischen Gesellschaft nur noch durch einen Erlöser bzw. einen Retter ermöglicht – und verlagert sie damit gänzlich in den Bereich des Utopischen. Wollte also der Autor, wie es auch Seghers' Ansatz in *Das Vertrauen* (1968) wurde, das schon nicht mehr zu Verwirklichende, aber das immerhin jetzt noch Machbare gestalten?[29] Ein Anhaltspunkt für das Machbare wäre zum Beispiel die zum Ende des Romans beginnende Liebesgeschichte zwischen Christian Kleinschmidt und Ruth Fischer und die Verwirklichung beider in ihrer jeweiligen Arbeit. In diesen zwei Positiv-Beispielen und in ihrer Zusammenführung wollte Bräunig womöglich eine

---

29 Dies korrespondiert z.B. auch mit Thomas Feitknechts Feststellung, dass sich in der DDR-Literatur der 60er Jahre „zusehends Zweifel an der Realisierbarkeit des Kommunismus innerhalb der dem einzelnen Menschen gegebenen Zeit" andeuteten (82).

denkbare bessere Zukunft gestalten, die positive Perspektive aufzeigen und die utopische Idee aufbewahren.

Tod eines Romans: Das 11. Plenum des ZK der SED 1965

Als *Rummelplatz* im Jahr 2007 erschien, schrieb Christa Wolf im Vorwort der Ausgabe über die Nicht-Veröffentlichung des Buches in den 60er Jahren: „Ein Buch wie dieses von Werner Bräunig hätte […] Aufsehen erregt, es wäre in mancher Hinsicht als beispiellos empfunden worden. Noch einmal fühle ich nachträglich den Verlust, die Leerstelle, die dieses Nicht-Erscheinen gelassen hat" (*Vorwort* 6).[30] In der Tat ist mit der Nicht-Veröffentlichung dieses Romans und anderer literarischer und filmischer Werke eine Chance vergeben worden, die so wichtige kritische Auseinandersetzung mit dem Sozialismus in seiner realen Ausprägung in der DDR fortzuführen und so das Bewusstsein für die Verantwortung des Einzelnen am Gelingen dieses Gesellschaftsversuchs wachzuhalten. Bräunig spricht es in *Rummelplatz* explizit aus: „Wir haben die bessere Sache – das ist unsere Sicherheit! (*sic!*)

---

30   Die Rezensionen in den Feuilletons zu *Rummelplatz* nach dessen Erscheinen 2007 waren durchgehend positiv. André Hille schreibt: „Von dieser politischen Leidenschaft ist man heute, in einer Zeit der politischen Gleichgültigkeit und der Dominanz der Idee vom persönlichen Glück, zugleich befremdet und fasziniert. Der Roman ist ein Ereignis, weil er Geschichte an Menschen sichtbar macht und Werner Bräunig sein feines Sensorium auf den tiefsten Riss in der deutschen Historie richtet, dem zwischen Faschismus und Sozialismus" André Hille, *Die konkrete Utopie*, Web (siehe Fußnote 20); Evelyn Finger hält den Roman für „eines der herausragendsten Werke der deutschen Nachkriegsliteratur" (*Die Zeit* vom 3. Mai 2007), und Franziska Augstein meint, dass das Buch „eines der großen Werke der Nachkriegszeit sei" und dass sie sich sicher sei, „dass Bräunig, hätte er weiter schreiben können, gleichrangig mit Autoren wie Günter Grass und Heinrich Böll gewürdigt worden wäre" (*Süddeutsche Zeitung* vom 20. März 2007). Rezensionen entnommen aus: *www.perlentaucher.de*. Web. 24.5.2014. <http://www.perlentaucher.de/buch/werner-braeunig/rummelplatz.html>.

Es liegt an uns, ob wir die größere Anziehungskraft haben werden, den größeren Wohlstand, die besseren Ideen, die bessere Art zu leben" (548, Hervorhebung d. Verf.). Sowohl Bräunigs Roman als auch Arbeiten von Christa Wolf, Brigitte Reimann, Anna Seghers, Erik Neutsch, Peter Hacks, Volker Braun, Heiner Müller, Gerhard Klein, Konrad Wolf, Frank Beyer u.v.m. aus dem Zeitraum zwischen Ende der 50er und Mitte der 60er Jahre wurden mit einer weltanschaulichen Souveränität geschrieben bzw. gefilmt, die aus dem Standpunkt der Künstler heraus erwuchs, über die bessere gesellschaftliche Alternative zu verfügen. Der grundsätzliche Konsens über dieses „Was", den Sozialismus, hatte um 1960 herum bereits lange Bestand; worum es den Künstlern mit ihren Werken ging, war die produktive Auseinandersetzung über das konkrete „Wie".

Diese konsequente Auseinandersetzung mit den gesellschaftlichen Verhältnissen, zumal wenn diese, wie im Falle der DDR, dezidiert *für* die bestehende Gesellschaftsform geführt wird, ist ein Vorgang, der eigentlich für jegliche Gesellschaft notwendig und fruchtbar sein sollte. Wie konnte es dann zu den Ereignissen des 11. Plenums des ZK der SED 1965 kommen und mithin dazu, dass Bräunig seinen Roman nicht veröffentlichen konnte? Wie bereits angeführt, befand man sich Anfang der 60er Jahre in einer Phase der inneren Stabilisierung; Walter Ulbricht plante weitreichende Wirtschaftsreformen, die ebenfalls eine gewisse Liberalisierung mit sich bringen sollten.[31] Die jüngere, um 1930 geborene Generation, für die die DDR vor allem ein Anfang war (im Gegensatz zur älteren Generation, für die die DDR eher der Versuch einer Erfüllung war), sollte nun stärker in den gesellschaftlichen Prozess und den weiteren Aufbau der DDR eingebunden werden. Eine gegenläufige Entwicklung zu diesem eher offenen Klima entstand durch konservative Kreise um Erich Honecker, welcher damals als Mitglied des Politbüros für Militär- und Sicherheitsfragen verantwortlich war; er befürchtete einen Macht- und Steuerungsverlust der SED sowie der Politik insgesamt über das Kulturschaffen im Land. Daraus resultierte eine oft sehr widersprüchliche Kulturpolitik, welche, wiewohl grundsätzlich kritische Stimmen und moderne ästhetische Experimente zulassend,

---

31 Vgl. dazu Kap. 5 dieser Arbeit.

„Es liegt an uns" 251

stets zwischen Reglementierung und Duldung schwankte. In Vorbereitung auf das 11. Plenum im Dezember 1965 ließ Honecker gezielt Berichte über Jugendbanden, Rowdytum und skeptische Haltungen Jugendlicher zum Sozialismus publizieren. Dies geschah vor allem, um seine Position gegenüber Ulbricht zu stärken und dessen Jugendpolitik dadurch in Frage zu stellen. Kurt Hager, Leiter der Ideologischen Kommission beim ZK, hatte außerdem, ebenfalls Ende 1965, Dossiers und „Informationen über falsche ideologische Positionen im künstlerischen Bereich" angefordert, wobei man Künstler wie Wolf Biermann, Stefan Heym u.a. im Auge hatte, deren Werke Jugendliche angeblich zu jener skeptischen, womöglich antisozialistischen Haltung verleiten würden (Drescher, *Träume* 639–40). Diese Entwicklungen führten auch bei Ulbricht, der sich in dieser Zeit vor allem mit den Schwierigkeiten der Wirtschaftsreform auseinandersetzte, dazu, sich nun deutlich gegen die Haltung kritischer Autoren zu stellen, die sich ihrerseits allerdings einen Austausch über Dogmatismus, historische Fehler und Reglementierungen mit der (Kultur-)Politik wünschten. Die Vorab-Veröffentlichung von Bräunigs IV. Kapitel, dem *Rummelplatz*-Kapitel, im Oktoberheft des Jahres 1965 der *Neuen Deutschen Literatur* (*NDL*) kam in diesem Kontext als Beispiel und Angriffsziel, welches es mit seiner anarchistisch-chaotischen Stimmung darbot, für die aktuelle kulturpolitische Argumentationslinie und ‚Anti-Skeptizismus-Kampagne' gerade recht. Ulbrichts Einschätzung des Kapitels, noch vor dem Plenum getroffen, lautete:

> Dort werden nun alle Schweinereien geschildert, die möglich sind und damals möglich waren: wie sie saufen, wie sie mit den Frauen umgehen, wie sie sich Krankheiten beschaffen usw. [...] Wenn die Genossen sagen, es gelte Mängel und Fehler aufzudecken, damit sie beseitigt werden könnten, frage ich: Wem nützt diese Darstellung in ‚Rummelplatz' etwas? [...] Ich stelle hier ganz einfach die Frage der gemeinsamen Verantwortung aller für die moralische Entwicklung [...]. [M]it solchen Romanen wie ‚Rummelplatz' kann man sie [die Jugendlichen, d. Verf.] nicht erziehen. (zitiert in Drescher, *Träume* 642)[32]

32 Dort entnommen aus: Stenographische Niederschrift. Gespräch beim Vorsitzenden des Staatsrates der Deutschen Demokratischen Republik, Walter Ulbricht, mit Schriftstellern zum Thema „Humanismus und Realismus in der Deutschen

Aus diesem Anfang entwickelte sich ein „Kesseltreiben", das von allen Seiten auf Werner Bräunig, dessen Verteidiger sowie die *NDL* gerichtet wurde (ebd. 647). Die Politik wollte eine Art Generalangriff starten, um kritische Geister in ihre Schranken zu verweisen. Werner Bräunig war dabei tatsächlich mehr zufällig ausgewählt. An ihm wurde das Exempel statuiert, es hätte de facto jeden anderen treffen können, wäre nicht gerade sein Kapitel in das *NDL*-Oktoberheft gelangt.

Erich Honeckers Einschätzung auf dem 11. Plenum deckte sich sodann mit der Ulbrichts; darin hieß es: „Leider hat sich in den letzten Jahren eine neue Art Literatur entwickelt, die im wesentlichen aus einer Mischung von Sexualität und Brutalität besteht. Ist es ein Wunder, wenn nach dieser Welle [...] manche Jugendliche nicht mehr wissen, ob sie richtig oder falsch handeln, wenn sie dort ihre Vorbilder suchen?" (280) Das *Rummelplatz*-Kapitel sei ein Romanauszug, so Honecker weiter, der, wie auch andere Werke, „mit unserem sozialistischen Lebensgefühl nichts gemein habe [...]"; es gäbe „obszöne Details" sowie „eine falsche, verzerrte Darstellung des schweren Anfangs in der Wismut" (ebd.). Damit war das Urteil über Bräunig gefällt.

Neben ihm standen auf dem Plenum auch zahlreiche andere künstlerische Werke in der Kritik. Im Bereich Film kam es zum Verbot von zwölf Produktionen der DEFA aus dem Jahr 1965, darunter *Das Kaninchen bin ich* von Kurt Maetzig, *Denk bloß nicht, ich heule* von Frank Vogel und *Berlin um die Ecke* von Gerhard Klein; in der Folge konnten auch Filme des Jahres 1966, z.B. *Spur der Steine* (Regie Frank Beyer) oder *Jahrgang '45* (Regie Jürgen Böttcher), nur kurzzeitig bzw. überhaupt nicht aufgeführt werden. Die Autoren Wolf Biermann, Manfred Bieler, Peter Hacks, Günter Kunert, Heiner Müller, Volker Braun und Stefan Heym sowie der Philosoph Robert Havemann wurden auf dem Plenum namentlich genannt und kritisiert, ihre Werke als sozialistischer Ethik, Moral und Sitte nicht entsprechend an den

---

Demokratischen Republik" am 25. November 1965. In: *Stiftung Archiv der Parteien und Massenorganisationen der DDR im Bundesarchiv*, Berlin (SAPMO-BArch), DY 30, IV AS/9.06/142, 26.

Pranger gestellt. Sie wurden von Ulbricht als „modernistisch", „skeptizistisch", „liberalistisch" bzw. gar „pornografisch" bezeichnet.[33]

Christa Wolf hielt noch auf dem Plenum eine improvisierte Verteidigungsrede für ihre Kollegen (anstatt des eigentlich geplanten Diskussionsbeitrags), in der sie mahnte, dass das „freie Verhältnis zum Stoff", das sich die Künstler seit der Bitterfelder Konferenz 1959 „durch einige Bücher, durch Diskussionen" und durch „bestimmte Fortschritte unserer Ästhetik" erarbeitet hatten, nicht wieder verloren gehen dürfe (*Diskussionsbeitrag* 341).[34]

Was auf das Plenum für Werner Bräunig folgte, waren eine Fülle von Versammlungen, Aussprachen, schriftlichen Einschätzungen und Gutachten; dem Autoren wurden umfangreiche Überarbeitungen seines Romans seitens des Verlags angeraten, die sich auf inhaltliche und ideologische Aspekte bezogen (Drescher, *Träume* 663). Bräunig und seine Verteidiger versuchten, den politischen Vorwürfen mit literaturtheoretischen und ästhetischen Argumenten zu begegnen. Angela Drescher stellt hierzu fest: „Bräunig konnte nicht verstehen, daß es nicht um die Diskussion von [literarisch-ästhetischen, d. Verf.] Argumenten ging, und die Funktionäre konnten nicht glauben, daß jemand das zynische Spiel um Rechthaben und Machtdemonstration nicht durchschaute" (ebd. 659). Bräunig begann zwar mit Überarbeitungen an seinem Roman, die jedoch hauptsächlich Kürzungen und stilistische Verbesserungen waren. Wie zuvor erwähnt, beendete er die Arbeit an dem Projekt schließlich 1966/67.

Das so bezeichnete „Kahlschlag-Plenum" war nicht nur ein Kahlschlag für literarische und filmische Produktionen aus den Jahren 1965/66, es war auch ein Kahlschlag für jene aktive, produktive Auseinandersetzung mit gesellschaftlichen Verhältnissen – in einem öffentlichen Bereich – an deren Mangel bzw. einer zu spät einsetzenden Rückbesinnung ab der

---

33 Vgl. Günter Agde: „Vorbemerkung." In: ders. (Hg.). *Kahlschlag. Das 11. Plenum des ZK der SED 1965*, 9–10; sowie Walter Ulbricht, „Schlußwort auf der 11. Tagung." In: *Kahlschlag* 349.

34 Späterhin brachten auch Anna Seghers, Wolfgang Joho oder Hans Koch Verteidigungen vor, Bräunigs Roman sowie andere Werke (s.u.) blieben jedoch schärfster Kritik ausgesetzt.

zweiten Hälfte der 80er Jahre die DDR schließlich auch scheiterte. Christa Wolf schrieb 1991 in ihrem Erinnerungsbericht über das Plenum, dass sie ein „starkes Gefühl von der Gefahr [bekam], in die dieses Gemeinwesen geraten würde, wenn die Widersprüche nicht in produktiver Weise ausgetragen würden. [...] Wir [die Künstler, d. Verf.] hatten das Gefühl, dies sei einer der letzten Momente, um die Entwicklung in der DDR in eine Richtung zu lenken, die diesen Staat zu einer Alternative machen konnte" (*Erinnerungsbericht* 266). Die Weichen für das Gelingen des Gesellschaftsexperiments wurden gestellt, und Werner Bräunigs Roman, wie auch Wolfs *Der geteilte Himmel* oder Anna Seghers' *Das Vertrauen* sind Zeugnisse dessen, wie die Künstler diese Weichenstellung erspürten und reflektierten. Bräunig beschreibt in seinem Roman in eindringlicher Weise die Bemühungen, gesellschaftliche Notwendigkeiten mit dem individuellen Unterfangen der Heimatsuche des Menschen in ein produktives Verhältnis zu bringen. Er entwickelt Ideen und Lebensmodelle (Christian Kleinschmidt, Ruth Fischer), wie ein ‚richtiger' Sozialismus die Spannung zwischen diesen beiden Polen nutzen und für den Menschen Selbsterfüllung bringen könnte, und letztendlich zur Heimat werden könnte. Ein ‚richtiger' Sozialismus besäße dann auch jene (erträumte) Souveränität, die Heimatsuche des Menschen als einen stets offenen Weg tatsächlich zuzulassen, d.h. auch in dem Sinne zu konstituieren, dass Heimat sich in der Suche selbst erschöpfen dürfte, wie es in der Figur des Peter Loose angedacht wird. Der Bruch, der sich schon jetzt durch die Gesellschaft zieht, und den auch Bräunig im Grunde als bereits unumkehrbar beschreibt, wäre dann (wieder) aufgehoben und würde keine Grenze zwischen Heimat und Nicht-Heimat festlegen. Die im Roman vorgenommene Bestandsaufnahme des in der DDR real praktizierten Sozialismus verweist jedoch in die entgegengesetzte Richtung, sie zeigt die zahlreichen Gefährdungen auf, denen die produktive Auseinandersetzung des Menschen mit seiner Umwelt und Gesellschaft ausgesetzt war. Sie lässt die positiven Lebensmodelle, den Wunsch nach freier, aber auch harmonischer Heimatsuche, letztlich im Bereich der Utopie verbleiben.

Schlussbemerkungen:
Sozialismus und Heimat – eine Utopie?

Diese Arbeit widmete sich der Frage, inwiefern es möglich ist, das individuelle, anthropologisch determinierte Streben des Menschen nach Heimat, dessen eigentliches Ziel das Unterwegssein selbst ist und das letztendlich einer subjektiven Bedürfnisbefriedigung dient, mit einem objektivierten Heimatziel, z.B. einer sozialistischen Heimat, zu verbinden und dies als eine produktive, erstrebenswerte Lebensgestaltung zu erfahren. Letztendlich handelt es sich hierbei um den Wunsch nach einem Gleichklang zwischen Menschen und Umwelt, der sich im Falle der DDR im Ideal der Harmonisierung des Einzelnen mit dem sozialistischen Staat ausprägte. Sozialismus, semantisch aufgeschlüsselt, bedeutet, dass die Gesellschaft über dem Individuum steht, Sozialismus ist also im wörtlichen Sinn das Gegenteil von Individualismus.[1] Dies mag als bloße Wortspielerei erscheinen, aber sie führt zu eben jenem unlösbar erscheinenden Konflikt zwischen der Heimatsuche des Menschen, die sich, in der Natur der Sache liegend, als ein individuelles Unternehmen ausprägt und dem Anspruch der sozialistischen Gesellschaft an den Menschen, sich in diese einzufügen und Teil eines Kollektivs zu werden. Was also in der DDR praktisch erstrebt wurde, war ein Individualismus *innerhalb* des Sozialismus, der sich in seiner fruchtbarsten Ausprägung als ein erfüllendes Lebensmodell darstellte, in dem sich das Individuum die Gesellschaft zum produktiven Gegenpart für das eigene Lebens- und Heimatziel machen konnte.

In den literarischen und filmischen Arbeiten aus der DDR der 50er und 60er Jahre, die in dieser Arbeit als Untersuchungsgegenstand für die Fragestellung dienten, ist die Darstellung solcher erfüllenden Lebensmodelle rar gesät. Arbeiten wie Hans Marchwitzas *Roheisen* (1955) oder Winfried

---

[1] Vgl. dazu Beilharz, *Socialism after Communism: Liberalism?*, 110.

Junges *Golzow*-Filme (hier 1961/62), teilweise auch Kurt Maetzigs *Schlösser und Katen* (1957), weisen einen mehr oder weniger starken Hang zur Idealisierung von gesellschaftlichen Prozessen und Strukturen auf, ihre Figuren bewegen sich eher in passiven, nachahmenden Handlungsmustern. Zieht man dies in Betracht, so verbleibt lediglich eine Handvoll Figuren, deren persönliche Heimatsuche und individuellen Wünsche sich glücklich in die sozialistische Gesellschaft einfügen – als Resultat eines offenen Versuchs. Mit anderen Worten, für diese Figuren erfüllen sich die menschlich-heimatlichen Grundbedürfnisse nach Sicherheit, Zugehörigkeit und Anerkennung als ein freies Entscheidungskriterium: zum einen in ihrem privaten Umfeld, d.h. in Partnerschaften und Freundschaften, und zum anderen im größeren gesellschaftlichen Rahmen, dort konkret im Bereich der Arbeit und des Gebraucht-Werdens als Arbeiter/in für die neue Gesellschaft. Dazu gehören Anna Seghers' Robert Lohse (*Die Entscheidung*, 1959), Kurt Maetzigs Annegret Zuck (*Schlösser und Katen*, 1957) sowie Werner Bräunigs Christian Kleinschmidt und Ruth Fischer (*Rummelplatz*, 2007). Nun sind jedoch diese Figuren die Ausnahme, eine Art ideale Vorstellung der Strukturen, die es in der sozialistischen Gesellschaft breitflächig geben müsste bzw. hätte geben müssen. In der Figur der Ruth Fischer in *Rummelplatz* wird bereits angedeutet, dass dieses Ideal aus dem Bereich der sozialistischen Wirklichkeit wieder herausgenommen wird und sich in den der Utopie verschiebt.

Was die filmischen und literarischen Werke vor allem darstellen, ist ein Bruch, der sich von Anfang an durch das sozialistische Heimatkonzept hindurchzieht. Es beginnt bereits in Marchwitzas *Roheisen* (1955), in der Einteilung der Figuren in die Gruppe derer, die als nützliche, gute Mitglieder in der sozialistischen Gesellschaft und Gemeinschaft ein Zuhause finden ‚dürfen' und die Gruppe derer, die aus dieser Gemeinschaft ausgeschlossen werden (und dann zumeist in den Westen gehen). Dies setzt sich in *Schlösser und Katen* (1957) noch fort, wobei die dortige Schwarz-Weiß-Einteilung durch solche Figuren wie den ‚krummen Anton' oder die drei Parteiarbeiter bereits stark aufgeweicht wird.

Anna Seghers' Romane beschreiben den Bruch als die politische Spaltung Deutschlands in zwei Lager und wie er sich auf das Leben der Menschen bzw. die Heimatsuche auswirken wird. Er wird an der Stelle konkret bemerkbar, da die Menschen ein universelles Heimatgefühl, d.h. die Verbundenheit mit einem Raum, mit einer Politisierung des Raumes gedanklich und lebenspraktisch in Einklang bringen müssen. Nicht wenige Figuren scheitern daran: der alte Arbeiter Janausch, der Ingenieur Rentmair, Katharina Riedl, Ella Schanz, der Werkleiter Berndt.

In der Weiterführung von Seghers' Ansatz rücken Werke wie Karl-Heinz Jakobs' *Beschreibung eine Sommers* (1961), Konrad Wolfs Verfilmung von *Der geteilte Himmel* (1964) und Werner Bräunigs *Rummelplatz* (2007) das Thema des Opfer-Bringens für die sozialistische Gesellschaft in den Blickpunkt.[2] Jakobs' Figur Grit Marduk erbringt das Opfer, ihre Partnerschaft zu Tom Breitsprecher aufrechtzuerhalten und dadurch in Konflikte mit ihrer (Arbeits-)Umwelt zu geraten – ihr Opfer ist im Grunde ihr Kampf für eine gleichzeitige Erfüllung in beiden Lebenssphären, der persönlichen und der arbeitsbezogenen/sozialen. Wie der Kampf weiter- bzw. ausgehen wird, bleibt offen. Auch Wolfs Rita Seidel muss dieses Opfer bringen: sie gibt ihr persönliches Glück für ihre Heimatentscheidung auf. Werner Bräunigs Peter Loose schließlich muss (zumindest vorläufig) seine gesamte Heimatsuche, sein gesamtes Lebensumfeld in der Konsequenz des Gefängnisaufenthalts opfern. Als noch größeres Opfer erscheint bei Bräunig jedoch der Tod Herrmann Fischers, welcher in dessen Eigenschaft als Arbeiter und kritisch-pragmatischer Fürsprecher des Sozialismus kaum symbolträchtiger sein könnte.

Während die Literaturforschung in der DDR diese Opfer nicht selten als notwendige Schritte beim Aufbau des Sozialismus interpretierte (siehe Kap. 7) bzw., in einem dialektischen Sinne, diese Opfer als Lösungen gesellschaftlicher Konflikte verstand, nach welchen die nächsthöhere Stufe erlangt werden konnte, sind sie vielmehr Zeichen und Signale für die beginnende Brüchigkeit des gesellschaftlichen Experiments und

---

[2] Auch andere, nicht in dieser Arbeit diskutierte Werke widmen sich dem Thema des Opfers, so z.B. Uwe Johnson, *Ingrid Badendererde. Reifeprüfung 1953* (1953/54 entstanden, 1985 veröffentlicht) sowie *Mutmaßungen über Jakob* (1959); Erwin Strittmatter, *Ole Bienkopp* (1963); Erik Neutsch, *Spur der Steine* (1963); *... und deine Liebe auch*, Regie Frank Vogel, 1963; *Das Kaninchen bin ich*, Regie Kurt Maetzig (1965/1990), u.a.

für die Gefahren, denen dieses sich selbst aussetzte. Nicht nur der kritische und auf gesellschaftspolitischer Ebene bejahende Umgang mit dieser Situation ist in den künstlerischen Werken zu finden, sondern auch Trauer über die Fehlentwicklungen (z.B. bei Anna Seghers), Schmerz und Schock angesichts der Wirklichkeit, die eine beginnende Innerlichkeit, ein Zurückziehen ankündigten (Christa Wolf, Konrad Wolf), aber auch eine verzweifelte Wut, wie sie aus Bräunigs Anklage gegen „die Kleingeisterei, die Buchstabengläubigkeit und die Epidemie in Mißtrauen", die „der Sache nicht und nicht der Idee [entsprachen]" (*Rummelplatz* 569–70), spricht.

Die Brüchigkeit des gesellschaftlichen Experiments, die letztendlich der Grund für die Opfer war, zeichnen die Romane und Filme seismografisch genau auf. Von der äußeren, politischen Spaltung her (Seghers) verlagert sich der Bruch mitten in das Leben der Menschen hinein (Wolf) und zieht sich schließlich durch die sozialistische Gesellschaft der DDR (Bräunig). Heimat, als eine Entscheidung für die DDR und die sozialistische Gesellschaft verstanden, bzw. Heimat als eine Harmonie zwischen persönlichem Glück und gesellschaftlicher Einordnung erlebt, scheint Mitte der 60er Jahre kaum noch als erfolgreicher, erfüllender Prozess möglich. Heimat konstituiert sich stattdessen oft nur durch die Aufgabe von persönlichem Glück, von gesellschaftlichem Vorankommen oder von beidem.

Wenn also eine sozialistische Gesellschaft nur noch unter bestimmten Voraussetzungen zur Heimat werden kann, dann stimmt die Idee (bzw. das Konzept) nicht mehr mit der Wirklichkeit überein, dann ist *d i e* sozialistische Heimat – jener Ort, an dem sich jeder Einzelne zum Wohle des Ganzen entwickeln kann – nur noch, bzw. wieder, eine Utopie.

Neben Trauer und Wut, die sich auch mit Skepsis mischen, ist es der Glaube an die Utopie, an das Ideal, welcher immer wieder in den künstlerischen Werken aufscheint. Sei es die Aussicht auf ein erfülltes Leben, wie in Seghers' Figur des Robert Lohse verdeutlicht, ebenso wie in der Figur des Thomas Helger aus ihrem späteren Roman *Das Vertrauen* (1968), sei es die Hoffnung, dass es für Grit Marduk eine Lösung in der Zukunft geben wird, eine Zukunft, in der es auch den Kommunismus geben wird (denn man muss „nach vorn träumen"), seien es die Golzow-Filme, mit denen Winfried Junge den fertigen Sozialismus einfangen wollte, sei es der Raumflug Juri Gagarins in Wolfs Film oder der Lebensentwurf Ruth

Schlussbemerkungen

Fischers in Bräunigs Romanfragment – der Glaube an die Utopie bleibt, wenn auch die ‚konkrete Utopie' ab Mitte der 60er Jahre in immer weitere Ferne rückt.

Auch die literarischen und filmischen Werke der 70er und 80er Jahre weisen den Glauben an die Utopie auf. Paulas unbedingter Glückswille in Heiner Carows Film *Die Legende von Paul und Paula* (1973); die Architektin Franziska Linkerhand aus Brigitte Reimanns gleichnamigem Roman (posthum 1974) und ihre Suche nach der „kluge[n] Synthese zwischen gestern und morgen, zwischen tristem Blockbau und heiter lebendiger Straße, zwischen dem Notwendigen und dem Schönen" (603–4); der Wille nach dem „ganzen Menschen" (119) und der „Anspruch [...]: Tätig zu werden und dabei wir selbst zu bleiben" (143–4), denen in Christa Wolfs Texten *Kein Ort. Nirgends* (1979) sowie *Kassandra* (1983) zuallererst Frauen und Dichter nachgehen; die Projektpläne des Architekten Daniel Brenner für eine lebendige, kommunikationsfördernde Wohnstadt (ähnlich wie zwei Jahrzehnte zuvor seine „literarische Kollegin" Franziska Linkerhand) aus Peter Kahanes Film *Die Architekten* (1990) seien hier nur als einige Beispiele genannt.[3]

Allerdings, vielleicht ist eine perfekte Harmonie, eine vollkommene Übereinstimmung des Menschen mit seiner Umwelt eine „false harmony" (Silberman, *Literature* 24), eine Illusion, oder gar eine „bad utopia" (Beilharz, *Socialism* 114)? Vielleicht ist Heimat als Konzept, welches eben jene persönliche und politische Übereinstimmung von Mensch und Gesellschaft zur Voraussetzung hat, eine Utopie – mithin ein Konzept, welches sich nicht verwirklichen lässt. Und vielleicht ist das genau der Punkt, um den es geht: vielleicht muss dieses Konzept eine Utopie sein und blieben, denn wenn die Utopie erreicht würde, also zur (Lebens-)Wirklichkeit würde, wäre dann nicht der Kampf für das Andere, Bessere, und damit unser Leben und unser Denken, zu Ende?

3   Beide Zitate zu Christa Wolf sind *Kein Ort. Nirgends* entnommen.

Literaturverzeichnis

Agde, Günter (Hg.): *Kahlschlag. Das 11. Plenum des ZK der SED 1965. Studien und Dokumente.* Berlin: Aufbau, 1991.
—— (Hg.): *Kurt Maetzig. Filmarbeit. Gespräche, Reden, Schriften.* Berlin: Henschelverlag Kunst und Gesellschaft, 1987.
„Alle Golzow-Filme: Wer sie schuf, was sie erzählen, wann und wie sie entstanden, wie Presse und Zuschauer sie aufnahmen." In: *Lebensläufe. Die Kinder von Golzow. Bilder, Dokumente, Erinnerungen zur ältesten Langzeitbeobachtung der Filmgeschichte.* Hrsg. von Dieter Wolf. Red. Ralf Schenk. Marburg: Schüren, 2004, 183–308.
Améry, Jean: *Jenseits von Schuld und Sühne. Bewältigungsversuche eines Überwältigten.* München: Szczesny, 1966.
Die Architekten. Regie Peter Kahane. Drehbuch Thomas Knauf, Peter Kahane. DEFA, 1990. DVD, Icestorm, 1999.
Arend, Thorsten: „Nachwort." In: Karl-Heinz Jakobs: *Beschreibung eines Sommers*, 237–53.
Bastian, Andrea: *Der Heimat-Begriff. Eine begriffsgeschichtliche Untersuchung in verschiedenen Funktionsbereichen der deutschen Sprache.* Diss. Universität Freiburg (Br.), 1992. Tübingen: Niemeyer, 1995. (=Reihe Germanistische Linguistik, 159)
Bathrick, David: *The Powers of Speech. The Politics of Culture in the GDR.* Lincoln: University of Nebraska Press, 1995.
Bausinger, Hermann: „Heimat in einer offenen Gesellschaft. Begriffsgeschichte als Problemgeschichte." In: *Heimat. Analysen, Themen, Perspektiven.* Hrsg. von der Bundeszentrale für politische Bildung. Gesamtkonzeption: Will Cremer, Ansgar Klein. Bonn: Bundeszentrale für politische Bildung, 1990, 76–90.
Becher, Johannes R.: „Zu Marchwitzas Roheisen." In: *Kritik in der Zeit. Der Sozialismus – seine Literatur – ihre Entwicklung.* Hrsg. von Klaus Jarmatz. Halle: Mitteldeutscher Verlag, 1969, 373–5.
Beilharz, Peter: „Socialism: Modern Hopes, Postmodern Shadows." In: *Socialism and Modernity.* Minneapolis: University of Minnesota Press, 2009, 1–19.
——: „Socialism after Communism: Liberalism?" In: *Socialism and Modernity*, 102–32.
Bivens, Hunter. „Neustadt: Affect and Architecture in Brigitte Reimann's East German Novel *Franziska Linkerhand*." *The Germanic Review* 83 (2008), Heft 2, 139–66.

——: „Anna Seghers' *The Man and His Name*: Heimat and the Labor of Interpellation in Postwar East Germany." *German Studies Review* 30 (2007), Heft 2, 311–30.
——: „Concrete Utopia. History and Labor in the German Communist Novel." Diss. University of Chicago, 2006.
Blickle, Peter: Heimat. *A Critical Theory of the German Idea of Homeland*. Rochester: Camden House, 2002.
Bloch, Ernst: *Das Prinzip Hoffnung*. 2 Bände. Frankfurt/Main: Suhrkamp, 1959.
Boa, Elizabeth/Palfreyman, Rachel: *Heimat. A German Dream. Regional Loyalties and National Identity in German Culture 1890–1990*. Oxford: Oxford University Press, 2000.
Bock, Sigrid: „Sprechen in Andeutungen. Bemerkungen zu Anna Seghers." In: *Literatur in der DDR. Rückblicke*. Hrsg. von Heinz Ludwig Arnold und Frauke Meyer-Gosau. München: Edition TEXT + KRITIK 1991, 72–84.
——: „Epische Welt und Menschenbildkonzeption. Zum Roman ‚Das Vertrauen' von Anna Seghers." *Weimarer Beiträge* 15 (1969), Heft S, 129–48.
Bossle, Lothar: „Heimat als Daseinsmacht." In: *Heimat. Analysen, Themen, Perspektiven*, 122–33.
Brady, Martin: „Discussion with Kurt Maetzig." In: *DEFA. East German Cinema 1946–1992*. Hrsg. von Seán Allan und John Sandford. New York: Berghahn, 1999, 77–92.
Braun, Volker: *Texte in zeitlicher Folge. Band 1*. Halle: Mitteldeutscher Verlag, 1989.
Bräunig, Werner: *Rummelplatz*. Hrsg. von Angela Drescher, mit einem Vorwort von Christa Wolf. Berlin: Aufbau Taschenbuch Verlag, 2007.
——: *Ein Kranich am Himmel. Unbekanntes und Bekanntes*. Halle: Mitteldeutscher Verlag, 1981.
——: *Prosa schreiben. Anmerkungen zum Realismus*. Halle: Mitteldeutscher Verlag, 1968.
——: „Notizen." In: *Erkenntnisse und Bekenntnisse*. Mit einem Vorwort von Otto Gotsche. Halle: Mitteldeutscher Verlag, 1964, 30–58.
——: „Vier suchen ein Vaterland/Ruth." *Neues Deutschland* vom 22.8.1964, o. S.
Bredel, Willi: *Die Prüfung*. Berlin: Aufbau Verlag, 1962.
Brepohl, Wilhelm: „Heimat als Beziehungsfeld. Entwurf einer soziologischen Theorie der Heimat." *Soziale Welt* 4 (1952), Heft 1, 12–22.
Byg, Barton: „‚Die Kinder von Golzow' und die Porträtphotographie." In: *Der geteilte Himmel. Arbeit, Alltag und Geschichte im ost- und westdeutschen Film*. Hrsg. von Peter Zimmermann und Gebhard Moldenhauer. Konstanz: UVK Medien, 2000, 361–80.

Clarke, David: „The Industrial World in the Literary Topography of the GDR." In: *Aesthetics and Politics in Modern German Culture. Festschrift in Honor of Rhys W. Williams*. Hrsg. von Brigid Haines, Stephen Parker und Colin Riordan. Oxford: Peter Lang, 2010, 131–42.

Claudius, Eduard: *Menschen an unserer Seite*. Leipzig: Reclam, 1974.

Coulson, Anthony: „Paths of Discovery: The Films of Konrad Wolf." In: *DEFA. East German Cinema 1946–1992*. Hrsg. von Seán Allan und John Sandford. New York: Berghahn, 1999, 164–82.

Degemann, Christa: *Anna Seghers in der westdeutschen Literaturkritik 1946 bis 1983. Eine literatursoziologische Analyse*. Diss. Universität Gesamthochschule Paderborn, 1984. Köln: Pahl-Rugenstein Verlag, 1985.

Deltl, Sylvia: „Vorwärts und nicht vergessen ... – Zur Propaganda in DEFA-Filmen." In: *Der geteilte Himmel. Höhepunkte des DEFA-Kinos 1946–1992*. Band 2. Hrsg. von Filmarchiv Austria, Bundesarchiv-Filmarchiv Berlin und DEFA-Stiftung Berlin. Red. Raimund Fritz. Wien: Filmarchiv Austria, 2001, 133–48.

Dobbelstein-Osthoff, Peter: „Heimat – heile Welt? Zur Reflexion von Werten und Normen in Heimatkonzepten." In: *Heimat. Analysen, Themen, Perspektiven*, 248–77.

Dokumente zur Kunst-, Literatur-, und Kulturpolitik der SED. Band 1. Hrsg. von Elimar Schubbe. Stuttgart: Seewald, 1972.

Drescher, Angela: „,Aber die Träume, die haben doch Namen'. Der Fall Werner Bräunig." In: Werner Bräunig: *Rummelplatz*, 625–74.

——: „Editorische Notiz." In: Werner Bräunig: *Rummelplatz*, 754–65.

Elsaesser, Thomas/Wedel, Michael: „Defining DEFA's Historical Imaginery: The Films of Konrad Wolf." *New German Critique* 82 (2001), 3–24.

Emig, Dieter/Frei, Alfred G.: „,... die Fremdheit der Dinge und Personen aufheben'. Über Versuche, Heimat zu entdecken." In: *Heimat. Analysen, Themen, Perspektiven*, 307–27.

Emmerich, Wolfgang: *Kleine Literaturgeschichte der DDR*. Erweiterte Neuausgabe. Berlin: Aufbau Taschenbuch, 2007.

—— (Hg.): *Proletarische Lebensläufe. Autobiographische Dokumente zur Entstehung der Zweiten Kultur in Deutschland. Band 2: 1914 bis 1945*. Hamburg: Rowohlt, 1975.

Evans, Andrew: „The Last Gasp of Socialism: Economics and Culture in 1960s East Germany." *German Life and Letters* 63 (July 2010), Heft 3, 331–44.

Die Expressionismusdebatte. Materialien zu einer marxistischen Realismuskonzeption. Hrsg. von Hans-Jürgen Schmitt. Frankfurt/Main: Suhrkamp, 1973.

Feinstein, Joshua: *The Triumph of the Ordinary. Depictions of Daily Life in the East German Cinema. 1949–1989*. Diss. Stanford University. University of North Carolina Press, 2002.

Feitknecht, Thomas: *Die sozialistische Heimat. Zum Selbstverständnis neuerer DDR-Romane*. Bern/Frankfurt/Main: Herbert Lang, 1971.

Forster, Heinz/Riegel, Paul: *Deutsche Literaturgeschichte vom Mittelalter bis zur Gegenwart in 12 Bänden. Band 11: Nachkriegszeit*. München: Deutscher Taschenbuchverlag, 1991–2003.

Gass, Karl: „Nach einer Idee von ...". In: *Lebensläufe. Die Kinder von Golzow*, 11–16.

———: „Näher an das Leben, an die Menschen heran" (1966). *Dokumentaristen der Welt in den Kämpfen unserer Zeit. Selbstzeugnisse aus zwei Jahrzehnten (1960–1981)*. Hrsg. von Hermann Herlinghaus. Berlin: Henschelverlag Kunst und Gesellschaft, 1982, 399–408.

Gaus, Günter: *Porträts 5. Günter Gaus im Gespräch mit Christa Wolf, Rolf Hochhuth, Kurt Maetzig, Wolfgang Mattheuer, Jens Reich*. Berlin: Verlag Volk und Welt, 1993.

Gemkow, Heinrich: „Über Wert und Mißbrauch der Heimatliebe." *Beiträge zur Geschichte der deutschen Arbeiterbewegung* 3 (1962), 657–70.

Der geteilte Himmel. Regie Konrad Wolf. Buch Werner Bergmann, Helga Krause, Gerhard Wolf, Konrad Wolf, Willi Brückner, Kurt Barthel. DEFA, 1964. DVD, Icestorm, 2009.

Gorki, Maxim: „Über Sowjetische Literatur." In: *Sozialistische Realismuskonzeption. Dokumente zum 1. Allunionskongreß der Sowjetschriftsteller*. Hrsg. von Hans-Jürgen Schmitt und Godehard Schramm. Frankfurt/Main: Suhrkamp, 1974, 51–84.

Gregor, Ulrich: „Konrad Wolf. Auf der Suche nach der Heimat." In: *Film in der DDR*. Hrsg. von Stiftung Deutsche Kinemathek, Peter W. Jansen und Wolfram Schütte. München/Wien: Carl Hanser, 1977, 77–98. (=Reihe Film 13)

Greiner, Bernhard: *Von der Allegorie zur Idylle: Die Literatur der Arbeitswelt in der DDR*. Heidelberg: Quelle & Meyer, 1974.

Greverus, Ina-Maria: *Auf der Suche nach Heimat*. München: Beck, 1979.

———: *Der territoriale Mensch. Ein literaturanthropologischer Versuch zum Heimatphänomen*. Habilitation Universität Gießen, 1970. Frankfurt/Main: Athenäum Verlag, 1972.

Hamann, Richard/Hermand, Jost: *Stilkunst um 1900*. Berlin: Akademie-Verlag, 1967. (=*Deutsche Kunst und Kultur von der Gründerzeit bis zum Expressionismus*, Band IV)

Heiduschke, Sebastian: *East German Cinema. DEFA and Film History*. New York: Palgrave Macmillan, 2013.

Heimat. Analysen, Themen, Perspektiven. Hrsg. von der Bundeszentrale für politische Bildung. Gesamtkonzeption: Will Cremer, Ansgar Klein. Bonn: Bundeszentrale für politische Bildung, 1990.

Hermand, Jost: *Kultur im Wiederaufbau. Die Bundesrepublik Deutschland, 1945–1965*. München: Nymphenburger, 1986.

Hille, André: „Die konkrete Utopie." *literaturkritik.de* 4, Apr. 2007. Web. 22.10.2013. <http://www.literaturkritik.de/public/rezension.php?rez_id=10562&ausgabe=200704>

Hohendahl, Peter Uwe: „Ästhetik und Sozialismus: Zur neueren Literaturtheorie der DDR." In: *Literatur und Literaturtheorie in der DDR*. Hrsg. von Peter Uwe Hohendahl und Patricia Herminghouse. Frankfurt/Main: Suhrkamp, 1976, 100–62.

Honecker, Erich: „Bericht des Politbüros an die 11. Tagung des Zentralkomitees der SED." In: Günter Agde (Hg.): *Kahlschlag. Das 11. Plenum des ZK der SED 1965*, 278–87.

Hörnigk, Therese: „Die erste Bitterfelder Konferenz. Programm und Praxis der sozialistischen Kulturrevolution am Ende der Übergangsphase." In: *Literarisches Leben in der DDR 1945–1960. Literaturkonzepte und Leseprogramme*. Hrsg. von der Akademie der Wissenschaften der DDR. Berlin: Akademie Verlag, 1979, 196–243.

Hühns, Erik: „Nation-Vaterland-Heimat." *Aus der Arbeit der Natur- und Heimatfreunde im Deutschen Kulturbund* 8 (1959), 169–79.

Jacobsen, Wolfgang/Aurich, Rolf: *Der Sonnensucher. Konrad Wolf. Biographie.* Berlin: Aufbau Verlag, 2005.

Jakobs, Karl-Heinz: *Beschreibung eines Sommers*. Leipzig: Verlag Faber & Faber, 1995.

Jarmatz, Klaus: *Literatur im Exil*. Diss. Institut für Gesellschaftswissenschaften beim ZK der SED, Lehrstuhl für Theorie und Geschichte der Literatur und Kunst. Berlin: Dietz Verlag, 1966.

Joisten, Karen: *Philosophie der Heimat – Heimat der Philosophie*. Berlin: Akademie Verlag, 2003.

Jordan, Günter: „Statt eines Vorwortes." In: *Schwarzweiß und Farbe. DEFA-Dokumentarfilme 1946–92*, 8–13.

Judt, Matthias (Hg.): *DDR-Geschichte in Dokumenten. Beschlüsse, Berichte, interne Materialien und Alltagszeugnisse*. Berlin: Ch. Links, 1997.

Junge, Winfried: *Lebensläufe – die Kinder von Golzow*. Web. 25.5.2014. <http://www.kinder-von-golzow.de>

——: „Ein Lebens- und Werkstattbericht. Gespräch mit Ralf Schenk." In: *Lebensläufe. Die Kinder von Golzow*, 17–182.

——: „Ästhetik des Vertrauens." In: *Deutschlandbilder Ost. Dokumentarfilme der DEFA von der Nachkriegszeit bis zur Wiedervereinigung*. Hrsg. von Peter Zimmermann. Konstanz: UVK Medien/Ölschläger, 1995, 133–50. (=CLOSE UP, Band 2)

——: „Die Geschichte der Kinder von Golzow" (1981). In: *Dokumentaristen der Welt in den Kämpfen unserer Zeit. Selbstzeugnisse aus zwei Jahrzehnten (1960–1981)*, 459–66.

Die Kinder von Golzow. 1961–1975. Buch und Regie Winfried Junge. DEFA, 1961–1975. DVD, Absolut Medien GmbH, 2006.

Kirchner, Verena: *Im Bann der Utopie: Ernst Blochs Hoffnungsphilosophie in der DDR-Literatur*. Heidelberg: Universitätsverlag C. Winter, 2002.

Klatt, Gudrun: „Proletarisch-revolutionäres Erbe als Angebot. Vom Umgang mit Erfahrungen proletarisch-revolutionärer Kunst während der Übergangsperiode." In: *Literarisches Leben in der DDR 1945–1960*, 244–92.

Knappe, Joachim: *Mein Namenloses Land*. München: Kürbiskern Damnitz Verlag, 1977.

Krenzlin, Leonore: „Theoretische Diskussionen und praktisches Bemühen um die Neubestimmung der Funktion der Literatur an der Wende der fünfziger Jahre." In: *Literarisches Leben in der DDR 1945–1960*, 152–95.

Krockow, Christian Graf von: „Heimat. Eine Einführung in das Thema." In: *Heimat. Analysen, Themen, Perspektiven*, 56–69.

Kuchenbuch, Thomas: *Filmanalyse. Theorien, Modelle, Kritik*. Wien: Böhlau, 2005. (=UTB 2648)

Lange, Günter: *Heimat, Realität und Aufgabe: zur marxistischen Auffassung des Heimatbegriffs*. Berlin: Akademie-Verlag, 1973.

Lemmons, Russel: „‚Great truths and minor truths': Kurt Maetzig's *Ernst Thälmann* films, the antifascism myth, and the politics of biography in the German Democratic Republic." In: *Take Two/Framing the Fifties. Fifties Cinema in Divided Germany*. Hrsg. von John Davidson und Sabine Hake. New York: Berghahn, 2007, 91–105.

Liedtexte. Heft zum Pfingsttreffen der FDJ Berlin, DDR 1989.

Löffler, Anneliese (Hg.): *Auskünfte. Werkstattgespräche mit DDR-Autoren*. Berlin und Weimar: Aufbau, 1974.

Lorbeer, Hans: *Die Sieben ist eine gute Zahl*. Halle: Mitteldeutscher Verlag, 1953.

Lori, René: *Dokumentieren ohne Unterlass. Ostdeutsche Film- und Lebensgeschichte in Winfried Junges „Die Kinder von Golzow."* Darmstadt: Büchner-Verlag, 2008.

Luftbilder aus der DDR. Fotos: Lothar Willmann, Text: Werner Bräunig. Leipzig: Edition Leipzig, 1968.

Lukács, Georg: „Kunst und objektive Wahrheit." In: *Kunst und objektive Wahrheit: Essays zur Literaturtheorie und -geschichte*. Hrsg. von Werner Mittenzwei. Leipzig: Reclam, 1977, 63–112.

Lützeler, Paul Michael: „Von der Arbeiterschaft zur Intelligenz: Zur Darstellung sozialer Mobilität im Roman der DDR." In: *Literatur und Literaturtheorie in der DDR*. Hrsg. von Peter Uwe Hohendahl und Patricia Herminghouse. Frankfurt/Main: Suhrkamp, 1976, 241–80.

Marchwitza, Hans: *Roheisen*. Berlin: Tribüne, 1955.

Marx, Karl: „Aus den *Ökonomisch-Philosophischen Manuskripten aus dem Jahre 1844*." In: *Karl Marx. Eine Auswahl aus seinem Werk*. Red. Herbert Reinoß. Stuttgart: Europäische Bildungsgemeinschaft, o. J., 35–112.

——: „Aus *Grundrisse der Kritik der politischen Ökonomie*." In: *Karl Marx. Eine Auswahl aus seinem Werk*, 275–301.

Marx, Karl/Engels, Friedrich: „Manifest der Kommunistischen Partei." In: *Karl Marx. Eine Auswahl aus seinem Werk*, 211–42.

May, Ruth: „Planned City Stalinstadt: A Manifesto of the Early German Democratic Republic." *Planning Perspectives* 18 (2003), 47–78.

Moltke, Johannes von: „Location Heimat: Tracking Refugee Images, from DEFA to the Heimatfilm." In: *Take Two/Framing the Fifties. Fifties Cinema in Divided Germany*, 74–90.

——: *No place like home. Locations of Heimat in German Cinema*. Berkeley: University of California Press, 2005.

Mruck, Armin: „Hans Marchwitza. Roheisen." *Books Abroad* 31 (1957), Heft 1, 60.

Mückenberger, Christiane: „Die zeitkritischen Filme der DEFA in ihren Anfangsjahren." In: *Der geteilte Himmel. Höhepunkte des DEFA-Kinos 1946–1992*. Band 2. Hrsg. von Filmarchiv Austria, Bundesarchiv-Filmarchiv Berlin und DEFA-Stiftung Berlin. Red. Raimund Fritz. Wien: Filmarchiv Austria, 2001, 13–24.

——: „Zeit der Hoffnungen. 1946 bis 1949." In: *Das zweite Leben der Filmstadt Babelsberg. DEFA-Spielfilme 1946–1992*. Hrsg. vom Filmmuseum Potsdam, Red. Ralf Schenk. Berlin: Henschel Verlag, 1994, 8–49.

Neutsch, Erik: *Spur der Steine*. München: Deutscher Taschenbuch-Verlag, 1995.

——: *Der Friede im Osten. Band 1*. Halle: Mitteldeutscher Verlag, 1974.

„Offener Brief an unsere Schriftsteller." (Nachterstedter Brief). In: *Kritik in der Zeit. Der Sozialismus – seine Literatur – ihre Entwicklung*. Hrsg. von Klaus Jarmatz. Halle: Mitteldeutscher Verlag, 1969, 319–23.

Opgenoorth, Ernst: „Dokumentarfilm als Instrument der Propaganda in den 40er und 50er Jahren." In: *Deutschlandbilder Ost. Dokumentarfilme der DEFA von der Nachkriegszeit bis zur Wiedervereinigung*, 67–75.

Palmowski, Jan: *Inventing a Socialist Nation. Heimat and the Politics of Everyday Life in the GDR, 1945–1990*. Cambridge/New York: Cambridge University Press, 2009.

Piepmeier, Rainer: „Philosophische Aspekte des Heimatbegriffs." In: *Heimat. Analysen, Themen, Perspektiven*, 91–108.

Powell, Larsen: „Film Review: Kurt Maetzig, dir. Castles and Cottages (Schlösser und Katen)." *German Studies Review* 28 (2005), Heft 3, 713–15.

Rechtien, Renate: „The Topography of the Self in Christa Wolf's *Der geteilte Himmel*." *German Life and Letters* 63 (2010), Heft 4, 475–89.

Reimann, Brigitte: *Ankunft im Alltag*. Berlin: Aufbau Taschenbuch, 2001.
——: *Franziska Linkerhand*. Berlin: Aufbau Taschenbuch, 2000.
——: *Ich bedaure nichts. Tagebücher 1955–1963*. Berlin: Aufbau, 2000.
Renk, Aune (Hg.): *Konrad Wolf. Direkt in Kopf und Herz. Aufzeichnungen, Reden, Interviews*. Berlin: Henschelverlag Kunst und Gesellschaft, 1989.
Rezensionsnotizen zu Werner Bräunigs Rummelplatz. Perlentaucher.de. Das Kulturmagazin. Web. 29.5.2014. <http://www.perlentaucher.de/buch/werner-braeunig/rummelplatz.html.>
Richter, Erika: „Zwischen Mauerbau und Kahlschlag. 1961 bis 1965." In: *Das zweite Leben der Filmstadt Babelsberg. DEFA-Spielfilme 1946–1992*, 158–211.
Richter, Rolf (Hg.): *DEFA-Spielfilm-Regisseure und ihre Kritiker*. Berlin: Henschelverlag Kunst und Gesellschaft, 1981–1983.
Röhner, Eberhard: *Übereinstimmung und Widerspruch. Prosaliteratur der DDR in der ersten Hälfte der sechziger Jahre*. Berlin: Gesellschaftswissenschaftliches Forum, 1994.
——: *Arbeiter in der Gegenwartsliteratur*. Berlin: Dietz, 1967.
Roth, Wilhelm: „Porträtfilm und Langzeitbeobachtung als Geschichte des Alltagslebens in der BRD und der DDR." In: *Der geteilte Himmel. Arbeit, Alltag und Geschichte im ost- und westdeutschen Film*, 143–58.
Schenk, Ralf: „Ein Drittel des Lebens." In: *Archiv-Blätter 22. Kurt Maetzig*. Zus.-gestellt und erarbeitet von Torsten Musial und Nicky Rittmeyer. Hrsg. von der Akademie der Künste, Berlin, 2011, 9–51.
——: „Mitten im Kalten Krieg. 1950 bis 1960." In: *Das zweite Leben der Filmstadt Babelsberg. DEFA-Spielfilme 1946–1992*, 50–157.
Schlenstedt, Dieter: „Ankunft und Anspruch. Zum neueren Roman in der DDR." *Sinn und Form* 18 (1966), 814–35.
Schlink, Bernhard: *Heimat als Utopie*. Frankfurt/Main: Suhrkamp, 2000.
Schlösser und Katen. 1. Der krumme Anton, 2. Annegrets Heimkehr. Regie Kurt Maetzig. Buch Kurt Barthel, Kurt Maetzig. DEFA, 1957. 2 DVDs, Icestorm, 2004.
Schorlemmer, Friedrich: *Wohl dem, der Heimat hat*. Berlin: Aufbau, 2009.
Schrade, Andreas: *Entwurf einer ungeteilten Gesellschaft: Anna Seghers' Weg zum Roman nach 1945*. Bielefeld: Aisthesis, 1994.
Schwarzweiß und Farbe. DEFA-Dokumentarfilme 1946–1992. Hrsg. vom Filmmuseum Potsdam, Red. Günter Jordan und Ralf Schenk. Potsdam/Berlin: Filmmuseum Potsdam; Jovis Verlagsbüro, 1996.
Seghers, Anna: *Tage wie Staubsand. Briefe 1953–1983*. Hrsg. von Christiane Zehl Romero und Almut Giesecke. Berlin: Aufbau, 2010. (=*Anna Seghers Werkausgabe*, Bd. V/2. Hrsg. von Helen Fehervary und Bernhard Spies)

―: *Ich erwarte Eure Briefe wie den Besuch der besten Freunde. Briefe 1924–1952*. Hrsg. von Christiane Zehl Romero und Almut Giesecke. Berlin: Aufbau, 2008. (=*Anna Seghers Werkausgabe*, Bd. V/1. Hrsg. von Helen Fehervary und Bernhard Spies)
―: *Das siebte Kreuz*. Berlin: Aufbau Taschenbuch Verlag, 2004. (Textgrundlage für diese Ausgabe: Anna Seghers, *Gesammelte Werke in Einzelbänden*, Band IV. Berlin/Weimar: Aufbau, 1975.)
―: *Materialienbuch*. Hrsg. von Peter Roos und Friederike J. Hassauer-Roos. Darmstadt/ Neuwied: Luchterhand, 1977.
―: „Anna Seghers über ihre Schaffensmethode. Ein Gespräch." In: Seghers, Anna. *Glauben an Irdisches. Essays aus vier Jahrzehnten*. Leipzig: Philipp Reclam, jun., 1974, 340–7.
―: „Der Anteil der Literatur an der Bewußtseinsbildung des Volkes." In: *Glauben an Irdisches*, 198–231.
―: „Deutschland und wir." In: *Glauben an Irdisches*, 20–3.
―: „Ein Interview mit Anna Seghers." In: *Glauben an Irdisches*, 347–60.
―: „Vaterlandsliebe." In: *Glauben an Irdisches*, 9–13.
―: *Das Vertrauen*. Berlin/Weimar: Aufbau, 1968.
―: *Die Entscheidung*. Berlin: Aufbau, 1959.
Shdanov, Andrej: „Die Sowjetliteratur, die ideenreichste und fortschrittlichste Literatur der Welt." In: *Sozialistische Realismuskonzeption. Dokumente zum 1. Allunionskongreß der Sowjetschriftsteller*. Hrsg. von Hans-Jürgen Schmitt und Godehard Schramm. Frankfurt/Main: Suhrkamp, 1974, 43–50.
Silberman, Marc: „Remembering History. The Filmmaker Konrad Wolf." *New German Critique* 49 (1990), 163–91.
―: *Literature of the Working World. A Study of the Industrial Novel in East Germany*. Bern/Frankfurt/Main: Herbert Lang, 1976.
Stephan, Alexander: „Kommentar." In: Seghers, Anna. *Die Entscheidung*. Werkausgabe, Bd. I/7. Hrsg. von Helen Fehervary und Bernhard Spies. Bandbearbeitung: Alexander Stephan. Berlin: Aufbau, 2003, 650–712.
―: *Anna Seghers: Das siebte Kreuz. Welt und Wirkung eines Romans*. Berlin: Aufbau Taschenbuch Verlag, 1997.
Strittmatter, Erwin: *Nachrichten aus meinem Leben. Aus den Tagebüchern 1954–1973*. Hrsg. von Almuth Giesecke. Berlin: Aufbau, 2012.
Strittmatter, Eva: „Literatur und Wirklichkeit." In: *Kritik in der Zeit. Der Sozialismus – seine Literatur – ihre Entwicklung*. Hrsg. von Klaus Jarmatz. Halle: Mitteldeutscher Verlag, 1969, 499–523.
Taschner, Winfried: *Tradition und Experiment. Erzählstrukturen und -funktionen des Bildungsromans in der DDR-Aufbauliteratur*. Diss. Universität Tübingen, 1981.

Stuttgart: Akademischer Verlag Hans-Dieter Heinz, 1981. (=Stuttgarter Arbeiten zur Germanistik Nr. 103)

Trommler, Frank: „Prosaentwicklung und Bitterfelder Weg." In: *Einführung in Theorie, Geschichte und Funktion der DDR-Literatur.* Hrsg. von Hans-Jürgen Schmitt. Stuttgart: Metzler, 1975, 293–327. (=Literaturwissenschaft und Sozialwissenschaften 6)

Uellenberg, Manuela: *Fenster zur Wirklichkeit. Eine Studie zur filmischen Langzeitbeobachtung „Die Kinder von Golzow."* Berlin/Münster: LIT, 2010. (=Berliner ethnografische Studien, Band 17)

Ulbricht, Walter: „Schlußwort auf der 11. Tagung des ZK der SED 1965." In: Günter Agde (Hg.): *Kahlschlag. Das 11. Plenum des ZK der SED 1965*, 334–58.

Vilar, Loreto: *Die Kritik des realen DDR-Sozialismus im Werk Anna Seghers': „Die Entscheidung" und „Das Vertrauen".* Würzburg: Königshausen und Neumann, 2004.

Wagner, Frank: „‚Autor und Leser sind im Bunde ...' Anna Seghers über den antifaschistischen Auftrag sozialistischer Literatur im Exil." In: *Funktion der Literatur. Aspekte – Probleme – Aufgaben.* Hrsg. von der Akademie der Wissenschaften der DDR; Herausgeber-Kollektiv: Dieter Schlenstedt et al. Berlin: Akademie-Verlag, 1975.

Waldenfels, Bernhard: „Heimat in der Fremde." In: *Heimat. Analysen, Themen, Perspektiven*, 109–21.

Wolf, Christa: *Der geteilte Himmel.* Frankfurt/Main: Suhrkamp. Auflage: Originalausgabe (2008).

——: „Vorwort." In: Werner Bräunig: *Rummelplatz*, 5–6.

——: *Nachdenken über Christa T.* München: Sammlung Luchterhand, 1999, 2002.

——: „Diskussionsbeitrag." In: Günter Agde (Hg.): *Kahlschlag. Das 11. Plenum des ZK der SED 1965*, 334–43.

——: „Erinnerungsbericht." In: Günter Agde (Hg.): *Kahlschlag. Das 11. Plenum des ZK der SED 1965*, 263–74.

——: *Kein Ort. Nirgends.* Darmstadt/Neuwied: Luchterhand, 1979.

Wolf, Konrad: Brief an Kurt Maetzig vom 14.9.1956. In: *Archiv-Blätter 22. Kurt Maetzig*, 106–07.

Wolff, Lutz-W.: „‚Auftraggeber: Arbeiterklasse'. Proletarische Betriebsromane 1948–1956." In: *Einführung in Theorie, Geschichte und Funktion der DDR-Literatur.* Hrsg. von Hans-Jürgen Schmitt. Stuttgart: Metzler, 1975, 247–91.

Zehl Romero, Christiane: *Anna Seghers. Eine Biografie 1947–1983.* Berlin: Aufbau 2003.

Zimmermann, Peter: „Der Dokumentarfilm der DEFA zwischen Propaganda, Alltagsbeobachtung und subversiver Rezeption." In: *Deutschlandbilder Ost.*

Dokumentarfilme der DEFA von der Nachkriegszeit bis zur Wiedervereinigung, 9–24.

Zimmermann, Peter/Ertel, Dieter (Hg.): *Strategie der Blicke: zur Modellierung von Wirklichkeit in Dokumentarfilm und Reportage*. Konstanz: UVK-Medien/Ölschläger, 1995. (=CLOSE UP, Band 1)

Register

11. Plenum des ZK der SED 31, 71, 130, 152, 213, 215, 224, 249ff
17. Juni 1953 *siehe* Arbeiteraufstand

Allunionskongress der Sowjetschriftsteller, I. 33f, 158
Améry, Jean 20
Arbeiteraufstand, -streik 33, 39, 47, 81, 97ff, 102, 113, 130f, 134–5, 138ff, 155, 217, 223, 239, 244–8
Arbeiterkorrespondenten, -bewegung 38, 42, 52, 53
Arend, Thorsten 150, 154
Arnim, Achim von 9
Aurich, Wolfgang 191–3, 204, 210

Barthel, Kurt 78, 87, 89–90, 199
Bastian, Andrea 18ff, 133
Bathrick, David 5
Bausinger, Hermann 8ff, 15
Becher, Johannes R. 49, 64, 150, 153, 165, 214
Beilharz, Peter 1, 259
Betriebsliteratur *siehe* Betriebsromane
Betriebsromane 29, 38, 40, 42ff, 58ff, 62, 64f, 82, 101ff, 105f, 119, 125, 128, 149, 159, 165, 226, 235
Beyer, Frank 63, 71, 156, 211, 250, 252
Bitterfelder Konferenz *siehe* Bitterfelder Weg
Bitterfelder Weg 13, 30, 37, 50, 60, 103, 143–53, 157, 163, 166, 189, 213, 226
Bivens, Hunter 42, 55, 57–8
Blickle, Peter 6, 41

Bloch, Ernst 2f, 159, 176–7
Boa, Elisabeth 56
Bock, Sigrid 115, 118, 136, 138
Bossle, Lothar 2, 24
BPRS (Bund proletarisch-revolutionärer Schriftsteller) *siehe* proletarisch-revolutionäre Kultur
Brady, Martin 70–2, 79, 81, 89
Braun, Volker 63, 132, 148, 250, 252
Bräunig, Werner 29, 31, 63, 89f, 97, 105, 119, 127, 132–3, 135, 142, 147f, 150f, 155f, 160f, 210, 213–54, 256ff
Brecht, Bertolt 39, 64, 72, 99
Bredel, Willi 35–6, 48, 53f, 66, 79, 109, 138, 150
Brentano, Clemens 9
Brepohl, Wilhelm 15, 107
Byg, Barton 181, 183, 187

Chruschtschow, Nikita 103, 153
Clarke, David 64, 210
Claudius, Eduard 38ff, 51, 58, 60ff, 65, 235
Coulson, Anthony 5, 193

DEFA (Deutsche Film AG) 4, 69–74, 77, 79, 83f, 89, 98, 158, 163ff, 171, 189, 192, 194ff, 199, 252
Deltl, Sylvia 13, 71, 84
Dobbelstein-Osthoff, Peter 53
Drescher, Angela 214, 216, 251, 253
Dudow, Slatan 36, 69, 74, 196

Eichendorff, Joseph von 8
Elsaesser, Thomas 195

Emig, Dieter 7ff, 11
Emmerich, Wolfgang 10, 44, 53, 144f, 151, 156
Evans, Andrew 144f

Fassbinder, Rainer Werner 12
Feinstein, Joshua 194, 195f, 198, 210
Feitknecht, Thomas 155, 159, 248
Fischer, Rudolf 43–44
Forster, Heinz 191
Frei, Alfred G. 7ff, 11
Fühmann, Franz 148, 150

Gass, Karl 165, 167ff, 172, 184
Gaus, Günter 14, 78, 80
Gemkow, Heinrich 29
Gorki, Maxim 34, 52, 61
Gotsche, Otto 37, 45, 52–3, 81
Gregor, Ulrich 193
Greiner, Bernhard 33f, 39, 50, 147, 149, 152, 161, 220, 225f
Greverus, Ina-Maria 2, 5ff, 15, 17f, 28–9
Grünberg, Karl 35–6, 39, 53

Hacks, Peter 105, 250, 252
Hamann, Richard 11
Harbich, Milo 69
Harlan, Veit 75, 77
Hauptmann, Helmut 38
Heiduschke, Sebastian 71, 73
Hermand, Jost 3, 11–12
Hermann, Hugo 43, 164
Hermlin, Stephan 38
Herzog, Werner 12
Hild, August 43
Hohendahl, Peter Uwe 151
Honecker, Erich 145, 163, 250ff
Hörnigk, Therese 143–4, 147, 152
Hühns, Erik 28f
Huisken, Joop 43, 164, 167
Husserl, Edmund 17, 20

Industrieliteratur, -romane *siehe* Betriebsromane

Jacobs, Karl-Heinz 44, 105, 132, 143, 148, 150, 153–61, 176, 189, 210, 212, 257
Jacobsen, Wolfgang 191–3, 204, 210
Jacoby, Johann 10
Jarmatz, Klaus 138
Joisten, Karen 2, 5f, 11, 16, 24ff, 151
Judt, Matthias 43, 147, 152–3
Junge, Winfried 31, 92, 144, 163–87, 189, 201, 211, 236, 256, 258

Kirsten, Ralf 154, 181
Klatt, Gudrun 47ff, 51, 53–4
Klein, Gerhard 81, 250, 252
Klering, Hans 69
Knappe, Joachim 44, 90, 138, 225
Krenzlin, Leonore 37f, 40, 64, 103
Krockow, Christian Graf von 8, 24
Kroetz, Franz Xaver 12
Krug, Manfred 154, 156
Kybernetik 145, 151

Lamprecht, Gerhard 36, 69
Lange, Günter 14, 22f, 28–9
Langner, Maria 43–4
Lorbeer, Hans 34, 36, 43, 45, 53, 62, 66
Lori, René 163, 166ff, 179, 187
Lukács, Georg 48, 103, 151, 225f

Maetzig, Kurt 30, 36, 69–89, 98ff, 102, 119, 160, 164, 174, 176, 192, 196, 210–11, 222, 236, 241, 252, 256
Marchwitza, Hans 29f, 35, 43, 45–66, 76, 80, 83, 86, 88f, 106, 112, 129, 150, 156, 160, 172f, 210, 222, 235f, 241, 255f
Merz, Otto 87
Moltke, Johannes von 82–4, 86
Mückenberger, Christiane 69, 72–3

Register

Müller, Hans 74
Müller, Heiner 39, 82, 98, 105, 119, 250, 252
Mundstock, Karl 38, 43–4

Neutsch, Erik 44, 105, 132, 148, 150, 154, 155f, 161, 211, 240–1, 250, 257
Noll, Dieter 38
NÖS (Neues Ökonomisches System der Planung und Leitung, auch NÖSPL) 144f, 153

Opgenoorth, Ernst 164f

Palfreyman, Rachel 56
Palmowski, Jan 14, 64
Parteitag der KPdSU, XX. 103, 113, 130, 244
Piepmeier, Rainer 15ff, 21, 23
Preczang, Ernst 10
proletarisch-revolutionäre Kultur, Literatur, Tradition 33ff, 45, 52, 55f, 65f, 80, 89, 104, 128, 174

Rechtien, Renate 64, 201, 204
Redeker, Horst 151
Reimann, Brigitte 44, 49, 57, 62, 105, 132, 138, 148ff, 211, 241, 250, 259
Reitz, Edgar 12, 21, 81, 195
Richter, Erika 190, 196
Richter, Rolf 71
Riegel, Paul 191
Röhner, Eberhard 49, 119, 150, 161, 211
Roth, Wilhelm 183

Schenk, Ralf 70, 72, 73f, 76, 79, 90, 164, 194
Schleif, Wolfgang 74
Schlenstedt, Dieter 132
Schlink, Bernhard 2, 24
Schlöndorff, Volker 12

Schorlemmer, Friedrich 20
Schrade, Andreas 45, 107, 114–15, 135
Schriftstellerkongress der DDR, IV. 101, 146
Schubbe, Elimar 13, 143, 146, 152
Schwarz, Sigrid 28
Seghers, Anna 30, 36f, 40, 58, 77, 88, 90, 96, 101–42, 145, 150, 156, 160f, 192, 197, 210f, 214, 216f, 221f, 226, 231, 236f, 240f, 244, 248, 250, 253–4, 256ff
Shdanov, Andrej 159
Silberman, Marc 46, 48, 50, 60f, 193–5, 200, 259
Simon, Günter 79
Sperr, Martin 12
Spranger, Eduard 11
Staudte, Wolfgang 36, 69, 74
Steinmann, Hans-Jürgen 44, 63, 105
Stephan, Alexander 112ff, 123, 130, 137
Steshenski, Wladimir 113
Strittmatter, Erwin 27f, 39, 66, 82, 161, 240
Strittmatter, Eva 43
Stunde Null 221f, 224

Taschner, Winfried 45, 52–3, 64–5
Thälmann, Ernst 73, 78ff, 171
Thorndike, Annelie und Andrew 43, 164
Thürk, Harry 43
Trommler, Frank 143
Tschesno-Hell, Michael 79
Turek, Ludwig 36

Uellenberg, Manuela 165–6, 168–9, 185
Uhse, Bodo 75
Ulbricht, Walter 13, 43, 66, 79, 144, 146–7, 152, 250ff

Vilar, Loreto 122, 142

Wagner, Frank 108
Waldenfels, Bernhard 19f, 26, 235
Wedel, Michael 195
Wolf, Christa 28, 30f, 41, 105, 112, 114, 122, 132, 135, 138, 145, 150, 189f, 193–4, 197, 210, 215, 222, 226, 238, 241, 249–50, 253f, 258–9
Wolf, Friedrich 74–5, 191

Wolf, Konrad 31, 63, 82, 86f, 89, 135, 160, 189–212, 217, 236, 238, 250, 257f
Wolff, Lutz-W. 35ff, 43, 48, 66, 101, 103

Zehl Romero, Christiane 103, 105, 127, 129ff, 138–9, 141
Zimmermann, Peter 145, 164, 185
Zschoche, Herrmann 71, 196, 241
Zweig, Arnold 36, 150

Danksagung

Ich danke Helen Fehervary, unter deren intellektueller und professioneller Anleitung sowie unschätzbarer fachlicher Expertise und persönlichem Engagement dieses Projekt entstanden ist. Mein Dank gilt außerdem John Davidson, Bernd Fischer und Andy Spencer sowie Wonneken Wanske, Alex Holznienkemper, Simon Lösch, Elizabeth Hancock, Ryan Smith, Katra Byram, Carmen Taleghani-Nikazm, William Brustein und Jost Hermand für Mentoring, Feedback, Gespräche, Freundschaft und professionelle Unterstützung.

Ich bin außerdem allen Freunden und Wegbegleitern, die dieses Projekt über die Jahre direkt oder indirekt angeregt und begleitet haben, zu großem Dank verpflichtet: Dorit Fratzscher und Karsten Schober, Nena Couch und Peter Coccia, Jana und Mario Brunsch, Daniela und Jan Brunsch, Claudia und Stefan Polter, Sabine und Dirk Kohlsaat, Audrey Wiedemann, Arina Eberhardt, Marianne Lüdecke, Heidrun Brahtz, Margot Mintel.

Besonders möchte ich Friedel und Wolfgang Böhmer, Erika Böhmer sowie Siegrid und Hans Peter Fischer für ihre Unterstützung danken.

Am meisten danke ich Marcus Fischer, dessen Vertrauen, Loyalität und Erstleserkommentare diese Arbeit mit verwirklicht haben.

German Life and Civilization

German Life and Civilization provides contributions to a critical understanding of Central European cultural history from medieval times to the present. Culture is here defined in the broadest sense, comprising expressions of high culture in such areas as literature, music, pictorial arts, and intellectual trends as well as political and sociohistorical developments and the texture of everyday life. Both the cultural mainstream and oppositional or minority viewpoints lie within the purview of the series. While it is based on specialized investigations of particular topics, the series aims to foster progressive scholarship that aspires to a synthetic view of culture by crossing traditional disciplinary boundaries.

1   Charlotte L. Brancaforte: The German Forty-Eighters in the United States. 1989. US-ISBN 0-8204-1010-1.

2   Heinz D. Osterle (ed.): Amerika: New Images in German Literature. 1989. US-ISBN 0-8204-1058-6.

3   Luke Springman: Comrades, Friends and Companions. Utopian Projections and Social Action in German Literature for Young People 1926–1934. 1989. US-ISBN 0-8204-0963-4.

4   Peter Morris-Keitel: Die Verbrechensthematik im modernen Roman. 1989. US-ISBN 0-8204-1106-X.

5   Sussan Milantchi Ameri: Die deutschnationale Sprachbewegung im Wilhelminischen Reich. 1991. US-ISBN 0-8204-1119-1.

6   Michael Myers: Für den Bürger. The Role of Christian Schubart's "Deutsche Chronik" in the Development of a Political Public Sphere. 1990. US-ISBN 0-8204-1168-X.

7   James W. Jones: "We of the Third Sex". Literary Representations of Homosexuality In Wilhelmine Germany. 1990. US-ISBN 0-8204-1209-0.

8   Rachel J. Halverson: Historiography and Fiction. Siegfried Lenz and the "Historikerstreit". 1991. US-ISBN 0-8204-1288-0.

9   Kirsten Belgum: Interior Meaning. Design of the Bourgeois Home in the Realist Novel. 1991. US-ISBN 0-8204-1627-4.

10 Barbara Völkel: Karl Philipp Moritz und Jean-Jacques Rousseau. Außenseiter der Aufklärung. 1991. US-ISBN 0-8204-1689-4.

11 Dagmar C. G. Lorenz: Verfolgung bis zum Massenmord. Holocaust-Diskurse in deutscher Sprache aus der Sicht der Verfolgten. 1992. US-ISBN 0-8204-1751-3.

12 Alexander Mathaes: Der Kalte Krieg in der deutschen Literaturkritik. Der Fall Martin Walser. 1992. US-ISBN 0-8204-1824-2.

13 Amy Stapleton: Utopias for a Dying World. Contemporary German Science Fiction's. Plea for a New Ecological Awareness. 1993. US-ISBN 0-8204-1922-2.

14 K. Schultz, K. Calhoon (eds.): The Idea of the Forest. German and American Perspectives on the Culture and Politics of Trees. 1996. US-ISBN 0-8204-2384-X.

16 Jost Hermand (ed.): Postmodern Pluralism and Concepts of Totality. The Twenty-fourth Wisconsin Workshop. 1995. US-ISBN 0-8204-2658-X.

17 Myra J. Heerspink Scholz: A Merchant's Wife on Knight's Adventure. Permutations of a Medieval Tale in German, Dutch, and English Chapbooks around 1500. 1999. US-ISBN 0-8204-2573-7.

18 H. Adler, J. Hermand (eds.): Günter Grass. Ästhetik des Engagements. 1996. US-ISBN 0-8204-2719-5.

19 Christian Essellen: Babylon. Edited and with an Introduction by Cora Lee Nollendorfs. 1996. US-ISBN 0-8204-3045-5.

20 Klaus L. Berghahn (ed.): The German-Jewish Dialogue Reconsidered. A Symposium in Honor of George L. Mosse. 1996. US-ISBN 0-8204-3107-9.

21 Andréa Staskowski: Conversations with Experience. Feminist Hermeneutics and the Autobiographical Films of German Women. 2004. US-ISBN 0-8204-3128-1.

22 J. Hermand, J. Steakley (eds.): "Heimat", Nation, Fatherland. The German Sense of Belonging. 1996. US-ISBN 0-8204-3373-X.

23 Jörg Bernig: Eingekesselt. Die Schlacht um Stalingrad im deutschsprachigen Roman nach 1945. 1997. US-ISBN 0-8204-3667-4.

24 J. Hermand, M. Silberman (eds.): Contentious Memories. Looking Back at the GDR. 251 pp. 1998, 2000. US-ISBN 0-8204-5254-8.

25 Franziska Meyer: Avantgarde im Hinterland. Caroline Schlegel-Schelling in der DDR-Literatur. 1999. US-ISBN 0-8204-3924-X.

26 J. Hermand, R. Holub (eds.): Heinrich Heine's Contested Identities. Politics, Religion, and Nationalism in Nineteenth-Century Germany. 1999. US-ISBN 0-8204-4105-8.

27 Linda F. McGreevy: Bitter Witness. Otto Dix and the Great War. 467 pp. 2001. US-ISBN 0-8204-4106-6.

28 H. Adler, J. Hermand (eds.): Concepts of Culture. 1999. US-ISBN 0-8204-4141-4.

29 Hannu Salmi: Imagined Germany. Richard Wagner's National Utopia. 1999. US-ISBN 0-8204-4416-2.

30 Dennis Brain: Johann Karl Wezel. From Religious Pessimism to Anthropological Skepticism. 1999. US-ISBN 0-8204-4464-2.

31 Karoline von Oppen: The Role of the Writer and the Press in the Unification of Germany, 1989–1990. 277 pp. 2000. US-ISBN 0-8204-4488-X.

32 J. Hermand, M. Silberman (eds.): Rethinking Peter Weiss. 199 pp. 2000, 2001. US-ISBN 0-8204-5819-8.

33 Peter Morris-Keitel, Michael Niedermeier (eds.): Ökologie und Literatur. 224 pp. 2000. US-ISBN 0-8204-4872-9.

34 Helmut Peitsch: Georg Forster. A History of His Critical Reception. 333 pp. 2001. US-ISBN 0-8204-4925-3.

35 Martin Travers: Critics of Modernity. The Literature of the Conservative Revolution in Germany, 1890–1933. 256 pp. 2001. US-ISBN 0-8204-4927-X.

36 Susan C. Anderson: Water, Culture and Politics in Germany and the American West. 310 pp. 2001. US-ISBN 0-8204-4946-6.

37 Katherine Arens: Empire in Decline. Fritz Mauthner's Critique of Wilhelminian Germany. 222 pp. 2001. US-ISBN 0-8204-5038-3.

38 K. Berghahn, J. Fohrmann, H. Schneider (eds.): Kulturelle Repräsentationen des Holocaust in Deutschland und den Vereinigten Staaten. 253 pp. 2002. US-ISBN 0-8204-5208-4.

39 Hans Adler (ed.): Aesthetics and Aisthesis. New Perspectives and (Re)Discoveries. 170 pp. 2002. ISBN 3-906768-40-6, US-ISBN 0-8204-5852-X.

40 Silke von der Emde: Entering History. Feminist Dialogues in Irmtraud Morgner's Prose. 260 pp. 2004. ISBN 3-03910-158-7, US-ISBN 0-8204-6968-8.

41 Jost Hermand: Pro und Contra Goethe. Dichterische und germanistische Stellungnahmen zu seinen Werken. 214 pp. 2005.
ISBN 3-03910-175-7, US-ISBN 0-8204-6985-8.

42 Bill Maltarich: Samurai and Supermen. National Socialist Views of Japan. 406 pp. 2005.
ISBN 3-03910-303-2, US-ISBN 0-8204-7228-X.

43 Eric Paul Jacobsen: From Cosmology to Ecology. The Monist World-View in Germany from 1770 to 1930. 401 pp. 2005.
ISBN 3-03910-306-7, US-ISBN 0-8204-7231-X.

44 Klaus L. Berghahn, Jost Hermand (eds.): Unmasking Hitler. Cultural Representations of Hitler from the Weimar Republic to the Present.
300 pp. 2005. ISBN 3-03910-553-1, US-ISBN 0-8204-7581-5.

45 Jost Hermand (ed.), Positive Dialektik. Hoffnungsvolle Momente in der deutschen Kultur. Festschrift für Klaus L. Berghahn zum 70. Geburtstag.
304 pp. 2007. ISBN 978-3-03-910946-3.

46 Matthew Lange: Antisemitic Elements in the Critique of Capitalism in German Culture, 1850–1933.
348 pp. 2007. ISBN 978-3-03911-040-7.

47 Helen Fehervary & Bernd Fischer (Hrsg./eds): Kulturpolitik und Politik der Kultur/Cultural Politics and the Politics of Culture. Festschrift für Alexander Stephan/Essays to Honor Alexander Stephan.
489 pp. 2007. ISBN 978-3-03911-076-6.

48 Bryan Ganaway: Toys, Consumption, and Middle-class Childhood in Imperial Germany, 1871–1918.
299 pp. 2009. ISBN 978-3-03911-548-8.

49 Corina L. Petrescu: Against All Odds. Models of Subversive Spaces in National Socialist Germany. 284 pp. 2010. ISBN 978-3-03911-845-8.

50 Jerry Schuchalter: Poetry and Truth. Variations on Holocaust Testimony.
302 pp. 2009. ISBN 978-3-03911-857-1.

51 Jost Hermand: Fünfzig Jahre Germanistik. Aufsätze, Statements, Polemiken 1959–2009. 402 pp. 2009. ISBN 978-3-03911-877-9.

52 Babette Babich: Nietzsches Wissenschaftsphilosophie. «Die Wissenschaft unter der Optik des Künstlers zu sehn, die Kunst aber unter der des Lebens». 405 pp. 2011. ISBN 978-3-03911-945-5.

53 Weijia Li: China und China-Erfahrung in Leben und Werk von Anna Seghers. 269 pp. 2010. ISBN 978-3-0343-0157-2.

54 Cora Lee Kluge (ed.): Paths Crossing. Essays in German-American Studies. 191 pages. 2011. ISBN 978-3-0343-0221-0.

55 Russell T. Harrison: Thomas Bernhard's Comic Materialism. Class, Art, and "Socialism" in Post-War Austria. 206 pp. 2012.
ISBN 978-3-0343-0286-9.

56 Jost Hermand: Unerfüllte Hoffnungen. Rückblicke auf die Literatur der DDR. 304 pages. 2012. ISBN 978-3-0343-0886-1.

57 Alan Corkhill: Spaces for Happiness in the Twentieth-Century German Novel. Mann, Kafka, Hesse, Jünger. 211 pages. 2012.
ISBN 978-3-0343-0797-0.

58 Shafiq Shamel: Goethe and Hafiz. Poetry and History in the *West-östlicher Divan*. 273 pages. 2013. ISBN 978-3-0343-0881-6.

59 Jochen Vogt: Erinnerung, Schuld und Neubeginn. Deutsche Literatur im Schatten von Weltkrieg und Holocaust. 451 pages. 2014.
ISBN 978-3-0343-0855-7.

60 Sylvia Fischer: *Dass Hämmer und Herzen synchron erschallen*. Erkundungen zu Heimat in Literatur und Film der DDR der 50er und 60er Jahre. 287 pages. 2015. ISBN 978-3-0343-1877-8.